TEMPORA

Geschichte und Geschehen II

Ludwig Bernlochner
Peter Furth
Peter Hilsch
Friedrich Jahr
Erhard Rumpf
Eberhardt Schwalm
Gottfried Till
Maria Würfel

Ernst Klett Schulbuchverlag

Inhalt

Reformation und Glaubenskämpfe in Deutschland und Europa 158

Der Absolutismus in Europa: Herrscher, Staaten, Untertanen 212

Das Frankenreich

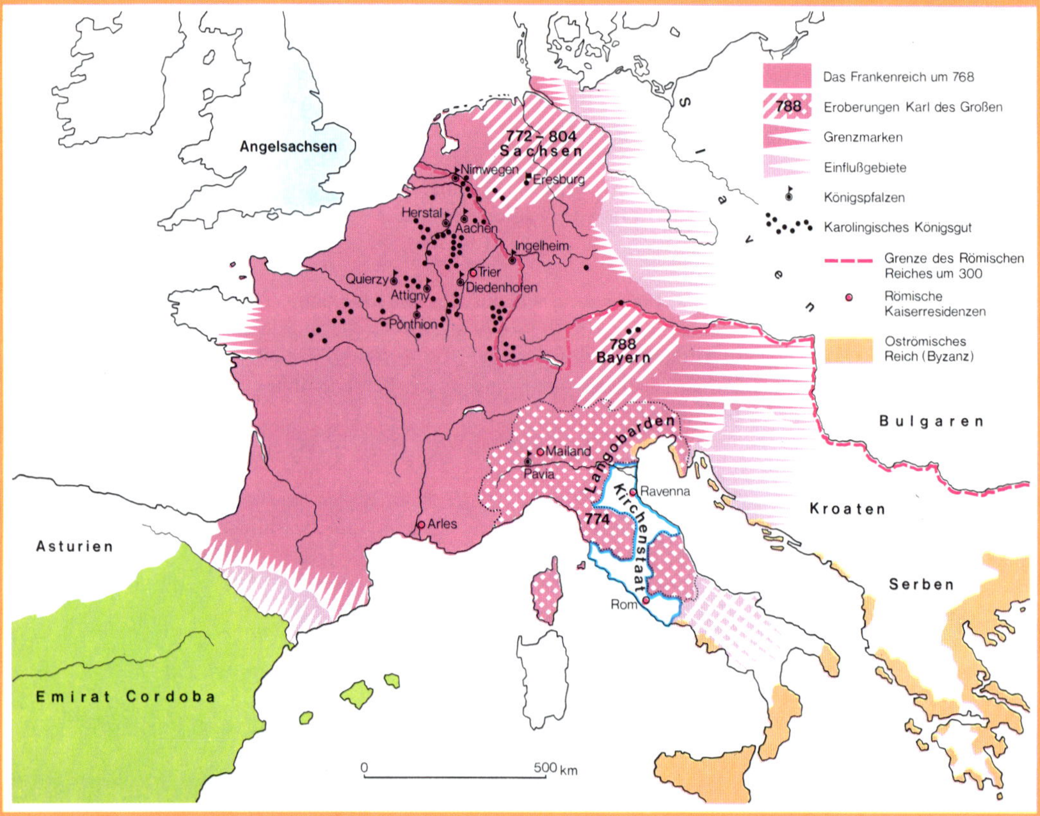

1 Das Frankenreich zur Zeit Karls des Großen

Zu den Abbildungen: **2** Als eine der wichtigsten Aufgaben eines Kaisers galt die Ausbreitung des christlichen Glaubens. Der Künstler überspringt Raum und Zeit und stellt symbolisch Moses (mit den Gesetzestafeln in der Hand) dem Kaiser (im Herrschergewand mit dem Kronreif) gegenüber. **3** Ungefähr 90 % der Bevölkerung waren Bauern. Vom Ertrag der Felder, die sie meist für einen adligen Grundherren bewirtschafteten, leisteten sie Abgaben an ihn. Außerdem waren sie zu Hand- und Spanndiensten verpflichtet. Das bedeutete unbezahlte Arbeit auf den Gütern des Herrn und Transporte für ihn, zumeist mit einem Ochsengespann. Der Herr war dadurch für seine Aufgaben im Dienste des Herrschers freigestellt, vor allem für Beratung und Kriegsdienst.

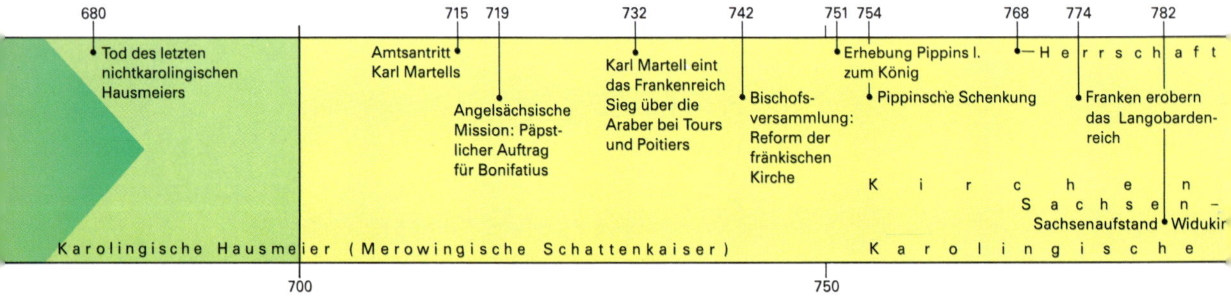

2 Moses überreicht Karl dem Großen und seinen Ratgebern die Zehn Gebote (Buchmalerei aus Tours, Mitte 9. Jahrhundert)

3 Ochsenkarren (Buchmalerei aus dem Folchard-Psalter, 9. Jahrhundert)

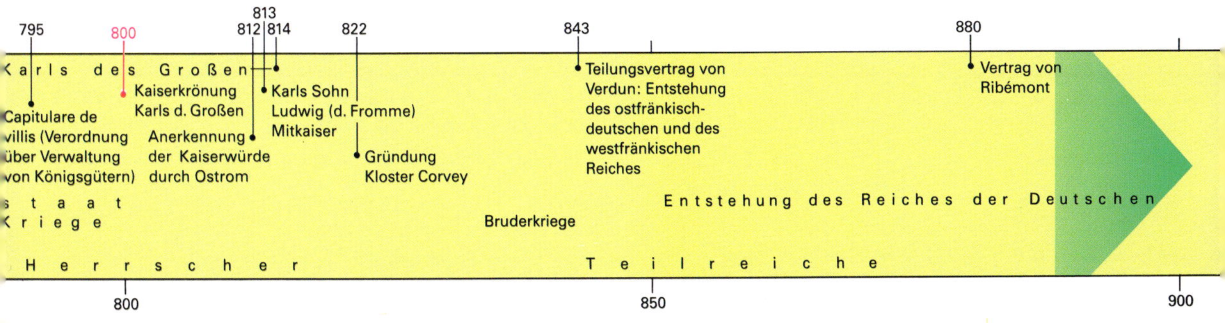

1. Bonifatius, Mission im päpstlichen Auftrag – Pippin, König mit päpstlicher Hilfe

Herrschaftsteilungen und Auseinandersetzungen zwischen den Merowingerkönigen und mächtigen Adelsgeschlechtern bedrohten die Einheit des Frankenreiches im 7. und frühen 8. Jahrhundert. Unter den zahlreichen Adelsfamilien, die den Königen die Macht streitig machten, versuchten besonders die Karolinger, den Zerfall aufzuhalten und eine neue Zentralgewalt zu errichten. Vor allem waren sie darauf bedacht, das Christentum weiter zu verbreiten. Der angelsächsische Missionar Bonifatius, der sich ihrem Schutz unterstellte, hatte sich vom Papst selbst mit der Aufgabe der Missionierung betrauen lassen. So entstanden auch enge Beziehungen zwischen den Karolingern und dem Papst. Der Karolinger Pippin nutzte diese Verbindung für einen Staatsstreich. Welches Ziel hatte Pippin? Wie ging er vor? Welche Rolle spielte der Papst für die Politik der Karolinger?

719	Der angelsächsische Mönch Wynfrid-Bonifatius erhält vom Papst den Missionsauftrag. In enger Verbindung mit den Herrschern des Frankenreichs verkündet er heidnischen Germanen östlich des Rheins das Christentum und reformiert die fränkische Kirche. Er erleidet 754 den Märtyrertod.
732	Der karolingische Hausmeier Karl Martell besiegt mit fränkischen Panzerreitern die Araber nordwestlich von Poitiers.
751	Mit Billigung des Papstes erheben die Franken den karolingischen Hausmeier Pippin zu ihrem König.

Reichsteilungen: Drei merowingische Teilreiche entstehen

Bei den Franken war es Rechtsbrauch, daß jeder *Besitz* im Erbfall unter alle Söhne *aufgeteilt* wurde. Die Königsfamilie der Merowinger behandelte das Reich wie einen Privatbesitz: Beim Tod eines Königs erhielt jeder seiner Söhne einen Reichsteil. Im Verlaufe mehrerer solcher Teilungen bildeten sich drei fränkische *Teilreiche* heraus: *Austrien (Austrasien)*, das „Ostland" mit vorwiegend germanischem Bevölkerungsanteil um die Städte Metz und Reims; *Neustrien*, das „Neu-Westland", das überwiegend aus gallo-römischer Bevölkerung bestand und sein Zentrum um Paris und Soissons hatte, und *Burgund* um Orléans.

Adlige Hausmeier gewinnen an Einfluß

Die Teilungen und die Streitigkeiten zwischen den Königen, die sich bald einstellten, schwächten die Macht der Merowinger. Der fränkische Adel gewann immer mehr Einfluß und Selbständigkeit in den Teilreichen. In den inneren Kämpfen spielten die *Hausmeier* der Reichsteile eine besondere Rolle. Sie waren ursprünglich Aufseher und Verwalter königlicher Besitzungen und bei Hof Vorstand der königlichen Haushaltung gewesen. Im Verlauf der inneren Auseinandersetzungen wurde ihr politischer Einfluß so groß, daß sie schließlich die erste Stelle im Reich einnahmen. Der Adelsfamilie der *Karolinger,* die in Austrien Hausmeier waren, gelang es sogar, diese Würde in ihrer Familie weiterzuvererben.

Der karolingische Hausmeier Karl Martell

Aus den Machtkämpfen ging schließlich der karolingische Hausmeier *Karl Martell* als Sieger hervor. Er einte das Frankenreich und schlug 732 die von Süden vorstoßenden *Araber* mit einem Heer von *Panzerreitern* nordwestlich von *Poitiers.* Es gab zwar noch merowingische Könige; die Macht aber hatten der Hausmeier Karl Martell und nach ihm seine Söhne Pippin und Karlmann, die das Frankenreich schützten, es vergrößerten und dem Christentum zum endgültigen Sieg verhalfen.

1 Bilder aus dem Leben des heiligen Bonifatius. Die linke Bildhälfte zeigt Bonifatius bei der Missionstätigkeit; auf der rechten Seite ist sein Märtyrertod in Friesland 754 dargestellt. Die Miniatur stammt aus einer Handschrift des 9. Jahrhunderts.

Bonifatius – angelsächsische Mission in päpstlichem Auftrag

Während unter den Merowingern irische Wandermissionare das Christentum verbreitet hatten, übernahmen unter den Karolingern angelsächsische Mönche die Aufgabe der Mission. Die führende Persönlichkeit unter den neuen Missionaren war der Mönch Wynfrid, der aus Wessex stammte. Anders als die irischen Missionare legten er und die anderen angelsächsischen Glaubensboten größten Wert darauf, mit päpstlicher Genehmigung die christliche Lehre zu verbreiten, denn die Angelsachsen waren selbst um das Jahr 600 auf päpstliche Weisung hin missioniert worden. Wynfrid holte sich in Rom bei Papst Gregor II. für seine Arbeit den *päpstlichen Missionsauftrag* und erhielt zugleich den Namen eines römischen Märtyrers, *Bonifatius.*

Seine Missionsarbeit bei den *Hessen* und *Thüringern* war schwierig; er stieß überall schon auf Christen aus der Zeit der irischen Mission, doch die Zahl der Heiden oder noch an heidnischen Bräuchen festhaltenden Getauften war groß.

Bonifatius und Karl Martell

Für die Arbeit des Bonifatius war es aber eine Erleichterung, daß Karl Martell ihn unter seinen besonderen Schutz nahm. Der Hausmeier wollte mit Hilfe der Mission nicht nur das Christentum ausbreiten, sondern zugleich die *fränkische Herrschaft* in noch heidnischen Gebieten durch die Gründung von Klöstern und Bistümern *festigen*. Denn dies erleichterte es den Karolingern, die Gebiete, in denen Angelsachsen missioniert hatten, zu verwalten.

Bonifatius und die Reform der fränkischen Kirche

Bonifatius kümmerte sich aber nicht nur um die *Heidenmission*, sondern auch um die *Reform der fränkischen Kirche* und eine Neuordnung der Bistümer im Frankenreich. Dies geschah vor allem zur Zeit der Herrschaft der Söhne Karl Martells, Pippin und Karlmann. Auf einer Bischofsversammlung im Jahre 742 ließ Karlmann die neu gegründeten Bistümer der fränkischen Reichskirche eingliedern und Bonifatius unterstellen, der wenig später als Erzbischof Mainz zum Amtssitz erhielt.

Bei seinen Reformbemühungen um die fränkische Kirche bekamen die Klöster von Bonifatius eine besondere Aufgabe: Sie sollten nicht nur die Ausgangspunkte für die Mission und die Träger der Seelsorge sein, sondern auch *Mittelpunkte für die Bildung und Ausbildung* der Geistlichen werden. Es war eine große Hilfe für ihn, daß aus seiner Heimat ständig Mönche und Nonnen ins Frankenreich kamen, *Schulen* in den Klöstern leiteten und die notwendigen Bücher mitbrachten.
Da es im Frankenreich keine einheitliche Ordensregel für die Mönche gab, setzte Bonifatius auf einer Kirchenversammlung im Jahre 743 die *Ordensregel* des *heiligen Benedikt von Nursia* für die angelsächsischen Klostergründungen durch. Später breitete sie sich im ganzen Frankenreich aus.
Bonifatius, der sich als *„Gesandter des hl. Petrus"* empfand, hatte enge Beziehungen zwischen den karolingischen Hausmeiern und den Päpsten hergestellt. Daß der *Papst* als *Stellvertreter Petri* die höchste Stellung in der Kirche beanspruchte, wurde vielen Franken erst jetzt wieder vertraut, und das Ansehen der Päpste im Frankenreich wuchs.

Die Karolinger und das Königsheil der Merowinger

Obwohl sich bei den Franken das Christentum mehr und mehr durchgesetzt hatte, gab es bei ihnen noch die altüberlieferte, heidnische Vorstellung, daß die merowingischen Könige göttlicher Abkunft seien und über besondere, in ihrer Familie vererbte Heilskräfte verfügten. Äußeres Zeichen dafür war das lange Haupt- und Barthaar der Könige. Diese Wunderkraft, das *Königsheil,* über das sie nach germanischer Vorstellung verfügten, sollte den Franken reiche Ernten, Siege im Krieg und Friedenszeiten bescheren.
Die karolingischen Hausmeier verfügten nicht über das Königsheil der Merowinger. Deshalb setzten sie immer wieder einen Merowinger zum König ein, wenn er auch in Wahrheit nur noch als ein *Schattenkönig* ihre Befehle ausführen durfte. Wollten sie selbst Könige werden, mußten sie allen sichtbar machen, daß Gott sie eingesetzt und ihnen dieselben Kräfte verliehen habe, wie sie die Merowinger aus dem Königsheil schöpfen konnten.

Ein Karolinger wird König: Der Staatsstreich Pippins

Daß die Karolinger über die Fähigkeit verfügten, wie Könige das Frankenreich zu lenken und zu schützen, hatten sie durch Erfolge bereits bewiesen. Aber die Meinung, daß es deshalb auch Gottes Wille sei, daß sie den Königstitel führen dürften, wurde nicht von allen fränkischen Adligen geteilt.
Als Karlmann 747 vom Hausmeieramt zurücktrat, versuchte Pippin, der nun allein das Reich regierte, endgültig die Merowinger als Königsfamilie zu verdrängen. Er nutzte die durch Bonifatius enger gewordenen Beziehungen zum *Papst.* Der Stellvertreter Petri konnte durch sein Ansehen die alte heidnische Vorstellung vom Königsheil auslöschen. In seiner Antwort auf eine Anfrage Pippins im Jahre 751 ließ der Papst erkennen, er werde die *Absetzung* des merowingischen Schattenkönigs dulden und den *Aufstieg Pippins zum König der Franken* gutheißen. Pippin wurde daraufhin von den Franken zum König *gewählt* und zum Zeichen seiner neuen Würde von Erzbischof Bonifatius zum König *gesalbt.* Dem letzten merowingischen Schattenkönig ließ Pippin die Haare scheren und ihn in Klosterhaft nehmen.

Der Frankenkönig als Schutzherr der Römer

Drei Jahre nach der Königserhebung Pippins kam der Nachfolger des damaligen Papstes, Stephan II., hilfesuchend ins Frankenreich. Der germanische Stamm der *Langobarden,* der sich 568 in Italien niedergelassen und ein Reich gegründet hatte, war in das Umland von Rom eingedrungen und bedrohte die Stadt. Pippin sagte dem Papst Beistand zu.
Dafür wiederholte Papst Stephan II. die Salbung, die Bonifatius an Pippin vorgenommen hatte. Auch die beiden Söhne des Königs erhielten die Salbung.

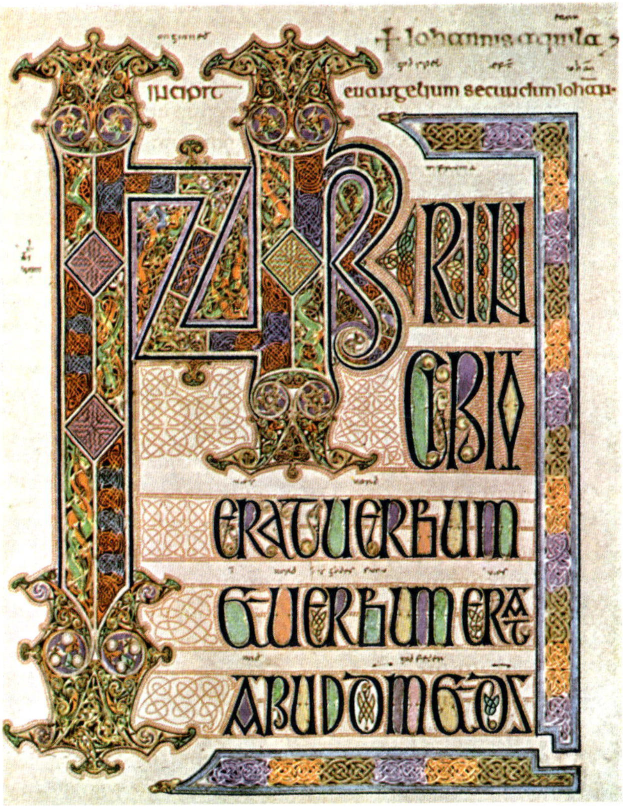

2 Angelsächsische Buchmalerei.
Anfang des Johannesevangeliums auf einem Pergamentblatt aus einer Handschrift des nordenglischen Klosters Lindesfarne, um 700 entstanden. Kunstvolle Ornamente herrschen bei der Ausgestaltung der Handschriften vor. Der lateinisch geschriebene Text heißt: „In principio erat verbum, et verbum erat apud d(eu)m, et d(eu)s“ ... (deutsch: „Im Anfang war das Wort, und das Wort war bei Gott, und Gott [war das Wort]“.)

Außerdem verbot der Papst den Franken, jemals wieder einen Herrscher aus einer anderen als der *Karolingerfamilie* zu wählen. Damit stieg sie endgültig zur fränkischen *Königsfamilie* auf, und die Nachfolge von Pippins Söhnen war gesichert. Um sie an ihre Beistandspflicht zu erinnern, verlieh der Papst Pippin und jedem seiner Söhne den Titel *„Schutzherr der Römer“*.

Die Pippinsche Schenkung: Der Kirchenstaat entsteht

Auf zwei Kriegszügen gewann Pippin die von den Langobarden eroberten Gebiete und Städte zurück. Pippin stellte eine Schenkungsurkunde aus. Sein Beauftragter legte sie „beim Grab des heiligen Petrus nieder und übertrug dessen Stellvertreter, dem Papst, und allen seinen Nachfolgern für ewige Zeiten den Besitz dieser Städte“, die rechtmäßig dem oströmischen Reich gehört hätten. Durch diese *„Pippinsche Schenkung“* entstand der *Kirchenstaat.* Die Päpste waren von da an nicht nur das Oberhaupt der Kirche, sondern auch Herrscher in einem eigenen Staat.

Königsheil: Bei den Franken und anderen Germanen gab es die Vorstellung, daß die Königsfamilie durch ihre göttliche Abkunft oder die Gunst der Götter über glückbringende magische Heilskräfte verfügte: Die Könige konnten dadurch über ihre persönlichen Fähigkeiten hinaus ihrem Volke Siege im Krieg, langdauernde Friedenszeiten und während dieses Friedens reiche Ernten ermöglichen, so glaubte man. Mit der Königserhebung Pippins durch den Papst erhielt das *Königsheil* eine neue, *christliche Fassung*: Christus als der „Herr der Herrschenden“ erschien jetzt als der Spender all dieser Gaben; durch die Salbung (nach dem Vorbild der Salbung König Davids) wurde der König in eine größere Nähe zu Gott gerückt; er wurde zwar kein Geistlicher, stand aber in der Kirchenordnung höher als ein Laie.

3 Der Stifter einer Kirche. Ein Geistlicher, am geschorenen Haupthaar, der sogenannten Tonsur, als Mönch erkennbar, trägt das Modell der Kirche, die er gestiftet hat. Das Wandbild entstand in der 1. Hälfte des 9. Jahrhunderts in der Kirche St. Benedikt in Mals, Südtirol. Das rechteckige helle Feld, das das Haupt des Geistlichen umgibt, will anzeigen, daß er noch lebte, als das Bild gemalt wurde. (Vgl. S. 27, M 5)

4 Bonifatius als Missionar bei den Hessen

Das Ereignis aus der Lebensbeschreibung des Bonifatius gehört ungefähr ins Jahr 724:

„... andere [Hessen] aber, deren Geist noch nicht erstarkt, verweigerten des reinen Glaubens unverletzbare Wahrheiten zu empfangen; einige auch opferten heimlich Bäumen und Quellen, andere taten dies ganz offen; ... andere dagegen, die schon gesunderen Sinnes waren und allem heidnischen Götzendienst entsagt hatten, taten nichts von alledem. Mit deren Rat und Hilfe unternahm er [Bonifatius] es, eine ungeheure Eiche, die mit ihrem alten heidnischen Namen die Juppitereiche [= Donarseiche] genannt wurde, in einem Orte, der Gäsmere [Geismar, vermutlich bei Fritzlar] hieß, im Beisein der ihn umgebenden Knechte Gottes zu fällen. Als er nun in der Zuversicht seines standhaften Geistes den Baum zu fällen begonnen hatte, verwünschte ihn die große Menge der anwesenden Heiden als einen Feind ihrer Götter lebhaft in ihrem Inneren. Als er jedoch nur ein wenig den Baum angehauen hatte, wurde sofort die gewaltige Masse der Eiche von höherem göttlichen Wehen geschüttelt und stürzte mit gebrochener Krone zur Erde, und wie durch höheren Winkes Kraft barst sie sofort in vier Teile, und vier ungeheuer große Stücke von gleicher Länge stellten sich, ohne daß die umstehenden Brüder etwas dazu durch Mitarbeit getan, dem Auge dar. Als dies die vorher fluchenden Heiden gesehen, wurden sie umgewandelt, ließen von ihrem früheren Lästern ab, priesen Gott und glaubten an ihn. Darauf aber erbaute der hochheilige Bischof [Bonifatius], nachdem er sich mit den Brüdern beraten, aus dem Holzwerk dieses Baumes ein Bethaus und weihte es zu Ehren des heiligen Apostels Petrus."

(Willibald, Leben des Bonifatius)

5 Bonifatius unter dem Schutze Karl Martells

Im Jahre 723 veranlaßte Karl Martell, daß für Bonifatius ein Schutzbrief ausgestellt wurde:

„... Drauf haben wir uns so entschlossen, daß wir ihm [Bonifatius] mit dieser unserer Hand einen Schutz geben, damit er überall, hier und dort, umherwandeln möge; wo auch immer er reist, soll er mit unserer Liebe und unter unserem Schutz und Schirm sicher und wohlbehalten sein; so wie er sich gerecht verhält, soll auch er Gerechtigkeit empfangen. Und wenn er in einen Rechtshandel verstrickt wird oder in Not gerät und das nicht durch das Gesetz gelöst werden kann, dann soll er bis zu unserer Person ungestört und sicher sein, er selbst und alle, die auf ihn vertrauen. Und daß nur niemand gegen ihn irgendeine Widerwärtigkeit oder einen Schaden ins Werk setze; er aber soll immer unter unserem Schutz und Schirm ruhig und ungestört leben. Und damit diese Anordnungen desto gewisser geglaubt werden, habe ich alles mit eigener Hand bestätigt und mit unserem Ringe gesiegelt."

(Schutzbrief Karl Martells für Bonifatius, 723; zit. nach: Geschichte in Quellen, Bd. 2, S. 44 f.)

6 Ein karolingischer König (Karl der Kahle. Das Herrscherbild stammt aus einer Handschrift, die Karl der Kahle, ein Enkel Karls des Großen, selbst in Auftrag gegeben hatte. Die Art, den Herrscher darzustellen, steht in einer Tradition: In der Zeit vor diesem Bild und danach erscheinen immer wieder die gleichen Kennzeichen, die die dargestellte Persönlichkeit als einen Herrscher ausweisen.

7 Bonifatius und die Kirchenreform

Eine vom Hausmeier Karlmann 742 einberufene Kirchenversammlung (Synode) beschloß:

„1. Und auf den Rat meiner geistlichen und weltlichen Großen ordne ich an, daß in den Städten Bischöfe ordiniert werden sollen, und über sie setze ich den Erzbischof Bonifatius, welcher der Legat [= Gesandter] des heiligen Petrus ist …

2. Wir verbieten den Knechten Gottes ganz und gar, Waffen zu tragen und zu kämpfen und gegen den Feind zu ziehen … Und ebenso verbieten wir allen Knechten Gottes die Jagd und das Umherstreifen mit Hunden im Walde und den Besitz von Falken und Jagdvögeln …

5. Wir ordnen an, daß … jeder Bischof in seinem Sprengel mit Hilfe des Grafen, der ja der Schützer der Kirche ist, sorgfältig darüber wache, daß nicht das christliche Volk heidnische Bräuche treibe, sondern allen heidnischen Schmutz austreibe und vernichte.

Alle Totenopfer, Hexereien, Weissagungen, Amulette, Vorhersagen, Opfergesänge, heidnischen Opfermahlzeiten, welche die törichten Menschen noch immer neben der Kirche betreiben …

7. Wir befehlen auch, daß Priester und Diakone nicht nach Art der Laien weltliche Gewänder tragen, sonder Kutten …"

(Kapitular Karlmanns, 742 n. Chr.)

8 Der letzte Merowinger

Um 830 schrieb der fränkische Geschichtsschreiber Einhard rückblickend:

„Das Geschlecht der Merowinger, aus dem die Franken ihre Könige zu nehmen pflegten, ... war [schon längst] ohne alle Lebenskraft und hatte außer dem wertlosen Königstitel nichts Ruhmvolles an sich. Denn die Macht und die Gewalt der Regierung waren in den Händen der obersten Hofbeamten, die Hausmeier hießen ... Dem König blieb nichts übrig, als – zufrieden mit dem bloßen Königsnamen – mit langem Haupthaar und ungeschorenem Bart auf dem Thron zu sitzen und den Herrscher zu spielen. [Er hatte] die von überall herkommenden Gesandten anzuhören und ihnen bei ihrem Abgange die ihm eingelernten oder anbefohlenen Antworten zu erteilen."

(Einhard: Leben Karls des Großen, Kap. 1)

9 Der neue fränkische Herrscher

Jahrbücher des fränkischen Reiches (751):

„Bischof Burkhard von Würzburg und Kaplan Fulrad wurden zu Papst Zacharias gesandt. Wegen der Könige im Frankenreich, dic damals keine königliche Gewalt hatten, sollten sie fragen, ob das gut sei oder nicht. Papst Zacharias ließ Pippin die Antwort geben, es sei besser, daß der als König bezeichnet werde, der die Gewalt habe, und nicht der, der ohne königliche Gewalt verblieben sei. ... Kraft seines Ansehens als Papst ließ [Zacharias] Pippin zum König machen. Pippin wurde [dann] nach der Sitte der Franken zum König gewählt und durch den Erzbischof Bonifatius gesalbt und von den Franken in Soissons zum König erhoben. Childerich aber, der zu Unrecht König genannt wurde, wurde geschoren und ins Kloster geschickt."

(Jahrbücher des fränkischen Reiches, Bericht zu den Jahren 749/50 statt – richtig – zu 751)

Arbeitsvorschläge und Fragen

a) Weshalb beeindruckte das Fällen der Eiche die Hessen? (M 4) – Wie wurde zur Zeit des Bonifatius die Taufe gespendet? (M 1)

b) Gib den Inhalt des Schutzbriefes (M 5) mit Deinen eigenen Worten wieder.

c) Beschreibe, welche Ziele mit der Reform der fränkischen Kirche verfolgt wurden. (M 7)

d) Wie bewertet Einhard die Rolle der späten Merowinger? (M 8)

e) Stelle die Vorgänge bei der Königserhebung Pippins fest und deute sie. Wie läßt sich die Rolle des Papstes erklären? (M 9) – Wie wird in Text und Bild (M 9 und M 6) deutlich, daß die Karolinger rechtmäßig Könige wurden?

2. Das Frankenreich wird ein Großreich

In 46 Regierungsjahren führte Pippins Sohn und Nachfolger, Karl der Große, nacheinander und zum Teil gleichzeitig Kriege in Italien, im sächsischen Stammesgebiet, in der Bretagne, im bayerischen Stammesgebiet und schließlich östlich der Reichsgrenze im Raum der Slawen und Avaren. Welche Ursachen hatten die Kriege gegen die Langobarden und Sachsen? Wie wurden diese Eroberungsfeldzüge gerechtfertigt? Welche Folgen hatten sie für die besiegten Völker und das Frankenreich?

768–814	Karl der Große herrscht im Frankenreich.
774	Die Franken erobern das Langobardenreich. Karl nennt sich „König der Franken und Langobarden und Schutzherr der Römer".
772–804	Karl der Große unterwirft in zahlreichen Feldzügen die Sachsen.

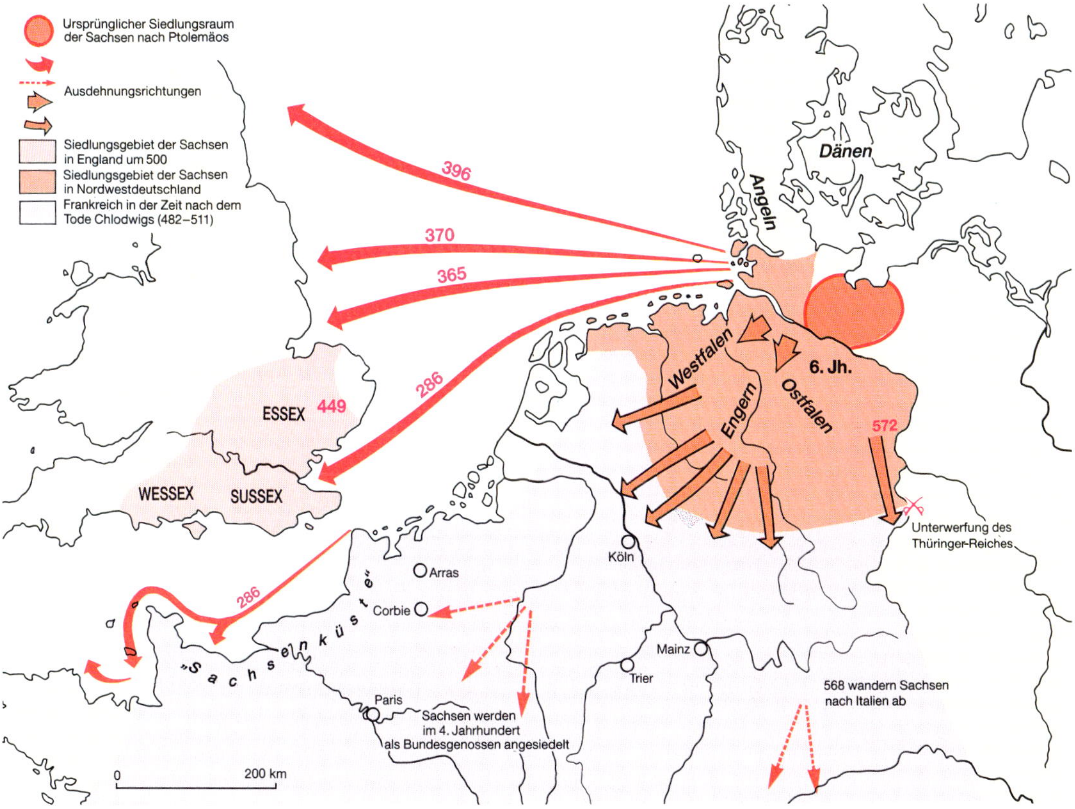

1 Die Sachsen

Karl und Karlmann: Ein Bruderzwist mit Folgen

Im Jahre 768 starb König Pippin in Paris. Er hatte das Reich unter seine beiden Söhne Karl und Karlmann aufgeteilt, doch bald entstanden unter den Brüdern Streitigkeiten. Nach dem Tode Karlmanns 771 regierte *Karl*, der später den Beinamen *„der Große"* erhielt, allein.

Die Spannungen zwischen den Brüdern wirkten sich über den Tod Karlmanns hinaus aus; denn seine Witwe floh mit ihren beiden Söhnen zu den Langobarden nach Italien. Als der *Langobardenkönig* Desiderius von Papst Hadrian I. verlangte, daß er die beiden Söhne Karlmanns zu fränkischen Königen salben sollte, und gleichzeitig mit seinen Truppen vor Rom erschien, wandte sich der Papst um Hilfe an Karl.

Eroberung des Langobardenreiches und Kriegszüge in alle Himmelsrichtungen

Karl folgte diesem Hilferuf und begann noch im Sommer 773 den Krieg gegen die Langobarden (vgl. S. 8f.). Nach seinem Sieg über Desiderius trat er dessen Nachfolge an und nannte sich *„König der Franken und Langobarden"*. Dieser Krieg war der erste aus einer großen Zahl von Feldzügen, die Karl während seiner 46jährigen Regierungszeit unternahm. Die Stoßrichtung dieser Kriegszüge ging nach Süden, gegen die Araber in Spanien und Aquitanien, nach Norden gegen die Dänen, nach Osten gegen die Bayern, später gegen die Awaren, ein asiatisches Reitervolk, das zuletzt in das oströmische Reich eingebrochen war und nun nach Westen vordrang.

Sachsen und Franken – über 30 Jahre Krieg

Jedoch „kein anderer Krieg ist von den Franken mit ähnlicher Ausdauer, Erbitterung und Mühe geführt worden wie der gegen die Sachsen". So schrieb Einhard, Berater Karls und sein späterer Biograph. Der erste Sachsenfeldzug Karls war wohl nur zur *Sicherung* des fränkischen Gebiets geführt worden, da zwischen dem fränkischen Reich und dem sächsischen Stammesgebiet keine natürliche Grenze verlief und Grenzverletzungen häufig waren. Erst der Widerstand der Sachsen hat wohl bei den Franken den Plan der völligen *Unterwerfung* des Stammes entstehen lassen. Um die Gefahr für das Frankenreich und die fränkische Kirche endgültig zu beseitigen und das Christentum auszubreiten, unterwarf Karl die Sachsen Stammesgruppe für Stammesgruppe. Westfalen, Ostfalen und Engern anerkannten seine Herrschaft.

Unterwerfung, Christianisierung und sächsischer Widerstand

Im eroberten Gebiet ließ er befestigte Plätze und Heerwege anlegen. Gleichzeitig gründete er *Bischofssitze* und teilte das Land in *Missionsgebiete* auf.

Die enge Verbindung von *Unterwerfung* und *Bekehrung* bewirkte, daß der *Widerstand* der noch heidnischen Sachsen immer härter wurde. Zwangstaufen erregten den Haß der Sachsen auf die Franken und schürten ihren Willen zur Gegenwehr. Dazu kam, daß die geforderten *Abgaben* von den Sachsen, die Steuern nicht kannten, als ein Zeichen der *Unfreiheit* empfunden wurden. Darum waren Rückfälle ins Heidentum und die Bereitschaft zu immer neuen *Aufständen* gegen die Franken stets vorhanden.

Widukind

Obwohl die sächsischen Adligen im allgemeinen eher als die übrigen Stammesangehörigen bereit waren, sich Karl unterzuordnen und von ihm sogar in führende Ämter eingesetzt wurden, hatte sich ein westfälischer Adliger, Widukind, mehrmals als Anführer des Widerstandes der Volksmassen hervorgetan. Als der große Aufstand vom Jahre 782 niedergeworfen worden war, gelang es Widukind zu fliehen. Die Aufständischen aber, die Karl ausgeliefert wurden, soll der König bei Verden an der Aller – insgesamt angeblich 4500 – von seinem Heer haben niederhauen lassen. Widukind gab erst drei Jahre später auf, nachdem er inzwischen neuerliche Aufstände vom Zaun gebrochen hatte. Er unterwarf sich Karl in der Pfalz von Attigny und ließ sich taufen. Der Sachsenkrieg kam jedoch trotzdem noch nicht zur Ruhe; er flammte über 30 Jahre hindurch immer wieder auf, bis er endlich 804 sein Ende fand.

2 Fränkische Panzerreiter. Karl Martell hatte, besonders im Kampf gegen die eindringenden Araber, die Reiterei ausgebaut. Sie wurde unter seinen Nachfolgern zum besonders bevorzugten Teil der Armee. Ihre Schlagkraft beruhte u. a. auf zwei technischen Neuerungen: der Einführung des Steigbügels und des Sattels mit hohem Sattelknopf; beides gab dem Reiter einen festen Halt. Die Miniatur stammt aus dem 9. Jahrhundert und befindet sich in der Stiftsbibliothek von St. Gallen.

3 Sachsenkriege und Sachsenmission

3a Einhard, Abt mehrerer Klöster, Biograph und Berater Karls, schrieb rückblickend:

„Kein anderer Krieg ist von den Franken mit ähnlicher Ausdauer, Erbitterung und Mühe geführt worden wie dieser [= Sachsenkrieg]. Denn die Sachsen waren – wie fast alle germanischen Stämme – ein wildes Volk, das Götzen anbetete und dem Christentum feindlich gesinnt war; ... die Grenzen zwischen unserem und ihrem Gebiet verliefen fast ausschließlich durch flaches Land. Nur an einigen Stellen bildeten große Wälder oder dazwischenliegende Berge deutliche Grenzlinien. Mord, Raub und Brandstiftungen nahmen daher auf beiden Seiten kein Ende ... Der Krieg begann also und wurde ununterbrochen dreiunddreißig Jahre lang mit großer Erbitterung auf beiden Seiten geführt: aber die Sachsen erlitten im Laufe dieser Zeit viel größere Verluste als die Franken ... Doch obwohl sie mehrmals bereit gewesen waren, alle gestellten Bedingungen zu erfüllen, hatten sie es meist auch ebenso eilig, das Versprochene nicht zu halten. Ja, es ist schwer zu sagen, welche von beiden Handlungen ihnen leichter fiel. Von Anfang an verging kaum ein Kriegsjahr, in dem sie nicht ihren Wankelmut bewiesen ... Nachdem er [= Karl] dann alle, die ihm Widerstand geleistet hatten, besiegt und unter seine Herrschaft gebracht hatte, führte er zehntausend Sachsen, die an beiden Elbufern gewohnt hatten, mit Frauen und Kindern aus ihrer Heimat und siedelte sie in verschiedenen Gruppen zerstreut in Gallien und in Germanien an. Der lange Krieg wurde erst endgültig beendet, als die Sachsen die Bedingungen des Königs annahmen: sie mußten ihren religiösen Bräuchen und dem Götzendienst abschwören, die christliche Religion und die heiligen Sakramente annehmen und sich mit den Franken zu einer Volkseinheit zusammenschließen."

(Einhard, Leben Karls des Großen, Kap. 7)

3b Alkuin, Angelsachse, Berater Karls des Großen und Abt des Martinsklosters in Tours, schrieb an den König:

„Ebenso versuchst Du, [die christliche Kirche] nach außen vor der Zerstörung durch die Heiden zu verteidigen und sie auszubreiten."

(Alkuin, Brief an Karl den Großen)

3c Bestimmungen aus einer Verordnung Karls des Großen für die Sachsen:
„Wer sich fortan vom Stamm der Sachsen ungetauft unter seinen Stammesgenossen verbirgt, zur Taufe zu kommen verachtet und freiwillig Heide bleibt, der soll des Todes sterben.“
„Wenn jemand offenkundig dem Herrn König untreu ist, werde er mit dem Tode bestraft.“
„Wir ordnen an, daß nach Gottes Gebot alle Menschen den zehnten Teil ihres Besitzes und Arbeitsertrages ihren Kirchen und Priestern geben.“
(Verordnung Karls des Großen für die Sachsen, Kap. 8, 11, 17, wahrscheinlich aus dem Jahr 782)

3d Karl der Große schrieb an Papst Leo III.:
„Es ist unsere Aufgabe, mit Gottes Hilfe die heilige Kirche Christi überall vor dem Einbruch der Heiden ... mit Waffen zu verteidigen. ... [und] indem wir den katholischen Glauben anerkennen.“
(Karl der Große, Brief an Papst Leo III. um 796)

3e Alkuin schrieb 796 an einen Bischof:
„Das elende Volk der Sachsen hat deshalb so oft das Taufsakrament verletzt, weil es niemals ein Fundament des Glaubens im Herzen hatte. Doch man muß wissen, daß der Glaube ... freiwillig, nicht durch Zwang entsteht ... Zur Taufe kann man den Menschen zwingen, nicht aber zum Glauben.“
(Alkuin, Brief an Bischof Arn von Salzburg)

4 Grabplatte Widukinds. Widukind hatte auf seinem Besitz in Enger bei Herford eine Eigenkirche errichtet, in der er um 807 bestattet wurde. Der Künstler, der dann um 1100 diese Gedenkplatte für Widukinds Grabstätte schuf, schmückte ihn mit Herrschaftszeichen, wie sie damals Könige, nicht aber Herzöge trugen.

Arbeitsvorschläge und Fragen

a) Welche Stämme haben zur Römerzeit in dem Gebiet gelebt, in das die Sachsen eindrangen und Nachbarn der Franken wurden? (M 1) – Welche Ereignisse, die die Karte darstellt, haben vor dem Ende des Römischen Reiches stattgefunden, welche später? Fertige eine Zeitleiste an.
b) Beschreibe die Ausrüstung eines fränkischen Panzerreiters. (M 2)
c) Welche Gründe gab es für die Sachsenkriege? (Vgl. M 3 a)
d) Für die Karolinger gehörten Eroberung und Mission zusammen. Worin lag der Grund? Wie zeigte sich dies in der Durchführung? (M 3 b und 3 c)
e) Was führt nach Alkuin zu erfolgreicher Mission? Welche Begründung würde er für die „Treulosigkeit“ der Sachsen nennen? (M 3 e)
f) Suche nach Gründen, weshalb der Künstler 300 Jahre nach Widukinds Tod den Sachsen als König darstellte. (M 4)

3. Karl – König der Franken und Langobarden, Kaiser, der das Römische Reich regiert

Nachdem der letzte weströmische Kaiser im Jahre 476 gestürzt worden war, gab es nur noch in Konstantinopel (Byzanz) Herrscher, die den Kaisertitel führten. Sie fühlten sich als Nachfolger der römischen Kaiser. Während der Wirren, in denen sich das weströmische Reich allmählich auflöste, kümmerten sich die oströmischen Kaiser wenig um Italien. So übernahmen die Päpste immer häufiger Herrscheraufgaben und versuchten schließlich, mehr und mehr den Einfluß des byzantinischen Kaisers zurückzudrängen. Deshalb pflegten sie die Verbindung zu den fränkischen Königen um so mehr und schufen in enger Zusammenarbeit mit Karl dem Großen ein neues weströmisches Kaisertum.

800	**Karl der Große wird am Weihnachtstag in Rom vom Papst gekrönt und von den Römern zum Kaiser ausgerufen.**
812	Die Kaiserwürde Karls wird vom oströmischen Kaiser anerkannt.

Karl der Große – „Herrscher Europas“

Das Reich Karls des Großen umfaßte um 800 einen sehr großen Teil des ehemaligen *weströmischen Reiches,* zu dessen Provinzen Gallien, Italien und das linksrheinische Germanien gehört hatten. Er nannte sich „König der Franken und Langobarden und Schutzherr der Römer“. Alkuin dagegen bezeichnete ihn als den *„Herrscher Europas“* und nannte ihn Herrn des *„Christlichen Imperiums“*. Andere Gelehrte an seinem Hof sprachen von Karl als dem mächtigsten und gerechtesten König der Welt. *Aachen,* wo sich Karl eine Pfalz (von lateinisch: palatium = „Palast“) hatte erbauen lassen, priesen sie als das *zweite Rom* („Langobarden“ vgl. S. 8 f., 14).

Der Papst krönt Karl zum Kaiser 800 n. Chr.

Als adlige Einwohner Roms unter Führung päpstlicher Beamter einen Aufstand gegen Papst Leo III. anzettelten, floh der Papst 799 ins Frankenreich und bat Karl um Hilfe. Karl zog im folgenden Jahr nach Rom, um den Streit zu schlichten. Diese Bemühungen des Königs zogen sich bis in den Winter hin. Für viele unerwartet, krönte ihn der Papst in Rom am Weihnachtstag des Jahres 800 zu Beginn des Festgottesdienstes und ließ ihn durch die anwesenden Römer zum *Kaiser* ausrufen.

1 Münzbilder zweier Kaiser. Goldmünze mit dem Kopf Kaiser Konstantins des Großen (links). Die Münzumschrift: „CONSTANTINUS MAX(imus) [= der Größte] AUG(ustus).“
Silbermünze mit dem Kopf Kaiser Karls des Großen (rechts). Die Münzumschrift: „CAROLUS IMP(erator) [= Kaiser] AUG(ustus).“

Westliches und östliches Kaisertum

Die Nachfolge in der Kaiserwürde

Karls Biograph Einhard schrieb später, daß Karl über den Vorgang verärgert gewesen sei. Die *Krönung* durch den *Papst* war bei einer Erhebung zum Kaiser unumgänglich; was aber Karl vermutlich gestört hat, war die *Ausrufung* zum Kaiser durch die *Römer*. Denn dadurch konnten sich die Franken, das Volk, mit dem er sein Reich erobert hatte, zurückgesetzt fühlen.

Einhard berichtet auch von einer Verärgerung in Byzanz. In den Augen der byzantinischen Kaiser war es ein Unrecht, daß der Papst ohne ihre Einwilligung seinen Schutzherrn zum Kaiser gekrönt hatte. Wenn aber Karl wollte, daß seine Kaiserwürde nicht nur innerhalb seines Reiches geachtet wurde, brauchte er die *Anerkennung* des *oströmischen Kaisers*. Nach langen Verhandlungen erlangte er sie schließlich im Jahre 812, als eine oströmische Gesandtschaft in Aachen erschien und ihn als Kaiser anerkannte. Die Herrscher in Byzanz versahen ihren Titel „Kaiser" fortan mit dem Zusatz „Kaiser der Römer".

Im folgenden Jahr berief Karl seinen Sohn Ludwig zu sich nach Aachen und erhob ihn zum *Mitkaiser*. Doch wurde Ludwig nicht vom Papst gekrönt, sondern Karl befahl ihm, die Krone, die auf dem Altar bereitlag, sich selbst aufzusetzen. Nicht die Römer, sondern das *Reichsvolk der Franken* huldigte Ludwig durch seine Zurufe. Mit dieser fränkischen Form der Kaisererhebung war Ludwig schließlich doch nicht zufrieden, sondern ließ die Krönung zwei Jahre nach dem Tode Karls des Großen (814) durch den Papst in Reims wiederholen. Dieser hatte dazu eine Krone aus Rom mitgebracht, die als „Krone Konstantins" galt. In einer Urkunde bestätigte Ludwig gleichzeitig dem Papst die Herrschaft im Kirchenstaat (vgl. S. 9).

2 Kaiserkrönung in Rom, Weihnachten 800

2a In den sog. Jahrbüchern des Klosters Lorsch findet sich zum Jahre 801 folgender Eintrag:

„Karl besaß Rom, wo die Kaiser immer ihren Regierungssitz gehabt hatten; außerdem besaß er die übrigen [kaiserlichen] Residenzen in Italien, Gallien und auch Germanien, weil der allmächtige Gott alle diese Stätten seiner Herrschaft übergeben hatte. Deshalb schien es ihnen gerecht und angemessen, daß er mit Hilfe Gottes und auf die Bitte des ganzen christlichen Volkes hin [Kaiser genannt würde]."

(Lorscher Jahrbücher zum Jahr 801, Leipzig 1888)

2b Von den weiteren Vorgängen berichten die Jahrbücher des fränkischen Reiches:

„Als der König gerade am heiligen Weihnachtstage sich vom Gebet vor dem Grab des seligen Apostels Petrus zur Messe erhob, setzte ihm Papst Leo eine Krone aufs Haupt, und das ganze Römervolk rief dazu: ‚Dem erhabenen Karl, dem von Gott gekrönten großen und friedenbringenden Kaiser der Römer Leben und Sieg!' und nach den lobenden Zurufen wurde er [wie] die alten Kaiser durch Kniefall geehrt und ... Kaiser und Augustus genannt."

(Jahrbücher des fränkischen Reiches zum Jahr 801; bearbeitet von B. Simson, Leipzig 1883)

3 Der Titel Karls des Großen

Nach der Kaiserkrönung nannte Karl sich in seinen Urkunden:

„Karl der erhabene Augustus, der von Gott gekrönte große und friedliebende Kaiser, der das Römische Reich regiert und der durch die Barmherzigkeit Gottes König der Franken und Langobarden ist."

4 Kaiser Karls Persönlichkeit

Einhard, der lange am Hofe Karls gelebt hatte, schrieb in seiner nach Karls Tod verfaßten Biographie des Kaisers:

„Er war von breitem und kräftigem Körperbau, hervorragender Größe, die jedoch das richtige Maß nicht überschritt – denn seine Länge betrug, wie man weiß, sieben seiner Füße –, das Oberteil seines Kopfes war rund, seine Augen sehr groß und lebhaft, die Nase ging etwas über das Mittelmaß, er hatte schönes graues Haar und ein freundliches, heiteres Gesicht. So bot seine Gestalt im Stehen wie im Sitzen eine höchst würdige und stattliche Erscheinung, wiewohl sein Nacken feist und zu kurz, sein Bauch etwas hervorzutreten schien: das Ebenmaß der andern Glieder verdeckte das ...

Beständig übte er sich im Reiten und Jagen, wie

es die Sitte seines Volkes war: man wird ja nicht leicht auf Erden ein Volk finden, das sich in dieser Kunst mit den Franken messen könnte. Sehr angenehm waren ihm auch die Dämpfe warmer Quellen; er übte sich fleißig im Schwimmen und verstand das so trefflich, daß man ihm keinen darin vorziehen konnte. Darum erbaute er sich auch zu Aachen einen Palast und wohnte in seinen letzten Lebensjahren bis zu seinem Tode beständig darin. ... Die Kleidung, die er trug, war die seiner Väter, d.h. die fränkische. Auf dem Leib trug er ein leinenes Hemd und leinene Unterhosen; darüber ein Wams, das mit einem seidenen Streifen verbrämt war, und Hosen; sodann bedeckte er die Beine mit Binden und die Füße mit Schuhen, und schützte mit einem aus Fischotter- oder Zobelpelz verfertigten Rock im Winter Schultern und Brust; dazu trug er einen blauen Mantel und stets ein Schwert, dessen Griff und Gehenk von Gold oder Silber war. ... Bei festlichen Gelegenheiten schritt er in einem mit Gold durchwirkten Kleide und mit Edelsteinen besetzten Schuhen, den Mantel durch eine goldene Spange zusammengehalten, auf dem Haupte ein aus Gold und Edelsteinen verfertigtes Diadem, einher ..."
(Einhard, Leben Karls des Großen, Kap. 22f.)

5 Karl der Große als Kaiser. Karl hatte die Kirche von Müstair (in der heutigen Schweiz) gestiftet, doch der Künstler, der im 9. Jahrhundert das Standbild schuf, wollte nicht in erster Linie Karl als den Stifter, sondern als den Kaiser darstellen. Das Standbild ist von besonderem Wert, weil sich aus karolingischer Zeit nur wenige Vollplastiken erhalten haben.

Arbeitsvorschläge und Fragen

a) Wie wird die Kaiserkrönung Karls begründet? (M 2a)
b) Welche Vorgänge gehörten zur Kaisererhebung Karls? Vergleiche sie mit der Königserhebung von Karls Vater Pippin. (M 2b und M 9, S. 12)
c) Wie veränderte Karl der Große seinen bisherigen Titel? (M 3) – Warum ließ er sich anders nennen, als die Römer es bei der Krönung getan hatten?
d) Vergleiche die beiden Münzbilder und suche Gründe, weshalb Karl seine Münzen in dieser Art prägen ließ. (M 1)
e) Wie drückt sich in Karls Gewohnheiten seine Vorliebe für den fränkischen Stamm aus? Welcher Zusammenhang besteht zwischen dieser Vorliebe und seinem Verhalten bei der eigenen Kaiserkrönung und der seines Sohnes Ludwig? (M 4)
f) Nenne und erkläre die Herrschaftszeichen, die Karl der Große trägt. (M 5) – Vergleiche dazu auch die Abb. S. 11, M 6 (= Karl d. Kahle).

4. Der Herrscher regiert reisend das Reich

Das Reich, das Karl der Große schließlich beherrschte, reichte von der Nordsee bis an das Mittelmeer, vom Atlantischen Ozean bis an die Elbe. 1150 km lagen zwischen Karls Palast in Aachen und Rom, 1200 km zwischen Hamburg und der spanischen Grenzprovinz und rund 1500 km zwischen der spanischen und den östlichen Grenzprovinzen. Ein berittener Bote konnte höchstens 50 km am Tag zurücklegen. Briefe oder mündliche Nachrichten erreichten oft erst nach Monaten den Empfänger. In welcher Form konnte der König seine Herrschaft durchsetzen und das Reich wirkungsvoll verwalten?

Um 795 ———— Karl der Große erläßt eine Verordnung über die Verwaltung von Königsgütern und Pfalzen („Capitulare de villis").

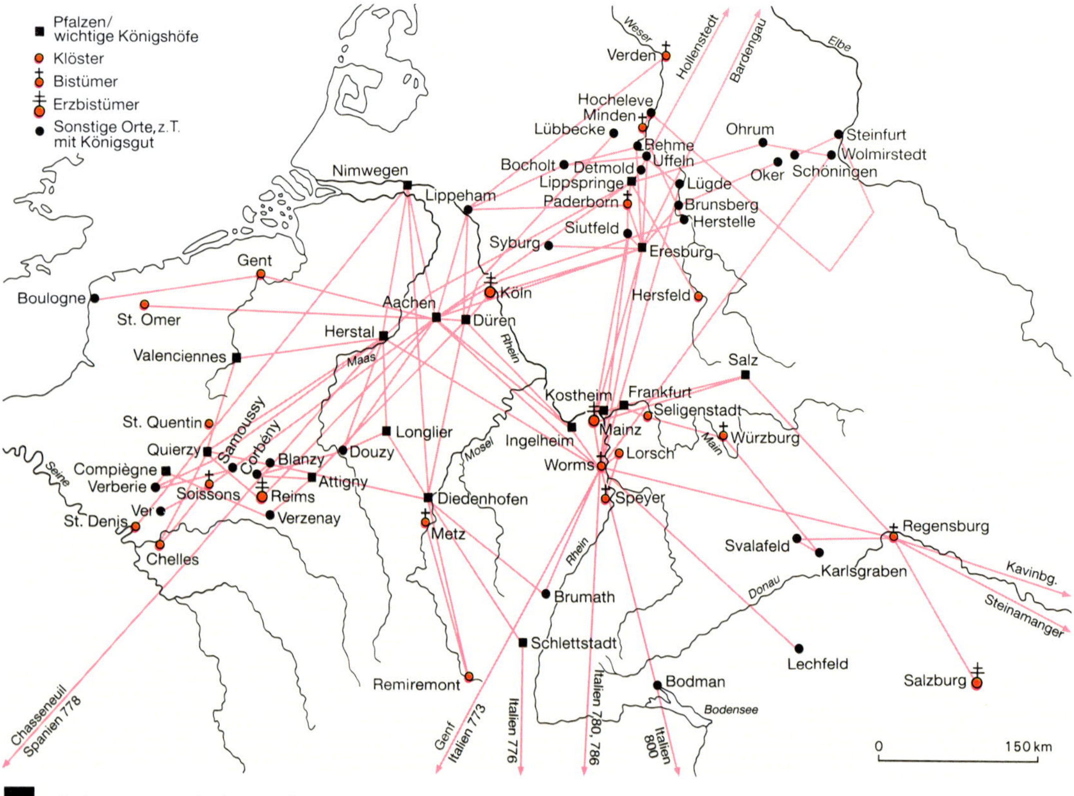

1 Reisewege Karls des Großen. Aus Angaben in Jahrbüchern und Datierungszeilen von Urkunden lassen sich die Stationen des Reisekönigtums ermitteln.

Ein Reich ohne Hauptstadt: Das Reisekönigtum Karls des Großen

Um das Reich verwalten und beherrschen zu können, mußte Karl das weitläufige Herrschaftsgebiet ständig *bereisen*. An wechselnden Orten hielt er *Gerichts- und Hoftage*, bereitete Kriegszüge vor, empfing ausländische Gesandte, erließ Gesetze, stellte Urkunden aus. Meist hielt er sich in *Pfalzen* auf, großen und reich ausgestatteten, befestigten Königshöfen, die inmitten des königlichen Landbesitzes, des *Königsgutes*, lagen. Dessen Erträge dienten dem Herrscher und seiner Familie sowie dem Gefolge, das meist bis zu 1500 Personen umfaßte, zum Unterhalt.

Die karolingischen Könige hatten anders als ihre merowingischen Vorgänger *keine* feste *Hauptstadt*. Erst im Alter suchte Karl bevorzugt die Pfalz von *Aachen* auf, die er mit besonderer Pracht ausstatten ließ.

Die Hofämter

Wo der Herrscher sich aufhielt, mußten auch die Träger hoher Ämter anwesend sein. Das höchste war das des *Pfalzgrafen*, der auch Vertreter des Königs im Pfalzgericht war. Hinzu kamen die Angehörigen der Hofgeistlichkeit, der königlichen *Kapelle*; die Kapläne hatten ursprünglich den königlichen Reliquienschatz zu betreuen, zu dem der besonders verehrte Mantel (= „cappa", daher: Kapelle) des hl. Martin gehörte. Unter Karl dem Großen war die Hofkapelle bereits darüber hinaus königliche *Kanzlei*: Die schreibkundigen Kapläne bearbeiteten die Gesetze, Verordnungen und Urkunden des Herrschers. Geleitet wurden Hofkapelle und Kanzlei von den höchsten geistlichen Würdenträgern des Reichs, dem *Erzkaplan* und dem *Erzkanzler*.

Zum Haushalt der Pfalz gehörten schließlich seit dem 9. Jahrhundert die Ämter, die sich mit der Versorgung des Hofes befaßten, der *Seneschall* (oder: Truchseß) und der *Mundschenk*. Für die Stallungen des Herrschers war der *Marschall* zuständig.

Grafen, Bischöfe, Äbte, Königsboten

Der Versuch des Königs, durch das Weiterziehen von Pfalz zu Pfalz immer wenigstens in einem Gebiet des Reiches anwesend zu sein, genügte aber noch nicht für eine wirkungsvolle Verwaltung. Karl brauchte dazu noch weitere Helfer, die im Reich auch dort, wo der Herrscher sich gerade nicht aufhalten konnte, seine Interessen vertraten. So standen ihm als militärische Führer, als Berater und Gesandte, als Helfer in der Rechtsprechung und der Verwaltung die *Grafen*, *Bischöfe* und *Äbte* zur Seite.

Zur Zeit Karls des Großen gab es im Reich etwa 350 *Grafschaften*. Zu Grafen ernannte der König in der Grafschaft ansässige, angesehene adlige Großgrundbesitzer. In den gefährdeten Grenzprovinzen, den Marken, amtierten Markgrafen mit besonderen militärischen Vollmachten. Auch die Bischöfe und Äbte, denen der König die Bistümer und großen Klöster anvertraute, stammten meist aus dem grundbesitzenden Adel.

Weil sich aber Klagen über selbstherrliche und unrechtmäßige Amtsführung trotzdem häuften, ließ Karl der Große alle Amtsinhaber durch *Königsboten* überwachen. Zu Königsboten wählte er Bischöfe, Äbte und Grafen, denen er besonders vertraute. Sie bereisten – meist zu zweit, je ein geistlicher und ein weltlicher Amtsträger – ein ihnen zugewiesenes Gebiet des Reiches.

Reisekönigtum: Die Karolinger entwickelten eine Form der Herrschaft ohne festen Regierungssitz. Der König hielt Hof in seinen Pfalzen und größeren Königshöfen, die ihn und sein Gefolge beherbergten und versorgten. In späterer Zeit bevorzugten die Herrscher vor allem Bischofssitze als Stationen. Das Reisekönigtum ermöglichte es dem Herrscher durch seine Gegenwart in den verschiedenen Teilen seines Reiches, seine Herrschaft wirkungsvoller durchzusetzen.
Hoftag: Auf Befehl des Königs versammelten sich zu bestimmten Terminen, meist hohen Kirchenfesten, alle weltlichen und geistlichen Würden- und Amtsträger zu Hoftagen am Aufenthaltsort des Königs, um ihm bei Beschlüssen, Gesetzen und im Gericht mit ihrem Rat zu helfen. Aus den beratenden Hoftagen entstanden die beschließenden *Reichstage*.

2 Der Bezirk der Pfalz Karls des Großen in Aachen. Die Luftaufnahme macht die Ausmaße der einstigen Kaiserpfalz deutlich und zeigt auch, wie sich der Grundriß der Anlage bis heute im Stadtbild ablesen läßt. Im Vordergrund ist – umgeben von späteren Erweiterungsbauten – die Pfalzkapelle Karls des Großen erkennbar. Die als Achteck gestaltete Rundform der Kapelle soll ebenso die Kaiserwürde des Herrschers betonen wie die antiken Säulen und Marmorplatten, die Karl für den Innenausbau der Kapelle und den darin errichteten Kaiserthron aus Italien beschaffen ließ.

3 Verwaltung der Krongüter

Um das Jahr 795 erließ Karl der Große ein Capitulare (so hießen die in Kapitel eingeteilten Verordnungen, Gesetze und Anweisungen für die Königsboten in karolingischer Zeit) für die Verwalter (Amtmänner) der Krongüter:

„c.1: Wir befehlen: Unsere Krongüter, die wir eingerichtet haben, unseren Hofhalt zu beliefern, sollen allein unserem Bedarf dienen und niemandem sonst ...

c.5: Wenn unsere Amtmänner landwirtschaftliche Arbeiten wie Säen, Pflügen, Ernten, Heumachen, Weinlesen für uns durchführen müssen, so möge ein jeder zur Zeit der Arbeit überall nach dem Rechten sehen und genaue Anweisungen geben, so daß die Arbeiten richtig und ohne Verlust durchgeführt werden ...

c.27: In unseren Wohngebäuden soll man ständig Feuer unterhalten und Feuerwachen aufstellen, so daß sie geschützt sind. Wenn unsere Königsboten oder eine Gesandschaft zur Pfalz kommen oder von dort zurückkehren, dürfen sie auf den Krongütern keinerlei Herberge und Verpflegung fordern, es sei dann auf unseren oder der Königin ausdrücklichen Befehl ...

c.36: Unsere Wälder und Forsten sind sorgsam zu beaufsichten. Zur Rodung geeignetes Land soll man roden und verhindern, daß Ackerland wieder von Wald bewachsen wird, und nicht dulden, daß Wälder, wo sie nötig sind, übermäßig ausgeholzt und geschädigt werden. Unser Wildbestand in den Forsten ist gut zu hegen ...

c.42: Jedes Krongut soll in seinem Lagerraum vorrätig haben: Bettstellen, Matratzen, Federkissen, Bettlinnen, Tischtücher, Bankpolster, Gefäße aus Kupfer, Blei, Eisen und Holz, Feuerböcke, Ketten, Kesselhaken, Hobeleisen, Spitzhauen, Bohrer, Schnitzmesser – kurzum, alles

4 Das sogenannte Arnulf-Ziborium. Auch auf Reisen wollten die Herrscher jederzeit Gottesdienst feiern können. So war es üblich, einen Tragaltar mitzuführen. Dieser wegen des Baldachins über der kleinen Altarplatte besonders kostbare stammt aus karolingischer Zeit und befindet sich heute in der Schatzkammer der Residenz in München. Er hat eine Gesamthöhe von 50 cm.

nötige Gerät, so daß man es nicht anderswo zu erbitten oder zu entleihen braucht. Auch das eiserne Kriegsgerät muß man hier verwahren, damit es gut erhalten bleibt; nach Gebrauch ist es wieder in den Lagerraum zurückzubringen.

c.45: Jeder Amtmann soll in seinem Bezirk tüchtige Handwerker zur Hand haben: Grob-, Gold- und Silberschmiede, Schuster, Drechsler, Stellmacher, Schildmacher, Fischer, Falkner, Seifensieder, Brauer – Leute, die Bier, Apfel- und Birnenmost oder andere gute Getränke zu bereiten verstehen –, Bäcker, die Semmeln für unseren Hofhalt backen, Netzmacher, die Netze für die Jagd, für Fisch- und Vogelfang zu fertigen wissen und sonstige Dienstleute, deren Aufzählung zu umständlich wäre.

c.48: Die Keltern auf unseren Krongütern sollen zweckmäßig eingerichtet sein. Die Amtmänner haben darauf zu achten, daß sich niemand untersteht, unsere Trauben mit den Füßen zu keltern, sondern daß alles sauber und reinlich zugeht."
(Capitulare de villis: c.1, 5, 27, 36, 42, 45, 48)

Arbeitsvorschläge und Fragen

a) Welche Aufenthaltsorte suchte Karl der Große besonders häufig auf? Wo lagen die Schwerpunkte seiner Herrschertätigkeit? Welcher Ort hätte sich besonders als Hauptstadt geeignet? Begründe Deine Antworten. (M 1)

b) Was bezweckte Karl mit den einzelnen Bestimmungen zur Verwaltung der Krongüter? (M 3)

c) Was läßt sich der Verordnung über die Bedürfnisse des Hofes entnehmen? (M 3)

5. Vasallen und Lehensherren

Die Herrschaft der Merowingerkönige war vor allem an der Macht und Selbstherrlichkeit des hohen Adels zugrunde gegangen. Um eine ähnliche Entwicklung zu vermeiden, mußten die Karolinger Mittel und Wege suchen, den Adel in ihre Herrschaft einzubinden. So verliehen sie ihm Land und verpflichteten ihn zu Treue und Gehorsam. Schufen die Karolinger ein funktionierendes System? Wo lagen die Probleme?

---

8. Jahrhundert ——— Das Lehenswesen entsteht.

9. Jahrhundert ——— Den adligen Lehensmännern gelingt es Schritt für Schritt, ihre Lehen weiterzuvererben.

Vasallen und Herren

Alle hohen Amtsinhaber im karolingischen Reich waren durch ein besonderes *Treueverhältnis* an den Herrscher gebunden: Die Königsboten, Grafen, Markgrafen, Bischöfe und Äbte, die fast alle aus dem hohen Adel stammten, waren sogenannte *Vasallen* des Königs; Kronvasall zu sein, galt zur Zeit Karls des Großen als höchst ehrenvoll, und die adligen Herren bemühten sich darum, in die Vasallität des Herrschers zu kommen.

In älterer Zeit dagegen war es eher ehrenrührig gewesen, Vasall eines Vornehmen zu sein, denn das Wort bedeutet eigentlich *„Knecht"*. Vasallen wurden freie Männer wie etwa durch Kriegsdienst verarmte Bauern oder Straftäter, die ihre Strafgelder nicht bezahlen konnten. Sie suchten jemanden – meist einen reichen Adligen –, der für sie eintrat, die Schulden zahlte, sie schützte und versorgte und dem sie dafür in Abhängigkeit und Gehorsam dienen mußten. Sie schlossen darüber einen *Vertrag*, durch den sie sich als Vasall in die *Gewalt ihres Herrn* begaben. Der Herr versorgte einen solchen Vasallen meist in seinem eigenen Haushalt mit *„Nahrung und Kleidung"* und beauftragte ihn mit ganz verschiedenen Tätigkeiten. Seit jedoch die Machtkämpfe unter den Adelsfamilien des Merowingerreiches zugenommen hatten, setzten die adligen Herren ihre Vasallen immer häufiger als *Panzerreiter* zum Kriegsdienst ein.

Die Karolinger schließen Lehensverträge mit Adligen

Auch die Karolinger verfügten seit der Zeit Karl Martells über Vasallen, die sie als Panzerreiter gegen äußere und innere Feinde aufbieten konnten. Bald erkannten sie, daß es von Vorteil für sie sei, nicht nur ärmere Freie, sondern vor allem die reichen und mächtigen *Adligen* durch Vasallenverträge an sich zu binden. Sie sahen aber zugleich, daß sie die Adligen, die teilweise kaum weniger reich waren als sie selbst, nicht ohne entsprechende *Gegenleistung* und Anerkennung ihrer *Ehre* zum *persönlichen Dienst* zwingen konnten.

Um dem Reichtum und dem hohen Rang ihrer neuen Vasallen gerecht zu werden, veränderten die Karolinger sowohl die Form des bisherigen Vasallenvertrags als auch die Art der Gegenleistung des Herrn an den Vasallen:

Handgang

Die *Abhängigkeit* des Vasallen von seinem Herrn, in diesem Falle dem König, wurde durch den *Handgang* verdeutlicht: Der Vasall legte seine gefalteten Hände in die des Herrn, der sie mit den seinen umschloß.

Treueid

Die *Gegenseitigkeit* des Verhältnisses von Herr und Vasall wurde durch den *Treueid* betont. Ihn durfte nur ein Freier leisten, und er verpflichtete beide Seiten zur Treue: Der Vasall versprach *Rat im Frieden* und *Hilfe im Krieg* und gelobte, nichts zu tun, was dem Herrn schaden könne. Der Herr garantierte dem Vasallen *Schutz* und verpflichtete sich, ihn nicht zum Unfreien zu erniedrigen, ihn nicht anzugreifen und sein Eigengut nicht anzutasten.

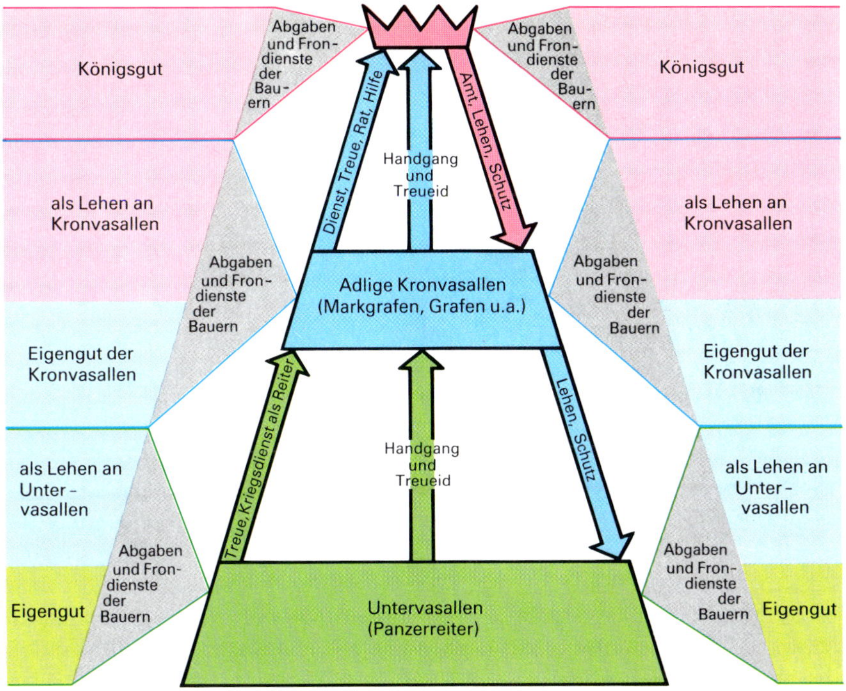

1 Das Lehenswesen

Lehen

Die merowingischen Könige hatten Adligen als Lohn für treue Dienste Land aus königlichem Besitz *geschenkt*. Die Karolinger wollten jedoch diese Art der „Entlohnung" nicht fortsetzen; denn das Königsgut der Merowinger war durch solche Schenkungen und die Ausstattung der Kirchen und Klöster mit Ländereien zusammengeschmolzen.

Um die Erwartungen ihrer Vasallen auf Land und Leute zu erfüllen, übertrugen die Karolinger ihnen meist sehr umfangreiche Ländereien – allerdings nicht als Geschenk, sondern als *Lehen*. Das notwendige Land nahmen die Herrscher aus dem verbliebenen *Königsgut* der Merowinger, aus ihrem *Eigengut*, vor allem aber aus dem *Kirchenbesitz*. Als Entschädigung garantierten die Karolinger der Kirche, daß sie künftig von allen landwirtschaftlichen Erträgen den *Zehnten* erhielt.

Das Lehen fiel bei *Treubruch* oder *Tod* des Vasallen an den Herrn zurück. Das Lehensverhältnis endete auch bei Tod oder Treubruch des Herrn. Die Vasallen durften einen Teil ihrer Lehen an *Untervasallen* weiterverleihen. Besonders die Vasallen des Königs, die als Kronvasallen über genügend Eigenbesitz und große Lehen verfügten, nutzten diese Möglichkeit.

Lehenswesen und Reichsverwaltung

Zu Grafen, Markgrafen, Bischöfen und Äbten beriefen die Karolinger nur Männer, die sie für besonders fähig und zuverlässig hielten. Dennoch gab es immer wieder Klagen über *Amtsmißbrauch*. Um die *Amtsträger* zusätzlich zu Gehorsam und Treue zu verpflichten, forderten Karl der Große und seine Nachfolger auch von den Grafen, Markgrafen, Bischöfen und Äbten den *Treueid* wie von anderen Vasallen und gaben ihnen *Grafenamt und Amtsgut*, *Bistum* oder *Kloster* mit dem zugehörigen Landbesitz zu *Lehen*.

Reichsverwaltung und Lehen waren von nun an untrennbar miteinander verbunden. Es lohnte sich für einen Adligen, Vasall des Königs zu werden; denn das Lehen – ein Amt oder Grund und Boden – warf hohe *Erträge* ab. Dieser

Gewinn und das Treueverhältnis zum König wogen die besondere Abhängigkeit, in die sich der Vasall begab, wieder auf.

Heeresfolge

Für einen Kronvasallen bedeutete es auch keine besondere Belastung, daß er wie alle *freien Männer zur Heeresfolge* verpflichtet war und seine Ausrüstung selbst stellen mußte: In seiner Abwesenheit bewirtschafteten *abhängige Bauern* und *unfreie Knechte* und *Mägde* sowohl seine Eigengüter als auch die Lehensgüter. So war der Vasall für die Aufgaben im Dienst des Herrn freigestellt und konnte auch zwischen den Kriegszügen die notwendige Zeit für die Reit- und Kampfübungen aufbringen. Und da die großen Vasallen über ausreichende Einkünfte verfügten, konnten sie sich die teure Ausrüstung eines Panzerreiters – Schild, Schwert, Reitpferd, Ring- oder Schuppenpanzer – leisten. Um dies alles anschaffen zu können, brauchten sie die Erträge, die eine Landwirtschaft von ungefähr 150 ha erbrachte.

Die Kronvasallen festigen ihre Stellung

Die Panzerreiter aus den Reihen der Kronvasallen und ihrer Untervasallen sicherten die *Schlagkraft des fränkischen Heeres*, das mehr und mehr zu einem Heer adliger Lehensträger geworden war. Aber schon bald zeigten sich doch Mängel des Lehenswesens. Gestützt auf ihre Untervasallen konnten die Kronvasallen einen *Treubruch* gegen den Herrscher wagen; denn die Untervasallen fühlten sich eher ihren Herren zur Treue verpflichtet als dem König, wenn es zu Streit und Kampf zwischen beiden kam. Die Kronvasallen nutzten die Schwäche der Nachfolger Karls des Großen aus und setzen schließlich durch, daß ihre Lehen und Ämter in ihren Familien *erblich* wurden, so daß aus *Lehen* praktisch *Eigen* wurde.

Lehenswesen: „Lehen" (lat.: feudum, daher: Feudalismus) bezeichnet ein geliehenes Gut oder Amt, das ein Herr einem freien Mann als Gegenleistung für Dienst, Gehorsam und Treue zur Verfügung stellt. Grundlage für den Erhalt eines Lehens ist ein persönlicher Vertrag zwischen einem *Lehensherrn* und einem *Lehensmann*: Der Lehensmann gibt sich in die Hand des Herren, er wird dadurch sein zu Dienst und Gehorsam verpflichteter *Vasall*, und schwört ihm den Treueid. Der Herr verpflichtet sich, seinen Vasallen zu schützen und ihn gerecht zu behandeln. Der Vasall hat vor allem Kriegsdienst zu leisten. Das Lehensverhältnis endet mit dem Tod oder bei Treubruch eines der beiden Vertragspartner. – Die karolingischen Könige entwickelten das *Lehensrecht*, um die Adligen des Frankenreiches persönlich abhängig zu machen. Unter ihnen wurde das Lehenswesen zum Mittel der Staatsführung, zur mittelalterlichen *Staatsform*.

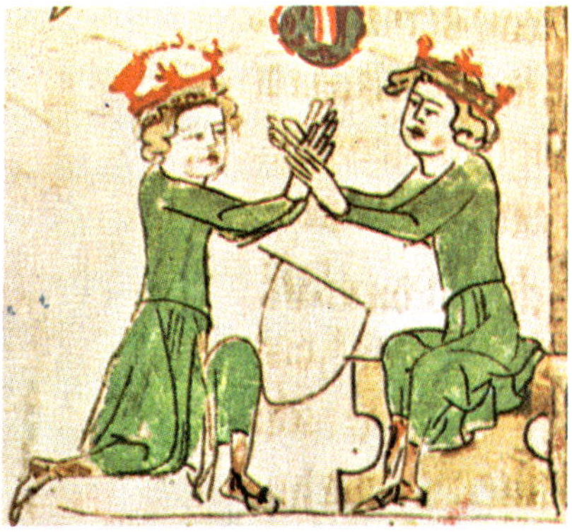

2 Handgang zwischen König und Vasall. Das Bild stammt aus wesentlich späterer Zeit (14. Jh.).

3 Einberufung des Heerbanns

Wichtigste Vasallenpflicht war die Heeresfolge. Abt Fulrad von Altaich erhielt folgenden Befehl Karls des Großen:

„Wir [Karl] teilen dir [Fulrad] mit, daß wir in diesem Jahr die große Heeresversammlung nach Ostsachsen zusammengerufen haben, und zwar nach Staßfurt an der Bode. Deshalb befehlen wir dir, am 17. Juni mit allen deinen wohlbewaffneten und ausgerüsteten Leuten an dem genannten Platze dich einzustellen, ... Jeder Berittene soll Schild, Lanze, Schwert und Hirschfänger haben, dazu Bogen, Köcher mit Pfeilen, und eure Packwagen sollen Vorräte aller Art mitführen, Spitzhacken und Äxte, Bohrer, Beile, Spaten,

eiserne Grabscheite und alle anderen Werkzeuge, die man bei einem Feldzug braucht. Die Lebensmittel müssen von der Heeresversammlung an gerechnet drei Monate reichen, Waffen und Bekleidung ein halbes Jahr."
(Einberufung des Abtes Fulrad; nach 804)

4 Treueid und Treubruch. Ein Stammesherzog als Vasall

Die Jahrbücher des fränkischen Reiches berichten:
„748. ... Pippin setzte den Tassilo aus Gnaden in Bayern als Herzog ein ... 757. ... König Pippin hielt mit den Franken seine Reichsversammlung in Compiègne ab. Dorthin kam der Bayernherzog Tassilo, der sich durch Handgang in das Vasallitätsverhältnis ergab. Er schwur zahllose Eide, indem er die Hände auf die Reliquien der Heiligen legte, und gelobte König Pippin und seinen obengenannten Söhnen, den Herren Karl und Karlmann als Vasall mit rechtem Sinn und unerschütterlicher Ergebenheit Treue gemäß dem Recht, das ein Vasall seinem Herrn gegenüber einzuhalten habe ...
763. König Pippin hielt seine Reichsversammlung in Nevers ab und machte den vierten Kriegszug gegen Aquitanien. Da schob Herzog Tassilo von Bayern die Eide und Versprechungen, die er gemacht hatte, alle beiseite und entfernte sich böswillig aus dem Heer; alles was sein Oheim König Pippin ihm Gutes getan hatte, setzte er beiseite. Indem er sich arglistig entfernte, zog er nach Bayern ..."
[781. Karl der Große zwingt Tassilo seine Eide zu wiederholen und zur Sicherheit Geiseln zu stellen.]
788. „... zuverlässige Bayern fingen an zu sagen, Tassilo halte sein Wort nicht, vielmehr erwies er sich nachher als eidbrüchig ... Nachdem all das gegen ihn erwiesen war, zeigte sich, daß die Franken und Bayern, Langobarden und Sachsen und wer aus allen Ländern auf diesem Reichstag versammelt war, in Erinnerung an seine früheren Übeltaten und wie er bei einem Heereszug den König Pippin verließ (zu deutsch: harisliz), diesen Tassilo zum Tode verurteilten. [Karl begnadigt Tassilo zu lebenslanger Klosterhaft.]
(Jahrbücher des fränkischen Reichs, zu den Jahren 748, 757, 763, 781, 788, Leipzig 1888)

5 Fränkischer Adliger. Die Kirche von Mals in Südtirol hatte zwei Stifter, einen geistlichen (S. 10, M 3) und einen weltlichen Adligen. Das Wandbild ist eines der wenigen zeitgenössischen Zeugnisse dafür, wie die fränkische Oberschicht auftrat.

Arbeitsvorschläge und Fragen

a) Erläutere die Beziehungen zwischen Herrscher, Kronvasallen und Untervasallen. (M 1)
b) Vergleiche das Ansehen eines Vasallen zur Zeit der Karolinger und zuvor.
c) Vergleiche Auftreten und Aussehen dieses weltlichen Stifters (M 5) mit dem des geistlichen Stifters. (S. 10, M 3)
d) Welche Vor- und Nachteile konnte es für den König haben, wenn jeder Kronvasall seine Truppe selbst ausrüstete und ins Feld führte? (M 3)
e) Welche Pflichten hatte Tassilo, und worin bestand sein Vergehen? (M 4)

6. Bauern und Grundherren

In karolingischer Zeit wurden oft Kriege geführt. Vor allem auf den freien Bauern lastete der Kriegsdienst so schwer, daß viele von ihnen verarmten. Sie waren in steigender Zahl gezwungen, sich in den Schutz adliger Herren oder der Kirche zu begeben und verloren allmählich ihre Freiheit. So entstand eine Herrschafts- und Wirtschaftsform, die wir Grundherrschaft nennen. Sie prägte bis ins 19. Jahrhundert die bäuerlichen Verhältnisse.

---

8. Jahrhundert ——— Die Grundherrschaft entsteht. Freie Bauern verlieren ihre Rechte als Freie und werden vom Grundherrn abhängig. Sie erarbeiten für ihn die Lebensgrundlage, so daß der Grundherr für den Herrscherdienst freigestellt wird.

9. Jahrhundert ——— Jene, die sich als ursprünglich Freie in die Abhängigkeit begeben haben, werden Schritt für Schritt den von Anfang an Unfreien angeglichen, und es entsteht die einheitliche Schicht der *Grundholden*.

Freie Bauernkrieger geraten in Abhängigkeit

Unter Karl dem Großen wurde fast alljährlich im späten Frühjahr zur *Heeresfolge* aufgerufen. Das *fränkische Heer* war ursprünglich ein Heer *freier Bauernkrieger*. Wer Kriegsdienst leistete, war also gerade zu der Zeit abwesend, in der durch Saat und Ernte die meiste Arbeit auf den Feldern anfiel. So traf der Kriegsdienst jene fränkischen Bauern schwer, die als Freie zum Kriegsdienst verpflichtet waren, aber über keine Hilfskräfte verfügten, die in ihrer Abwesenheit die Feldarbeit verrichteten. Für sie bedeutete auch die Ausrüstung – Lanze, Schild, Pfeil und Bogen – eine fast unzumutbare Belastung. Die Erträge ihrer Landwirtschaften reichten dafür kaum aus und gingen durch die häufige Abwesenheit des Bauern noch weiter zurück. So *verarmten* viele dieser freien Bauern durch die häufige Teilnahme an Kriegszügen. Folgten sie aber dem Aufruf der königlichen Beamten zur Heeresfolge nicht, drohte ihnen eine Geldbuße. Sie betrug je nach dem Vermögen des säumigen Heerespflichtigen bis zu 60 Schillingen, das entsprach etwa dem Gegenwert von jeweils 60 Küken, 8 Hengsten, 20 Schwertern, 5 Panzern oder 10 Helmen. So sahen sich viele dieser verarmten Freien gezwungen, sich als *hörige Bauern* in die *Abhängigkeit* eines reichen Grundbesitzers zu begeben. Die Pflicht zum Kriegsdienst entfiel nun. Sie übergaben ihren inzwischen verschuldeten Eigenbesitz einem adligen Herren und erhielten von ihm Land zur Bewirtschaftung zur Verfügung gestellt. Dafür mußten sie ihm gemessene Dienste leisten, Abgaben und *Frondienste* (Herrendienste), deren Umfang feststand. Der Herr gewährte ihnen Schutz und Fürsorge.

Vergrundholdung

Mit der Zeit geriet die *persönliche Freiheit* dieser Menschen in Vergessenheit; sie wurden ebenso behandelt wie *Unfreie*, die Hufen (= Bauernstellen) ihres Herrn als Bauern bewirtschafteten. Der Herr saß wie über die Unfreien auch über die ehemals Freien bei Vergehen zu Gericht, übte also *Herrschaft* über sie aus. So wurden sie *abhängige Bauern, hörige Grundholden*. Anders jedoch als unfreie Knechte und Mägde, die im Haushalt des Herrn unbeschränkte Dienste zu leisten hatten, saßen die Hörigen auf Bauernstellen und hatten abgemessene Dienste zu leisten.

Aus dem Güterverzeichnis des Klosters Saint-Germain-des-Prés in Paris

Daß Hörigkeit keinen Ausweg aus Armut und Not bedeuten mußte, erfahren wir aus dem Güterverzeichnis des Klosters Saint-Germain-des-Prés in Paris: Auf Grundbesitz des Klosters 150 km südwestlich der Stadt bewirtschafteten drei Familien mit zusammen acht Kindern eine Hufe. Sie mußten im Jahr

1 Bauern bei der Arbeit.
Der Kalender, in dem die Monate bildlich durch die verschiedenen bäuerlichen Arbeiten dargestellt werden, stammt aus Salzburg und entstand 818.

2 Hammel, 9 Hühner und 30 Eier an das Kloster liefern. Außerdem hatten sie 100 Bretter, 100 Schindeln, 12 Dauben und 6 Reifen für Weinfässer sowie 12 Fackeln herzustellen. Den Transport dieser Produkte nach Paris mußten sie mit ihrem Ochsenkarren bewerkstelligen. Schließlich waren sie verpflichtet, zur Frühjahrs- und Winterbestellung auf dem Land, das vom Kloster direkt bewirtschaftet wurde, Pflugarbeit zu leisten. Eine Hufe war je nach Güte des Ackers ursprünglich so bemessen (10–20 ha), daß eine Familie sich davon ernähren konnte. Aber ein Hektar brachte damals nur 7 dz Getreide, d.h. etwa das Anderthalbfache des Saatgutes. (Heute erntet ein Bauer von einem Hektar in Mitteleuropa etwa 29,6 dz.) Die 150 km lange Fahrt mit dem Ochsenkarren nach Paris dauerte 2 Wochen.

Die Bauern und ihre Herren

Durch ihre Arbeit und Abgaben versorgten die hörigen Bauern nicht nur adlige Großgrundbesitzer und die Klöster mit allen lebensnotwendigen Gütern, sondern auch die Bischofshöfe und den Königshof. Die Grundherrschaften des Königs, die Königsgüter, waren mit den Pfalzen (vgl. S. 17, 20ff.) verbunden und wurden von einem Amtmann verwaltet. Die übrigen Grundherrschaften waren in Fronhofsverbände unterteilt. Je einem Herrenhof, in dem als Vertreter des Grundherren der Meier saß, unterstand eine bestimmte Anzahl von Hufen. Einen Teil seines Besitzes verwaltete der Grundherr meist mit Hilfe von unfreien Knechten und Mägden von einem Gutshof aus in Eigenwirtschaft.

2 Dreifelderwirtschaft. Ursprünglich wurde in der Landwirtschaft weder Stalldung noch künstlicher Dünger verwendet. Der Boden erholte sich durch brachliegen. In der Karolingerzeit begannen die Bauern, den Ackerbau fortschrittlicher zu organisieren. Von der Zweifelderwirtschaft – jährlicher Wechsel zwischen Brache und Getreideanbau – gingen sie zur Dreifelderwirtschaft über. Dabei folgte auf die Brache ein Fruchtwechsel, so daß ein Feld erst im dritten Jahr wieder brachliegen mußte.

Grundherrschaft: Die Besitzer von großen Ländereien bewirtschaften ihren Grund und Boden nicht selbst, sondern lassen ihn durch abhängige, meist verarmte, aber ursprünglich freie Bauern bearbeiten. Diese leisten dafür gemessene Dienste. Sowohl die Höhe ihrer Abgaben an Naturalien als auch das Ausmaß an Dienstleistungen für den Herren (Frondienst) stehen fest. Einen Teil des Landbesitzes bewirtschaftet der Grundherr vor allem mit Hilfe von unfreien Knechten und Mägden, die ungemessene Dienste leisten mußten, in Eigenwirtschaft. Der Grundherr gewährt den von ihm Abhängigen Schutz und sitzt über sie zu Gericht, d.h., er übt Herrschaft über sie aus. Die ehemals freien Bauern (Hufner) brauchen keinen Kriegsdienst mehr zu leisten; sie entrichten statt dessen eine zusätzliche Kriegssteuer in Form einer Sonderabgabe an den Herrn. Mit der Zeit jedoch gerät die Unterscheidung zwischen Unfreien und ursprünglich Freien in Vergessenheit; es entsteht die breite Schicht der *Grundholden*.

3 Nachforschungen über das Schicksal der freien Bauernkrieger

Als die Zahl der freien, die zum Heeresdienst erschienen, immer mehr zurückging, stellte Karl der Große im Jahre 811 das folgende fest:

„(2) Die schutzlosen Freien beklagen sich, sie seien ihres Eigentums beraubt worden, und sie klagen darüber in gleicher Weise gegen Bischöfe und Äbte und deren Vögte und gegen Grafen und deren Zentgrafen (= Grafenstellvertreter). (3) Sie sagen auch, wenn jemand sein Grundstück einem Bischof, Abt, Grafen, Richter oder Zentgrafen nicht geben will, suchen diese Gelegenheit, den Schutzlosen zu verurteilen und ihn immer wieder ins Feld ziehen zu lassen, bis er schließlich verarmt ist und wohl oder übel sein Grundstück ihnen übereignet oder verkauft. Andere aber, die es übereignet haben, bleiben ohne Belästigung durch irgend jemand auf ihrem Hof sitzen ... (5) Andere sagen auch, daß sie gerade diese Ärmeren zwingen und mit dem Aufgebot ins Feld ziehen lassen, jene aber, die noch etwas haben, was sie ihnen geben können, zu ihrem Eigengut entlassen ... (8) Andere gibt es wiederum, welche daheim bleiben und sagen, daß auch ihre Herren zu Hause sitzen und daß sie nur mit ihrem Herren ausrücken dürften, wie auch immer der Befehl des Herrn Königs laute. Andere aber gibt es, die sich eben deshalb in den Schutz irgendwelcher Herren begeben, bei denen sie sicher sind, nicht mit dem Aufgebot ausrücken zu müssen ..."

(Zit. nach: Castritius u.a., Herrschaft, Gesellschaft, Wirtschaft, Quellenband I, Donauwörth)

4 Vorschriften über die Aufstellung des Heeres

Im Jahre 808 hatte Karl an die Königsboten (vgl. S. 21 ff.) eine Verordnung erlassen:

„Kurze Anweisung, welche die Königsboten besitzen müssen, um das Heer aufstellen zu können:

(1) Jeder freie Mann, der vier Hufen bestelltes Land zu eigen oder von irgend jemandem zu Lehen hat, muß sich bereit halten und in eigener Person ins Feld ziehen, und zwar mit seinem Herrn, wenn dieser nämlich mit auszieht, oder mit seinem Grafen. Wer drei Hufen als eigen besitzt, werde mit einem anderen verbunden, der nur eine Hufe hat und ihm Unterstützung geben soll, damit dieser für beide marschieren kann. Wer aber nur zwei Hufen als eigen hat, werde mit einem anderen zusammengetan, der ebenfalls zwei Hufen hat, und einer von ihnen rücke mit Unterstützung des anderen aus. Wer aber eine einzige Hufe besitzt, mit dem sollen drei andere zusammengetan werden, die auch nur eine haben, und einer soll ausrücken, die anderen aber ihn unterstützen. Die drei aber, die diese Unterstützung leisten, sollen zu Hause bleiben."

(Zit. nach: Geschichte in Quellen, Band 2, S. 75, Nr. 82)

5 Das Inventar des Hofes Staffelsee, um 801

Wie Land, Arbeit und Abgaben in einer Grundherrschaft verteilt waren, erfahren wir aus der Beschreibung eines Herrenhofs des Bistums Augsburg:

„Wir fanden ... einen Fronhof mit Herrenhaus, der mit den übrigen Gebäuden (dem Bistum Augsburg) gehört. Zu dem Fronhof gehören 740 Tagewerk Ackerland und Wiesen mit einem Ertrag von 610 Fuder Heu ... Es gibt ... eine Tuchmacherei, in der 24 Frauen arbeiten ... Es gibt dort ferner eine Mühle, die jährlich 12 Scheffel (1 Scheffel = 8,7 Liter) abgibt. Es gehören zu demselben Hof 23 ausgegebene freie Hofstellen. Sechs von ihnen zinsen jährlich 14 Scheffel Getreide ..., (ihre Inhaber) leisten jährlich 5 Wochen Frondienste (auf dem Fronhof) ... Je zwei geben 1 Ochsen als Kriegssteuer, wenn sie nicht selbst ins Feld ziehen ... Ferner sind 19 Unfreienhufen ausgegeben. Jeder ihrer Inhaber gibt jährlich 1 Ferkel, ... front wöchentlich 3 Tage (auf dem Fronhof) ... Sein Weib fertigt 1 Hemd und 1 Chorrock, braut Malz und bäckt Brot."

(Aus dem Inventar des Hofes Staffelsee; nach 801. Zit. nach: erinnern und urteilen I, 1977, S. 149)

Arbeitsvorschläge und Fragen

a) Nenne die verschiedenen Mißstände, die im Heerwesen des karolingischen Reiches sich breit machten und suche nach Erklärungen dafür. (M 3)

b) Was wollte Karl der Große mit seinen Vorschriften über die Aufstellung des Heeres erreichen? (M 4)

c) Stelle eine Liste der Güter zusammen, die das Bistum vom Hofgut Staffelsee erhielt und ordne sie nach der Art ihrer Herstellung. Was kann man daraus über den Aufbau solcher Güter entnehmen? (M 5)

d) Erläutere den Ablauf der Dreifelderwirtschaft während eines Jahres. (M 2)

e) Beschreibe die Arbeiten und Geräte der Bauern. Vergleiche sie mit entsprechenden Arbeitsvorgängen und Geräten heute. (M 1)

7. Wissenschaften und Künste im karolingischen Reich

„Die Gebildeten tragen gegenüber Karl eine so große Schuld, daß sie auf ewig sein Gedächtnis bewahren werden", meinte Lupus von Ferrières, ein Zeitgenosse des Herrschers. Notker der Stammler, Mönch von St. Gallen, schrieb später über den gelehrten Angelsachsen *Alkuin*, den Lehrer Karls: „Seine Gelehrsamkeit trug so reiche Früchte, daß die heutigen Gallier oder Franken den alten Römern und Athenern gleichkommen."

Der Hof als geistiger Mittelpunkt

Die Herkunft der Gelehrten, die sich im Gefolge Karls aufhielten, spiegelt die Weite seines Reiches und die Anziehungskraft seines Hofes: Italien, Spanien, England, Irland und das fränkische Reich im engeren Sinne waren als Herkunftsländer vertreten. Die Gelehrten waren überwiegend *Theologen*; ihre Interessen und Arbeitsgebiete reichten jedoch weit darüber hinaus. Als der bedeutendste Wissenschaftler überhaupt galt der Angelsachse Alkuin, einer der Lehrer Karls des Großen. Der Mainfranke Einhard war ein vortrefflicher Kenner der lateinischen Sprache und verfaßte die *Lebensbeschreibung Karls*. Latein war die Sprache aller dieser Gelehrten, und sie bemühten sich nach Jahrhunderten sprachlicher Verwilderung wieder um korrektes *Latein* und einen guten Stil.

Die Rolle der Klöster

Wichtige Helfer bei seinem Bemühen um die *Pflege der Wissenschaften* waren für Karl die großen *Klöster* des Reiches. Angehörige des Kreises von Gelehrten am Hofe Karls, Verwandte des Herrschers, Persönlichkeiten, die wichtige politische Aufträge erfüllen mußten, hatten ihre Ausbildung in bedeutenden Klöstern erhalten, z.B. Einhard in Fulda. Manche von ihnen waren Äbte wie etwa Alkuin in Tours. Andere bemühten sich um die Gründung neuer Klöster, so der Vetter Karls des Großen, Adalhard: Bis zu seinem Tod 826 Abt des Klosters Corbie an der Somme, hatte er zusammen mit seinem Bruder im eben erst unterworfenen Sachsen mit Mönchen aus Corbie 815 ein Kloster im Solling gegründet. 7 Jahre später wurde es an einen günstigeren Platz, den des heutigen Corvey bei Höxter, verlegt. Neu-Corbie (Corvey) hatten die Mönche einst ihre Gründung genannt. Das Kloster wurde zu einem Mittelpunkt der Mission des Sachsenlandes und zu einem Zentrum der Politik. Immer wieder hielten Kaiser dort Hoftage (vgl. S. 20f.). In der Bibliothek von Corvey wurden kostbare Handschriften antiker Autoren aufbewahrt und der Nachwelt überliefert.

Lateinische und germanische Wurzeln der Bildung

Antike Werke, vor allem die der Römer, dienten in allen Wissenschaften, aber auch in der Malerei und Baukunst, ja selbst in der Dichtung als *Vorbilder*. Neben dieser Hinwendung zum lateinischen Gedankengut kümmerte sich Karl aber auch um die Überlieferung der *germanischen* Völker in seinem Reich und deren sprachliche Eigenheiten. So veranlaßte er z.B., daß Gelehrte an seinem Hof sich um eine Grammatik seiner Muttersprache bemühten. Er ließ die germanischen Heldenlieder und Sagen sammeln und aufschreiben und den Monaten und Windrichtungen fränkische Namen geben.

Elementarunterricht und Aufbaustudium

Der Kaiser wollte nicht nur die Bildung der geistlichen Führungsschicht seines Reiches heben, sondern auch die der Laien aller Stände. Er ließ deshalb *Elementarschulen* einrichten, Pfarrschulen an kleinen Orten, in denen Lesen, Schreiben und Kirchengesang vermittelt wurden. Für die darauf aufbauende gehobene Ausbildung, die ebenso den Laien zugänglich war, dienten nicht nur die *Klosterschulen*, sondern Karl gründete auch an Bischofssitzen und Pfalzen (vgl. S. 20ff., 29) Schulen.

1 Abteikirche von Corvey. Das Westwerk von außen (links) (a) und die Kaiserkapelle (Johannischor) im Innern (rechts) (b). Über der Erdgeschoßhalle ruht im 1. Stock die Kaiserkapelle, die Kirche des Kaisers, wenn er sich in Corvey aufhielt. Von der Kaiserloge aus konnte der Herrscher dem Gottesdienst folgen und außerdem durch eine Bogenöffnung in die sich anschließende Klosterkirche der Mönche hineinsehen. Über der Kaiserkapelle befindet sich im 2. Stock ein Saal, in dem der Kaiser sein Amt als weltlicher Herrscher und Richter ausübte.

2 Karl der Große als Schüler

Einhard schildert Karls Lerneifer:

„Karl war ein begabter Redner, er sprach fließend und drückte alles, was er sagen wollte, mit äußerster Klarheit aus. Er beherrschte nicht nur seine Muttersprache, sondern erlernte auch fleißig Fremdsprachen. Latein verstand und sprach er wie seine eigene Sprache. Griechisch konnte er allerdings besser verstehen als sprechen. Er war rednerisch so begabt, daß er manchmal beinahe zu weitschweifig erschien. Die Sieben Freien Künste pflegte er mit großem Eifer, achtete seine Lehrer sehr und erwies ihnen große Ehrbezeugungen. Der Diakon Peter von Pisa, der schon ein alter Mann war, lehrte ihn Grammatik. Ein anderer Diakon, Albinus, genannt Alkuin, ein Mann sächsischer Abstammung aus Britannien, der der größte Gelehrte seiner Zeit war, unterrichtete ihn in den übrigen Wissenschaften: Der König verwendete viel Zeit und Mühe auf das Studium der Rhetorik [Redekunst], Dialektik [Fertigkeit, ein gelehrtes Gespräch zu führen; auch: Philosophie] und besonders der Astronomie [Sternkunde]. Er lernte Rechnen und verfolgte mit großem Wissensdurst und aufmerksamem Interesse die Bewegungen der Himmelskörper. Auch versuchte er sich im Schreiben und hatte unter seinem Kopfkissen im Bett immer Tafel und Blätter bereit, um in schlaflosen Stunden seine Hand im Schreiben zu üben. Da er aber erst verhältnismäßig spät damit begonnen hatte, brachte er es auf diesem Gebiet nicht sehr weit."

(Einhard, Leben Karls des Großen, Kap. 25)

Arbeitsvorschläge und Fragen

a) Wissenschaftliche Bildung spielte bei der Erziehung junger Adliger – auch bei den frühen Karolingern – meist keine oder nur eine geringe Rolle. Welche Folgerungen zog Karl der Große für sich selbst (M 2) und für andere daraus?

b) Weise an M 1 a) und b) nach, wie eng Kloster und Herrscher zusammenwirkten.

8. Das Frankenreich – trotz Teilungen ein Ganzes?

Das fränkische Großreich Karls des Großen war weniger stabil als die Zeitgenossen vermutet hatten. In den Jahren nach dem Tode Karls waren infolge von Bruderkriegen und Teilungen Reiche entstanden, die ein eigenes Staatsleben entwickelten. Der Zerfall des karolingischen Reiches bedeutete also gleichzeitig einen Neubeginn für die Nachfolgereiche.

814	Im Todesjahr Karls tritt Ludwig I., der Fromme, die Alleinherrschaft im karolingischen Reich an.
817	Ludwig trifft eine erste Nachfolgeregelung für den Fall seines Todes.
829–843	Ludwig versucht, seinem Sohn aus zweiter Ehe einen Reichsteil zuzuweisen. Die Zeit der Bruderkriege im Frankenreich beginnt.
843	Im Vertrag von Verdun setzt sich das alte fränkische Teilungsprinzip wieder durch.
880	Im Vertrag von Ribémont gelingt es, die Grenze des ostfränkischen Reichsteils weiter nach Westen vorzuschieben.

Die Nachfolge Ludwigs des Frommen

Als Karl der Große 814 starb, lebte von seinen Söhnen nur noch einer, *Ludwig I.*, der später den Beinamen *‚der Fromme'* erhielt. Seit 813 Mitkaiser Karls, erbte er das karolingische Großreich *ungeteilt*. Hätten seine Brüder noch gelebt, wäre das Reich nach fränkischem Rechtsbrauch unter ihnen aufgeteilt worden.

Der Einheitsgedanke

Wenige Jahre später traf Ludwig seinerseits eine Nachfolgeregelung. Er wollte keine Reichsteilung vornehmen, obwohl er mehrere Söhne hatte. Bestärkt wurde er in diesem *Einheitsgedanken* vom Adel; die adligen Familien hatten im ganzen Reich verstreut Besitzungen und sahen aus diesem Grunde die Teilungen nicht gerne. Ebenso setzten sich auch die Vertreter der Kirche für ein einheitliches fränkisches Reich ein, damit ihre Missions- und Christianisierungsarbeit nicht behindert wurde. Ludwigs ältester Sohn *Lothar* sollte *Mitkaiser* und Erbe des Gesamtreiches werden, die beiden anderen Söhne, Ludwig und Pippin, erhielten kleine Unterkönigreiche am Rande des großen Reiches.

Der Bruderkrieg

Jedoch zerstörte Ludwig der Fromme diese Regelung selbst, als er 12 Jahre später Karl, seinem Sohn aus seiner zweiten Ehe, ebenfalls einen Anteil am Reich zukommen lassen wollte. Er löste damit immer neue Kämpfe mit seinen Söhnen und seiner Söhne untereinander aus, die über seinen Tod im Jahre 840 hinaus anhielten. Oppositionelle Gruppen im Reich schlossen sich den kämpfenden Brüdern an, allmählich spürte man, daß das Reich auch in seiner Bevölkerung *keine Einheit* mehr bildete. Ein vorläufiges Ende der Auseinandersetzungen brachte im Jahre 843 der Vertrag von Verdun, in dem sich das alte fränkische Teilungsprinzip durchsetzte.

Die drei Reichsteile

Obwohl die Brüder größten Wert darauf legten, den Besitzstand angemessen zu verteilen, hatte doch jeder von ihnen völlig andere Voraussetzungen in seinem Reichsteil: Karl mußte sich im Westen noch mit dem Sohn seines inzwischen verstorbenen Halbbruders Pippin in Aquitanien auseinandersetzen. Lothar gelang es zwar im Maas- und Scheldegebiet noch Land für sich zu gewinnen, aber der lange Gebietsstreifen, der sich von der Nordsee bis an die Rhône zog, war schwer zu verteidigen. Ludwig, mit dem Beinamen der Deutsche, hatte schon längst in Bayern Fuß gefaßt; er besaß nun nicht nur den rechtsrheinischen Reichsteil, sondern darüber hinaus hatte er noch mit den Diözesen Mainz, Worms und Speyer linksrheinische Besitzungen mit großem Anteil an

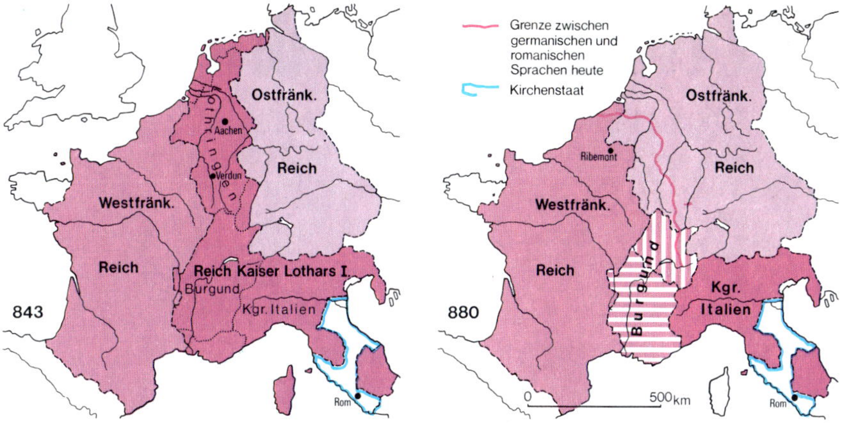

1 Die Teilungen des Frankenreichs

Königsgut erworben. Durch seine lange Regierungszeit begünstigt, konnte sich im ostfränkischen Reichsteil schon in Ansätzen ein eigenständiges Gemeinschaftsgefühl entwickeln. Trotzdem galt das Frankenreich noch immer als *eine* Reichseinheit. Jedoch wurden die Teile seit 843 nicht mehr auf Dauer wiedervereinigt. Der Versuch von Ludwigs Sohn, Ludwig (III.) dem Jüngeren, noch einmal das Westreich zurückzuerobern, war aussichtslos. Er gab sich schließlich im Vertrag von Ribémont (880) mit einem Landgewinn an der Westgrenze zufrieden.

2 Die Straßburger Eide

Im Jahre 842 schlossen Karl der Kahle und Ludwig der Deutsche ein Bündnis gegen Lothar I. Der Geschichtsschreiber Nithard berichtet:
„Es trafen sich also am 14. Februar Ludwig und Karl in der Stadt, die ehedem Argentaria hieß und nun Straßburg heißt, und schwuren wie unten folgt. Ludwig aber sprach romanisch, Karl deutsch. Und bevor sie ihre Eide ablegten, wandte sich jeder an das um ihn versammelte Volk, der eine in deutscher, der andere in romanischer Sprache. Ludwig, als der Ältere begann: ‚Wie oft Lothar nach dem Tode unseres Vaters mich und meinen Bruder verfolgte und zu vernichten suchte, wißt ihr ... Wie ihr wißt, wurden wir durch Gottes Barmherzigkeit die Sieger [über Lothar] ... Aber er gibt sich auch jetzt mit diesem Gottesgericht nicht zufrieden, sondern läßt nicht ab, mich und meinen Bruder voll Feindschaft zu verfolgen, ja er sucht auch unser Volk mit Brand, Raub und Mord heim. Darum sind wir notgedrungen hier zusammengekommen und wollen, da ihr unseres Erachtens an unserer unerschütterlichen brüderlichen Treue noch zweifelt, sie durch diese Eide in eurer Gegenwart bekräftigen ...‘
Nachdem Karl dasselbe in romanischer Sprache ausgeführt hatte, versicherte Ludwig als der Ältere zuerst, folgendes halten zu wollen:
(Der Eid beginnt in der Originalsprache mit den Worten:) ‚Pro Deo amur et pro Christian poblo et nostro commun Saluament ...‘
Nachdem Ludwig geendet hatte, beschwor Karl in deutscher Sprache dasselbe also:
(Der Eid beginnt in der Originalsprache mit den Worten:) ‚In Godes minna ind in des Christianes folches ind unser bedhero gealtnissi ...‘
(In unserer heutigen Sprache lautet der Anfang des Treueides: ‚Aus Liebe zu Gott und zu des christlichen Volkes und unser beider Heil ...‘)“
(Zit. nach: Geschichte in Quellen, Bd. 2, S. 118f., Nr. 113, übers. v. J. Bühler) (Nithard, historiarum libri IV; III. cap. 5)

Arbeitsvorschläge und Fragen

a) Beschreibe den Verlauf der Reichsgrenzen des östlichen und des westlichen Reichsteils. (M 1)
b) Gib in eigenen Worten wieder, was sich während der „Straßburger Eide“ ereignet hat. Welche Bedeutung haben die Vorgänge für die Frage nach der Einheit des Frankenreichs? (M 2)

Reich und Kirche im Mittelalter

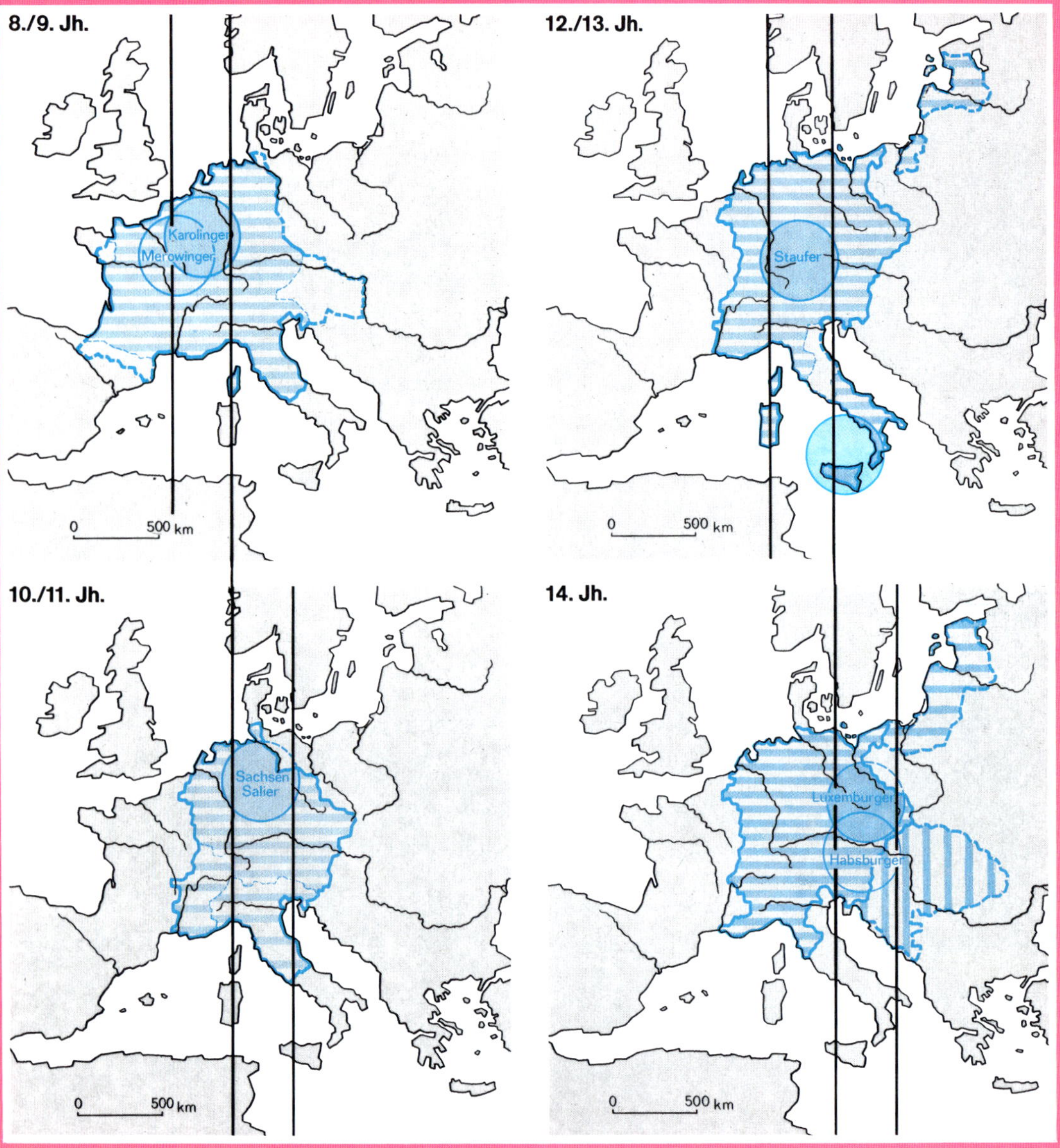

1 Schwerpunkte des mittelalterlichen Reiches

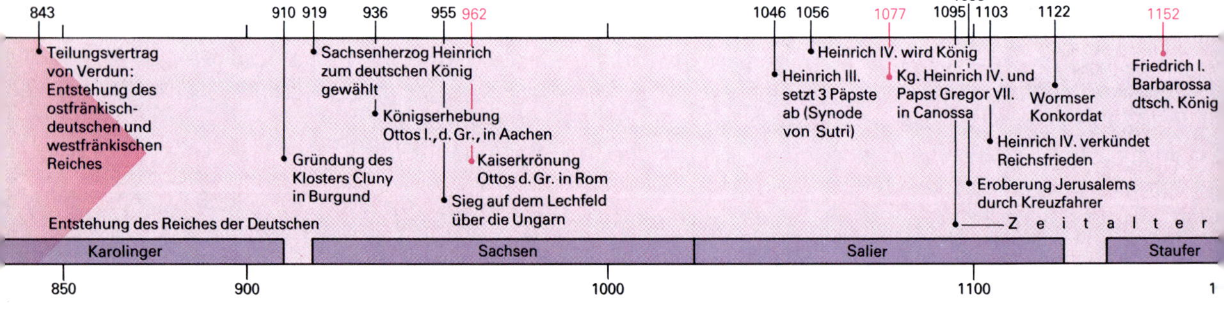

2 Zwei Gewalten. Christus überreicht Petrus den Schlüssel, dem Kaiser das Schwert als Zeichen des höchsten Herrscheramtes (französische Buchmalerei, 13. Jh.)

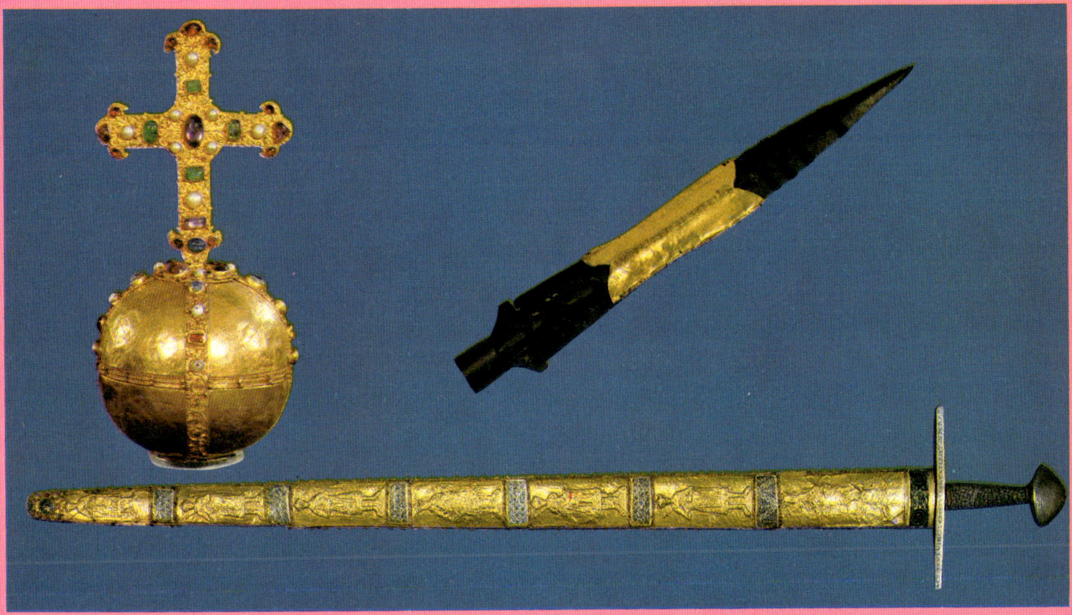

3 Krönungsinsignien des Deutschen Reiches (heute in der Schatzkammer der Wiener Hofburg). Reichsapfel (12. Jh.), Heilige Lanze (8./9. Jh.) und Reichsschwert (11. Jh.). In die Lanzenspitze ist ein Stück Eisen eingelassen, von dem man glaubte, es sei ein Nagel vom Kreuz Christi.

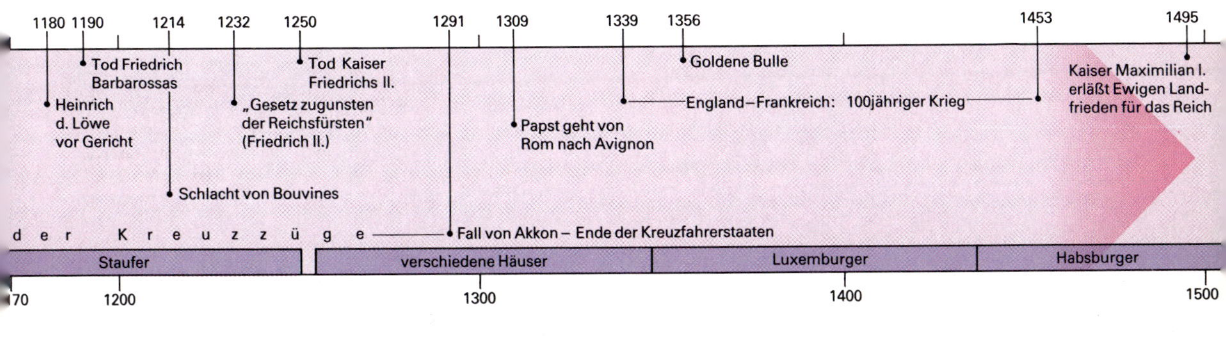

1. Der Beginn der deutschen Geschichte

Früher haben Historiker die Frankenkönige, ja sogar schon die germanischen Stämme der Völkerwanderung als „Deutsche" bezeichnet; zu Unrecht. Zwischen Franzosen und Deutschen gab es einmal den Streit, ob Karl der Große Deutscher oder Franzose gewesen sei; er war keines von beiden, sondern ein Franke. Ein genaues Gründungsdatum für Deutschland gibt es nicht: Es entstand in einem längeren Zeitraum. In der Zeit Ottos I. (des Großen) wurde zum erstenmal deutlich, wie das neue Reich aussah und auf welchen Grundlagen es ruhte.

919	Der Sachsenherzog Heinrich wird König.
936	Otto I. wird in Aachen zum König erhoben.
955	Die Ungarn werden auf dem Lechfeld vernichtend geschlagen.
962	Otto I., der Große, wird in Rom zum Kaiser gekrönt.
973	Otto wird im Dom zu Magdeburg beigesetzt.

Vom Ostfrankenreich zum deutschen Reich

Nach dem Tode des letzten karolingischen Königs (911) wurde aus dem ostfränkischen allmählich das *deutsche Reich*. Denn der Adel der Stämme, die später das deutsche Volk bildeten, wählte sich jetzt neue Könige aus den eigenen Reihen. Sie gehörten nicht mehr der alten Königsfamilie an, die noch im Westfrankenreich herrschte. Damit glaubte der Adel, seine eigenen Interessen besser wahren zu können. König, Adel und Geistlichkeit des Ostreiches besaßen offenbar schon ein Gefühl der Zusammengehörigkeit. Aber das Bewußtsein, einem neuen Volk, dem deutschen oder dem französischen, anzugehören, entwickelte sich im „Volk" nur langsam. Die Menschen in Deutschland fühlten sich als Franken, Sachsen, Schwaben oder Bayern. Die deutschen Könige nannten sich zunächst ‚Könige der Franken und Sachsen'. Im Frankenkönig Karl dem Großen sahen sie ihren Vorgänger und ihr Vorbild. Erst im *11. Jahrhundert* begann man das Reich als *‚Reich der Deutschen'* zu bezeichnen. Aber auch dann war es kein Staat, in dem alle Einwohner dieselbe Sprache benutzten. Immer gab es große Teile der Reichsbevölkerung, die nur eine romanische oder slawische Sprache verstanden und sprachen. Das Reich war also *kein ‚Nationalstaat'*.

Königsmacht und Stammesherzöge

Die Könige Deutschlands und Frankreichs teilten ihre Reiche nie mehr unter ihre Söhne auf, wie es die Frankenkönige getan hatten. Denn die Reiche galten jetzt als *unteilbare Einheiten*, nicht mehr als Privatbesitz der Könige. Anders als die fränkischen mußten sich jedoch die deutschen Könige mit den mächtigen *Stammesherzögen* auseinandersetzen, wenn sie eine starke Königsmacht aufbauen wollten. 919 wurde der mächtigste von ihnen, der *Sachsenherzog Heinrich*, von Franken und Sachsen zum *König* gewählt. In Verhandlungen und mit Kriegszügen gelang es ihm, auch von den bayrischen und schwäbischen Stammesherzögen als König anerkannt zu werden. Auch Lothringen, das sich inzwischen Frankreich angeschlossen hatte, wurde als fünftes Herzogtum wieder für das deutsche Reich gewonnen.

Abwehr der Ungarn

Als Heinrich die Königsmacht im Inneren aufgerichtet hatte, konnte er sich einer weiteren Aufgabe zuwenden: der Abwehr der äußeren Feinde. Seit Jahrzehnten hatten die *Ungarn*, ein aus Asien kommendes Reitervolk, mit ihren Beutezügen die Menschen in Angst und Schrecken versetzt. Heinrich schloß mit ihnen einen 9jährigen Waffenstillstand und zahlte ihnen Tribut. Diese Zeit nutzte er, um Befestigungen zu errichten und ein schnelles Reiterheer aufzu-

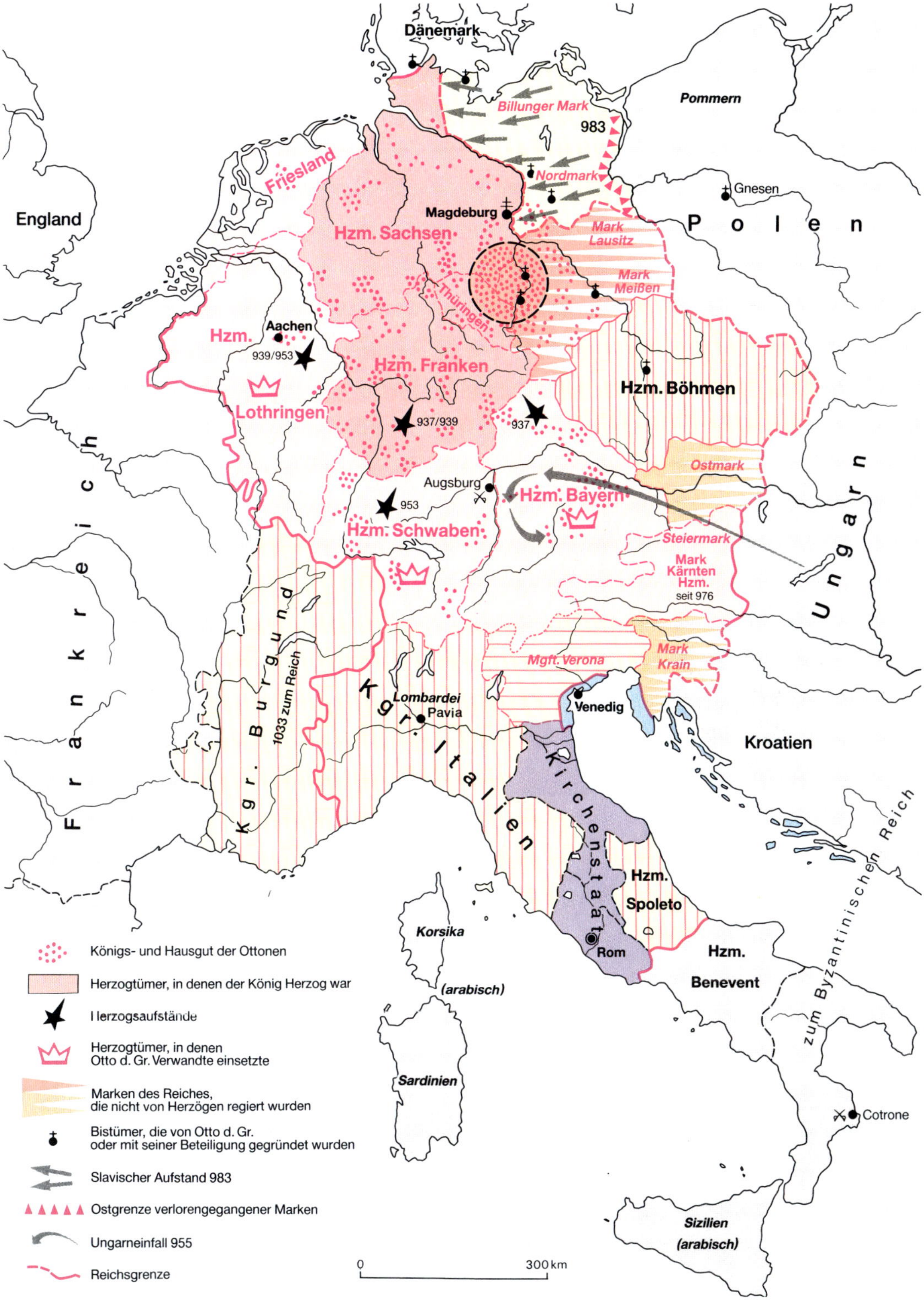

1 Das Deutsche Reich zur Zeit Ottos des Großen (936–973). Der deutsche König war seit 951 gleichzeitig italischer, seit 1033 auch burgundischer König. Das Imperium bestand danach also aus drei Königreichen.

stellen, das sich mit den Ungarn messen konnte. Er übte das Heer, indem er Vorstöße in das Slawenland östlich der Reichsgrenze unternahm und die dortigen Stämme tributpflichtig machte. Als die Ungarn 933 wieder im Reich auftauchten, wurden sie von einem königlichen Heer in einer Schlacht an der sächsisch-thüringischen Grenze geschlagen.

König Otto kämpft gegen die Stammesherzöge

Heinrich I. hatte seine Stellung so gefestigt, daß er zu seinen Lebzeiten seinen Sohn *Otto* zum Nachfolger bestimmen (designieren) konnte. Bei Wahl und Krönung (936 in Aachen) hatten sich die Stammesherzöge dem neuen König zwar untergeordnet. Aber sie wollten sich auch von ihm nicht in die Angelegenheiten ihrer Herzogtümer hineinreden lassen. Als Otto eine stärkere Königsmacht anstrebte, empörten sie sich gegen ihn. Sie wurden von den Brüdern des Königs unterstützt, die auch an der Königsherrschaft teilhaben wollten. Nur mit Mühe konnte Otto seine Gegner niederwerfen. Franken behielt er nun neben Sachsen in eigener Hand. In den anderen Herzogtümern setzte er Mitglieder seiner eigenen Familie als Herzöge ein und hoffte, sie würden ihm in Zukunft treu ergeben sein. Aber er irrte sich: Seine Verwandten lebten sich schnell in den Stammesgebieten ein und handelten gegen den König wie ihre Vorgänger. Wieder brach ein gefährlicher Aufstand aus.

Die Ungarn werden geschlagen

Zugleich fielen die Ungarn, der Schrecken Europas, mit einem Heer wieder in das Reich ein. Aber als sich die Aufständischen mit den Ungarn gegen den König verbünden wollten, wandten sich die meisten ihrer Anhänger wieder Otto zu und der Aufstand brach zusammen. Im August 955 schlug das Heer Ottos, in dem alle deutschen Stämme mitkämpften, die *Ungarn* auf dem *Lechfeld* bei Augsburg vernichtend. Nie wieder kehrten sie nach Deutschland zurück; sie blieben im Gebiet des heutigen Ungarn und wurden christianisiert.

Ottos Weg zum Kaisertum

Ruhm und Stellung Ottos des Großen waren im Reich, ja in ganz Europa, durch diesen triumphalen Sieg ungeheuer gestiegen. Der Chronist Widukind berichtet, er sei nach der Lechfeldschlacht von seinem Heer schon „Kaiser" genannt worden. Aber der *Weg zum Kaisertum* führte über Italien und *Rom*; denn seit Karl dem Großen hatte der Papst das Recht der Kaiserkrönung. Otto griff in Italien ein, als sich ihm eine günstige Gelegenheit bot. König Berengar von Italien, der bereits Lehensmann Ottos war, hatte den Kirchenstaat angegriffen. Papst Johannes XII. rief Otto zu Hilfe und bot ihm die Kaiserkrönung an. Der König erschien mit seinem Heer in Rom und wurde *962* feierlich zum *Kaiser* gekrönt, vielleicht mit der Reichskrone, die heute noch in der Wiener Hofburg ausgestellt ist. Otto versprach, die römische Kirche zu beschützen, die freie Wahl und Weihe des Papstes zu achten. Den Kirchenstaat (vgl. S. 18) erkannte er als Besitz des Papstes an. Doch als Johannes sich später mit dem Sohn Berengars gegen ihn verbündete und damit seinen *Treueid* brach, ließ Otto ihn durch eine Synode *absetzen*. Die Römer mußten ihm schwören, in Zukunft einen Papst nur noch mit seiner Zustimmung einzusetzen. So hatten die Römer und der Papst mit Otto nicht nur einen Schützer, sondern auch einen Herrn erhalten.

Warum wollten die Könige Kaiser werden?

Seit Otto dem Großen sind nur noch deutsche Könige in Rom zum Kaiser gekrönt worden. Er hat die Kaiser- und Italienpolitik der späteren Herrscher begründet. Welche Gründe hatte Otto, nach Italien zu ziehen und die Kaiserwürde anzustreben? Er folgte auch hier seinem Vorbild Karl dem Großen, dem ersten fränkischen Kaiser. Zwar brachte die Kaiserkrönung ihm und den späteren Königen nicht mehr Macht, aber doch mehr Ruhm und Ansehen unter den europäischen Königen ein. Sie sicherte ihm großen Einfluß auf die Päpste. Um nach Rom zu kommen, mußten die Könige das wirtschaftlich reiche Nord- und Mittelitalien beherrschen. Dort konnten sie viele Abgaben und Dienstleistungen einfordern, um ihre Macht zu stärken. Auch Otto hatte sich in Pavia in der Lombardei noch vor der Kaiserkrönung wie Karl der Große „König der Franken und Langobarden" nennen lassen. Wahrscheinlich war manchen der späteren deutschen Könige die Beherrschung Italiens sogar noch wichtiger als die Kaiserkrone („Langobarden" vgl. S. 17f., 27).

Deutsch: Der Begriff entstand im 8. Jahrhundert an der westlichen Sprachgrenze. Er bezeichnete die Volkssprache der germanischen Stämme Mitteleuropas. Erst Jahrhunderte später wurden auch die Menschen dieser im Reich lebenden Stämme zusammenfassend als ‚Deutsche' bezeichnet.

2 Die Königserhebung Ottos

Widukind berichtet:

„Nachdem nun also … Heinrich gestorben war, da erkor sich das ganze Volk der Franken und Sachsen dessen Sohn Otto, der schon vorher vom Vater zum König designiert worden war, zum Herrscher. Und als Ort der allgemeinen Wahl bestimmte man die Pfalz zu Aachen … Als man dorthin gekommen war, versammelten sich die Herzöge und die vornehmsten Grafen und die Schar der fürstlichen Vasallen im Säulenhof der Basilika Karls des Großen und sie setzten den neuen Herrscher auf einen hier aufgestellten Thronsessel. Hier huldigten sie ihm, gelobten ihm Treue und versprachen ihm Hilfe gegen alle seine Feinde und machten ihn so nach ihrem Brauch zum König. Während dies die Herzöge und die übrigen Amtsträger taten, erwartete der Erzbischof [von Mainz] mit der gesamten Priesterschaft und dem ganzen Volk innen in der Basilika den Einzug des neuen Königs. Als er eintrat, ging ihm der Erzbischof entgegen, berührte mit seiner Linken die Rechte des Königs, während er mit der Rechten den Hirtenstab hielt … Dann zum Volk gewandt, das ringsumher stand … sprach er: Sehet, ich bringe Euch den von Gott erkorenen und einst von Herrn Heinrich designierten, nun aber von allen Fürsten zum König gemachten Otto; wenn Euch diese Wahl gefällt, so erhebt die rechte Hand zum Himmel! Darauf hoben alle die Rechte in die Höhe und wünschten mit lauten Rufen dem neuen Herrscher Heil. Dann schritt der Erzbischof mit dem König … hinter den Altar, auf dem die Abzeichen des Königs lagen, das Schwert mit dem Gürtel, der Krönungsmantel mit den Spangen, der Stab mit dem Szepter und die Krone … Darauf wurde er mit dem heiligen Öl gesalbt und mit dem goldenen Kronreif von den Bischöfen Hildebert und Wichfrid gekrönt, … dann von ihnen zum Thron geführt … Nach der Messe … stieg der König herab und ging in die Pfalz. …"

(Quellen z. Gesch. d. sächs. Kaiserzeit, hrsg. v. A. Bauer u. R. Rau, Frh. v. Stein – Ausg. 8, 1971, S. 84–89)

3 Thronender Kaiser. Kaiser Otto III. umgeben von geistlichen und weltlichen Würdenträgern (Miniatur aus einem Evangeliar, um 998).

4 Elfenbeinschnitzerei (10. Jh.). Zu sehen sind: Wahrscheinlich Otto II., seine Gemahlin Theophanu, sein Sohn Otto III., der hl. Mauritius, Maria, Christus und zwei Engel.

5 Aus dem Vertrag Ottos d. Gr. mit dem Papst und den Römern

„Ich Otto, von Gottes Gnaden Imperator Augustus, gelobe und verspreche zusammen mit meinem Sohn, dem ruhmreichen König Otto, mit dieser Urkunde Dir, dem heiligen Apostelfürsten Petrus, dem Schlüsselträger des Himmelreiches, und durch Dich Deinem Stellvertreter, dem Herrn Papst Johannes XII., dem höchsten Priester, alles, was Ihr von Euren Vorgängern bis heute in Eurem Besitz und Eurer Verwaltung hattet: die Stadt Rom mit ihrem Dukat [Verwaltungsbezirk], ihren Vorstädten, allen Dörfern und Ländereien, im Gebirge wie an der Küste ... Der gesamte Klerus und der Adel des römischen Volkes verpflichten sich mit Eid, wegen verschiedener Unzulänglichkeiten und der ungerechtfertigten Härte der Päpste gegen das ihm anvertraute Volk: daß die künftige Papstwahl dem Kirchenrecht gemäß und gerecht geschehe; daß derjenige, der zur heiligen und apostolischen Herrschaft gewählt wird, ... nicht zum Papst geweiht werde, bevor er nicht in Gegenwart unserer Abgesandten ... ein feierliches Versprechen abgibt, alles gerecht und dauerhaft beachten zu wollen." (Quellen z. dt. Verfassungs-, Wirtschafts- u. Sozialgesch., 1977, S. 46–55)

6 Wie bezeichnen unsere heutigen Nachbarn das Wort ‚deutsch'? Die Dänen: tysk; die Engländer: german (dutch = holländisch!); die Finnen: saksalainen; die Franzosen: allemand; die Italiener: tedesco; die Polen: niemiecki (= stumm).

Arbeitsvorschläge und Fragen

a) Es gibt heute zwei Staaten, die sich als deutsch bezeichnen. Nenne auch die Staaten, in denen deutsch gesprochen wird.

b) Versuche die Unterschiede der Bezeichnungen für ‚deutsch' in den anderen Sprachen zu erklären. (M 6)

c) Die Königserhebung Ottos bestand aus einer Reihe von Handlungen. Zähle sie auf. Welche von ihnen sind geistlich, welche weltlich? (M 2)

d) Welche Personen und Personengruppen wirkten bei der Königserhebung mit und bildeten damit die Grundlage der Königsherrschaft im Reich? Welche waren wohl besonders und welche weniger wichtig?

e) Welche königlichen Abzeichen sind am thronenden Kaiser zu erkennen? (Vergleiche mit Widukinds Bericht.) Wer sind die Personen rechts und links des Kaisers und woran erkennt man ihren Stand? (M 3)

f) Welche der auf der Elfenbeinschnitzerei dargestellten Gestalten stellen die genannten Personen dar? Erkläre Anordnung und Größe der Gestalten. (M 4)

g) Beschreibe die unterschiedlichen Formen der Herrschaftsausübung, wie sie in der Karte M 1 zum Ausdruck kommen. Siehe dazu auch M 1, S. 44.

2. Bischöfe und Äbte als Diener Gottes und des Königs

Wir lesen und hören immer wieder, daß katholische oder evangelische Bischöfe in der Bundesrepublik Deutschland ihre Meinung zu wichtigen politischen Fragen äußern. Wir wissen auch, daß die Kirchensteuer vom Staat für die Kirche eingezogen wird. Aber bei uns sind Staat und Kirche grundsätzlich getrennt; beide haben verschiedene Aufgaben zu erfüllen und haben ihre Beziehungen zueinander durch Verträge geregelt. So erscheint es uns fremdartig, wenn Bischöfe und Äbte im Mittelalter selbst über große Herrschaftsgebiete regierten oder an der Spitze ihrer Krieger zu einem Feldzug des Königs ritten. Wie es dazu kam und wie die enge Verbindung von Staat und Kirche aussah, das können wir am besten in der Zeit Ottos des Großen und seiner Nachfolger erkennen.

Der König setzt Bischöfe und Äbte ein

Otto der Große hatte erlebt, wie unzuverlässig die Stammesherzöge gewesen waren, ja daß sie sogar für den König gefährlich werden konnten. Er suchte nach einer anderen, festeren *Stütze* für das Königtum und fand sie in den *Bischöfen* und *Äbten der Reichskirche.* Sie lebten ehelos und konnten daher ihre Besitzungen nicht vererben wie die weltlichen Fürsten. So konnte der König nach dem Tode eines Bischofs oder Abtes Männer einsetzen, die er kannte und die ihm treu ergeben waren. Zwar sollte ein Bischof nach den alten Vorstellungen der Kirche von Geistlichkeit und Volk des Bistums gewählt werden, aber dennoch bestritt damals niemand dem König das Recht, den Kandidaten zu bestimmen.

Am liebsten nahm sie der Herrscher aus dem Kreis der Geistlichen an seinem Hof. Diese Hofkapläne zogen mit ihm und dem königlichen Gefolge durch das Reich; der König sah sie täglich und wußte, was er von ihnen zu halten hatte. Da sie meist die einzigen am Hofe waren, die schreiben und lesen konnten, schrieben sie auch die Briefe des Königs und stellten seine Urkunden aus. So waren sie erfahren in den Regierungsgeschäften und konnten ihre Erfahrung später auch als Bischöfe und Äbte für das Reich nutzen.

Ausbau und Förderung der Reichskirche

Der König war darauf bedacht, die hohen Geistlichen vor den weltlichen Fürsten zu schützen und aus ihren Besitzungen leistungsfähige Herrschaftsgebiete zu machen. Wir besitzen heute noch Hunderte von Schenkungsurkunden der deutschen Könige für die Bistümer und Abteien des Reiches. Er verlieh ihnen zahlreiches *Reichskirchengut*: zum Beispiel Grundherrschaften mit Dörfern und Bauern, große Waldgebiete mit dem Jagdrecht, er erlaubte ihnen, Märkte einzurichten, Stadtherren zu werden, Burgen zu bauen und Gericht zu halten. Selbst Grafschaften wurden manchen Bischöfen verliehen. Seinem eigenen Bruder Bruno, der Erzbischof von Köln war, übergab Otto der Große sogar das Herzogtum Lothringen zur Regierung.

Königsdienst als Gegenleistung der Reichskirche

Für die umfangreichen Verleihungen erwartete der König allerdings auch große Gegenleistungen. Bischöfe und Äbte wirkten in ihrem Herrschaftsbereich als Vertreter des königlichen Willens, und das ihnen anvertraute Reichskirchengut verwalteten sie besser als es weltliche Lehensmänner getan hätten. Als gebildete und erfahrene politische Berater waren sie aber auch häufig am königlichen Hof anwesend. Sie führten Gesandtschaftsreisen für den König im deutschen oder in den benachbarten Reichen durch oder sie leiteten politische Verhandlungen. Auch bei den Feldzügen des Königs waren sie dabei und führten ihre eigenen Ritter an. Große Teile des königlichen Heeresaufgebots wurden von ihnen gestellt. Einige von ihnen haben sich sogar selbst mit dem Schwert in der Schlacht beteiligt.

1 Die Reichskirche und die Herzogtümer zur Zeit Ottos des Großen

Der König hat keine Hauptstadt

Ein weiterer wichtiger Dienst für den König war die Verpflegung seines Hofes mit Lebensmitteln und anderen wichtigen Gütern. Die Könige hatten nämlich *keinen* festen *Regierungssitz* im Reich. Sie waren mit ihrem ganzen Gefolge ständig auf Reisen innerhalb des Reiches unterwegs. Nur im strengen Winter oder an hohen Feiertagen wie Weihnachten und Ostern hielt sich ein König einige Wochen an einem Ort auf. Sich als Herrscher zeigen und Macht ausüben, Streitigkeiten schlichten und Frieden herstellen, Gericht halten und Missetäter bestrafen, kurzum: regieren, das konnte er am besten, wenn er persönlich anwesend war. Man hat geschätzt, daß der königliche Hof auf Reisen mehrere hundert bis eintausend Personen umfaßte. Die Versorgung war gar nicht ein-

2 Investitur eines Bischofs. Otto II. investiert 983 Bischof Adalbert von Prag. (Relief von der Bronzetür des Doms von Gnesen, 11. Jh.)

fach, da es noch keine großen Märkte gab, wo man Lebensmittel für soviele Menschen auf einmal hätte kaufen können. Die Frankenkönige und auch die ersten deutschen Könige hatten sich und den Hof noch meist von ihrem eigenen Königsgut ernährt und bei ihren Reisen auf ihren Pfalzen gewohnt. Dorthin mußten die Bauern und Gutsverwalter, die auf dem Königsland lebten, ihre landwirtschaftlichen Erzeugnisse liefern. Die Nachfolger Ottos des Großen hielten sich aber seit dem 11. Jahrhundert schon viel lieber in den Bischofsstädten auf und ließen sich von den Bischöfen verpflegen. Diese Lebensmittel und Güter mußten nun die Bauern und Handwerker auf den Grundherrschaften (vgl. S. 28ff.) des Bischofs oder des Reichsklosters erzeugen und anliefern.

Neue Bistümer im Osten und Norden

So eng war die Verbindung von Königtum und Reichskirche, daß Otto der Große mit Unterstützung des Papstes neue Bistümer gründete und mit Bischöfen besetzte. Das tat er besonders in den eroberten Gebieten östlich der Elbe, wo die noch heidnischen Elbslawen wohnten, aber auch in Dänemark und Böhmen. Als Mittelpunkt der elbslawischen Missionsbistümer richtete er schließlich das Erzbistum *Magdeburg* ein. Der Erzbischof war der Leiter der Magdeburger Kirchenprovinz, die sich aus den verschiedenen Bistümern zusammensetzte. Otto wollte also die elbslawischen Stämme mit der Christianisierung und der Gründung neuer Bistümer gleichzeitig für das Reich und für die Kirche gewinnen.

Bischöfe als Diener zweier Herren?

Aber hatten die Bischöfe und Äbte nicht vor allem Diener Gottes zu sein? Sie sollten friedlich die Botschaft der Kirche verkündigen, beten, taufen und predigen, sie sollten Pfarrer ausbilden und Kirchen weihen, die ihnen anvertrauten Menschen geistlich unterweisen. Konnte es also nicht leicht geschehen, daß der Dienst am König dem Dienst an Gott zuwiderlief? Nur wenige haben in der Zeit Ottos und seiner Nachfolger diese Frage gestellt. Die meisten waren der Meinung, ein Bischof oder Abt könnte gleichzeitig ein guter Diener Gottes wie des Königs sein. Für sie war die Arbeit für den König, den gesalbten Schutzherrn der Kirche, zugleich Dienst am Christentum.

Reichskirche: So werden die nur dem Reich unterstellten Bischofskirchen und Klöster bezeichnet. Die *Investitur* (Einsetzung) der Reichsbischöfe und Reichsäbte wurde durch den König vorgenommen.

3 Der König beim Betreten einer Kirche von 2 Bischöfen gestützt. In der linken Hand hält er den Reichsapfel, rechts trug er ursprünglich das Reichszepter (ca. 1007–1012).

4 Wolfgang wird Bischof von Regensburg (972)

„Kaiser Otto II. trug Sorge für seinen und den kirchlichen Nutzen oder, was der Wahrheit näher kommt, er ist durch Gottes Zutun … dazugebracht worden, alle Kandidaten, die sich um diesen Bischofssitz bemühten, abzuweisen. Bestärkt durch eine Gesandtschaft des Bischofs [Pilgrim von Passau] und den Rat des Markgrafen wandte er seinen Sinn ganz der Einsetzung des verehrenswerten Wolfgang zu. So schickte er schnell Boten aus, um diesen Diener Gottes am Bischofssitz wählen zu lassen und ihn darauf, ob er wolle oder nicht, nach Frankfurt zu führen, wo der Kaiser Weihnachten verbringen wollte … Als die Boten Wolfgang erklärten, warum sie gekommen seien, ging er ganz in sich und vertraute sich und sein Schicksal Gott an … Dann reiste er mit den Boten des Kaisers ab und kam zur Stadt Regensburg. Dort wählten Geistlichkeit und Volk, wie es der Kaiser gewünscht hatte, nach dem kirchlichen Brauch den hl. Wolfgang zum Bischof. Und dann schickten sie ihn mit der Gesandtschaft an den Königshof. Als er vor den Kaiser geführt wurde, warf er sich ihm zu Füßen nieder und erklärte, er sei unwürdig, ungebildet, von niedriger Herkunft. Der Kaiser aber übertrug ihm, obwohl er widerstrebte und klagte, das Bistum … Als er nach Regensburg kam, wurde er mit Freudengesängen und Jubelrufen empfangen, nach dem Brauch der Bischöfe feierlich auf den Bischofsstuhl gesetzt, von Geistlichkeit und Volk dem höchsten Hirten anempfohlen und von Erzbischof Friedrich [von Salzburg] und seinen Bischöfen nach einigen Tagen dort zum Bischof geweiht."

(Vita Wolfkangi MGH SS 4, S. 531 f.)

5 Ein Verzeichnis von Rittern für ein Heer Ottos II. (etwa 980–983)

„Bischof Erchanbald von Straßburg stellt 100 Ritter. Der Abt von Murbach führt 20 an. Bischof Balzzo von Speyer schickt 20. Bischof Illdebald [von Worms] führt 40. Der Abt von Weißenburg schickt 50. Der von Lorsch führt 50. Der Erzbischof von Mainz schickt 100, der von Köln 100. Der Bischof von Würzburg schickt 60, der Abt von Hersfeld 40. Graf Heribert führt 30, sein Neffe kommt mit 30 oder schickt 40. Megingaus führt 30, Cono 40. Vom Herzogtum Elsaß werden 70 geschickt. Bezolinus führt 12. Azolinus schickt 30, Oddo 20. Graf Hezel führt 40. Der Abt von Fulda schickt 60. Graf Guntram führt 12, Ungerus 20, Herr Sicco 20, Otto 40. Herzog Karl schickt Boso mit 20. Der Bischof von Lüttich schickt 60, der Bischof von Cambrai 12. Geldulf führt 12. Graf Deoderich schickt seinen Sohn mit 12, Graf Ansfred 10, die Markgrafen Gottfried und Arnulf 40. Der Sohn des Grafen Sicco führt 30 mit sich. Der Abt von Prüm führt 40, der Erzbischof von Trier 70, der Bischof von Verdun 60. Der von Toul schickt 20. Der Erzbischof von Salzburg schickt 70, der Bischof von Regensburg 70. Abraham, Bischof von Freising, führt 40, Bischof Reginald von Eichstätt 50, Bischof Alboin von Brixen 20, der von Augsburg 100. Der von Konstanz schickt 40. Der von Chur führt 40, der Abt von Reichenau 60, der von St. Gallen 40, der von Ellwangen 40, der von Kempten 30."

(Verzeichnis der Panzerreiter MGH Const. 1, Hannover 1893, S. 633)

6 Abgabenverzeichnis der Abtei (= Kloster) Werden/Ruhr

Folgende Abgaben waren dem König jährlich zu leisten:
„8 Kühe, 68 Schweine, 15 Ferkel, 8 Pfauen, 195 Hühner, über 95 Käse, 870 Eier, 47½ Malter Brotgetreide, 95 Scheffel Hafer, 182 Krüge Bier, 147 Becher (Malter und Scheffel sind Getreidemaße, die von Ort zu Ort sehr verschiedene Mengen bezeichnen). Die Abgaben wurden von den elf Fronhöfen der Abtei aufgebracht, diese zogen die Abgaben wiederum von den Bauern ein. Für die Bewohner der Klosterhöfe in Barkhoven galt zusätzlich: Sie ... stellen die Türhüter für die Gäste am Hof des Abtes, das heißt für den König und die Fürsten."
(Urbar C der Abtei Werden, hrsg. v. R. Kötzschke, Rheinische Urbare 2 [1906] S. 137–151)

7 Aus dem Stadtrecht der bischöflichen Stadt Straßburg (12. Jahrhundert):

„§ 92. Wenn der Kaiser oder König in die Stadt kommt, müssen seine Pferde überall aufgenommen und versorgt werden. § 103. Wenn der Bischof zu einem Feldzug des Kaisers reitet, muß jeder Schmied dem Burggrafen [einem Beamten des Bischofs] jeweils 4 Hufeisen mit Nägeln liefern; der soll damit 24 Pferde des Bischofs ausrüsten, die übrigen soll er als Reserve behalten. § 104. Wenn der Bischof an den Königshof reitet, soll jeder Schmied 2 Hufeisen mit Nägeln liefern und der Burggraf soll damit 12 Pferde des Bischofs ausrüsten, den Rest soll er behalten. § 108. Acht Schuster sollen dem Bischof, wenn er auf Hoffahrt oder Heerfahrt zum Kaiser geht, Lederbehälter für Leuchter, Glocken und Becher geben. § 110. Die Sattler sollen dem Bischof zur Hoffahrt zwei Sättel liefern, zum Feldzug des Reiches 4. § 112. Die Bechermacher sollen alle Becher, die der Bischof ... für die Hoffahrt zum Kaiser benötigt, herstellen. § 113. Die Küfer sollen alles für das Bad oder die Küche herstellen, was der Bischof oder der Kaiser oder die Kaiserin benötigen, wenn sie anwesend sind."
(UB der Stadt Straßburg 1, hrsg. v. W. Wiegand 1879, Nr. 616)

8 Bischöfliche Tätigkeiten (italienisches Fresko und französische Buchmalerei aus dem frühen 14. Jahrhundert)

9 Erzbischof Bruno von Köln – Politiker oder Seelsorger?

Der Geistliche Ruotger wendet sich gegen die Kritiker des Erzbischofs:
„Auf Drängen des Kaisers begann er damit, ... die Geschäfte des Reiches bei den Lothringern zu führen ... Dabei gab es nichts, worum er sich nicht selbst kümmerte, und mit wachsamer Überlegung achtete er darauf, daß es allen Nutzen bringe. Aber vielleicht machen ihm einige, die die göttliche Anordnung nicht begreifen, den Vorwurf, wie sich denn ein Bischof, der nur die

Aufgabe der Seelsorge übernommen habe, mit Politik und gefährlichen Kriegen beschäftigen könne? Denen wird, wenn sie bei Verstand sind, der Sachverhalt selbst leicht genügende Anschauung bieten: denn sie können den großen und besonders in jenen Landstrichen ungewohnten Frieden sehen, den dieser Schützer und Lehrer des gläubigen Volkes weithin ausbreitete ... Und die weltliche Regierung ist für die Leiter der heiligen Kirche Gottes weder etwas Neues oder vorher Unübliches gewesen ... Wir überlassen es jedem, wie er über diesen frommen Mann sprechen will; wir wissen nur, daß niemand mit einem klaren Kopf danach trachten kann, das allen ersichtliche Gute durch irgendwelche herabsetzenden Vorwürfe zu verdunkeln. Denn ehrenvoll und nützlich für unser Reich war alles, was er getan hat."

(Vita Brunonis, hrsg. v. I. Ott, MGH SS NS 10, Kap. 22f.)

Arbeitsvorschläge und Fragen

a) Wie wurde Wolfgang Bischof von Regensburg? Zähle die einzelnen Etappen seiner Bischofserhebung auf. Wessen Wille war ausschlaggebend? (M 4)
b) Welcher Teil der Investitur ist auf der Abbildung (M 2) zu sehen?
c) Warum war es für den König wichtig, Bischöfe und Reichsäbte selbst einzusetzen?
d) Woran sind König und Bischöfe zu erkennen und wie ist nach dieser Darstellung das Verhältnis beider Seiten (M 3)
e) Rechne aus, wieviele Ritter für das königliche Heer von geistlichen und wieviel von weltlichen Fürsten gestellt wurden. Welche Geistlichen stellten die meisten Krieger und wieviele von ihnen sollten selbst am Feldzug teilnehmen? (M 5)
f) Erkläre am Beispiel des Bischofs von Straßburg und des Abtes von Werden, wie die geistlichen Fürsten die Lebensmittel, Güter und Dienstleistungen aufbrachten, die sie für den Königsdienst benötigten. (M 6 und M 7)
g) Welche Vorwürfe wurden Erzbischof Bruno gemacht und wie rechtfertigt ihn Ruotger? (M 9)
h) Beschreibe, was Du auf den Bildern (M 8) siehst. Welchen Bereichen der bischöflichen Tätigkeit lassen sie sich jeweils zuordnen?

3. Die Kirche will sich von der weltlichen Herrschaft lösen. Der Kampf zwischen Papst Gregor VII. und König Heinrich IV.

Zwischen König und Papst kam es zu erbitterten Auseinandersetzungen, als die Kirche die enge Verbindung zur weltlichen Gewalt lösen wollte. Denn die Kirche besann sich auf ihre geistliche Aufgabe. Sie war auch reicher und mächtiger geworden und wollte selbständiger sein. Viele Geistliche glaubten, Gott näher zu stehen als die weltlichen Herren und hielten daher die geistliche Gewalt für übergeordnet. Diesen ersten großen Kampf zwischen den beiden Gewalten nennt man *Investiturstreit.*

1056	Nach dem Tod Heinrichs III. wird der sechsjährige Heinrich IV. König.
1077	Heinrich IV. geht nach Canossa.
1122	Das Wormser Konkordat wird abgeschlossen. Der Investiturstreit ist beendet.

Eine enge Verbindung bestand nicht nur zwischen König, Reichsbischöfen und Reichsäbten. Jeder adlige Grundherr konnte auf seinem Boden Kirchen und Klöster bauen oder gründen, die man daher *Eigenkirchen* oder *Eigenklöster* (vgl. S. 16, 50) nennt. Meist setzte er auch selbst den Pfarrer ein und zog einen Teil des Kirchenzehnts (der Kirchensteuer) für sich ein. Der Eigenkirchenherr konnte Kirchen und Klöster vererben, verkaufen oder verschenken wie einen weltlichen Besitz. So wurden die Klöster oft in die Kämpfe und Streitigkeiten des Adels hineingezogen. Wegen dieser Einflüsse, aber auch wegen des eigenen Reichtums wurde auch das Klosterleben immer weltlicher.

Adlige Grundherren besitzen Kirchen und Klöster

Schließlich besannen sich Mönche aus Burgund, aber auch einige Eigenkirchenherren auf die eigentlichen Aufgaben der Klöster. Vor allem das Kloster *Cluny* übernahm die Aufgabe, das verwilderte Klosterleben zu *reformieren*. Die *Regel des heiligen Benedikt* sollte wieder genau befolgt werden. Die Verehrung Gottes, Gebete und festliche Gottesdienste sahen die Mönche nun wieder als ihre Hauptaufgabe an. Frei und unabhängig sollte ihr Kloster vom Eigenkirchenherren und vom Bischof der Diözese sein. Nur dem Papst wollten sie sich unterstellen. Viele Klöster in Burgund und Frankreich schlossen sich den reformerischen Zielen an. Auch im Reich entstanden zahlreiche Reformklöster, um *Gorze* bei Metz in Lothringen, später um *Hirsau* im Schwarzwald.

Cluny reformiert das Klosterleben

Der Gedanke, daß die Klöster und die Kirche überhaupt frei von weltlichen Einflüssen sein sollten, breitete sich von Cluny immer weiter aus. *„Freiheit der Kirche"* hieß das Schlagwort der Reformer. Auch in Rom fand es immer mehr Anhänger. Kaiser Heinrich III., der mit den Reformäbten von Cluny befreundet war, unterstützte die Kirchenreform im Reich und in der römischen Kirche. 1046 ließ er drei gleichzeitig regierende und miteinander kämpfende römische Päpste absetzen. Dann setzte er nacheinander mehrere deutsche Päpste ein. Sie waren von den Streitereien der römischen Adelsparteien unbeeinflußt und konnten daher als Reformpäpste tätig werden.

Die Kirchenreform in Rom

Die Kirchenreformer wandten sich vor allem gegen drei sehr häufige Mißstände: Priester sollten *ehelos* (im *Zölibat*) leben, geistliche Ämter nicht mit Geld und Bestechung „gekauft" werden können. Geistliche sollten nicht durch Laien in ein geistliches Amt eingesetzt werden. Daß sich das Verbot der *Einsetzung* durch einen *Laien (Laieninvestitur)* auch gegen den deutschen König richten mußte, wurde erst später klar.

Was wollten die Reformer?

Für das Königtum war es ein schwerer Schlag, als der mächtige Heinrich III. starb und einen nur 6jährigen Sohn, *Heinrich IV.*, hinterließ. Seine Mutter, Kaiserin Agnes, übernahm zwar die Vormundschaft für ihn, aber am Königshof gaben jetzt die Fürsten den Ton an. Sie kämpften um den Einfluß auf den jungen König. Als Heinrich 12 Jahre alt war, wurde er gegen seinen Willen von Erzbischof Anno von Köln, der die Regentschaft an sich reißen wollte, bei Kaiserswerth auf einem Rheinschiff entführt. Viele königliche Güter gingen in dieser Zeit an die Fürsten verloren. Als Heinrich mit 15 Jahren mündig geworden war und selbständig regieren konnte, versuchte er die königlichen Besitzungen wiederzugewinnen. Nach zähem Kampf mit den Sachsen konnte er dort die königliche Stellung zunächst erneuern. Aber zahlreiche Fürsten hatte er sich zu Feinden gemacht.

Das Königtum in der Krise

Inzwischen war der Mönch *Hildebrand* zum *Papst* gewählt worden, er nannte sich *Gregor VII.* Er war fest davon überzeugt, er trage als Nachfolger des heiligen Petrus allein die Verantwortung für das Heil der ganzen Kirche. Er sagte, wenn man Gott gehorchen wolle, müsse man der Kirche gehorchen und damit wiederum dem Papst. Er begnügte sich nicht mehr mit der Kirchenreform. Die

Papst Gregor VII.

Kirche sollte sich nicht nur von der weltlichen Gewalt lösen, sie sollte ihr sogar übergeordnet sein. Seine Ansichten von der *Vorrangstellung des Papstes* in Kirche und Welt faßte er in Leitsätzen zu seiner Politik, im *„Dictatus papae"*, zusammen.

Der Papst bannt den König

Als König Heinrich IV., wie frühere Herrscher, in Italien Bischöfe gegen Kandidaten des Papstes einsetzte, drohte ihm Gregor VII. mit dem Ausschluß aus der kirchlichen Gemeinschaft, mit dem Kirchenbann. Auf einer Reichsversammlung in Worms wurde der *Papst* daraufhin zwar von den deutschen Bischöfen *abgesetzt*, aber der König hatte gar nicht mehr die Macht, das Urteil zu vollstrecken. Die Antwort Gregors ließ nicht lange auf sich warten: 1076 untersagte er Heinrich IV. die Regierung, löste alle seine Untertanen vom *Treueid* (vgl. S. 24, 27, 40) und sprach zugleich den *Kirchenbann* über ihn aus. Noch nie hatte ein Papst gewagt, den König abzusetzen! Die Wirkung in Deutschland war groß. Die Bischöfe, die bisher immer auf Seiten des Königs gestanden hatten, wurden unsicher. Ein großer Teil der Fürsten, Gegner des Königs, drohten: wenn er sich nicht binnen eines Jahres vom Kirchenbann löse, wollten sie ihn als König nicht mehr anerkennen.

Der Gang nach Canossa

Heinrich gab nach. Im Jahre 1077 zog er mit Frau und Kind und einem kleinen Gefolge mitten im strengen Winter über die Alpen. Dreimal erschien er im Büßergewand vor der Burg *Canossa* in Oberitalien, in die sich der Papst zurückgezogen hatte. Diese Buße war nach den Bestimmungen der Kirche nötig, um die Lösung vom Bann zu erreichen. Gregor nahm den König schließlich wieder in die kirchliche Gemeinschaft auf. Das war zwar ein Erfolg Heinrichs, aber mit dem Gang nach Canossa hatte er doch *Gregors Anspruch anerkannt*, Könige bannen und absetzen zu können.

Weitere Kämpfe um die Investitur

Einige Fürsten hatten trotz der Lösung vom Bann einen *Gegenkönig, Rudolf von Schwaben*, gewählt, mit dem Heinrich in Deutschland kämpfen mußte. Allmählich gewann er wieder die Oberhand. Er konnte sogar mit Heeresmacht nach Italien ziehen und sich von einem *Gegenpapst*, Guibert, zum Kaiser krönen lassen. Papst *Gregor VII.* mußte in das Normannenreich in Süditalien *fliehen*, wo er 1085 starb. Der Investiturstreit war damit noch lange nicht zu Ende, er dauerte noch Jahrzehnte weiter.

Das Wormser Konkordat
Wer hat gesiegt?

Erst 1122 brachte ein Vertrag, das *Wormser Konkordat*, den Frieden zwischen Papst und Kaiser. Die Fürsten hatten hierbei vermittelt. Der König überließ der Kirche die Investitur der Bischöfe und Äbte in ihr geistliches Amt mit Ring und Hirtenstab, den geistlichen Abzeichen. Aber in ihre weltlichen Besitzungen und Herrschaftsrechte durfte er sie in Deutschland mit dem Überreichen eines Szepters einsetzen. Dafür leisteten sie ihm Lehensdienst. So hatte der König Einfluß auf die deutsche Kirche behalten. Doch seine Macht in Rom und gegenüber dem Papst war verloren. Die Kirche war viel selbständiger geworden. Aber die Hauptsieger des Streits waren die deutschen Fürsten: sie hatten die beiden Gegner, Papst wie Kaiser, gegeneinander ausspielen können. Macht und Bedeutung der Fürsten waren während des Investiturstreits stark angewachsen.

> **Eigenkirchen** und **Eigenklöster:** Weltliche oder geistliche Adlige errichteten sie auf dem Gebiet ihrer eigenen Grundherrschaft. Sie gehörten zu ihrem Vermögen; daher beanspruchten die Adligen volle Herrschaftsgewalt über diese Kirchen und Klöster und die dort lebenden Pfarrer und Mönche.

1 Der Konflikt zwischen König und Papst. Im Bild stehen die Namen von drei Beteiligten in dem Streit in lateinischer Sprache: Heinricus IV., Guibertus, Gregorius VII.

2 Verweltlichung der Klöster

Im Jahr 909 wurde bei einer Synode (Kirchenversammlung) der Zustand der Klöster geschildert: „Einige Klöster sind von den Heiden [den Normannen] verbrannt oder zerstört, einige ihres Besitzes beraubt worden und fast schon verschwunden. Und wenn noch Reste von ihnen existieren, so wird dort keine Regel beachtet. Mönche … und Nonnen habe keine rechtmäßigen Leiter mehr … Teils aus Not, teils aus böser Absicht, meist aber durch die Schuld ungeeigneter Vorgesetzter leben sie ohne Ordnung dahin. Die auf Heiligkeit und himmlische Religion bedacht sein sollten, … gehen weltlichen Geschäften nach. Einige haben sogar aus Not das Kloster verlassen … In den Gott geweihten Klöstern … leben Laien als Äbte mit ihren Frauen, Söhnen, Töchtern, mit ihren Vasallen und Jagdhunden … Und wie soll einer von denen [die Regel] erörtern, lesen und verstehen, der sagt: ‚Ich kenne die Buchstaben nicht', wenn ihm ein Buch hingehalten wird?"

(J. D. Mansi, Sacrorum conciliorum collectio, Bd. 17 A, 1902, Sp. 270 f.)

3 Aus den päpstlichen Leitsätzen von 1075 (Dictatus papae)

„1. Die römische Kirche ist allein von Gott gegründet. 3. Der Papst ganz allein kann Bischöfe absetzen und auch wieder einsetzen. 7. Nur er darf, wenn es die zeitliche Notwendigkeit erlaubt, neue Gesetze erlassen und neue Bistümer gründen … 8. Nur er verfügt über die kaiserlichen Herrschaftszeichen. 9. Alle Fürsten haben die Füße einzig und allein des Papstes zu küssen. 12. Der Papst kann Kaiser absetzen. 18. Seine Entscheidung kann von niemandem aufgehoben werden, er selbst aber kann Urteile aller anderen Instanzen aufheben. 19. Er kann von niemandem gerichtet werden. 26. Wer nicht mit der römischen Kirche übereinstimmt, kann nicht als katholisch [rechtgläubig] gelten. 27. Er kann Untertanen vom Treueid gegen ungerechte Herren entbinden."

(Das Register Gregors VII., hrsg. v. E. Caspar 1920, II 55 a, S. 201 ff.)

4 Heinrich IV. verkündet die Absetzung Gregors, 1076

„Heinrich, nicht durch Anmaßung, sondern durch Gottes gerechte Einsetzung König, an Hildebrand, nicht mehr den Papst, sondern den falschen Mönch … Du hast unsere Demut für Furcht gehalten und dich nicht gescheut, dich sogar gegen die uns von Gott verliehene königliche Gewalt zu erheben. Du hast zu drohen gewagt, du würdest sie uns nehmen, als ob wir von dir das Königtum empfangen hätten, als ob in deiner und nicht in Gottes Hand Königs- und Kaiserherrschaft lägen. Unser Herr Jesus Christus hat uns zum Königtum, dich aber nicht zur geistlichen Herrschaft berufen … Mich, der ich … zum Königtum gesalbt worden bin, hast du angetastet, mich, von dem die Überlieferung der heiligen Väter sagt, daß ich nur von Gott gerichtet werden darf, und versichert, daß ich wegen keines Verbrechens abgesetzt werden darf, außer ich weiche vom Glauben ab, was ferne sei … Selbst der wahre Papst, der heilige Petrus, ruft aus: Fürchtet Gott und ehret den König; du aber entehrst mich, weil du Gott, der mich eingesetzt hat, nicht fürchtest … So steige du denn, der du … durch das Urteil aller unserer Bischöfe und unser eigenes verdammt bist, herab, verlas-

5 Der König vergibt Lehen an geistliche und weltliche Fürsten.

7 Papst und Kaiser in Eintracht beieinander. So wie dieser Buchmaler stellen sich die meisten Menschen das ideale Verhältnis von Papst und Kaiser – geistlicher und weltlicher Macht – vor.

se den apostolischen Stuhl, den du dir angemaßt hast … Ich Heinrich, durch die Gnade Gottes König, sage dir zusammen mit allen meinen Bischöfen: Steige herab, steige herab!"
(Briefe Heinrichs Nr. 12, hrsg. v. F.-J. Schmale, Frh. v. Stein – Ausg. 12, 1968, S. 64–69)

6 Absetzung und Bannung Heinrichs IV.

Gregor VII. bannt Heinrich in der Form eines Gebetes an den heiligen Petrus, 1076:
„Heiliger Petrus, du Fürst der Apostel, wir flehen dich an, neige uns gnädig dein Ohr und höre mich, deinen Knecht an … Ich glaube wegen deiner Gnade, nicht wegen meiner Werke: es gefiel und gefällt dir, daß das dir anvertraute christliche Volk mir gehorche, weil ich dein Stellvertreter bin. Mir ist wegen deiner Gnade von Gott die Vollmacht gegeben worden, zu binden und zu lösen, im Himmel und auf der Erde … Ich untersage dem König Heinrich … der sich gegen deine Kirche in unerhörtem Hochmut erhoben hat, die Herrschaft über das ganze Reich der Deutschen und über Italien, und löse alle Christen vom Band des Eides, den sie ihm geschworen haben … und ich verbiete, daß ihm irgend jemand wie seinem König dient … Und weil er sich weigerte, wie ein Christ zu gehorchen und nicht zu Gott zurückkehrte … belege ich ihn mit dem Kirchenbann …"
(Register Gregors VII., III 10 a, S. 270f.)

Arbeitsvorschläge und Fragen

a) Worin zeigt sich nach dem Bericht der Synode von 909 die Verweltlichung des Klosterlebens? (M 2)

b) Wie stellte sich der Maler des Bildes (M 2, S. 37) das Verhältnis der beiden Gewalten vor und was bedeuten die beiden übergebenen Herrschaftszeichen?

c) An welchen Leitsätzen Gregors VII. kann man erkennen, daß er eine Überordnung über das Königtum anstrebte? Welche beiden Punkte bedrohten die Herrschaft Heinrichs IV. besonders? (M 3)

d) Wie begründet Heinrich, daß er nicht abgesetzt werden kann und welche Vorwürfe erhebt er gegen Gregor? (M 4)

e) Welches Ereignis stellt das Bild (M 1) dar? Vergleiche es mit der Abbildung (M 6).

f) Welcher Vorgang wird in Bild (M 5) beschrieben? Vergleiche die Handlung zwischen dem König und den geistlichen Fürsten mit dem Bild (M 2) auf S. 37. Ist das Bild (M 5) vor oder nach 1122 entstanden?

4. Die Ritter – Krieger, Sänger, Burgbewohner

Die Ritter des hohen Mittelalters waren Berufskrieger. Sie hielten es allein für ihre Aufgabe, in Fehden und Kriegen zu kämpfen. In den Rittergeschichten und Ritterfilmen, die wir heute noch lesen oder sehen, erscheinen sie meist als kühne Abenteurer, die mit dem Schwert für die Unterdrückten und Armen gegen das Böse kämpfen und dabei oft die Liebe einer Frau erringen. Woher kommen unsere Vorstellungen von den Rittern und der „Ritterlichkeit" und wie waren diese Berufskrieger wirklich?

1184	Kaiser Friedrich I. feiert das große Mainzer Hoffest – ein Höhepunkt des deutschen Rittertums.
Um 1200	Walther von der Vogelweide und Wolfram von Eschenbach. Beide stammen aus ritterlicher Familie. Sie sind zwei der bedeutendsten Dichter der mittelhochdeutschen Sprache.

Vom Fußkämpfer zum berittenen Krieger

Krieger zu Pferde hatte es schon seit der fränkischen Zeit gegeben. Denn gegen die Reiterheere der Araber oder der Ungarn konnte man sich nur mit Reitern auf schnellen Pferden und mit guten Waffen wehren. Alle adligen Herren kämpften jetzt vom Pferd aus, ebenso ihre Knechte und Dienstleute. Damit waren sie den bäuerlichen Fußkämpfern, dem Aufgebot des Volkes, weit überlegen. Aber diese Reiterkrieger waren noch keine „Ritter".

Dienstleute des Adels steigen als Krieger auf

Die Könige und Fürsten waren mit ihren adligen Vasallen (vgl. S. 24, 26f.) unzufrieden. Denn diese kümmerten sich mehr um ihre eigene Herrschaft als um ihre Lehenspflichten. Daher suchten sich König und Fürsten ihre berittenen Krieger jetzt aus den Angehörigen ihrer Grundherrschaft heraus, die viel abhängiger von ihnen waren: es waren meist die fähigsten, tapfersten und treuesten Männer. Sie mußten nun nicht mehr mühselig Ackerbau und Viehzucht treiben oder niedere Dienste leisten. Sie brauchten nur noch das Waffenhandwerk auszuüben, einige hatten auch Verwaltungsaufgaben zu erfüllen. Meist übergab ihnen ihr Herr ein kleines Dienstgut zum Lebensunterhalt. Von den Abgaben seiner Bauern mußte der Ritter die kostspielige Rüstung und die teuren Pferde bezahlen. Bald sah er auf die Bauern herab und meinte, etwas Besseres zu sein als sie. Da die Ritter wie der Adel kämpften und sich von bäuerlichen Abgaben ernährten, wollten sie schließlich den Adligen gleichgeachtet werden. Um dieses Ziel zu erreichen, schlossen sie sich zum *Ritterstand* zusammen. Die Aufnahme in das Rittertum wurde zu einer weltlich-geistlichen Feier (Schwertleite oder Ritterschlag) ausgestaltet. Neulinge, z.B. Bauernsöhne, wollte man bald nicht mehr als neue Ritter aufnehmen.

Ritter werden Sänger und Dichter

Da sie mehr Zeit hatten als Bauern und Handwerker, lernten manche von ihnen auch lesen und schreiben. Sie waren die ersten Laien, die diese Fertigkeiten beherrschten. Sie dichteten nicht mehr wie die Geistlichen lateinisch, sondern in der Volkssprache, französisch oder deutsch. An den Höfen der Fürsten, wo sich das ritterliche Leben abspielte, sangen oder trugen sie ihre Lieder und Rittergeschichten vor.

Was war ein idealer Ritter? Die Frauen am Hofe

Ein tapferer und fairer Krieger, ein treuer Lehensmann seines Herrn sollte er sein, ehrenhaft und großzügig, ein Kämpfer für die Schwachen, für die Frauen und für die Kirche. Besonders die Kirche hatte den Rittern immer wieder eingeschärft, sie sollten ihre Kräfte nur für einen heiligen, christlichen Zweck einsetzen und keine unrechte Gewalt ausüben.

1 Ritter im Kampf auf einem Italienfeldzug Heinrichs VI.

2 Ritter im Turnier. Herr Walter von Klingen besiegt seinen Gegner. (Buchmalerei aus der Manessischen Liederhandschrift, Anf. 14. Jh.)

Auch die Frauen spielten für die Ritter eine große Rolle. In Herrschaft und Politik des Mittelalters hatten sie kaum Bedeutung, auch wenn wir von einzelnen tüchtigen Königinnen und Fürstinnen hören. In der Kirche hatten Frauen nichts zu sagen, aber Äbtissinnen großer Klöster konnten immerhin fürstlichen Rang einnehmen. Die Ritter verehrten die verheiratete Frau am fürstlichen Hof und widmeten ihr Minnelieder; dadurch erzogen sie sich selbst zu höflichem und ritterlichem Betragen. Da sie von den Rittern gelobt, verehrt und besungen wurden, gewannen auch die Frauen an den Fürstenhöfen an Bedeutung; sie wurden dort, anders als früher, sogar zum Mittelpunkt der höfischen Gesellschaft.

Der Adel, auch die Fürsten und selbst der König wurden von den Idealen der Ritter bald sehr beeindruckt. Deshalb nannten sie sich selbst auch ‚Ritter' und lebten wie diese.

Sportlicher Wettkampf im Turnier

Höhepunkte des ritterlichen Lebens im Frieden waren die Hoffeste. Dabei wurden Turniere veranstaltet, Wettkämpfe der Ritter, die meist zu Pferde ausgetragen wurden. Dabei kam es darauf an, den Gegner mit einem Lanzenstoß aus dem Sattel zu werfen. Das war auch Übung für den Ernstfall. Denn die Lanze war im Kampf neben dem Schwert die Hauptwaffe des Ritters. Fernwaffen wie Bogen und Pfeil lehnten sie ab. Die Ausrüstung war schwer und teuer. Neben dem Streitroß brauchte der Ritter noch ein Reise- und ein Packpferd. Zwei berittene Knappen oder Knechte unterstützten ihn bei der Vorbereitung des Kampfes und im Kampf. Die Knappen (ab 14 Jahren) erhielten in diesem Dienst ihre Ritterausbildung.

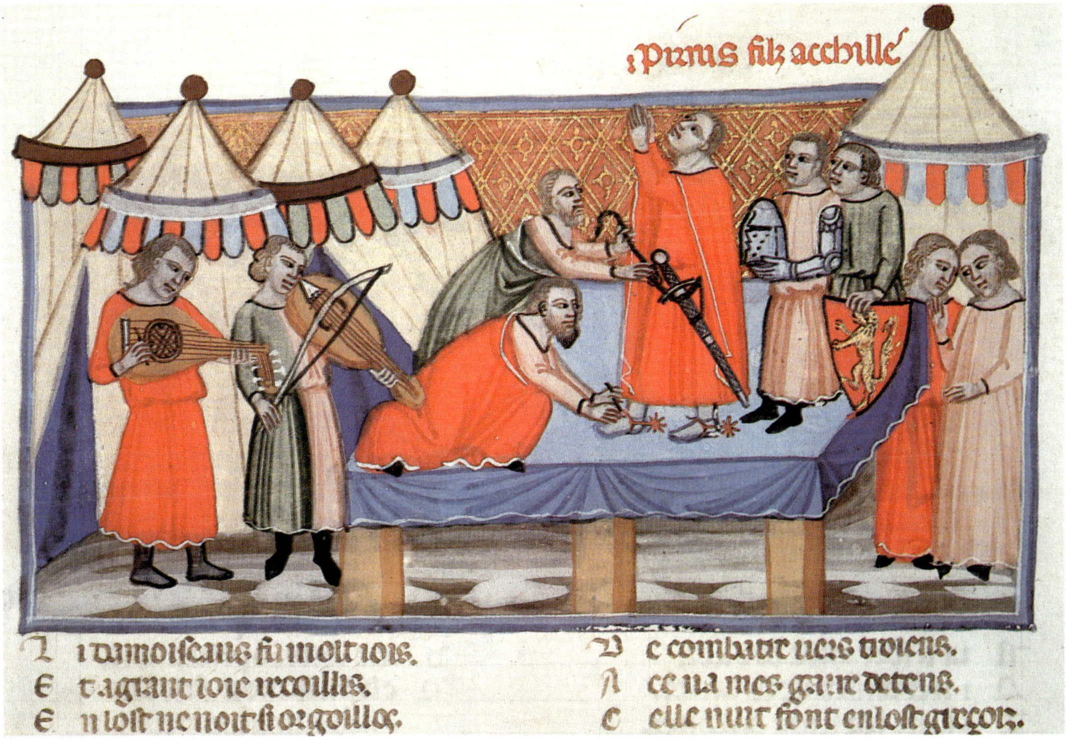

3 Rittererhebung. Dabei wurde meist ein Schwertsegen gesprochen (11. Jh.): Wir bitten Dich, Herr, erhöre unsere Bitten und segne mit der Hand Deiner Majestät dieses Schwert, mit welchem sich Dein Diener zu umgürten wünscht. Segne es, damit es Verteidigung und Schutz für Kirchen, Witwen, Waisen und alle, die Gott dienen, gegen das Wüten der Heiden sein könne. Allen, die ihnen nachstellen, möge es Furcht, Angst und Schrecken einflößen! (C. Erdmann, Die Entstehung des Kreuzzugsgedankens. 1935, S. 330).

Die neuen Burgen auf den Höhen

In der kriegerischen Zeit des Investiturstreits hatten der König und die Fürsten mit dem Bau von Burgen auf den Höhen begonnen, um Schutz vor ihren Feinden zu finden und um das Land besser beherrschen zu können. Im Flachland errichteten sie Wasserburgen. Die Burgen waren jetzt aus Stein, nicht mehr wie früher aus Holz erbaut und sie wurden ständig bewohnt. Denn die Adligen verließen ihre alten Herrenhöfe, die bei den Dörfern lagen und nahmen in den Burgen ihre Wohnung. Sie waren sehr stolz auf diese kühnen Befestigungen und wollten damit der abhängigen Bevölkerung ihre Macht zeigen. Die Fürsten besaßen oft mehrere Burgen und besetzten sie mit ihren Rittern und deren Familien. Die Bauern und Handwerker aus den Dörfern ihrer Grundherrschaft (vgl. S. 28 ff., 43, 45, 53) mußten ihre Abgaben nun auf der Burg abliefern.

Aus den Rittern wird der niedere Adel

Die Ritter, die früher unfreie Dienstmänner gewesen waren, hatten ihr Ziel im 13. Jahrhundert erreicht: ihr Dienstgut war ein Lehen (vgl. S. 24 ff., 52) geworden, sie lebten auf eigenen Burgen und wurden als ein Teil des niederen Adels angesehen. Viele von ihnen waren oder wurden dennoch arm. Im späten Mittelalter fristeten sie ihr Leben als Raubritter mit Überfällen, Beute und Raub.

Mittelhochdeutsch: So nennen wir die Form der deutschen Sprache vom 12. bis zum 15. Jahrhundert. Ein Vergleich mit dem vor dieser Zeit gesprochenen *Althochdeutsch* (siehe die Straßburger Eide, S. 35) läßt uns die größere Ähnlichkeit des Mittelhochdeutschen zu unserem heutigen *Neuhochdeutsch* erkennen.

4 Burg Wildenberg im Odenwald (Rekonstruktion) 1 Halsgraben, 2 Zugbrücke, 3 Äußeres Tor, 4 Zwinger der Vorburg, 5 Inneres Tor, 6 Schildmauer, 7 Bergfried, 8 Wehrgang mit Schießscharten, 9 Wehrturm, 10 Herrenhaus (Pallas), 11 Burgkapelle, 12 und 13 Wirtschaftsgebäude und Stallungen, 14 Brunnen, 15 Burggarten.

5 Der Minnegesang – ein Loblied auf die Frauen

Der Ritter Walther von der Vogelweide sang am Hof in Wien:

„Ir sult sprechen willekommen:
der iu maere bringet, daz bin ich.
Allez daz ir habt vernomen,
daz ist gar ein wint: nû frâget mich.
Ich wil aber miete:
wirt mîn lôn iht guot,
ich gesage iu lîhte daz iu sanfte tuot.
seht waz man mir êren biete.
Ich wil tiuschen frouwen sagen
solhiu maere daz si deste baz
Al der werlte suln behagen:
âne grôze miete tuon ich daz.
Waz wold ich ze lône?
si sint mir ze hêr.
so bin ich gefüege und bite nihtes mêr
wan daz si mich grüezen schône."

(iu – Euch, ein wint – ein Nichts, miete – Belohnung, iht – etwa, lihte – leicht, deste baz – desto mehr)

(Walther v. d. V., Gedichte, ausgew. u. übers. von P. Wapnewski, 2. Aufl. 1963, Nr. 7)

6 Nicht mehr jeder darf Ritter werden

Kaiser Friedrich I. Barbarossa verfügte 1186 in einem Gesetz:

„Wir bestimmen über die Söhne von Priestern, Diakonen und Bauern, daß sie den Rittergürtel nicht annehmen dürfen. Die ihn schon angenommen haben, sollen vom Landrichter aus dem Ritterstand vertrieben werden. Wenn aber ihr adliger Herr sie gegen das richterliche Verbot als Ritter zu behalten versucht, soll er dem Richter 10 Pfund Silber Strafe zahlen; der Unfreie soll aber aller ritterlichen Rechte entkleidet werden."

(Quellen zur dt. Verfassungs-, Wirtschafts- u. Sozialgesch. bis 1250, hrsg. v. L. Weinrich, Frh. v. Stein – Ausg. 32, 1977, S. 314 f.)

7 Vom täglichen Leben des Ritters auf der Burg

Der Ritter Ulrich von Hutten beschreibt es (1518):

„Die uns ernähren, sind bettelarme Bauern, denen wir unsere Äcker, Weinberge und Wiesen verpachten. Der einkommende Ertrag ist, gemessen an der aufgewandten Mühe, gering …

Sodann müssen wir uns in den Dienst eines Fürsten stellen, von dem wir Schutz erhoffen. Wenn ich das nicht tue, glaubt jeder, er könne sich alles gegen mich erlauben. Aber auch wenn ich es tue, ist diese Hoffnung täglich mit Gefahr und Furcht verbunden. Gehe ich nämlich von Hause fort, so muß ich fürchten, auf Leute zu stoßen, mit denen der Fürst ... Fehde oder Krieg führt und die mich seinetwegen anfallen und wegschleppen. Wenn es dann mein Unglück will, geht leicht mein halbes Vermögen als Lösegeld drauf ... Deswegen halten wir uns Pferde und Waffen und umgeben uns mit zahlreichem Gefolge, alles unter großen und spürbaren Kosten. Unterdessen gehen wir nicht einmal im Umkreis von zwei Joch (Flächenmaß, etwa ½ ha) ohne Waffen aus. Kein Dorf können wir unbewaffnet besuchen ... Die Burg selbst ... ist nicht als angenehmer Aufenthalt, sondern als Festung gebaut. Sie ist von Mauern und Gräben umgeben, innen ist sie eng und durch Stallungen für Vieh und Pferde zusammengedrängt. Daneben liegen dunkle Kammern, voll mit Geschützen, Pech, Schwefel ... Überall stinkt es nach Schießpulver; und dann die Hunde und ihr Dreck, auch das – ich muß schon sagen – ein lieblicher Duft! Reiter kommen und gehen, darunter Räuber, Diebe und Wegelagerer. Denn fast für alle stehen unsere Häuser offen, weil wir nicht wissen, was das für Leute sind ... Man hört das Blöken der Schafe, das Brüllen der Rinder, das Bellen der Hunde, die Rufe der auf dem Feld Arbeitenden, das Knarren der Fuhrwerke ... ja sogar das Heulen der Wölfe hört man in unserem Haus, weil es nahe am Wald liegt. Der ganze Tag bringt vom Morgen an Mühe und Plage, ständige Unruhe und dauernden Betrieb. Äcker müssen gepflügt werden, Weinberge müssen bestellt, Bäume gepflanzt, Wiesen bewässert werden ... Wenn aber einmal ein schlechtes Erntejahr kommt ... dann haben wir fürchterliche Not und Armut ..."

(A. Borst, Lebensformen im Mittelalter. Ullstein 1979, S. 173–175)

Arbeitsvorschläge und Fragen

a) Was erwartet sich Walther vom Vortrag seiner Lieder und Geschichten und wie erscheinen ihm die Frauen am Hofe? (M 5)

b) Erkläre, warum Kaiser und Ritter nicht wollten, daß Bauern- und Priestersöhne Ritter wurden. (M 6)

c) Was wird auf dem Bild (M 3) dargestellt? Woran kann man erkennen, daß hier auch eine geistliche Handlung vorgenommen wird?

d) Was gehört zur vollständigen Ausrüstung eines Ritters? (M 1 und M 2)

e) Mache in Gedanken einen Rundgang durch die Burg Wildenberg und versuche, die einzelnen Bauteile zu erklären. Stelle Dir dabei eine Belagerung der Burg vor. (M 4)

f) Wie war es möglich, von Burgen aus eine Landschaft zu beherrschen?

g) Welche Aufgabe hat die Burg nach dem Bericht Ulrichs von Hutten in erster Linie zu erfüllen? (M 7) – Woran erkennst Du, daß sein Bericht aus einer viel späteren Zeit stammt?

h) Wie beurteilt Ulrich das Leben auf einer Burg und wie würdest Du es beurteilen?

5. Wie löst man Konflikte: mit Fehden oder mit Friedensgesetzen?

Wenn wir uns heute von jemandem bedroht oder geschädigt fühlen oder wenn wir mit einem Nachbarn in einen Streit geraten, den wir nicht gütlich beilegen können, wenden wir uns an die Polizei oder an das Gericht. Von ihnen erwarten wir, unser Recht und Schutz zu bekommen. Nur in seltenen Fällen, allenfalls bei Notwehr, dürfen wir zur Selbsthilfe greifen. Denn allein der Staat darf heute rechtmäßig Gewalt anwenden, um Konflikte zu beenden, den Frieden im Land zu sichern und Strafen zu vollstrecken. Wie aber kam man im Mittelalter zu seinem Recht, als es noch keine Polizei gab und die Gerichte meist nur wenig Macht hatten, ihre Urteile durchzusetzen? Wie konnte der Frieden im Land bewahrt werden?

Im 11. Jh.	In Burgund und Frankreich entsteht die Gottesfriedensbewegung.
1103	Kaiser Heinrich IV. verkündet in Mainz den ersten Reichsfrieden.
1495	Kaiser Maximilian erläßt den Ewigen Landfrieden für das Reich.

Die Fehde als Selbsthilfe

Auch in der mittelalterlichen Gesellschaft konnte man seine Klage vor Gericht einreichen, aber die Erfolgsaussichten waren nicht sehr groß. Daher spielte die Selbsthilfe eine viel größere Rolle. Ein geschädigter Adliger oder Ritter durfte Waffengewalt gegen seinen Gegner anwenden, um sich zu rächen und um Wiedergutmachung des Schadens zu erreichen. Diese *rechtmäßige Gewaltanwendung* nennt man *Fehde* (vgl. S. 53).

Die Fehde schädigt die Dorfbewohner

Es kam bei diesen ritterlichen „Privatkriegen" weniger darauf an, den Fehdegegner zu töten oder gefangenzunehmen, sondern man fügte ihm wirtschaftlichen Schaden zu: Raub und Brand waren die Hauptmittel der Fehde. Man zog in die Grundherrschaft (vgl. S. 30) oder den Machtbereich des Feindes, raubte Vieh, verwüstete Äcker und Wiesen, brannte Höfe und Häuser nieder und zwang die Bauern des Gegners zur Unterwerfung und zu Abgaben. Die Bauern und die anderen Bewohner der unbefestigten Dörfer litten am meisten unter dem Fehdewesen. Der adlige oder ritterliche Fehdegegner brachte sich häufig in seiner Burg in Sicherheit. Bauern und Bürger durften selbst solche Ritterfehden nicht führen, sie konnten sich allerdings von ihren Herren vertreten lassen.

Mißbrauch und Bekämpfung der Fehde

Zwar sollte der Ritter einen anerkannten Grund für seine Fehde haben und sich bei der Fehde an bestimmte Regeln halten. Dennoch wurde damit viel Mißbrauch getrieben. Meist konnten die Menschen zwischen rechtmäßiger Fehde und bloßem Raub gar nicht unterscheiden. Ständige Fehden schädigten die bäuerliche Bevölkerung, die Landwirtschaft, und sie machten die Handelsstraßen unsicher. Deswegen bemühten sich schon die fränkischen Könige, das Fehdewesen allmählich einzuschränken. Immer hatte man es als eine Hauptaufgabe des Königs angesehen, im Inneren des Reiches Frieden zu bewahren. Auch die deutschen Könige konnten bis zum Investiturstreit diese Aufgabe einigermaßen erfüllen, das Fehdewesen uferte nicht aus.

Der Gottesfrieden

Anders war es in Südfrankreich und Burgund. Dort gab es im 11. Jahrhundert keine königliche Gewalt. Unzählige wilde Fehden des Adels und der Ritter untereinander waren die Folge; sie schädigten die Bauern und vor allem die Güter der Kirche, besonders der Klöster. Die Bischöfe und Äbte Burgunds und Frankreichs konnten die Fehden nicht verbieten, aber sie versuchten sie einzuschränken. Sie verkündeten den Gottesfrieden und riefen das Volk zur Verteidi-

1 Raubritter überfallen ein Dorf (Zeichnung um 1480, Ausschnitt)

gung des Friedens auf. Der *Gottesfriede* besagte: an christlichen Fest- und Feiertagen sollte die Fehde verboten sein; bestimmte Orte wie Kirchen und Friedhöfe sollten von Fehdehandlungen frei bleiben; bestimmte Personengruppen sollten befriedet sein, das heißt, sie durften in der Fehde nicht angegriffen werden. Auch einige hohe Adlige beteiligten sich an der Verkündung der Gottesfrieden, aber viele andere hielten sich nicht daran. Die Wirkung der Gottesfrieden war also nicht sehr groß. Als in Deutschland in der Zeit des Investiturstreits viele Fehden und Kämpfe entbrannten, wurden auch hier von hohen Geistlichen einige Gottesfriedensgesetze verkündet.

Der König als Friedenswahrer

Kaiser Heinrich IV. hatte die königlichen Aufgaben nicht vergessen. Sobald er seine Position im Kampf mit dem Papst und den Fürsten gefestigt hatte, setzte er sich an die Spitze der Friedensbewegung: 1103 erließ er in Mainz den ersten *Landfrieden für das ganze Reich*. Er sollte über vier Jahre gelten. Viele Bestimmungen übernahmen die königlichen Landfriedensgesetze aus den kirchlichen Gottesfrieden. Heinrich wollte damit wieder selbst den Frieden im Reich garantieren. Die Fehde dämmte er ein, abschaffen konnte er sie nicht. Viele seiner Nachfolger, besonders Kaiser Friedrich Barbarossa, haben immer wieder neue Landfrieden verkündet. Aber sie wirkten niemals lange, das Fehdewesen lebte noch viele Jahrhunderte weiter. Im Jahr 1495, am Ende des Mittelalters, erließ Kaiser Maximilian den Ewigen Landfrieden, der die Fehde endgültig verbot. Aber auch danach hören wir noch von vielen Fehden. Erst als die Fürsten in ihren modernen Staaten das Gerichtswesen und die Verwaltung ausgebaut hatten und die Polizei einführten, konnten sie die gewaltsame Selbsthilfe wirklich abschaffen. Seitdem dürfen Streitigkeiten und Konflikte innerhalb des Staatswesens nur noch friedlich vor Gericht gelöst werden.

Friede: Friede war im Mittelalter nicht wie für uns der Normalzustand, der durch Kriege und Gewalttätigkeiten gelegentlich unterbrochen wurde. Friede war ein, oft nur mit Zwang aufrecht erhaltener Zustand der Sicherheit und Geborgenheit in einem begrenzten Bereich. So sind Haus-, Markt-, Stadt-, Land- oder Königsfriede zu verstehen. In diesen Bereichen soll Friede herrschen als Voraussetzung für Recht und Gerechtigkeit. Noch heute sprechen wir in diesem Sinne von der Ein*fried*ung etwa eines Grundstückes.
Gottesfrieden: Friedensgebote, die von der Kirche in Frankreich und im westlichen Deutschland im 11. Jahrhundert ausgerufen wurden. Die **Landfriedensgesetze** wurden dagegen vom deutschen König und den weltlichen Fürsten seit dem 12. Jahrhundert verkündet.

2 Verfügungen gegen Mord und Blutrache

Bischof Burchard von Worms trifft folgende Regelungen (1024/25):

„Wegen der Morde aber, die fast täglich in der Hausgenossenschaft von St. Peter [der Bischofskirche] wie bei wilden Tieren geschehen, weil häufig wegen einer Nichtigkeit oder in Trunkenheit oder aus Übermut einer wie wahnsinnig über den anderen so in Wut geriet, daß im Verlauf eines Jahres 35 Knechte von St. Peter unschuldig von Knechten dieser Kirche umgebracht wurden und die Mörder sich dessen mehr gerühmt und gebrüstet haben, als daß sie etwa Reue gezeigt hätten – wegen dieses großen Schadens für unsere Kirche haben wir ... folgende Änderung beschlossen: Wenn einer aus der Hausgenossenschaft seinen Mitgenossen ohne Notwehr ... ermordet, verfügen wir, er soll verprügelt und geschoren werden, er soll mit einem dazu gefertigten Eisen in beide Backen gebrannt werden, er soll Wergeld [Sühneleistung] zahlen und mit den Verwandten des Ermordeten Frieden schließen, und die Verwandten werden dazu verpflichtet, dies anzunehmen. Wenn aber die Verwandten des Ermordeten ... einen [der Verwandten des Mörders] in Mißachtung dieses Gesetzes töten oder verwunden, sollen sie verprügelt und geschoren werden und die genannte Brandmarkung erleiden."

(Quellen zur dt. Verfassungs-, Wirtschafts- und Sozialgesch., hrsg. v. L. Weinrich, Frh. v. Stein – Ausg. 32, 1977, S. 100f.)

3 Eine Fehde des 13. Jahrhunderts

Christian Kuchimeister, ein Bürger von St. Gallen, berichtet:

„Damals gab es einen neuen Bischof in Konstanz. Das war der Bischof Eberhart von Waldburg. Er begann an den Abt [von St. Gallen] und das Gotteshaus [Kloster] ungewöhnliche Forderungen zu stellen. Der Abt wehrte sich und wollte es nicht zugestehen. Das wurde so schlimm, daß daraus eine offene Fehde entstand. Beider Gotteshäuser Leute brannten einander die Besitzungen nieder und taten einander das schlimmste, was sie konnten, und rannten und ritten öffentlich gegeneinander an. Der Bischof ritt offen nach Herisau und was dazwischen unserem Gotteshaus gehörte, das verbrannte er alles. Dagegen warb der Abt um mehr Leute. Und es half ihm Graf Hartmann von Kiburg und Graf Rudolf von Rapperswil und andere seiner Freunde und die Leute des Gotteshauses und er rückte mit sichtbarem Banner [dem Fähnlein auf einer Lanze] vor die Stadt Konstanz. Und seine Brenner fingen am Dorf Ermatingen an und brannten alles bis Konstanz nieder. Und alles das, was das Bistum im Thurgau hatte und dazu, was seine Dienstleute dort hatten, das wurde alles niedergebrannt."

(Quellen zur Gesch. d. dt. Bauernstandes im Mittelalter, hrsg. v. G. Franz, Frh. v. Stein – Ausg. 31, 1967, S. 330)

4 Der erste königliche Landfrieden von 1103

„Kaiser Heinrich gelobte mit eigener Hand und errichtete zu Mainz einen Frieden, und auch die Erzbischöfe gelobten ihn mit eigener Hand. Der Sohn des Königs beschwor ihn und auch die Vornehmsten des ganzen Reiches, die Herzöge, Markgrafen, Grafen und viele andere. Herzog Welf und Herzog Berthold und Herzog Friedrich beschworen diesen Frieden bis kommende Pfingsten und sodann auf 4 Jahre. Sie beschworen also Frieden für die Kirchen, Geistlichen, Mönche und folgende Laien: für die Kaufleute, die Frauen – daß sie nicht gewaltsam entführt werden dürfen – und für die Juden."

(Quellen zur dt. Verfassungs-, Wirtschafts- und Sozialgesch., a.a.O., S. 166f.)

5 Der rheinfränkische Landfrieden

Kaiser Friedrich I. verkündete 1179:

„1. Dörfer, Dorfbewohner, Geistliche, Mönche, Frauen, Kaufleute, Mühlen, Juden ..., Jäger ... sollen den ganzen Tag über Frieden haben, ausgenommen diejenigen, die Schlingen legen und Fallen stellen, die an keinem Tag und Ort Frieden haben sollen. 2. Wenn jemand einen Feind hat, den er verfolgen will, mag er ihn verfolgen auf freiem Feld, ohne Schaden an dessen Hab und Gut, oder er mag ihn gefangennehmen und dann sofort dem Richter vorführen. Wenn ein Schuldiger zu einem Pflug, zu einer Mühle oder in ein Dorf flüchtet, soll er sicheren Frieden besitzen. Aber nur an bestimmten Wochentagen darf man seinen Feind verfolgen, und zwar am Montag, Dienstag und Mittwoch bis Sonnenuntergang; an den anderen vier Tagen soll er vollen Frieden haben. 4. Wenn jemand einen flüchtenden Feind verfolgt bis zu einem Dorf und wegen des Ungestüms seines Pferdes, nicht aber freiwillig in das Dorf getragen wird, soll er am Dorftor Lanze und Waffen, die er ablegen kann, wegwerfen ... 5. Wenn jemand diesen Frieden durch einen Totschlag bricht, soll er, wenn er dabei gefaßt wird, die Todesstrafe erleiden. Wenn er einen verwundet, soll seine rechte Hand abgeschlagen werden. 13. Wenn ein berittener Reisender es nötig hat, sein Pferd zu füttern, darf er, mit einem Fuß auf dem Wege stehend, mit der Sichel oder dem Messer soviel Korn wie nötig schneiden und sein Pferd auf dem Wege damit füttern, er darf aber von dort nichts von dem Korn mitnehmen. Gras soll er nicht schneiden, vielmehr darf sein Pferd auf der Wiese selbst genügend weiden. Wer anders handelt, ist ein Friedensbrecher."

(Quellen zur dt. Verfassungs-, Wirtschafts- und Sozialgesch., a.a.O., S. 290–295)

6 Der Sachsenspiegel; ein illustriertes Rechtsbuch. Hier zeigt er, welche Personen, Orte und Tage im Schutze des königlichen Landfriedens sind. Der König (oben) weist auf die Lilie, ein Zeichen des Friedens. Unten ist die Himmelfahrt Christi dargestellt, die an einem Donnerstag stattfand.

Arbeitsvorschläge und Fragen

a) Beschreibe die auf Bild M 1 dargestellten Vorgänge und vergleiche sie mit dem Bericht M 3. Warum sind die im Hintergrund abgebildeten Burgen und Städte von der Fehde verschont?

b) M 4 schildert, wie der Landfriede Heinrichs IV. in Kraft trat und wie lange er dauern sollte. Worin liegen die Unterschiede zu einem heutigen Gesetz?

c) Auf Bild M 6 sind oben der König, ein Geistlicher, ein Mönch, eine Frau, ein Mädchen und ein Jude abgebildet. Wer ist wer?

d) Vergleiche Bild M 6 mit dem Wortlaut der beiden Landfrieden (M 4 und 5). Welche in den Landfrieden befriedeten Personen, Orte und Tage sind auf dem Bild dargestellt, welche fehlen?

e) Welchen Sinn haben die Bestimmungen 4 und 13 des rheinfränkischen Landfriedens? (M 5)

f) Warum konnte die Fehde als Selbsthilfe im ganzen Mittelalter nicht abgeschafft werden?

6. Kriegszüge im Zeichen des Kreuzes. Die Kreuzfahrer – Soldaten Christi oder Eroberer?

In Jerusalem lebte und starb Jesus Christus. Daher unternahmen zu allen Zeiten, auch heute noch, viele Christen als Pilger eine Wallfahrt ans Grab des Herrn. Auch als die Stadt nicht mehr von den christlichen Byzantinern, sondern von den islamischen Arabern beherrscht wurde, gingen die Wallfahrten weiter. Wie kam es dazu, daß friedliche Pilger bewaffnete Kreuzritter wurden? Welchen Erfolg hatten diese Züge nach Jerusalem? Welches war das Ergebnis des Zusammenstoßes der Christen mit der islamischen Welt?

1095–1291	Das Zeitalter der Kreuzzüge
1095	Papst Urban II. ruft zum ersten Kreuzzug auf.
1099	Jerusalem wird von den Kreuzfahrern erobert.

Der Papst ruft zum Kreuzzug auf

Im Westen Europas, in Spanien, kämpften im 11. Jahrhundert viele französische Ritter auf seiten der christlichen Spanier gegen die islamischen Herrscher im Süden Spaniens. Dieser Kampf galt der Kirche als *heiliger Krieg.* Als nun der byzantinische Kaiser Alexios I. Papst Urban II. um Waffenhilfe des Westens gegen die türkischen Seldschuken in Kleinasien bat, griff der Papst den Gedanken des heiligen Krieges auf. In Clermont (Frankreich) rief er die Ritter 1095 in einer gewaltigen Predigt zu einer *bewaffneten Pilgerfahrt* auf, um den Christen im Osten zu Hilfe zu kommen. Er wollte damit zum unbestrittenen Führer der Christenheit werden und die im Orient lebenden Christen für die römisch-katholische Kirche gewinnen. Den Kaiser und die Könige Frankreichs und Englands, mit denen er im Streit lebte, wollte er nicht am Kreuzzug beteiligen.
Die Wirkung des Aufrufs in Clermont war größer, als er selbst erwartet hatte. Nach seiner Predigt riefen viele Zuhörer „Gott will es!", schnitten sich Stoffkreuze aus und nähten sie als Abzeichen für die gelobte Fahrt auf ihre Kleidung. Deswegen nennt man die Teilnehmer der Jerusalemzüge *Kreuzfahrer.*

Der erste Kreuzzug

Viele Prediger begannen in Frankreich, Italien und Lothringen zum Kreuzzug aufzurufen. Sie versprachen den Kreuzfahrern als Lohn die Vergebung aller ihrer Sünden. Deswegen, aber auch weil sich viele ein besseres Leben und reiche Beute erhofften, zogen Tausende armer Leute, schlecht ausgerüstet, los. „Warum sollen wir mit der Bekämpfung der Feinde Christi erst in Jerusalem anfangen? Die Juden, die am Tod Christi schuld sind, leben doch mitten unter uns", sagten manche von ihnen. Dann überfielen, beraubten und töteten sie viele Juden in Köln, Mainz, Trier und anderen Städten des Rheinlandes. Mit dem Geld der Juden wollten sie sich die Mittel für die Fahrt verschaffen. Aber weit kamen sie nicht, ihre wilden Haufen wurden schon auf dem Weg in Ungarn oder in Kleinasien vernichtet.
Die Ritter dagegen, die seit 1096 aus Nord- und Südfrankreich, aus Lothringen und aus Süditalien ausrückten, waren besser ausgerüstet und hatten mehr Disziplin. Auf verschiedenen Wegen kamen sie nach Konstantinopel und zogen dann gemeinsam durch Kleinasien. Anstrengende Märsche, Hunger, Durst, Hitze und viele Kämpfe mit den Seldschuken und anderen Muslimen hatten sie durchzustehen, bis sie 1099 *Jerusalem* erreichten und *eroberten;* sie richteten ein Blutbad unter den Bewohnern der Stadt an. Vier Staaten gründeten die Kreuzfahrer im Orient, der bedeutendste von ihnen war das *Königreich Jerusalem.*

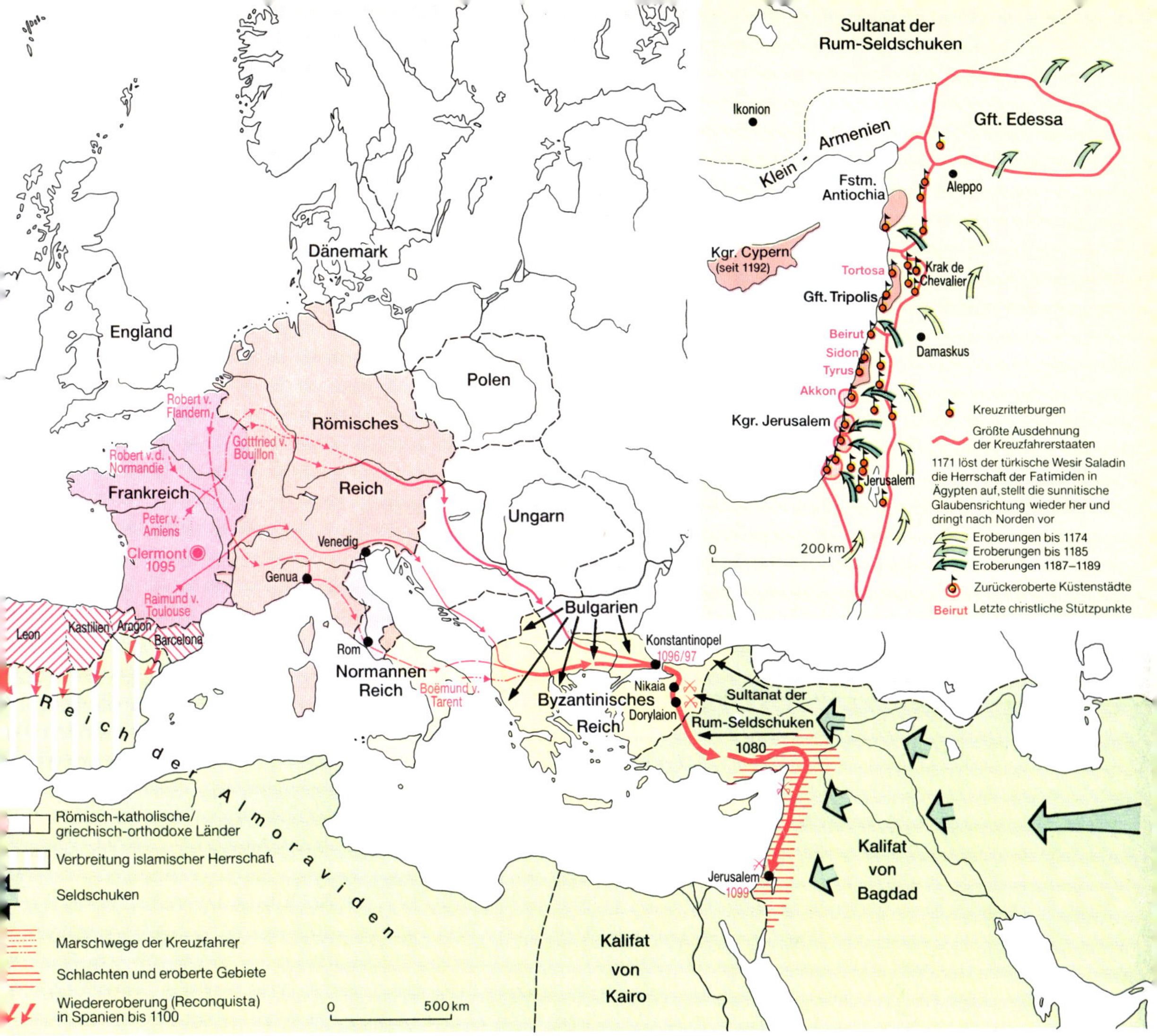

1 Der 1. Kreuzzug (1096–1099) und die Kreuzfahrerstaaten

Die späteren Kreuzzüge

Die Muslime waren durch den Kreuzzug völlig überrascht worden. Auch waren sie untereinander zerstritten. Erst später, als sie sich einigten, begannen sie mit der *Rückeroberung* des Landes. Ihr Sultan (Herrscher) Saladin nahm Jerusalem 1187 wieder ein. Deswegen wurden noch mehrere Kreuzzüge aus Europa durchgeführt; auch der Kaiser und die Könige beteiligten sich nun. Während des dritten Kreuzzuges ertrank Kaiser Friedrich Barbarossa in einem Bergfluß im südlichen Kleinasien. Diese Züge hatten nur noch geringe Erfolge. Die Habgier wurde immer größer und Beute zu machen war viel wichtiger als der Besitz des heiligen Grabes. Im vierten Kreuzzug (1204) wurde sogar das christliche und reiche Konstantinopel (Byzanz) von den westlichen Kreuzfahrern erobert und geplündert. Die italienische Handelsstadt Venedig war für diese Ablenkung des Zuges verantwortlich. Venedig, Genua und Pisa stellten die Schiffe für die Überfahrt der Kreuzritter und verdienten gut daran. Sie benutzten die Kreuzfahrerstaaten und auch Byzanz vor allem als Handelsstützpunkte.

Die Ritterorden

Im Heiligen Land hatten sich inzwischen Kreuzfahrer zu drei großen *Ritterorden* zusammengeschlossen: dem *Templerorden*, dem *Johanniterorden* und dem *Deutschen Orden*. Diese Kreuzritter waren zugleich Ritter und Mönche,

2 Krak des Chevaliers in Syrien war eine Johanniter-Kreuzritterburg und ist heute eine der am besten erhaltenen Burgen.

denn sie hatten wie diese Armut, Keuschheit und Gehorsam gelobt. Zuerst wollten sie Krankenpflege betreiben und die Pilger schützen, schnell aber wurden sie zu den wichtigsten Kämpfern gegen die Muslime. Sie errichteten in den Kreuzfahrerstaaten gewaltige Burgen, um das Land zu schützen. Aber auch in Europa gründeten sie viele Niederlassungen und Ordenshäuser. Der Deutsche Orden siedelte sich nicht nur in Palästina an, sondern auch in Siebenbürgen und dann in *Preußen*. Dort kämpfte er gegen die heidnischen Preußen und errichtete den *Deutschordensstaat*.

Das Ergebnis der Kreuzzüge

1291 mußten die Kreuzritter ihr letztes Bollwerk in Palästina, die Stadt Akkon, verlassen. Die Zeit der Kreuzzüge ins Heilige Land war vorbei. Was war ihr Ergebnis? Die Kreuzfahrer hatten das Grab Christi wieder verloren. Sie hatten den Byzantinern nicht geholfen, im Gegenteil: Sie hatten das byzantinische Reich fast zerstört. Sie lebten mit den Muslimen zeitweise friedlich zusammen und trieben Handel mit ihnen. Manche entdeckten, daß Muslime keine schlechteren Menschen sind als die Christen: In Sultan Saladin sahen sie einen „edlen Heiden". Aber die Kreuzzüge schürten doch eher den Haß und die Abneigung auf beiden Seiten. In Europa verursachten sie die ersten Judenverfolgungen. Die Christen lernten zwar manches von den Arabern. Das können wir an vielen arabischen Wörtern in unserer Sprache erkennen. Aber sie bekamen diese Anregungen meist in friedlichem Kontakt in Spanien und Sizilien, weniger in den so oft umkämpften Kreuzfahrerstaaten.

Kreuzzüge: Ursprünglich wurden diese Kriegszüge der abendländischen Christen vom Papst ausgeschrieben. Sie sollten zur Wiedergewinnung Jerusalems und des Heiligen Grabes Jesu Christi führen. Bald bezeichnete man auch die Kriege gegen Feinde der Kirche, die Ketzer, gegen die heidnischen Slawen und Preußen, sogar gegen aufständische Bauern als „Kreuzzüge".
Orden: Zusammenschlüsse von Klöstern und anderen geistlichen Institutionen, deren Mitglieder nach einer gemeinsamen vom Papst genehmigten Regel lebten. Bis ins 12. Jahrhundert gab es nur den *Mönchsorden* der Benediktiner, dann entstanden Zisterzienser- und Prämonstratenserorden, im 13. Jahrhundert die Orden der Dominikaner und Franziskaner. Im Gegensatz zu diesen rein geistlichen Mönchsorden hatten die *Ritterorden* eine weltliche, sogar kriegerische Aufgabe zu erfüllen.

3 Ein christlicher Ritter: Zweifel und Gewißheit

Der Normanne Radulf von Caen berichtet, wie ein Ritter die Predigt Urbans aufnahm:

„Allein der Ruhm war es, der den jungen Tankred bewegte ... deswegen schonte er weder sein eigenes noch das Blut des Feindes. Aber je länger er täglich mit sich zu Rate ging, desto häufiger packte ihn die Angst; denn er sah, daß die Kämpfe seiner Ritterschaft dem Gebot des Herrn widersprachen. Der Herr befiehlt nämlich die andere Wange hinzuhalten, wenn man auf die eine geschlagen wird – der weltliche Ritter soll jedoch selbst das Blut der Verwandten nicht schonen ... Dieser Widerspruch ... lähmte den Wagemut des klugen Mannes. Aber als Papst Urban allen christlichen Kämpfern gegen die Heiden den Nachlaß der Sünden versprach, da erwachte der Eifer des vorher gleichsam eingeschläferten Mannes, seine Kräfte kehrten wieder, die Augen wurden ihm geöffnet, seine Kühnheit verdoppelte sich. Denn vorher ... war seine Seele im Zwiespalt, ob sie den Weg des Evangeliums oder der Welt einschlagen solle. Das Waffenhandwerk war jetzt in den Dienst für Christus gestellt, diese doppelte Gelegenheit zu kämpfen entflammte den Mann unglaublich."

(Gesta Tancredi, Rec. hist. crois. Hist. occid. 3, S. 605f.)

5 Kreuzritter beim Gebet

4 Verherrlichung des 1. Kreuzzuges

In einer Schrift des Abtes Guibert von Nogent heißt es:

„Ich spreche über den neuen und unvergleichlichen Zug nach Jerusalem ... Nicht der Wunsch nach leerem Ruhm, nach Geld, nach Ausdehnung der Grenzen hat unsere Leute dazu bewogen, ihn anzutreten ... Da [vorher] die Habsucht alle ergriffen hatte, setzte Gott für unsere Zeit die heiligen Kriege ein, damit der Ritterstand und das umherirrende Volk, die sich wie die alten Heiden gegenseitig bekämpften und umbrachten, eine neue Möglichkeit bekämen, das Heil zu verdienen. Sie werden nicht mehr gezwungen, das weltliche Leben zu verlassen, indem sie Mönche werden oder Geistliche, sondern können in ihrer gewohnten Freiheit und Kleidung, in ihrem eigenen Beruf und Dienst, Gottes Gnade erwerben."

(Rec. hist. crois. Hist. occid. 4, S. 124)

6 Der zweite Kreuzzug scheitert

Dazu schreibt ein Würzburger Kleriker (1147):

„Gott hat es wegen unserer Sünden zugelassen, daß die westliche Kirche heimgesucht wurde. Denn es traten falsche Propheten auf, Söhne des Teufels ..., die mit leeren Worten die Christen verführten und alle Menschen mit ihrer lügenhaften Predigt dazu trieben, zur Befreiung Jerusalems gegen die Sarazenen zu ziehen. ...

Es zogen also gemeinsam los: Menschen beiderlei Geschlechts, Männer mit Frauen, Arme mit Reichen, Fürsten und hohe Adlige der verschiedenen Reiche mit ihren Königen, Kleriker, Mönche mit Bischöfen und Äbten. Zuletzt wurde sogar der französische König Ludwig Weggenosse des römischen [deutschen] Herrschers Konrad. Jeder hatte dabei eigene Absichten: die einen, begierig auf Neues, wollten die neuen Länder besichtigen. Die anderen bedrängte die Not oder es wurde ihnen zu Hause zu eng: sie kämpften nicht nur gegen die Feinde des Kreuzes Christi, sondern auch gegen Freunde des Christentums, wo es ihnen nützlich schien, um der Armut zu entkommen. Andere wurden durch Schulden bedrückt oder wollten den schuldigen Dienstpflichten gegenüber einem Herrn entfliehen. Aber auch solche, die wegen Verbrechen auf ihre verdiente Strafe warteten, gaben vor, Gott nachzueifern und wollten doch nur ihren Schwierigkeiten und Sorgen entkommen. Nur wenige fanden sich, die ihre Knie nicht vor dem Götzen Baal beugten, die heilige und heilsame Absichten hatten. Nur wenige beseelte die Liebe zur göttlichen Majestät so stark, daß sie bis zum Blutvergießen für das Heiligste kämpften ..."

(MGH SS 16, S. 3f.)

7 Ausschreitungen der Kreuzfahrer bei der Eroberung von Konstantinopel, 1204

Der byzantinische Geschichtsschreiber Niketas klagt:

„O welche Schändung, als sie die verehrten Ikonen [Heiligenbilder der Ostkirche] zu Boden schleuderten ... Die Freveltaten, die sie in der Großen Kirche verübten, sind kaum zu glauben. Der Altartisch, aus lauter edlen Stoffen, ein einziger, vielfarbiger Gipfel der Schönheit ... wurde von den Plünderern zerstückelt und verteilt, desgleichen auch der ganze Kirchenschatz ... Das Unheil kam über jedes Haupt. In den Gassen war Weinen und Jammern, die Straßen erfüllte Klagen und Geheul, aus den Kirchen tönte Wehgeschrei, Männer seufzten, Frauen schrien, überall wurden Leute verschleppt, versklavt, weggezerrt, aus den Armen ihrer Liebsten gerissen ... Das waren die verständigen, weisen Männer, wofür sie sich hielten ..., die so viel frömmer waren als wir elenden Griechen ..., die, was noch schwerer wiegt, das Kreuz auf ihren Schultern trugen, die oft auf dieses Kreuz und die Heilige Schrift den falschen Eid geschworen, sie würden Christenländer ohne Blutvergießen durchziehen ..., weil sie nur gegen die Sarazenen [Araber] ihre Hand gewaffnet hätten ... Ja, als Schwätzer erwiesen sie sich in Wahrheit! Sie wollten Rache für das Heilige Grab nehmen und wüteten offen gegen Christus! Im Namen des Kreuzes stürzten sie ruchlos das Kreuz und schauderten nicht davor zurück, wegen einer Handvoll Gold und Silber das gleiche Zeichen, das sie auf der Schulter trugen, mit den Füßen zu treten!"

(Die Kreuzfahrer erobern Konstantinopel, hrsg. von F. Grabler, 1958, S. 149–152)

8 Aus dem Arabischen ins Deutsche (u.a. europäische Sprachen) übernommene Wörter:

Ziffern, Algebra, Chemie, Drogen, Kaffee, Zukker, Kandis, Aprikosen, Limonade, Sirup, Kittel, Jacken, Mütze, Gamaschen, Matratze, Diwan, Sofa, Alkoven, Koffer, Damast, Atlas, Taft, Kattun, Lila, Orange, Muskat, Zimt, Ingwer, Benzin, Alkohol, Anilin, Kali.

9 Schachspiel. Ein christlicher und ein muslimischer Ritter spielen gegeneinander. (Buchmalerei aus einem spanischen Schachlehrbuch, 1. Jh.)

10 Eroberung Jerusalems durch die Kreuzfahrer am 15. Juli 1099. (Buchmalerei aus dem 13. Jahrhundert)

Arbeitsvorschläge und Fragen

a) Beschreibe anhand eines Atlas die Länder, durch die die Kreuzfahrer zogen, bis sie am Ziel waren. Denke dabei vor allem an Klima und Bodenbeschaffenheit. (M 1)

b) Beschreibe Kleidung, Bewaffnung und Haltung des Ritters. (M 5)

c) Woran siehst Du in der Abbildung M 10, daß viele Kreuzfahrer glaubten, im Dienste Gottes zu handeln und dabei himmlischen Beistand zu haben?

d) Beschreibe den Wandel Tankreds vom Ritter der Welt zum Ritter Christi mit eigenen Worten. (M 3)

e) Warum setzte Gott nach Meinung des Abtes Guibert heilige Kriege ein? (M 4)

f) Welche Gründe hatten die meisten Kreuzfahrer für ihre Teilnahme am Kreuzzug nach Meinung des Würzburger Klerikers? (M 6) – Versuche den Widerspruch zur Meinung Radulfs und Guiberts zu erklären. (M 3 u. M 4)

g) Was schätzte der Byzantiner Niketas bei den Eroberern von Byzanz am verwerflichsten ein? (M 7)

h) Ordne die in M 8 genannten Wörter nach Sachgebieten und stelle fest, was die abendländischen Christen von den Moslems lernen konnten.

i) M 9 zeigt, daß es zwischen Moslems und Christen auch Beziehungen außerhalb des Krieges gab. Beschreibe die Szene. Schlage im Lexikon nach, woher das Spiel kommt und was sein Name bedeutet.

7. Aufstieg königlicher Macht in der Stauferzeit. Der Kampf um Italien

Noch einmal gelang unter den Herrschern aus der Familie der Staufer ein Aufstieg des Königtums. Wie war dies möglich, da die Macht der Fürsten und der Einfluß des Papstes im Reich nach dem Investiturstreit gestiegen waren? Welche neuen Machtgrundlagen suchten die staufischen Könige zu gewinnen? Wie ist schließlich zu erklären, daß sie sich immer länger in Italien und immer weniger in Deutschland aufhielten?

1152–1190	Kaiser Friedrich Barbarossa
1194	Kaiser Heinrich VI. erwirbt das Normannenreich in Süditalien.

Friedrich I. stärkt das Königtum

Seit vielen Jahren stritten sich die zwei mächtigsten Fürstenfamilien des Reiches um den Königsthron: die Welfen – sie waren Herzöge von Bayern und später auch Sachsen – sowie die Staufer – sie waren Herzöge von Schwaben. Die Fürsten waren schließlich des langen Streites zwischen Welfen und Staufern müde. Sie wählten 1152 einmütig *Herzog Friedrich von Schwaben* zum *König*. Die Italiener nannten ihn wegen seines rotblonden Bartes *Barbarossa* (= Rotbart). Sein Vater war *Staufer*, seine Mutter *Welfin*. Deswegen glaubte man, er könnte die Zwietracht zwischen beiden Familien beenden. Wirklich unterstützte der neue König seinen welfischen Vetter, den sächsischen Herzog *Heinrich den Löwen*, gegen seine Feinde und verschaffte ihm noch das Herzogtum Bayern. Den bisherigen bayrischen Herzog aus der mächtigen Familie der Babenberger wollte er sich auch nicht zum Gegner machen. Daher trennte der König Österreich von Bayern ab, machte es zum Herzogtum und verlieh es dem Babenberger mit vielen Sonderrechten. So schuf Friedrich eine wichtige Voraussetzung des inneren Friedens. Er verkündete mehrere Landfriedensgesetze (vgl. S. 60) und er setzte sie mit einigem Erfolg auch durch. Damit fand er Anklang bei der breiten Bevölkerung.

Friedrich baut Königsländer auf

Den im Reich verstreuten königlichen Besitz begann er zusammenzufassen und neu zu organisieren. Er erbte, kaufte und tauschte Güter, er zog Lehen (vgl. S. 55) ein, er ließ Wälder roden und besetzte die Rodungen mit seinen Bauern, er baute Burgen zur Beherrschung des Landes, er gründete Märkte, Städte und Münzstätten. Von ihnen bekam er dann Steuern und Abgaben. Sein Ziel war es, als König *geschlossene Landschaften* im Reich zu beherrschen und nicht nur, wie bisher, verstreute Güter zu besitzen. Damit suchte er eine neue Machtgrundlage für das Königtum zu schaffen.

Der Kampf um Italien

Dasselbe Ziel verfolgte er mit seiner *Italienpolitik*. Sechsmal zog er mit Heeresmacht nach Süden, 15 seiner 38 Regierungsjahre verbrachte er in Italien. Die Einkünfte des Reiches und des Königs aus Italien waren, bei vollständiger Ablieferung, viel höher als die Einnahmen aus dem deutschen Königsgut. Vor allem die norditalienischen *(lombardischen)* Städte konnten hohe Geldsummen aufbringen. Sie waren während der letzten Jahrzehnte wirtschaftlich reich und politisch selbständig geworden. Die Könige hatten sich seit dem Investiturstreit nur wenig um sie kümmern können. Gegen einen königlichen Oberherrn hatten die Städte nichts einzuwenden, aber hohe Abgaben oder die Auswahl ihrer Konsuln (Bürgermeister) wollten sie Friedrich nicht überlassen. Darauf bestand jedoch der König. Langjährige erbitterte und grausame Kämpfe waren

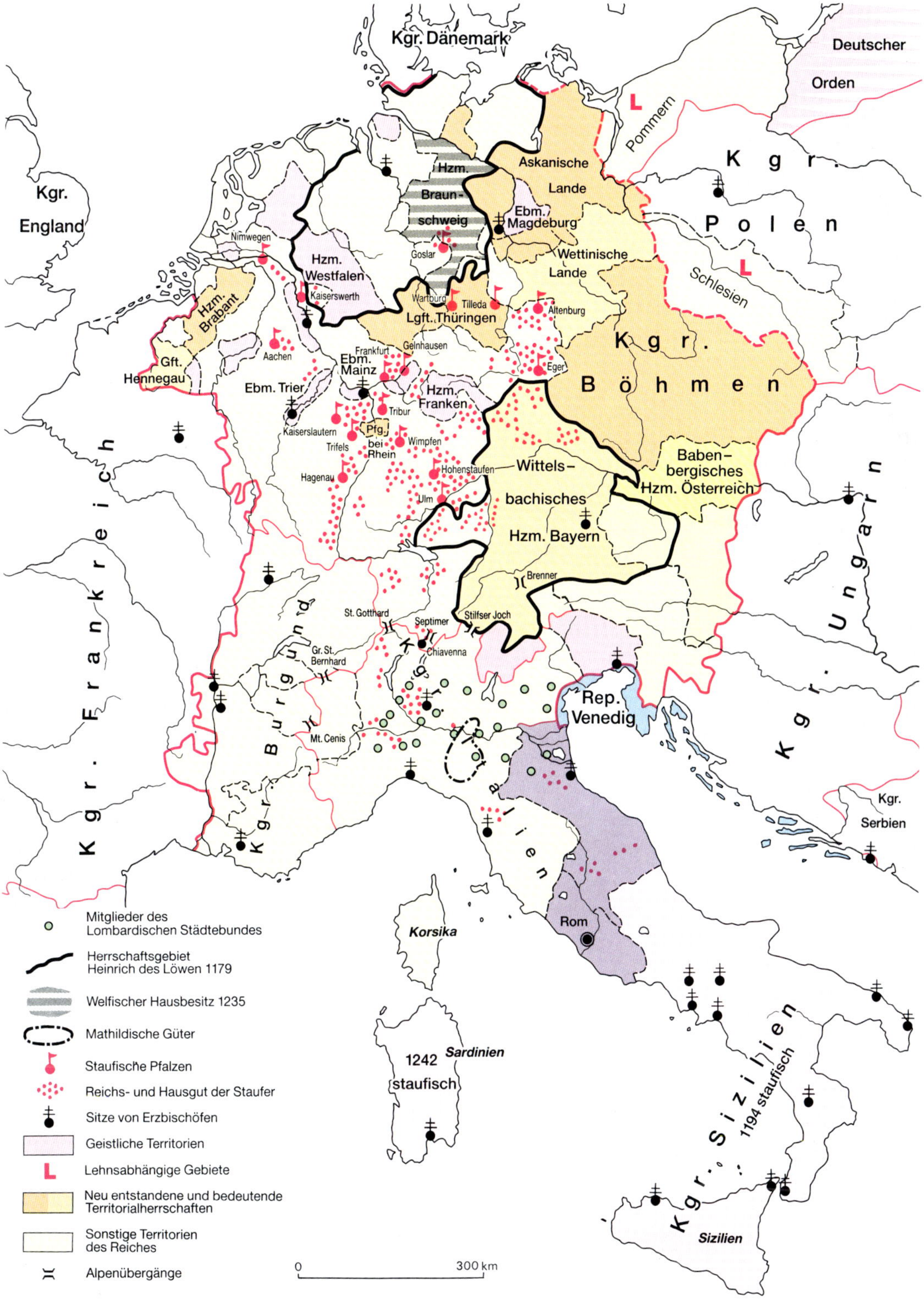

1 Das Reich zur Zeit der Staufer

die Folge. Manchmal konnte Friedrich als Schiedsrichter auftreten, denn die lombardischen Städte bekämpften sich auch gegenseitig. Manchmal versuchte er die Städte zu erobern, was nicht immer gelang. Denn die Ritterheere des Kaisers taten sich schwer mit der langwierigen und mühseligen Belagerung der starkbefestigten Städte. Die Ritter kämpften besser in offenen Feldschlachten.

Zwei Päpste werden gewählt

Der Papst hatte sich in den ersten Regierungsjahren Friedrichs mit ihm vertragen und ihn 1155 zum Kaiser gekrönt. Nun aber sah er den großen Einsatz des Kaisers in Italien mit Mißtrauen. Bald flammte die alte Feindschaft wieder auf. Friedrich ließ gegen Papst Alexander III. einen kaiserfreundlichen *Gegenpapst* wählen. Aber es gelang ihm nicht, seinem Papst die Anerkennung in ganz Europa zu verschaffen. Alexander III. verband sich immer wieder mit den Städten gegen den Kaiser. Nach 18 Jahren Streit schloß Friedrich Frieden mit dem Papst, mit den Städten handelte er einen Vertrag aus. Dabei verzichtete er auf einen Teil seiner königlichen Rechte und Einkünfte, konnte aber seine Oberhoheit behaupten.

Der Sturz Heinrichs des Löwen

In Deutschland hatte er inzwischen einen wichtigen Erfolg errungen. *Heinrich der Löwe* war ihm zu mächtig geworden. Im Nordosten des Reiches hatte der Welfe eine Stellung wie ein König erlangt. Die dortigen sächsischen Fürsten wurden von ihm bedroht und verklagten ihn vor dem Kaiser. Als Heinrich es schließlich ablehnte, Friedrich weitere militärische Hilfe für Italien zu leisten, ließ der Kaiser dem Gerichtsprozeß seinen Lauf. Heinrich der Löwe wurde abgesetzt und ging in die *Verbannung* nach England.

Der Kaiser als Führer der Christenheit

Friedrich Barbarossa stand nun auf dem Höhepunkt seiner Macht. Auf einem glanzvollen Hoffest in Mainz (1184) bewirtete er drei Tage lang Angehörige des Reiches und Gäste von außerhalb und ließ seine Söhne zu Rittern erheben. Auf einem Kreuzzug nach Jerusalem wollte er sich als unbestrittener weltlicher *Führer der Christenheit* zeigen. Dabei starb er 1190 im südlichen Kleinasien beim Durchschwimmen eines kalten Bergflusses.

2 Die Abteikirche Maria Laach in der Eifel (Bauzeit 1093–1230). In der Stauferzeit vollendete sich der romanische Baustil. So wurde er genannt, weil er ursprünglich auf römische Vorbilder zurückgeht. Viele romanische Bauten, auch die Kirchen, wirken wie Burgen. Sie sind gekennzeichnet von Rundbögen und relativ kleinen Fensteröffnungen.

3 Ein Herzog, von Gott gekrönt. Die Buchmalerei aus einem Evangeliar, das Heinrich der Löwe um 1175 in Auftrag gegeben hatte, zeigt in der oberen Hälfte den himmlischen Bereich mit Christus als Weltenherrscher, umgeben von Engeln und Heiligen. Das untere Feld stellt den irdischen Bereich dar: Heinrich der Löwe und seine Gemahlin Mathilde; der Herzog wird von seinen Eltern begleitet und von Kaiser Lothar III. mit dessen Gemahlin. Mathilde ist, entsprechend ihrer Abstammung, mit der englischen Königsfamilie dargestellt.

Heinrich VI. erwirbt das Normannenreich

Sein Sohn, *Kaiser Heinrich VI.*, verlegte das Schwergewicht der staufischen Herrschaft noch stärker nach *Italien*. Er hatte Konstanze, eine Frau aus der Familie der normannischen Könige von Apulien (Süditalien) und Sizilien, geheiratet. Als der letzte normannische König ohne rechtmäßige Kinder starb, erbten seine Frau und er das *Normannenreich*. Dennoch mußte er es erst mit Waffengewalt erobern. Es war ein schwerer Schlag für das Reich, als der mächtige Heinrich schon wenige Jahre später, 1197, starb und nur einen dreijährigen Sohn, *Friedrich*, in Sizilien hinterließ.

Acht: Eine Form der Strafe im mittelalterlichen Recht. Sie bedeutete den Ausschluß eines Straftäters aus der menschlichen Gesellschaft; er wurde für friedlos erklärt und verlor sein Eigentum. In der frühen Zeit galt der Geächtete als vogelfrei, d.h. niemand durfte ihn beherbergen und jedermann konnte ihn töten, ohne der Rache der Sippe des Getöteten zu verfallen.
Die Acht als *weltliche Strafe* folgte auch der *kirchlichen Strafe* des *Banns*, des Ausschlusses aus der kirchlichen Gemeinschaft; daher: jemanden „in Acht und Bann tun".

4 Macht und Unabhängigkeit der lombardischen Städte

Bischof Otto von Freising, ein Onkel Friedrichs I., schreibt:

„In der Stadtverwaltung und in der Bewahrung der Staatsform ahmen sie die klugen alten Römer nach. Schließlich lieben sie die Freiheit so sehr, daß sie sich dem Übergriff der Herrschergewalt entziehen und sich lieber von Konsuln als von Fürsten regieren lassen ... Die genannten Konsuln werden nicht aus einer, sondern aus allen Schichten der Bevölkerung gewählt, um keinen Hochmut aufkommen zu lassen. Damit sie sich nicht zur Herrschsucht verleiten lassen, werden sie fast jedes Jahr ausgetauscht. So kommt es, daß das Land (Lombardei) fast ganz unter den Städten aufgeteilt ist ... und kaum ein Adliger ... läßt sich finden, der nicht der Herrschaft seiner Stadt unterworfen ist ... An Reichtum und Macht sind sie allen anderen Städten der Welt überlegen. Dazu half ihnen nicht nur ihre Tatkraft, sondern auch die Abwesenheit der Herrscher, die sich nördlich der Alpen aufzuhalten pflegten ... Unter allen Städten dieses Volkes nimmt Mailand nun den ersten Platz ein ... nicht nur wegen ihrer Größe und der Menge tatkräftiger Männer, sondern auch deswegen, weil sie sich zwei Nachbarstädte in der Gegend unterworfen hat, Como und Lodi ..."

(Gesta Frederici II, 14–15, Frh. v. Stein – Ausg. 17, hrsg. v. F.-J. Schmale 1965, S. 308–311)

6 Cappenberger Barbarossakopf, 31 cm hoch, um 1160 im Auftrag Friedrichs I. aus vergoldetem Kupfer für seinen Taufpaten Otto von Cappenberg angefertigt. Er diente zur Aufnahme von Reliquien.

5 Die Verhandlungen Friedrich Barbarossas auf dem Hoftag in Roncaglia (Lombardei) 1158

Der Geschichtsschreiber Rahewin vermerkt:

„Darauf erörterte er eingehend die Gerichtsgewalt des Reiches und die Regalien [die königlichen Hoheitsrechte], die schon seit langem teils durch die Anmaßung derer, die sie sich angeeignet hatten, teils durch die Nachlässigkeit der Könige dem Reich entzogen worden waren. Da die Bischöfe, der Adel und die Städte sich dafür nicht rechtfertigen konnten, gaben sie die Regalien in die Hand des Kaisers zurück.

Die ersten, die Verzicht leisteten, waren die Mailänder. Befragt, was diese Regalien seien, sprachen sie ihm zu: die Verleihung von Herzogtümern, Markgrafschaften, Grafschaften und des Konsulamtes, die Münzstätten, Zölle, die Heeressteuer, die anderen Steuern, Häfen, das Geleitrecht, Mühlen, Fischteiche, Brücken und alle Einkünfte aus den Flußläufen sowie die Zahlung eines jährlichen Zinses nicht nur von ihrem Eigentum, sondern auch von ihren Köpfen ... Von denen, die sich ohne jedes Recht, sondern nur durch Anmaßung Regalien angeeignet hatten, flossen der Staatskasse jährlich etwa 30000 Pfund Silber zu."

(Gesta Frederici IV, 7; S. 520–523)

7 Die Mißgunst der Fürsten gegen den Ruhm des Herzogs

„Nun wuchs die Macht des Herzogs höher als die aller seiner Vorgänger, er wurde Fürst der Fürsten des Landes und beugte den Nacken der Aufrührer, er brach ihre Burgen, vertilgte die Wegelagerer, machte Frieden im Lande, erbaute die stärksten Festen und hatte ungeheures Eigengut im Besitz. ...

Weil aber der Ruhm den Neid erzeugt und im Menschenleben nichts von Dauer ist, so sahen alle Fürsten Sachsens scheel auf den Ruhm eines solchen Mannes. Denn Heinrich stand bei seinem ungeheuren Reichtum und seinen glänzenden Siegen wegen der doppelten Herzogswürde in Bayern und Sachsen so hoch in seinem Ansehen, daß es allen Fürsten und Edlen in Sachsen unerträglich schien. Doch die Furcht vor dem Kaiser band den Fürsten die Hände, daß sie ihre geplanten Umtriebe nicht ins Werk setzten."

(Aus der Slawenchronik des Helmold v. Bosau, hrsg. v. H. Stoob, Frh. v. Stein – Ausg. 19, 1973, S. 356 ff.)

8 Friedrich I. und Heinrich der Löwe in Chiavenna

Der Chronist Otto von St. Blasien schreibt:

„Als die Mailänder sahen, daß sich das Heer des Kaisers auflöste, wagten sie erneut den Aufstand. Der Kaiser fühlte sich in Bedrängnis; er schickte Boten um Hilfe nach Deutschland, gleichzeitig an seinen Vetter Heinrich, den Herzog Sachsens und Bayerns: er möge ihn in Chiavenna zu einer Unterredung treffen. Dorthin kam er [Friedrich] ihm entgegen und flehte ihn demütiger, als es der kaiserlichen Majestät ziemt, an, der gefährdeten Reichsgewalt zu Hilfe zu kommen. Man sagt sogar, er habe sich ihm zu Füßen geworfen. Obwohl Heinrich damals wegen seiner Macht und seines Reichtums der einzige war, der dem Reich hätte zu Hilfe kommen können, forderte er, als Gegenleistung mit der reichen Stadt Goslar belehnt und beschenkt zu werden. Der Kaiser aber lehnte ab, da er es für schimpflich hielt, sich ein solches Lehen wider Willen abpressen zu lassen. Darauf erzürnte Heinrich, ließ ihn in der bedrohten Lage zurück und kehrte heim."

(MGH SS in us. schol, hrsg. v. A. Hofmeister 1912, S. 33 f.)

Arbeitsvorschläge und Fragen

a) Vergleiche die Lage der königlichen Hausgüter, wie sie M 1 zeigt, mit der Lage der Hausgüter zur Zeit Ottos d. Gr. (M 1, S. 39). Welche neue Territorien tauchen auf?

b) Woher leitet der Buchmaler die Herrschaftsgewalt Heinrichs des Löwen ab und wie wird auf dem Bild seine königsgleiche Stellung deutlich? (M 3)

c) Versuche zu erklären, wie die von Rahewin genannten „Regalien" wirtschaftlich und finanziell zu nutzen sind. (M 5)

d) Wie kam es zum Kampf der Staufer mit den lombardischen Städten? Überlege, welche Absichten der Kaiser, welche Wünsche die Städte hatten und welche Rolle der Papst dabei spielte. Lies dazu M 4 und M 5.

e) Welche Gründe geben die zeitgenössischen Chronisten für den Sturz Heinrichs des Löwen an? (M 7 und 8)

f) Stelle fest, ob die Beschreibung Rahewins auf den Cappenberger Barbarossakopf paßt. (M 6)

Das späte Mittelalter: Städte und Bürger

1 Die italienische Stadt Siena um 1340 (Wandgemälde von Ambrogio Lorenzetti). Eine entscheidende Entwicklung im hohen und späten Mittelalter ist die Entfaltung der Städte und des städtischen Lebens. Die norditalienischen Städte sind Schrittmacher, da sie auf der städtischen Kultur des Altertums aufbauen können.

~650 – ca. 5,5 Mill. Menschen in Mittel- und Westeuropa

910 – Gründung des Klosters Cluny

R o m a n i k

1066 – Neuerungen in der Landwirtschaft
Wachsende Zahl von Dorfgründungen

Bevölkerungswachstum

Lar

Slawische Stämme siedeln bis Elbe und Saale

Deutsche Könige unterwerfen und christianisieren slawische Stämme zwischen Elbe und Oder

Polen, Ungarn, Böhmen/Mähren entstehen

Burgenbauten

Normannen erobern England (Hastings)

500 | 900 | 1000 | 1100 | 1

2 Alte Zunftwappen. Schuhmacher, Schneider, Maler, Zimmerleute, Bäcker, Metzger

3 Heuernte am Südufer der Seine (im 15. Jh.). Im Hintergrund der königliche Palast auf der Seine-Insel, auf der auch die Altstadt von Paris lag. Auch im fortgeschrittenen Frankreich erwuchs städtische Kultur auf landwirtschaftlicher Grundlage.

Der Kauffmann.

Der Müntzmeister.

4 Städtisches Gewerbe in Deutschland (Holzschnitte von Jost Amman. Aus dem „Ständebuch", 1568)

4a Der Kaufmann ▲

4b Der Münzmeister. Er „schlägt" die Münzen mit einem Metallstempel. Daneben eine Münzwaage ▶

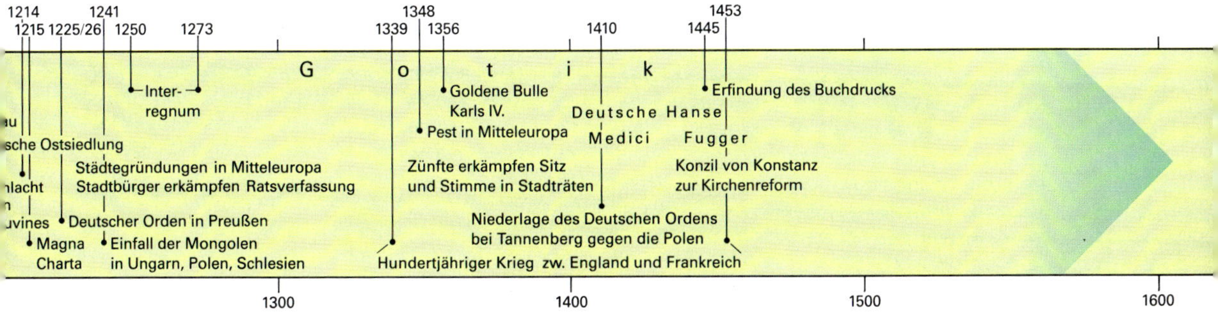

1. Siedlung und Bevölkerung im Mittelalter

1.1 Wenig Dörfer, kaum eine Stadt

Die Pyramiden standen schon 3500 Jahre, als es in Mitteleuropa außerhalb des ehemaligen römischen Reiches, also nördlich und östlich des Limes, noch keine städtische Siedlung und nur wenig Gebäude aus Stein gab, meist Kirchen. Die römischen Städte, Straßen und Gutshöfe waren verfallen. Viel schwer durchdringlicher Wald, primitive, unbefestigte Wege, wenige kleine armselige Dörfer prägten die Landschaft. Mitteleuropa wurde erst spät erschlossen. Lebensverhältnisse und Daseinsmöglichkeiten wurden in unendlich mühsamer Arbeit nur langsam verbessert.

11./12. Jahrhundert – Technische und landwirtschaftliche Neuerungen und Landesausbau westlich der Elbe lassen Ernteerträge und Bevölkerungszahl wachsen.

Geburt und Tod im Gleichgewicht

Um 650 n. Chr. lebten in Mittel- und Westeuropa etwa 5,5 Millionen Menschen, wo heute 240 Millionen, also 44mal so viele Menschen, leben. In den folgenden 350 Jahren, also bis 1000 n. Chr., verdoppelte sich die Bevölkerung. In weiteren 350 Jahren wuchs sie um das Dreifache. Die Möglichkeiten, Menschen zu ernähren, hatten sich verbessert; mehr Menschen konnten heiraten und Familien gründen.

Verglichen mit der „Bevölkerungsexplosion" in manchen Entwicklungsländern der Gegenwart nahm die Bevölkerung jedoch nur langsam zu, etwa um 0,2% jährlich. Dabei gebar eine verheiratete Frau gewöhnlich wesentlich mehr Kinder als heute in unserem Lande.

Doch aus Mangel an Hygiene und medizinischer Kenntnis starben viele Säuglinge. Zahlreiche Frauen starben im Kindbett. Ansteckende Krankheiten rafften als Seuchen immer wieder große Teile der Bevölkerung dahin. In Fehden und Kriegen wurden viele Menschen getötet. Durchschnittlich wurden die Menschen nur halb so alt wie heute.

Ein großer Teil der Erwachsenen – zu Zeiten über die Hälfte – blieb unverheiratet; denn nur wer genug Besitz hatte, um eine Familie zu ernähren, konnte heiraten. Dazu zählte (noch bis vor etwa 200 Jahren) nur, wer Hof, Werkstatt oder Geschäft, Burg oder Amt erbte oder einheiratete. Wer nicht erbte oder keine erbende Frau fand, blieb ledig. So wurde die Bevölkerungszahl durch Ehebeschränkung niedrig gehalten.

Alle leben von der Landwirtschaft

Die Erträge der Landwirtschaft waren gering. Um 800 brachte ein Acker bei schlechter Ernte etwa 40% mehr Korn, als für die nächste Aussaat gebraucht

1 Pflügende Bauern. Links: Bauer mit Hakenpflug und Ochsengespann (um 818); rechts: Beet(Wende-)Pflug mit Pflugschar, Pflugmesser und Streichbrett (flandrische Buchmalerei um 1275).

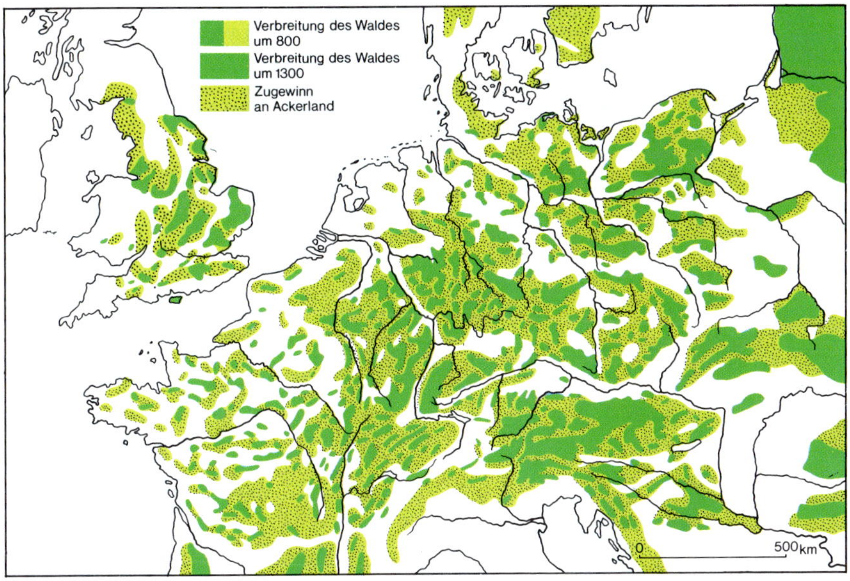

2 Verbreitung des Waldes um 800 und um 1300

wurde. Bei guter Ernte konnte sich die Menge verdoppeln. Erzeugten die Bauern weniger oder gab es eine Mißernte, war eine Hungersnot die unerbittliche Folge, sobald die geringen Vorräte aufgezehrt waren. Die Bevölkerung konnte nur wachsen, wenn mehr Lebensmittel erzeugt wurden, sei es durch höhere Erträge, sei es durch Ausweitung des Ackerlandes.

Bis ins 11. Jahrhundert lebten 95 von 100 Menschen von ihrer Arbeit in der Landwirtschaft. Sie versorgten außer sich selbst nur eine kleine Schicht von geistlichen Herren und adligen Kriegern durch Abgaben mit Nahrung. Meist wohnten sie in Dörfern, die weit verstreut in kleineren oder größeren Lichtungen zwischen riesigen Wäldern lagen. Städte gab es kaum.

Engere Berührung mit dem weiter entwickelten Süden und Westen Europas kam der Landwirtschaft in Deutschland zugute. Über Klöster, Königsgüter und Maierhöfe verbreiteten sich *neue Techniken und Verfahren.*

Neue Äcker, neue Dörfer: Landesausbau

Von den Fortschritten der Landwirtschaft machten bis ins 12. Jahrhundert vor allem die Grundherren West- und Mitteleuropas Gebrauch. Sie ließen *Wald roden* und *Sümpfe trocken legen* und gewannen dadurch große Flächen für die Gründung von Dörfern und die Ansiedlung von Bauernfamilien. Nichterbende Söhne konnten Familien gründen und ernähren. Doch war im 12. Jahrhundert die *Grenze* der *Überbevölkerung* in Mitteleuropa westlich der Elbe wieder erreicht: Aller Boden, den die Bauern mit den vorhandenen Mitteln bebauen konnten, wurde genützt.

Erhöhung der landwirtschaftlichen **Produktivität:** der Ertrag auf einer bestimmten Fläche bei einem bestimmten Arbeitseinsatz wird größer.
Erhöhung der landwirtschaftlichen **Produktion:** der Ertrag wird größer, weil entweder die Produktivität auf gleicher Fläche zunimmt oder die Fläche erweitert wird oder beides zusammenwirkt.
Landesausbau: Bisher wenig oder gar nicht genutztes Land (Urland, Ödland) wird erschlossen, so daß die landwirtschaftliche Produktion und die Bevölkerung zunehmen, Wohlstand und Macht der Grundherren und der Landesherren steigen.

3 Die Dorfsiedlung (Heudorf bei Meßkirch, 1576) ist durch den Etter (Zaun) von der Feldflur abgegrenzt; Hofetter bilden die Grenze des Hausfriedens.

4 Bevölkerungsentwicklung

Geschätzte Bevölkerungszahl in Millionen:

Jahr	West- und Mitteleuropa	Europa
650	5,5	18
1000	12	38,5
1340	35,5	73,5
1450	22,2	51
(1976)	(238,5)	(471)

(Nach: Cipolla in Borchardt, Bevölkerungsgeschichte Europas, München 1971, S. 21)

5 Neuerungen in der Landwirtschaft

– Seit dem 11. Jahrhundert wurde mehr *Eisen* erzeugt und für Werkzeuge und Geräte wie Spaten, Axt, Hufeisen, Pflugschar verwendet.
– Die *Feld-Gras-Wirtschaft* wurde allmählich durch die *Dreifelderwirtschaft* ersetzt: Der Akker blieb nur noch jedes dritte Jahr unbestellt.
– An die Stelle des Hakenpfluges trat der *Beetpflug*, der den Boden nicht nur aufritzte, sondern umwendete. Wiesen konnten umgebrochen, Unkraut untergepflügt werden.
– Es wurde mehr mit Mist, Kalkerde und Mergel gedüngt.
– *Wassermühlen* wurden neben Handmühlen zum Mahlen des Getreides verwendet.
– *Pferde* wurden außer Ochsen als Zugtiere angespannt. Durch das *Kummet* – einen festen gepolsterten Ring, der dem Pferd über den Kopf gelegt wird – verdreifachte sich die Zugleistung des Pferdes: Es konnte mit der Brust ziehen, statt wie bisher durch das Joch am Hals gewürgt zu werden.
– Die Erfindung des *Hufeisens* ermöglichte den Einsatz des Pferdes als Arbeitstier.
– *Neue Gemüse- und Obstsorten* aus den Ländern des Mittelmeeres wurden angebaut, z.B. Kohl, Rettich, Kürbis, Kirschen, Pfirsiche, Mandelbäume.

Arbeitsvorschläge und Fragen

a) Um wieviel Prozent hat sich die Zahl der Menschen von 650 bis 1000, von 1000 bis 1340 vermehrt? (M 4)

b) Wieviel Prozent des Waldes sind zwischen 800 und 1300 schätzungsweise gerodet worden? – In welchen Landschaften wurde besonders viel gerodet? – Welche größeren Landschaften sind unbewaldet? (M 2) – Vergleiche Deinen Atlas.

c) Erkundige Dich, wie das Verhältnis von Saatmenge zu Ernte heute ist.

d) Wie trugen die in M 5 genannten Erfindungen und Verbesserungen jeweils zur Steigerung der landwirtschaftlichen Erträge bei?

e) Ortsnamen lassen die Umstände der Entstehung oder Gründung eines Ortes erkennen. Suche auf dem Atlas oder in Deiner Umgebung Namen, die auf „Wald“ (wald, holz, horst) oder „Rodung“ (rode, rot, raute, schwand, bühl) schließen lassen. Versuche in einigen Fällen ihre Entstehungszeit festzustellen.

1.2 Ostsiedlung: Landesausbau und Städtegründungen östlich der Elbe

1450 wurden weit mehr Gebiete Mitteleuropas von Menschen bewohnt, deren Muttersprache Deutsch (beziehungsweise eine deutsche Mundart) war, als um 1100. In diesen 350 Jahren des hohen und späten Mittelalters waren in dem Land östlich der Elbe bis in das heutige Polen, Rußland und die ČSSR hinein deutsche Bauern und Bürger angesiedelt worden. Ein großer Teil der dort lebenden Bevölkerung slavischer und baltischer Stämme war deutsch geworden. Diese Ostsiedlung hat die Lebensmöglichkeiten in Mittel- und Osteuropa entscheidend verbessert. Sie war Teil einer Entwicklung, die vom Süden und Westen Europas nach Norden und Osten fortschritt.

6.–8. Jahrhundert	Slawische Stämme siedeln, aus Osteuropa kommend, bis zur Elbe und Saale.
10./11. Jahrhundert	Die deutschen Könige unterwerfen und christianisieren slawische Stämme zwischen Elbe und Oder.
1125–1157	Kaiser Lothar fördert die Ansiedlung von Deutschen in Ostholstein und den Marken östlich der Elbe.
1226	Herzog Konrad von Masovien ruft den Deutschen Ritterorden (vgl. S. 64) zum Kampf gegen die heidnischen Preußen zu Hilfe. Der Orden gründet in Preußen und Livland einen Staat, holt deutsche Siedler ins Land und erweitert sein Herrschaftsgebiet durch Verträge, Kriege und Heidenkreuzzüge.
1410	Bei Tannenberg besiegen die vereinigten Polen und Litauer das Ordensheer.

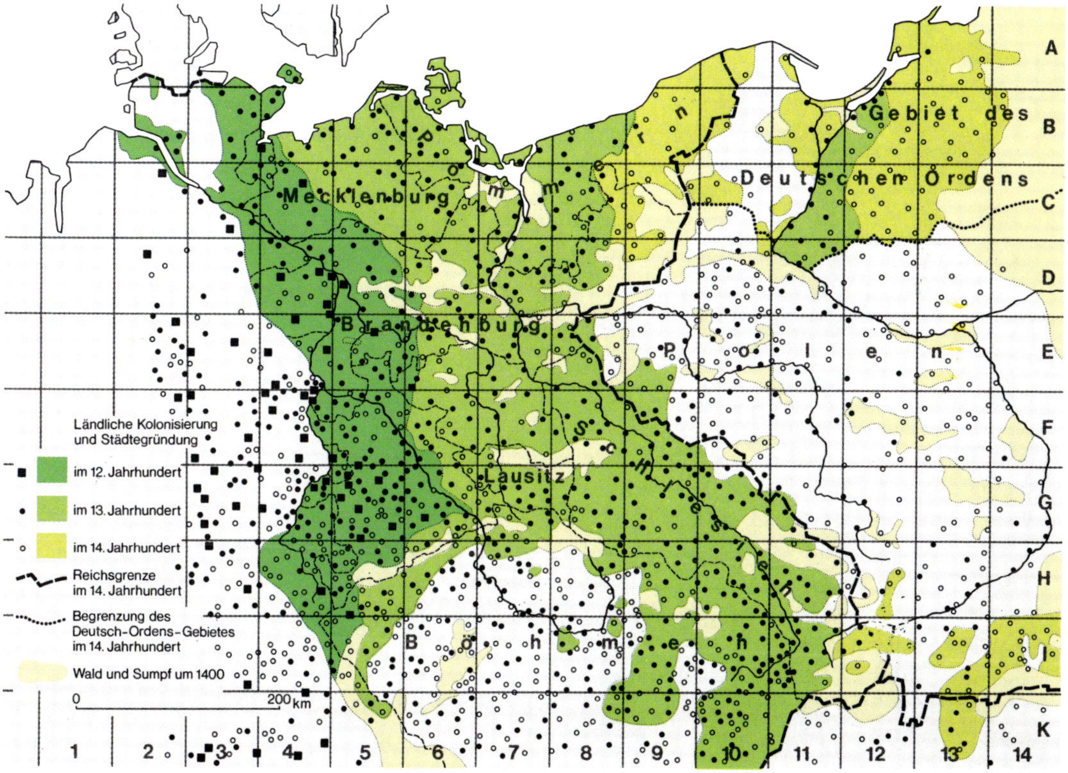

1 Deutsche Ostsiedlung: Landesausbau und Städtegründungen

2 Gründung eines Dorfes. Der Buchmaler (14. Jh.) hat in einer Handschrift des Sachsenspiegels einen Grundherrn, einen Lokator und drei Bauern dargestellt.

Landesherren erstreben Zuwachs an Bevölkerung und Macht

Östlich von Elbe und Saale wohnten slawische und baltische Stämme und Völker. Ihre Gebiete waren viel dünner besiedelt als die von deutschen Stämmen besiedelten Landschaften westlich dieser Linie, die durch den *Landesausbau* (auch *Binnensiedlung* genannt) der letzten 200 Jahre wirtschaftlich entwikkelt worden waren. Die Schätzungen für die durchschnittliche Zahl der Menschen auf 1 km^2 für das alte Gebiet liegen bei 10–20, für die östlichen Gebiete bei 1–3. Mit Hilfe von Rodung, Entwässerung, schwerem Pflug und Einsatz von Pferden konnten auch dort mehr Nahrungsmittel erzeugt werden, die Bevölkerungszahl konnte wachsen. Deutsche Landes- und Grundherren sahen darin eine Möglichkeit, ihre Macht zu erweitern. Auch slawische Fürsten in Mecklenburg, Pommern, Polen, Schlesien, Böhmen und Mähren, z.T. unter deutscher Lehenshoheit, sahen den Zuwachs an Macht und Wohlstand, den Länder durch planmäßige Entwicklung erfahren konnten. Sie wollten nicht hinter deutschen Landesherren zurückbleiben. Deshalb riefen sie *Siedler* ins Land. Sie entsandten dazu deutsche Beauftragte, sogenannte *Lokatoren*, um im fortgeschrittenen alten Siedlungsland Bauern, Handwerker und Gewerbetreibende zu werben, die im unerschlossenen Neuland Dörfer gründen und Ackerflächen schaffen sollten. Als Entgelt erhielt der Lokator das erbliche Amt des Dorfschulzen (Dorfvorsteher und -richter).

Ein Teil der deutschen Siedler wurde *Bürger neuer Städte*. Ihnen gestatteten die slawischen Landesherren, ihre Angelegenheiten nach dem Vorbild deutscher Städte, vor allem Lübeck und Magdeburg, zu ordnen, d.h., ihnen wurde *deutsches Stadtrecht* verliehen.

Binnensiedlung: Landesausbau innerhalb des alten Siedlungsgebietes der deutschen Stammesherzogtümer **westlich** der Elbe-Saale-Linie.
Ostsiedlung: Landesausbau **östlich** der Elbe-Saale-Linie durch Siedler deutscher Stämme.
Slawen: Eine Vielzahl von Stämmen und Völkern der slawischen Sprachfamilie wie z.B. Russen, Polen, Tschechen, Serben. Die slawischen Sprachen stammen wie die germanischen, romanischen und keltischen Sprachen von einer gemeinsamen vorgeschichtlichen indoeuropäischen Sprache.
Christianisierung: Die slawischen Stämme wurden im 9. bis 11. Jahrhundert christlich, einige, z.B. Bulgaren und Russen, griechisch-katholisch, die Westslawen, z.B. die Polen, römisch-katholisch. Die baltischen Völker, z.B. die Pruzzen, wurden im 13. und 14. Jahrhundert durch den Deutschen Ritterorden christianisiert.
Germanisierung: Übernahme deutscher Sprache und Kultur durch Bevölkerungsteile anderer Muttersprache.

3 Ursachen der Abwanderung

Eine Chronik aus dem heutigen Belgien enthält zum Jahr 1144 folgenden Bericht:

„Dieses Jahr brachte einen harten Winter mit viel Regen und Sturm. Starke Waldbäume wurden entwurzelt, Kirchen, Türme und andere Gebäude, die man für fest gehalten hatte, größtenteils von Grund aus zerstört... Eine große Hungersnot bedrückte viele, und die Sorge ums tägliche Brot ließ die meisten Leute verarmen. In England sollen viele Leute verhungert sein. Aber nicht nur Arme und mäßig Begüterte, sondern auch solche, von denen man glaubte, sie seien wohlhabend genug, zwang das alle durchbohrende Schwert des Hungers abzuwandern, um dem Mangel, wenn auch nicht gänzlich auszuweichen, so doch besser widerstehen zu können."

(Aus der Fortsetzung zur Chronik Sigeberts von Gembloux zum Jahre 1144; zit. nach: Geschichte in Quellen, Bd. 2, München 1970, S. 623)

4 Werbung von Siedlern

Für das Jahr 1143 hören wir:

„Da das Land (Ostholstein, nach der slawischen Bevölkerung ‚Wagrien' genannt) verlassen war, schickte Graf Adolf (von Holstein) Boten in alle Lande, nämlich nach Flandern und Holland, Utrecht, Westfalen und Friesland, daß jeder, der zu wenig Land hätte, mit seiner Familie kommen sollte... Daraufhin brache eine zahllose Menge aus verschiedenen Stämmen auf, nahm Familie und Habe mit und kam... nach Wagrien..."

(Helmold, Pfarrer zu Bosau in Holstein, Slawenchronik, Kap. 57 – zum Jahr 1143; zit. nach: Geschichte in Quellen, Bd. 2, München 1970, S. 623)

5 Zeitlich begrenzte Rechte für die Siedler

In einer Urkunde für die Stadt Brieg 1250 verkündete der Herzog von Schlesien:

„Allen, die zu dieser Stadt kommen, um dort wohnen zu bleiben, haben Wir die Verfügung über sechs Freijahre gewährt, so daß sie innerhalb dieser Frist weder zu irgendeiner Zahlung noch zur Heerfolge gezwungen werden, außer wenn ein Notstand für das ganze Land ausgerufen wird. Der Wasserlauf (der Oder) ist oberhalb und unterhalb eine Meile weit für alle dortigen Einwohner frei zum Fischfang. Wir haben auch gestattet, Holz für den Häuserbau zu schlagen, wo immer es sich findet. Wir gewähren, auf dieser Seite der Oder Hasen zu jagen. Auf beiden Seiten des Flusses weisen Wir der Stadt sechs große Hufen als Viehweide zu. Innerhalb der Freijahre gestatten Wir allen Einwohnern, ohne Zollabgabe in Unserem Lande ihren Markthandel zu betreiben."

(Urkunden und erzählende Quellen zur dt. Ostsiedlung im MA, II, Nr. 25, 1970; gekürzt)

Arbeitsvorschläge und Fragen

a) Beschreibe die einzelnen Personen und ihre Tätigkeiten. – Welcher Vorgang ist dargestellt? (M 2)

b) Warum waren die Auswirkungen von Unwetter und Mißernten damals schlimmer als heute? – Zu welchem Ausweg waren die Menschen gezwungen? (M 3, 4)

c) Wie lange brauchten die Umsiedler wohl bis in ein neues Siedlungsgebiet?

d) Welche Vorrechte wurden den Neusiedlern zugesagt? – Wie verbesserte sich dadurch ihre Lage? (M 5)

e) Zähle die Quadrate für jede Phase der Siedlungsbewegung aus. – Erstelle ein Schaubild, das die zeitliche Entwicklung deutlich macht. (M 1)

f) Informiere Dich, wie es kommt, daß östlich der Oder-Neiße-Linie heute nur noch sehr wenige Deutsche wohnen. Frage dabei auch nach dem deutschen Angriff auf Polen 1939 und auf Rußland 1941.

2. Städte entstehen

Im 9. Jahrhundert gab es in Deutschland kaum 40 Städte, fast alles bescheidene Reste ehemaliger Römerstädte. 400 Jahre später war jeder 9. Bewohner des Reiches Einwohner der knapp 3000 Städte, die mit ihren Märkten zu Mittelpunkten von Handel und Gewerbe wurden. Dennoch wurden auch in den meisten Städten nur wenige Waren zum Verkauf hergestellt. Für Ladengeschäfte als ständige Verkaufsstätte bestand kein Bedarf. Man kaufte beim Erzeuger, dem Handwerker oder auf dem Markt. Der Fernhandel gewann seit dem 12. Jahrhundert zunehmend an Bedeutung.

1270–1300 ______ Die meisten Städte in der deutschen Geschichte werden gegründet.

2.1 Aus Märkten werden Städte

Städte entstehen in Deutschland

Die Menschen im Römischen Reich konnten sich ein Leben ohne Städte gar nicht vorstellen. Die germanischen Völker jenseits der Grenzen des Römischen Reiches siedelten dagegen in Gehöften und Dörfern. Die römischen Städte auf dem Boden des späteren deutschen Reiches jenseits von Rhein, Limes und Donau überdauerten zwar zumeist die Völkerwanderung, verfielen jedoch oder schrumpften auf einen Bruchteil ihrer einstigen Größe zusammen.
Seit der Zeit um 1000 nahm die Zahl der Städte zu. Der Ertrag der Landwirtschaft stieg, und die Bevölkerung wuchs. Daher stiegen die Einkünfte der Herrscher und der Grundherren. Zugleich begann im Harz der *Silberbergbau*. Das zu Münzen geschlagene Silber vermehrte die Geldmenge in Deutschland. Auf Pfalzen (vgl. S. 32, 45) und Burgen, an Bischofssitzen und in Klöstern wurde Reichtum angesammelt. Bessere Geräte, feinere Stoffe und Möbel wurden verlangt; es wurde mehr gebaut, und immer zahlreichere Gebäude wurden aus Stein statt aus Holz errichtet; die Herren wünschten Gewürze, Seide und Schmuck.

Geistliche und weltliche Herren erhalten Markt- und Münzrecht

Das alles konnten die Bauern und die wenigen Handwerker in den Dörfern nicht liefern. Händler mußten solche Waren oft von weit her beschaffen. Bei den Herrensitzen entstanden Treffpunkte der Kaufleute und damit Umschlagplätze für Waren. Die geistlichen und weltlichen Herren ließen sich für diese Plätze vom König das Marktrecht und das Recht, Münzen zu schlagen, verleihen. *Spezialisierte Handwerker* – oft Bauernsöhne, die keinen Hof erben konnten – arbeiteten für den Bedarf ihrer reichen Auftraggeber und siedelten sich in der Nähe der Herrensitze und neu entstehenden Märkte an.

1 Stufen der Stadtentstehung in Mitteleuropa (1150–1950)

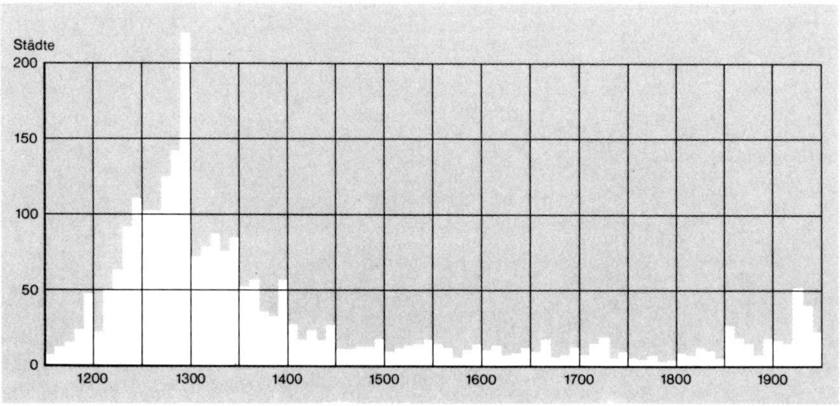

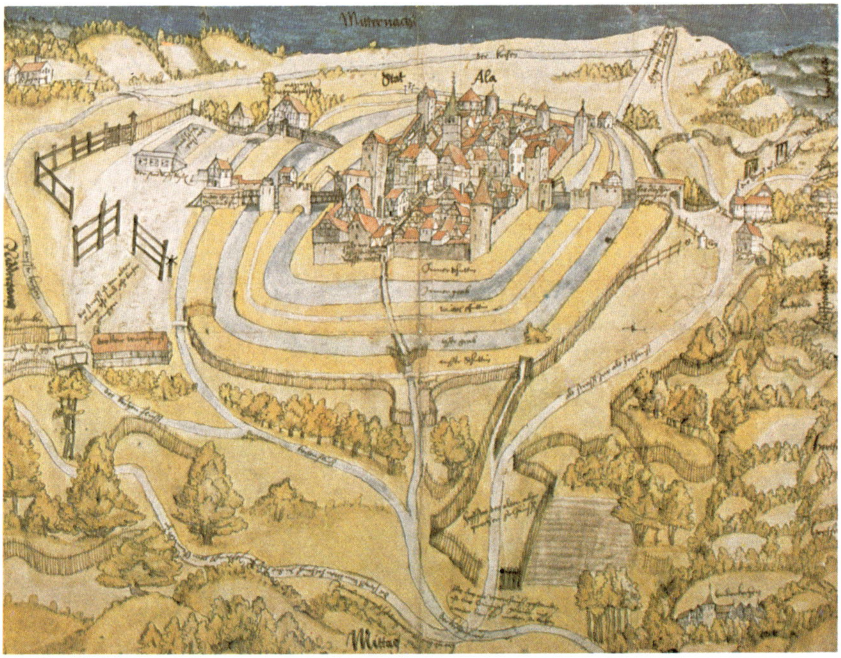

2 Eine Stadt unter vielen: Aalen 1528. Nicht viele Städte waren größer.

In den nahezu verlassenen Römerstädten wuchs die Bevölkerungszahl durch zuziehende Kaufleute und Handwerker, so daß manche von ihnen – wie Köln – den Umfang der römischen Stadtanlage sogar überschritten.
Seit dem 12. Jahrhundert schließlich begannen die Fürsten und Könige an verkehrsgünstigen Stellen Marktorte zu gründen, Geschäftsleute dorthin zusammenzurufen und das Recht der künftigen Stadtbürger in Gründungsurkunden festzulegen.

Stadt: Ob eine Siedlung Dorf oder Stadt hieß, war zunächst keine Frage der Größe, Einwohnerzahl oder Befestigung, obwohl Städte im allgemeinen größer waren als Dörfer und Dörfer keinen Markt und keine Mauer hatten. Es war eine Frage der Rechtstellung. Markt und Mauer waren neben anderen Freiheiten Teil des **Stadtrechts.** In vielen Ländern des Orients gab es kein besonderes Stadtrecht, also im rechtlichen Sinne keine Städte.
Freiheit: Der Begriff meint im Mittelalter meist ein ganz bestimmtes Recht, in erster Linie die Entlastung von Verpflichtungen und Abgaben. Er wird deshalb gewöhnlich in der Mehrzahl gebraucht und ist oft gleichbedeutend mit *Privileg.*

3 Eine Stadt entsteht

Seit dem 9. Jahrhundert entstand unterhalb einer Burg der Grafen von Flandern die Siedlung Brügge. Im 12. Jahrhundert umfaßte sie 10000 Einwohner. In einer Chronik aus dem 14. Jahrhundert lesen wir:

„Vor dem Tor, an der Brücke, sammelten sich allmählich Gewerbetreibende, um für die zu arbeiten, die in der Burg wohnten. Außer Kaufleuten, die alles Mögliche feilboten, gab es da Schank- und Gastwirte; sie machten sich zur Aufgabe, diejenigen zu beköstigen und zu beherbergen, die beim Grafen zu tun hatten. Mit der Zeit begannen die Zuzügler Häuser zu bauen und wohnlich einzurichten; dort fanden alle Aufnahme, die nicht in der Burg selbst wohnen konnten. Und es ging unter dem Volke das Wort: ‚Auf zur Brücke (flämisch: Brügge)!' Die Siedlung wuchs, so daß in kurzer Zeit ein großes Dorf entstand."

(Johannes Longus [14. Jh.], Chronik des Klosters St. Bertin, Kap. 15; zit. nach: H. Pinnow, Bürgervolk, Leipzig/Berlin 1931, S. 1)

4 Köln im Mittelalter

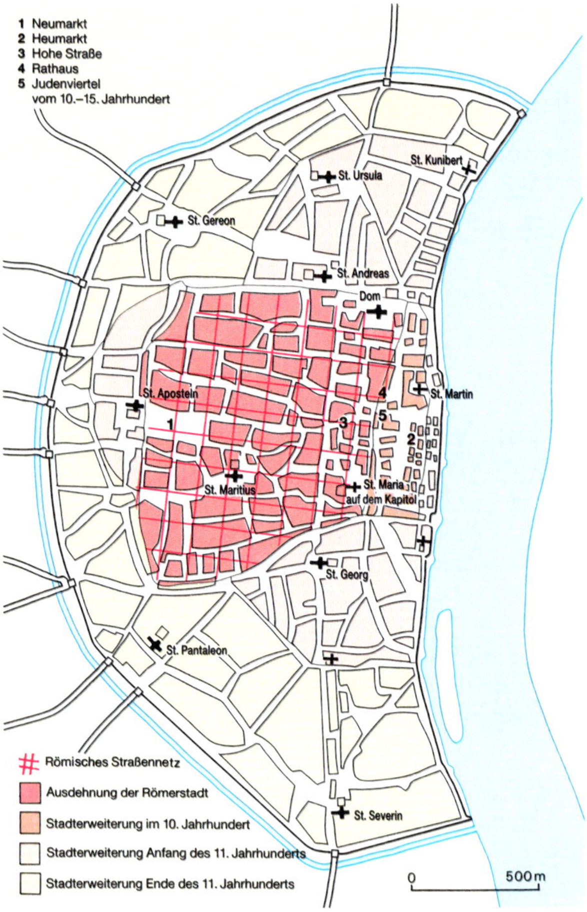

5 Eine Stadt wird gegründet

„Es sei den lebenden und zukünftigen Geschlechtern bekannt, daß ich Konrad (von Zähringen) auf meinem eigenen Besitz Freiburg einen Markt eingerichtet habe im Jahre des Herrn 1120. Nachdem ich Kaufleute der Umgebung zusammengerufen habe, habe ich beschlossen, mit einer Eidgenossenschaft diesen Markt zu begründen und einzurichten. Jedem Kaufmann habe ich ein Grundstück zum Bau eines eigenen Hauses gegeben und bestimmt, daß von jedem dieser Hausgrundstücke jährlich am St. Martins-Tag mir und meinen Nachfolgern ein Schilling Zins gezahlt werden soll… Ich verspreche allen jenen, die zu meinem Markt kommen, Frieden und Schutz. Wenn einer in diesem Bereich beraubt worden ist und er nennt den Räuber, soll er den Schaden ersetzt bekommen. Wenn einer meiner Bürger stirbt, soll seine Frau mit seinen Kindern alles besitzen ohne jeden Einspruch, was er hinterlassen hat…

Allen Kaufleuten der Stadt erlasse ich den Zoll. Meinen Bürgern will ich keinen anderen Vogt (zur Ausübung der Stadtherrschaft) oder Priester geben, außer den, welchen sie selbst gewählt haben. Wenn ein Streit oder Rechtsfall unter den Bürgern entsteht, soll nicht von mir oder meinem Richter darüber entschieden werden, sondern nach Gewohnheit und Recht aller Kaufleute, wie sie besonders in Köln geübt werden…

Wenn der Mangel am Notwendigsten jemanden dazu zwingt, darf er seinen Besitz verkaufen, an wen er will. … Jeder, der in diese Stadt kommt, darf sich hier frei niederlassen, wenn er nicht der Leibeigene irgendeines Herrn ist und diesen auch anerkennt als seinen Herrn. Der Herr kann aber seinen Leibeigenen in der Stadt wohnen lassen oder ihn aus der Stadt wegholen lassen, wie er will. Wenn aber ein Leibeigener seinen Herrn verleugnet, kann der Herr mit sieben Zeugen beweisen, daß der Leibeigene ihm gehört. Dann soll der Leibeigene ihm gehorchen. Wer aber über Jahr und Tag in der Stadt gewohnt hat, ohne daß irgendein Herr ihn als seinen Leibeigenen gefordert hat, der genießt von da an sicher die Freiheit…" (Gründungsurkunde von Freiburg, 1120; zit. nach: F. Kentgen, Urkunden zur städtischen Verfassungsgeschichte, Berlin 1901, S. 117)

a) Schätze Länge und Breite der Stadt Aalen. (M 2) – Was vermutest Du über die Einwohnerzahl?
b) Zwei Galgen sind zu sehen. Welches Recht hatte die Stadt erworben?
c) Was fällt bei einem Vergleich zwischen dem römischen und dem mittelalterlichen Straßennetz Kölns auf? – Welche Veränderungen des Straßennetzes der mittelalterlichen Zeit im Vergleich zur Römerzeit lassen sich aus dem Grundriß ablesen? (M 4)
d) Was besonders zugesichert wird, ist nicht selbstverständlich. – Welche Schlüsse kann man aus den Zusicherungen auf die Verhältnisse im Lande ziehen? (M 5) – Welche Vorteile hatte Herzog Konrad von der Gründung Freiburgs? (M 5)
e) Geflohene Leibeigene konnten von ihren Herren unter bestimmten Bedingungen zurückgefordert werden. – Wen begünstigten diese Bedingungen: den fordernden Herrn oder den entflohenen Unfreien? (M 5)
f) Eine spätere Redensart hieß: „Stadtluft macht frei." – Wie ist das gemeint?
g) Welche Faktoren machten die große Zahl der Gründungen im 13. Jahrhundert möglich?

Arbeitsvorschläge und Fragen

2.2 Die Stadt: Zentrum von Handel, Gewerbe und Entwicklung

Im Zentrum der Stadt ist der Markt

Von den Stadttoren führten die Hauptstraßen der Stadt auf den Marktplatz. Auf den Märkten der Kleinstädte mit bis zu etwa 1000 Einwohnern (dazu zählten bis Ende des Mittelalters 90 % aller Städte in Deutschland) boten die Bauern aus der Stadt und der näheren Umgebung ihre geringen Überschüsse an, wie Geflügel, Vieh, Eier, Honig, Wachs, Holz, Felle, grobe Gewebe. Von dem Geld, das sie erhielten, kauften sie gewerbliche Produkte, die die Handwerker schneller und besser als sie selbst herstellen konnten, etwa Werkzeug, Kämme, irdene Töpfe, feinere Leinwand, Schuhzeug. Waren, die in der Stadt und im nahen Umland nicht produziert werden konnten, wurden nur von wenigen Händlern angeboten.

Fernhandel hebt die Bedeutung einer Stadt

In den größeren Städten mit bis zu 10000 oder mehr Einwohnern (Köln war mit 40000 Bewohnern die größte Stadt in Deutschland) konnten die Nahrungsmittel nicht mehr allein aus der nächsten Umgebung beschafft werden. *Großhändler* waren nötig, um die Bürger mit Nahrungsmitteln wie Fisch, Wein und Getreide aus größerer Entfernung zu versorgen. Viele Handwerker dieser Städte arbeiteten für den Export, den Fernhandelskaufleute übernahmen. Für die heimischen Waren führten sie Produkte aus Italien, dem Orient oder aus Rußland ein. Mit Fuhrwerken oder auf Schiffen schafften sie Seide, Tuche und Pelze, Waffen, Kupfer und Zinn, Reis, Zucker und fremde Gewürze, vor allem Pfeffer, herbei und verkauften sie mit Gewinn an reichere Bürger oder Zwischenhändler.

Stadtmauer und Marktfrieden

Durch ihre Wirtschaftskraft wurden die Städte zu Orten begehrenswerten Reichtums. Ohne Schutz wären sie bald das Opfer räuberischer Ausplünderung geworden. Deshalb gehörten das *Recht*, die Stadt durch eine Mauer zu befestigen und sie mit Waffen zu verteidigen, zu den *Freiheiten der Bürger*.
Innerhalb der Stadt war es verboten, einen Rechtsstreit mit Waffengewalt auszutragen. Auf dem Markt, wo aus Handel leicht „Händel" entstehen konnten, galt der Marktfriede, dessen Sinnbild das *Marktkreuz* war oder der Roland, wie in Bremen. Marktordnungen garantierten Sicherheit und friedlichen Verlauf der Geschäfte.

1 Mittelalterliche Münzen. Von links: Kölner Pfennig (11. Jh.), Trierer Goldgulden, Heller, Meißner Groschen (alle um 1400); wichtig war der Kölner Münzfuß: Aus 1 (Gewichts-)Mark Silber = 234 g wurden 160 Pfennige geschlagen. 480 Heller gingen auf 1 Kölner Mark. 1 Meißner Groschen war 12 Heller wert. 66 Gulden entsprachen 1 Kölner Mark.

Geldwirtschaft: In den kleinen Dörfern des frühen und hohen Mittelalters kam man weitgehend ohne Geld aus. Man tauschte oder bezahlte mit Lebensmitteln oder Waren (Naturalienwirtschaft). Auf den städtischen Märkten ging es nicht mehr ohne Geld, vor allem im Fernhandel nicht. So spielte die Geldwirtschaft, im Orient und im Mittelmeerraum seit Jahrtausenden bekannt, auch in Deutschland eine wachsende Rolle. Die Münzen waren immer mehr wert als das Metall, aus dem sie geprägt wurden. Deshalb war das Recht, Münzen zu prägen, ein einträgliches Vorrecht, das der König als „Regal", d.h. königliches Recht, vergab. Deshalb entstanden im Mittelalter viele Währungen, und der Handel mit Geld wurde ein eigenes Gewerbe, das der Geldwechsler zunächst auf einer Bank betrieb, die er am Markt oder auf der Messe aufstellte. Die Wechsler nahmen auch Geld zur sicheren Aufbewahrung entgegen und liehen Geld aus, so daß das Wort Bank bald die zweite Bedeutung annahm, die es bis heute hat: ein Geldinstitut. Diese Entwicklung begann für Europa in Norditalien.

2 Aus der Markt- und Gewerbeordnung der Stadt Landshut von 1256

„1. Wir verbieten, Schwerter und Dolche innerhalb der Stadt zu tragen. Und so oft Leute getroffen werden, die Schwerter tragen, so oft werden sie der Stadt 6 Schillinge und dem Richter 60 Pfennige zahlen.

4. Wucherer, Vorkäufer, Gesellschaften, die in der Volkssprache Einung heißen, verbieten wir unter Strafe von 5 Pfund und erklären sie außerdem für rechtlos.

5. Wir verordnen, 2½ Pfund Rindfleisch für einen Pfennig zu verkaufen und ebensoviel Hammelfleisch und drei Pfund Ziegenfleisch. Die Leute, die es anders machen, werden der Stadt 6 Schillinge und dem Richter 60 Pfennige zahlen.

10. Wir verordnen, daß kein Kauf außerhalb des öffentlichen Marktes stattfindet, was die Leute betrifft, die der Stadt Waren zuführen. Ebenso soll kein Kleinhändler persönlich oder durch Boten irgend etwas innerhalb der Stadt aufkaufen. Die Leute, die wider diese Satzungen handeln, werden der Stadt 6 Schillinge und dem Richter 60 Pfennige zahlen. Wenn einer kein Geld besitzt, wird ihm die Hand abgeschlagen werden.

14. Wir verordnen, daß unsere Bürger den Eimer Römerwein für 5 Schillinge ausschenken, die Fremden aber für ein halbes Pfund und 10 Pfennige. Den besten Frankenwein werden sie für 75 Pfennige, den mittleren für 55 Pfennige ausschenken. Wer zwei Weine zugleich ausschenkt oder mischt und wer das Maß nicht an den Tisch trägt, wird der Stadt 6 Schillinge und dem Richter 60 Pfennige zahlen.

20. Lotterbuben in jeder Art, fahrende Schüler mit langem Haar halten wir fern. Die Leute, die sie über eine Nacht hinaus beherbergen, verurteilen wir zu 1 Pfund."

3 Eine Fleischbank oder „Schwemme". Sie ist meist vor dem Verkaufsgewölbe aufgeschlagen. Außer den Käufern werden hier auch Hunde und Schmeißfliegen angelockt. Mit der Beseitigung von Abfällen, Unrat und Abwasser gab es in den Städten mancherlei Probleme. Kolorierte Federzeichnung aus einer Konstanzer Chronik, 15. Jh.

„Pfund" meint hier kein Gewicht und „Schilling" keine Münze. Beides sind Zählgrößen: 1 Pfund Pfennige = 20 Schillinge = 240 Pfennige. Wieviel ein Pfennig wert war, hing von seinem Gewicht ab.
(Urkunde Herzog Heinrichs von Niederbayern, in: Monumenta Germanica Historica, Nr. 439)

4 Werktag in der Stadt

Auf Seite 74 findet Ihr das Bild der italienischen Stadt Siena um 1340 an einem Werktag.
In deutschen Städten war zur gleichen Zeit vieles ähnlich, aber bescheidener. Bei Tagesanbruch, im Sommer schon zwischen 5 und 6 Uhr, begann in den Werkstätten die Arbeit. 12 bis 14 Stunden galten als normale Arbeitszeit. Auch Rats- und Gerichtssitzungen, die Tätigkeit in den Amtsstuben und der Unterricht begannen in der Regel um 6 oder 7 Uhr morgens. Um 10 Uhr wurde meist schon zu Mittag gegessen. Mit dem Einbruch der Dunkelheit endete der Betrieb in den Straßen und Arbeitsstätten, und die Stadttore wurden geschlossen. Urlaub kannten die Menschen nicht; aber es gab viel mehr Feiertage als heute. Etwa ein Drittel aller Tage waren Sonn- und Feiertage.

5 Kotige Straßen

Wie es noch etwa siebzig Jahre später in einer deutschen Stadt aussah, beschreibt eine Augsburger Chronik so:
„In demselben Jahre (1416) im Herbst ließ Hans Gewerlich vor seinem Haus, das gelegen ist an dem Rindermarkte an der Ecke des Gäßchens, welches nach des Kuntzelmann Haus führt, pflastern. Und da das geschehen war, gefiel es jedermann wohl und riet man, man solle anfangen zu pflastern: denn es war zu aller Zeit überall in der Stadt kotig, und da waren ringsherum hölzerne Stufen über die Gassen und große Dämme vor den Häusern, und der Weg in der Straße war so kotig tief, daß kaum ein Wagen dem anderen in einer weiten Gasse ausweichen konnte."
(Aus der Augsburger Chronik des Burkardt Zink, Buch IV; zit. nach: Georg Erler, Deutsche Geschichte, o.J., Bd. 3, S. 462f.)

Arbeitsvorschläge und Fragen

a) Ordne die Bestimmungen der Landshuter Marktordnung nach ihrem Inhalt (Sicherheit; Öffentlichkeit und Kontrolle der Geschäfte; Warenqualität und Preise). – Verbote werden erlassen, wenn Mißstände überhandnehmen. Auf welche Mißstände lassen die Anordnungen schließen? (M 2)
b) Unterscheide die Menschen auf den Straßen nach Ständen und Berufen. Warum lassen sich heute Angehörige verschiedener Gesellschaftsschichten nicht mehr so leicht an der Kleidung erkennen? (M 1, S. 74)
c) Heute hat das Wort Markt eine erweiterte Bedeutung. Versuche sie mit Hilfe folgender Sätze zu bestimmen, wie Du sie immer wieder hören oder lesen kannst: „Der Markt für Baumwolle ist schlecht." – „Wir müssen mehr Marktforschung betreiben."

3. Städter und Bürger

3.1 „Stadtluft macht frei" – aber nicht gleich

Viele Menschen, die in die Städte zogen, meinten dort besser leben zu können als auf dem Land. Es gab aber in der Stadt viele Gruppen, die sich in ihrer Lebensweise, ihrem Wohlstand, ihren Rechten und ihrem Ansehen beträchtlich voneinander unterschieden. Die Gruppen setzten der freien Entfaltung enge Grenzen, gewährten aber Schutz und Sicherheit, da der Mensch nur als Angehöriger einer Gemeinschaft oder Genossenschaft etwas galt. Das trat besonders deutlich bei den Zünften zutage, denen jeder Handwerker angehören mußte.

Nicht alle Städter sind Bürger

Wenn ein Höriger eines Grundherrn ein Jahr und einen Tag in einer Stadt gelebt hatte, war er ein *freier Bürger* geworden. Doch die erworbene Freiheit bedeutete keineswegs Ungebundenheit. Er war wieder Mitglied eines Haushalts, einer Familie; als einzelner galt er wenig. Rechte in der Bürgergemeinde konnte er nur als Mitglied einer Genossenschaft ausüben. Als Handwerker mußte er Zunftgenosse sein, als Kaufmann zur Kaufmannschaft (Gilde) gehören.

Die Freiheiten, die die Bürger erlangt hatten, unterschieden sich von Stadt zu Stadt, und sie betrafen nicht alle Stadtbewohner in gleicher Weise. Alle Vorrechte eines Stadtbürgers kamen meist nur den *ansässigen Adligen* und den Fernhandelskaufleuten zu. Oft hatte die Hälfte aller Einwohner einer Stadt keine Bürgerrechte. Meist waren die Armen und stets die Juden vom Bürgerrecht *ausgeschlossen.*

Oberschicht

Adlige und Fernkaufleute besaßen Häuser, Grundstücke, Warenlager, Bargeld, Fuhrwerke, Werften, Mühlen und andere Produktionsstätten, und sie erhielten Einkünfte aus Pfandbesitz am Eigentum anderer. In manchen Städten erwarben reiche Kaufleute im Laufe der Zeit Grundbesitz im Umland der Stadt. So kauften Lübecker Bürger zwischen 1370 und 1406 sechzehn ganze Dörfer.

Mittel- und Unterschicht

Handwerker und Krämer bildeten die breite Mittelschicht und waren in *Zünften* organisiert. Sie besaßen ein Haus oder eine Bude mit Wohnung und Werkstatt, kleine Äcker und Gärten. Oft war ihr Besitz durch geliehenes Geld belastet. Ihr Wohlstand war je nach Gewerbe sehr unterschiedlich. Manche von

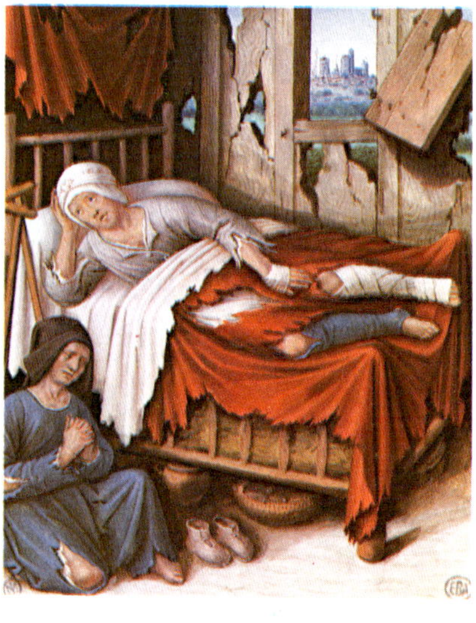

1 Reichtum und Armut, so lautete das Thema der beiden Bilder des französischen Malers Jean Bourdichon († 1521).

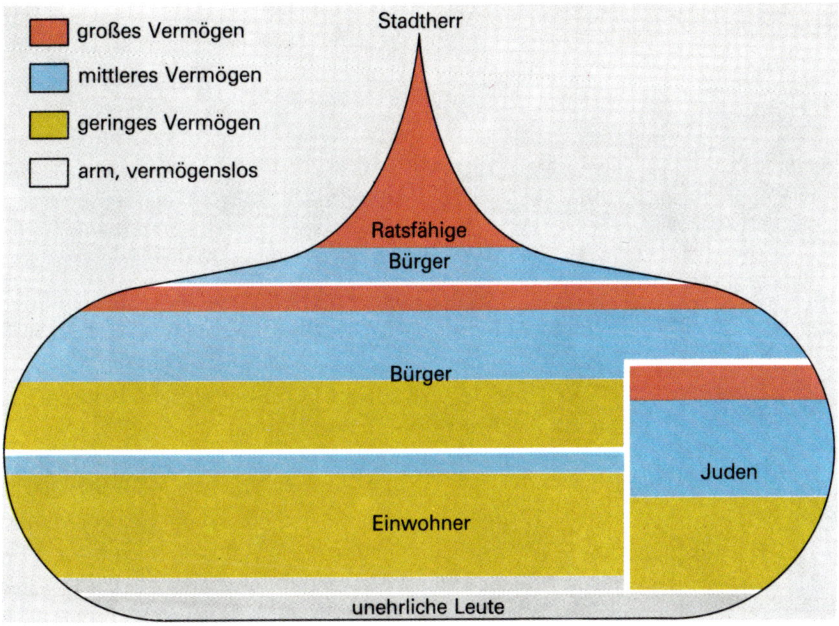

2 Die Stellung der Stadtbewohner bestimmte sich nach Herkunft, Rechtsstand, Vermögen und Beruf.

ihnen zählten zu den Ärmeren und Armen wie die zahlreichen Gesellen, Lehrlinge, Gehilfen, Tagelöhner und Gesindekräfte, die keinen eigenen Hausstand gründen konnten. Sie wohnten zur Miete oder lebten im Haushalt ihres Arbeitgebers. In Notzeiten waren viele von ihnen auf Wohltätigkeit angewiesen. Die Bettler waren oft geradezu ein eigener Berufsstand und manchmal ähnlich organisiert wie die Zünfte.

„Unehrliche" Leute

Zu den unehrlichen Leuten, die *keine Bürger* werden konnten, gehörten Spielleute, Gaukler und die Henker. Gaukler waren wegen ihrer Vorführungen beliebt, wurden aber immer verdächtigt, einen unmoralischen Lebenswandel zu führen, konnten vor Gericht nicht als Zeugen auftreten und wurden oft Dieben und Räubern gleichgestellt. Vom allgemeinen Landfrieden (vgl. S. 58ff.) waren sie ausgenommen. Die Kirche gestattete ihnen nur ausnahmsweise Zutritt zu den Sakramenten.

Juden

Juden lebten als Kaufleute und Handwerker in zahlreichen Städten Italiens, Frankreichs und Deutschlands. Im Deutschen Reich waren größere jüdische Gruppen vor allem in den Bischofsstädten an Mosel und Rhein, in Metz, Trier, Köln, Mainz, Worms und Speyer zu finden. Als nichtchristliche religiöse Gemeinschaft lebten sie unter besonderem Recht.

Sozialstruktur: Mit Sozialstruktur meint man den Aufbau einer Gesellschaft – hier der Bewohner einer Stadt –, ihre unterschiedlichen Gruppen und Schichten, deren Einfluß, Rechte, Pflichten und Besitzverhältnisse sowie ihre Beziehungen zueinander. Uns interessiert dabei die Frage, wie Machtkämpfe ausgetragen und Spannungen gelöst werden, wie sich die Sozialstruktur im Laufe der Zeit ändert und ob die Entwicklung zu mehr Freiheit, Gleichheit und Menschlichkeit fortschreitet.
Bürger: Im Mittelalter ist Bürger nur der vollberechtigte Stadtbewohner, also nur ein sehr kleiner Teil der Gesamtbevölkerung. So spiegelt es sich noch in dem alten Kinderreim wider: „Bürger, Bauer, Edelmann...". Heute sind auch Bauern Staatsbürger und sind Menschen mit adligen Namen Mitbürger. Die Ausweitung des Begriffes zeigt, daß sich bürgerliche Lebensweise und Wertvorstellungen immer weiter ausgebreitet haben.

3 Vermögensverteilung in Rostock 1404, einem normalen Jahr

Von 2232 Haushalten zahlten	an Steuern	hatten also ein Vermögen von	und waren von Beruf meist
142 (6,4 %)	3–10 Mark	500–6000 Mark	Kaufleute
960 (43 %)	10 Schillinge–3 Mark	50– 500 Mark	Handwerker
1130 (50,6 %)	1–10 Schillinge	0– 50 Mark	kleine Handwerker und arme Leute

Die höchste Steuer zahlte die Witwe eines Ratsherrn: Sie hatte 16000 Mark Vermögen. (10 Schillinge = 1 Mark = 230 g Silber)

4 Rechte der Juden

Bischof Rüdiger von Speyer bestimmte 1084 folgendes:

„Als ich den Weiler Speyer in eine Stadt verwandelte, glaubte ich die Ehre unseres Ortes noch zu vergrößern, wenn ich die Juden vereinigte. Ich brachte sie außerhalb... des Zusammenwohnens mit den übrigen Bürgern, und damit sie durch den Übermut des Pöbels nicht beunruhigt würden, umgab ich sie mit einer Mauer. Ihren Wohnplatz... übergab ich ihnen unter der Bedingung, daß sie jährlich dreieinhalb Pfund Speyersches Geld zum gemeinsamen Verbrauch der Klosterbrüder zahlen. Innerhalb ihres Wohnplatzes und außerhalb bis zum Schiffshafen selbst gab ich ihnen das Recht, Gold und Silber frei zu wechseln und alles Beliebige zu kaufen und zu verkaufen, und ebendieselbe Freiheit gab ich ihnen durch die ganze Stadt..., sodann, daß, wie der Stadtvogt unter den Bürgern, ihr Synagogenvorsteher Klagen, die zwischen oder gegen Juden erhoben werden, zu entscheiden habe. Ist dieser aber nicht imstande, den Streit beizulegen, so soll die Sache vor den Bischof... gebracht werden.

Nächtliche Wachen, Verteidigungen, Befestigungen haben sie bloß innerhalb ihres Gebietes zu verrichten, die Verteidigungen aber gemeinsam mit den Sklaven (unfreien Knechten)..."

(Aus dem Speyerer Judenprivileg, 1084; zit. nach: F. X. Remling, Urkundenbuch z. Gesch. d. Bischöfe von Speyer, Mainz 1854, S. 157)

Arbeitsvorschläge und Fragen

a) Beschreibe die soziale Rangordnung in der Stadt. (M 2 und 3)

b) Welche Unterschiede zwischen den Einwohnern sind in der Tabelle nicht erfaßt?

c) Beschreibe Haltung und Kleidung der Personen und die Ausstattung der Innenräume in den Bildern (M 1). Welchem Stand würdest Du die Personen jeweils zuordnen?

d) Warum wies der Bischof den Juden einen besonderen, ummauerten Stadtteil zu? – Woran ist zu erkennen, daß die Juden nicht gleichberechtigt waren? (M 4)

3.2 Zünfte – mehr als eine Berufsvertretung

Handwerker sind in Zünften organisiert

Auf fünf Kaufherren kamen etwa 200 Handwerker in einer Stadt. Je mehr Wohlstand sich bei Grundherren und Kaufherren ansammelte, desto mehr Spezialisten für den Bau und die Ausstattung von Herrschaftssitzen, Kirchen, Klöstern, Patrizierhäusern, Rathäusern waren gefragt. Immer mehr Zimmerleute und Steinmetzen, Schreiner, Tischler und Drechsler, Glaser, Kupferschmiede und Schlosser wurden gebraucht. Adel und Fernkaufleute, aber auch erfolgreiche Handwerker stellten ihren Rang in aufwendiger Kleidung dar. So fand eine wachsende Zahl von Leinewebern, Wollwebern, Tuchmachern, Färbern und

1 Städtisches Handwerk. Schreinerwerkstatt am Ausgang des Mittelalters (Gemälde des französischen Malers Jean Bourdichon, † 1521)

2 Bau eines steinernen Turms (Miniatur aus der Bibel des böhmischen Königs Wenzel IV., 1389)

Schneidern, Gerbern, Schuhmachern und Täschnern ihr Auskommen. Mit den Ansprüchen der Auftraggeber nahm die Spezialisierung zu. In Nürnberg gab es 1363 allein zehn Arten von Schmieden neben einer Anzahl anderer Metallhandwerker.

Um Anerkennung und Schutz zu finden, schlossen sich die Handwerksmeister der gleichen Sparte zu *Genossenschaften* zusammen, die man Zünfte nannte. Ihre Mitglieder wohnten meist in enger Nachbarschaft, oft in einer Straße, die nach ihrem Gewerbe benannt wurde.

Die Zunft regelte die Ausbildung, die *Zulassung* zum Gewerbe, die Zahl der beschäftigten Gesellen und Lehrlinge, und sie überwachte Preise, Menge und Qualität der Waren. Jedes Mitglied der Zunft sollte ein standesgemäßes Auskommen haben, keiner sollte dem anderen seine Kunden abspenstig machen, Wettbewerb wurde weitgehend unterbunden.

Die Zunftgenossen feierten ihre Feste gemeinsam, traten bei öffentlichen Anlässen geschlossen auf. Sie hatten ihre Kirchenbänke, ihre Zunfthäuser, ihre Tracht, ihren Schutzpatron, ihre Fahne und ihren Wahlspruch. Sie sorgten für den kranken oder notleidenden Zunftgenossen.

Zunftzwang-Gewerbefreiheit: Niemand konnte im Mittelalter einen Handwerksbetrieb oder ein Geschäft aufmachen (wir würden sagen „eine Firma gründen"), ohne als Mitglied einer Zunft oder Gilde die Genehmigung zu haben. Dieser Zunftzwang steht im Gegensatz zur Gewerbefreiheit, wie wir sie kennen. Gewerbefreiheit herrscht überall da, wo der Bürger das Recht hat, sich *selbständig* wirtschaftlich zu betätigen.

Der Schuhmacher.

Hereyn/wer Stiffl vnd Schuh bedarff/
Die kan ich machen gut vnd scharff/
Büchsn/Armbrosthalffter vñ Wahtseck/
FeuwrEymer vnd Reyßtruhen Deck/
Gewachtelt Reitstiefl/Kürißschuch/
Pantoffel/gefütert mit Thuch/
Wasserstiffl vnd Schuch außgeschnittn/
Frauwenschuch/nach Höflichen sittn.

3 Der Schuhmacher (Holzschnitt von Jost Amman 1568; aus dem Zünftebuch der Stadt Frankfurt)

4 Die Zunftordnung der Metzger von Zweibrücken

Herzog Ludwig bestimmte folgendes:

„Wer in unser Land kommt, der soll das Metzgerhandwerk nicht üben, bevor er sich in die Zunft eingekauft hat. Er soll uns 3 Pfund Pfennig und dem Handwerk zu gleichen Teilen geben, dazu 2 Pfund Wachs zu einer Kerze und ein Viertel Wein für die Gesellen. Wer einem Knaben das Handwerk lehren will, der hat nach einem Tag uns 1 Pfund Pfennig zu geben... Die Zunft soll auch alle Jahre einen Zunftmeister auslosen... Welcher Metzger sich untersteht, das Handwerk zu kränken, der verdient die höchste Strafe...

Sie sollen auch fürder zu Zweibrücken all ihr Fleisch, das sie verkaufen wollen, in der Halle schlachten und dasselbe auf offenem Markt verkaufen und keins in ihren Häusern abstechen noch feilhalten, und wer das nicht tut, der hat 10 Pfund Pfennige zu zahlen..." (L. Molitor, Urkundenbuch zur Geschichte der ehemals pfalzbayerischen Residenzstadt Zweibrücken, 1888)

5 Die Zunftordnung der Kölner Sattler bestimmt

„Kein Mann dieses Handwerks soll mehr als zwei Lehrknechte haben und dabei nicht mehr als zwei Meisterknechte (Gesellen), ... jedenfalls aber nicht mehr als vier Knechte. Wenn er mehr hält, soll er für den Knecht und Tag 6 Schilling Strafe zahlen."
(Zunftordnung der Sattler in Köln, 1437)

6 Arbeitssparende Maschinen sind verboten

Der Rat der Stadt Köln verbot 1413 die Herstellung eines arbeitssparenden Spinn- und Zwirnrades.

In den Nürnberger „Ratsverlässen" können wir noch im 16. Jahrhundert lesen:

„10. Februar 1578. Man soll das von Hans Spaichel gefertigte Mühlwerk nehmen, ihm fünf Gulden dafür bezahlen... und das Mühlwerk zerschlagen." – „24. Dezember 1590. Und dieweil Wolf Dibler, Rotschmieddrechsler, dem Hans Petzold die Schraube und Laufdocke... gemacht und ihn dazu unterrichtet hat, wie er das Rad spannen und die Dreheisen führen soll, soll man ihn, zum Abscheu der anderen, acht Tage mit dem Leib auf einem versperrten Turm strafen." (F. Klemm, Kurze Geschichte der Technik, Freiburg 1961, S. 83)

7 Kleiderordnungen regeln die Mode

Nicht nur die Zünfte regelten das Leben der ihnen zugehörigen Bürger oft bis ins kleinste. In vielen Städten erließ der Rat genaueste Bekleidungsvorschriften. In Konstanz verlangte eine Verordnung im Jahre 1346:

„Von den Frauen soll keine ein Käpplein tragen oder irgendeinen Schleier, der umwunden mehr als vier Falten habe. Es soll auch keine ihre Zöpfe oder ihr Haar hängen lassen oder vorn Locken machen, sondern ihr Haar soll einfach aufgebunden sein. Eine Jungfrau hingegen mag ihre Zöpfe und Haarschnüre herabhängen lassen, bis sie verheiratet wird. Keine Frau soll eine ‚geschnitzelte Kapuze' tragen, auch kein Gold, Silber, Edelgestein oder Perlen an ihren Mänteln, Röcken oder Kapuzen. Es soll auch keine ihren Rock oder Mantel verbrämen mit Pelzwerk, mit Seide oder Baumwollstoff breiter als zwei Finger oben. Unten aber soll kein Rock oder Mantel verbrämt sein." (Bürger und Bauern im Mittelalter, Frankfurt/M. 1972, S. 42, vereinfacht)

8 Aufstieg in den Kaufmannsstand

Dem Zunftzwang konnte nur entgehen, wer den Handwerkerstand verließ. Das bedeutete oft den sozialen Abstieg. Sozialer Aufstieg war schwer und viel seltener als heute, weil man auch in der Stadt an der Standesordnung festhielt und Veränderungen mit Mißtrauen sah. Dennoch gab es sozialen Aufstieg, wie die Lebensgeschichte des Augsburgers Burkhardt Zink zeigt:

„Als man 1419 zählte, kam ich gen Augsburg zu einem reichen Mann, Jost Kramer. Er war Ratsherr und Aufseher über die städtischen Bauten, obwohl er aus der Weberzunft kam. Doch betrieb er sein Handwerk nicht, weil er das nicht nötig hatte. Er trieb Handel mit Pelzwerk von Steiermark. Er hatte wohl 100 Ballen Baumwollstoff. Für den reiste ich nach Venedig, nach Frankfurt und nach Nürnberg... Als ich bei diesem Herrn war, nahm ich mein Weib, die war einer armen Witwe Tochter... Als wir nun Hochzeit miteinander gehabt hatten, da wußte ich nicht, was ich machen sollte. Denn ich hatte nichts, und meines Herren Huld hatte ich auch verloren (des Heiratens wegen)... Doch mein liebes Weib sprach: „Mein lieber Burkhardt, ich will am Rad spinnen und will alle Wochen wohl 4 Pfund Wolle aufspinnen, das ist 32 Heller." Da faßte auch ich Mut und dachte: Ich kann doch ein wenig schreiben. Ich will sehen, ob ich einen Geistlichen finde, der mir zu schreiben gibt... Der Geistliche gab mir ein großes Buch und gab mir einen Gulden bar, daß ich Papier kaufte... Und mein Weib und ich saßen zusammen, und ich schrieb, und sie spann, und verdienten oft 3 Pfund Heller in einer Woche. Doch sind wir oft beieinander gesessen die ganze Nacht. Als mein Herr Jost Kramer sah, daß ich mich so wohl anließ, da stellte er mich wieder an. 1424 schickte er mich nach Venedig, und ich kaufte ihm 16 Säcke Baumwolle aus Zypern... 1427 schickten mich die Ratsherren nach Rom... Danach im Jahre 1431 schien mir, ich wäre reich, und es verdroß mich, so viele Wege zu reiten, und ich fragte, ob ich nicht eine Anstellung haben könnte in der Stadt, daß ich nicht so sehr arbeiten müßte. Nun fügte es sich, ... daß Peter Egen keinen Waagemeister hatte. Also verpflichtete ich mich. Er gab mir 55 Gulden das Jahr. Er erlaubte mir aber auch, nach Vendig zu reisen, wann ich wollte. Also ritt ich alle Jahre ein- oder zweimal... Ich blieb an der Waage 7 Jahre, bis man zählte 1438. Da verließ ich die Waage wieder, denn ich wollte nicht so müßig sein. Ich wollte lieber arbeiten und reisen wie vormals. 1440 kaufte ich mein Haus an der weiten Kirchgasse für 200 Gulden. Ich baute das hintere Gemach, Stüblein, Kammer und Küche und ließ zwei Keller darein machen und verkaufte es wieder um 300 bare Gulden im Jahre 1444. 1441 versprach ich mich zu Hansen Meuting in die Gesellschaft. In den drei Jahren verdienten wir 23 Gulden Prozent."

(Gekürzt und vereinfacht nach: Mittelalter, Lesewerk zur Geschichte, Bd. 3, München o. J.)

Arbeitsvorschläge und Fragen

a) Vergleiche die Ausstattung der Schreinerei mit der einer modernen. (M 1) – Welche Schlüsse lassen sich daraus auf das Angebot an Möbeln ziehen?

b) Beschreibe Arbeitsgeräte und -weise in M 2.

c) Wie unterscheidet sich der Schuhmacher (M 3) von einem heutigen? (Der Spruch heißt: Herein, wer Stiefel und Schuhe braucht / Die kann ich machen gut und genau / Büchsen-, Armbrusthalfter und Lederbeutel / Feuereimer und Decken für Reisetruhen / Gefältelte Reitstiefel, Kampfstiefel / Pantoffeln mit Tuch gefüttert / Wasserstiefel und ausgeschnittene Schuhe / Damenschuhe nach höfischer Mode.)

d) Warum bestimmten die Metzger den Zunftmeister durch das Los? (M 4)

e) Wer hatte von den Vorschriften Vorteile, wer Nachteile: der einzelne Handwerker, die Zunft, die Käufer, die Stadt, die stellungssuchenden Lehrlinge und Gesellen? (M 4, 5, 6)

f) Welche Folgen ergeben sich für die wirtschaftliche Entwicklung aus der Zwangsgewalt der Zünfte?

g) Aus welchem Berufsstand stammte Jost Kramer? Warum übte er seinen Beruf nicht mehr aus? Warum vergrößerte er nicht seinen Handwerksbetrieb? (M 8)

4. Kampf um das Stadtregiment

Da die Stadt an Bedeutung zunahm, wurde die Frage, wer sie regieren sollte, immer wichtiger: einer, wenige, viele? Die wohlhabenden Kaufleute vieler Städte wollten sich nicht mehr von einem Stadtherrn regieren lassen und erkämpften die Ratsverfassung. Der von ihren Familien, den „Geschlechtern", besetzte Rat regierte nun die Stadt. Als die Zünfte an Zahl und Wohlstand zunahmen, wollten sie ihrerseits im Rat vertreten sein.

1074–1122	Bürger von Köln erringen das Stadtregiment vom Stadtherrn, dem Erzbischof.
14. Jahrhundert	Die Zünfte erkämpften in den meisten deutschen Städten Sitz und Stimme im Stadtrat.

Wer soll die Stadt regieren: Stadtherr oder Kaufherren?

Auf dem Lande übten der König und adlige oder geistliche Herren als Grundherren die Herrschaft über die Bauern in den Dörfern aus. Auch jede Stadt hatte ihren Herrn, den König, einen Landesherrn oder einen Bischof. Ein Burggraf oder Vogt als ihre Vertreter herrschten über die entstehenden Bürgergemeinden. Unter ihrer Obrigkeit regelten Kaufmannsrecht, Marktrecht und Nachbarschaftsrecht das Leben der Bürger.

In zahlreichen Fernhandelsstädten begannen die Bürger (vgl. S. 89), um die Wende vom 11. zum 12. Jahrhundert Eidgenossenschaften zu bilden, indem sie einander gegenseitige Friedens-, Treue- und Beistandspflicht beschworen. Je mehr die Kaufleute in der Welt herumkamen und je reicher sie wurden, desto mehr fühlten sie sich als Kaufherren. Ihr Ziel war es, die Anerkennung der Eidgenossenschaften durch die Stadtherren durchzusetzen, um in ihren Städten selbst regieren zu können.

In deutschen Bischofsstädten nutzten die Bürgerschaften den Streit zwischen dem König und den Anhängern des Papstes, ergriffen gegen ihre bischöflichen Stadtherren Partei und ließen sich vom König die begehrten Freiheiten bestätigen.

Stadtbürger erkämpfen eine Ratsverfassung

So gelang es den Kölnern im Jahre 1106, ihren Stadtherrn zu vertreiben, wie auch vielen anderen Städten im Verlaufe des 12. Jahrhunderts. In neu gegründeten Städten wie Freiburg oder Lübeck gestand der Stadtherr den Bürgern von Anfang an weitgehende *Selbstverwaltung* zu.

Seit dem Ende des 12. Jahrhunderts erscheint in immer mehr Städten ein meist aus 12 bis 18 Ratsherren zusammengesetzter Rat als Stadtregierung. Die Kaufherren gewannen in den meisten Städten das Recht, die städtischen Ämter selbst zu besetzen. Die Oberhäupter ihrer Familien bildeten den Rat. Sie, die *„Geschlechter"* oder *Patrizier*, legten Markt-, Bau- und Straßenordnung fest, wählten Pfarrer und Bürgermeister. Der *Bürgermeister* wurde zum Vorsteher der Bürgerschaft. Er führte den Vorsitz im Gericht, er hatte den Schlüssel der Stadttore und die Banner der Stadt in Gewahrsam. Ihm unterstanden die Stadtknechte und im Kriegsfall das städtische Aufgebot. Die Patrizier hatten also durch die Ratsverfassung die anderen Bürger von der politischen Mitwirkung ausgeschlossen.

Zünfte wollen an die Macht

Als die Zünfte zahlreicher und wohlhabender wurden, wollten sie mehr Einfluß auf die Politik der Stadt haben und Zunftvertreter in den Rat schicken. In vielen Städten, vor allem in den größeren Fernhandelsstädten, kam es im 14. Jahrhundert zu oft blutigen Aufständen, in denen die Zünfte sich Sitze im Rat erkämpften.

1 Ratsversammlung. Übergang des Stadtregiments in Augsburg an die Zünfte 1368. Je ein Vertreter der Weber, Bäcker, Kürschner, Metzger, Kaufleute und Bierbrauer betreten die Ratsstube, in der 30 Patrizier sitzen (Malerei aus dem Ratsbuch der Stadt Augsburg).

Ratsverfassung: Wenn man von der Verfassung (Konstitution) eines Gemeinwesens, also eines Staates oder einer Stadt, spricht, so meint man die Regeln der politischen Ordnung, nach denen Entscheidungen getroffen werden. Diese „Spielregeln" sind meist in schriftlichen Dokumenten niedergelegt, können aber auch als Gewohnheitsrecht überliefert sein. Die Ratsverfassung macht den Rat der Stadt zum wichtigsten Entscheidungsorgan, in dem die Patrizierfamilien und die Zünfte eine festgelegte Anzahl von Sitzen hatten. Allgemeine Wahlen, in denen die Bürger Stadträte wählten, gab es nicht.
Stadtherr: Ein Herr war im Mittelalter jemand, der Herrschaft ausübte oder dazu berechtigt war, und das war nur der Adel. Herr und Frau als allgemeine Anreden haben sich erst gegen Ende des vorigen Jahrhunderts durchgesetzt.

2 Strafen an Leib und Leben. Strafen im späten Mittelalter und der frühen Neuzeit nahmen an Grausamkeit zu. Wie der Tengler Laienspiegel von 1509 zeigt, waren der „Phantasie" keine Grenzen gesetzt.

3 Bürger erheben sich gegen ihren Stadtherrn

Über den Beginn langer Auseinandersetzungen in Köln berichtete der Mönch Lampert von Hersfeld 1074:

„Zu dieser Zeit ereigneten sich in Köln Dinge, die des Bedauerns und der Tränen aller Rechtschaffenen wert sind ... Der Wahrheit am nächsten wird die Vermutung kommen, daß die Kölner dem Vorgehen der Bürger von Worms folgten, die in aller Munde waren, weil sie dem König im Unglück die Treue gehalten und den Bischof, der sich aufzulehnen versuchte, aus der Stadt gejagt hatten. Diesem bösen Beispiel nacheifernd, wollten sie dem König ... einen ... Beweis ihrer Ergebenheit darbringen. Der Zufall bot ... eine passende Gelegenheit.

Der Erzbischof beging das Osterfest in Köln. Bei ihm war der Bischof von Münster ... Als dieser ... heimkehren wollte, wurde den Bediensteten des Erzbischofs der Befehl erteilt, für die Reise ein geeignetes Schiff zu besorgen. Nach eingehender Musterung beschlagnahmten sie das Schiff eines reichen Kaufmanns ... und befahlen, die Ladung auszuladen und das Schiff unverzüglich für den Dienst des Bischofs vorzubereiten. Da die Knechte, denen die Bewachung des Schiffes aufgetragen war, sich weigerten, drohten sie ihnen mit Gewalt ... Jene eilten daraufhin ... zu dem Besitzer ... Dieser hatte einen erwachsenen Sohn. Der ... rief seine Knechte und andere junge Leute aus der Stadt ... zusammen und lief eilig zum Schiff. Dort jagte er die Bediensteten des Erzbischofs ... schmählich von dannen. Als sich der Stadtvogt darauf der Sache annahm ..., trieb er auch diesen ... zurück ... Das Volk raste unbändig und rief in der ganzen Stadt zu den Waffen ..."

(Dem Erzbischof gelang es schließlich, den Aufstand zu unterdrücken.)

„Der Sohn des ... Kaufmanns ... und wenige andere wurden geblendet, einige mit Ruten geschlagen und kahl geschoren; alle büßten durch empfindliche Vermögensstrafen ..."

(Lampert von Hersfeld, Jahrbücher zum Jahr 1074; zit. nach: H. de Buhr, Sozialgefüge und Wirtschaft des Mittelalters am Beispiel der Stadt, Frankfurt/M. 1979, S. 11)

4 Wer darf im Rat sitzen?

Herzog Heinrich der Löwe bestimmte als Stadtherr Lübecks über den Rat folgendes (um 1167):

„... Wählt man jemanden in den Rat, der soll zwei Jahre darin sitzen, im dritten soll er frei sein ... Wir bestimmen auch, daß niemand in den Rat komme, der nicht ehelich, von freier Geburt und niemandes Eigentum sei, auch darf er bei keinem Herrn irgendein Amt bekleiden. Er soll von gutem Rufe sein, und auch seine Mutter muß frei und niemandes Eigen gewesen sein. Er darf keines Geistlichen oder Pfaffen

Sohn sein und soll liegendes Eigentum innerhalb der Mauern haben, er darf zu seinem Eide nicht gezwungen sein und seine Nahrung nicht mit Handwerk erworben haben. Der Eid der Ratmannen:
‚Wir werden des Reiches Ehre nach Möglichkeit und unserer Stadt Nutzen aus aller Macht fördern. Arme und Reiche nach gleichem Recht richten ...'"
(Geschichte in Quellen, Bd. 2, Mittelalter, bearb. von W. Lautemann, München 1970, S. 733)

5 Zunftaufstand
Die Weber von Köln erhoben sich 1369 gegen die herrschenden Geschlechter:
„Die Weber von Köln rotteten sich zusammen und forderten vom Rat die Herausgabe eines Mannes, der in Haft lag, und setzten ihre Forderung unter Androhung von Gewalt durch.
(Die Chronik berichtet weiter:) Hierauf hielten die Weber eine Versammlung ab und berieten, wie man den guten (= reichen) Leuten die Macht nehmen könne. Danach strebten sie zusammen mit allen Zünften (vgl. S. 88, 91f., 94f.) in die Stadt ... Es mußte nach dem Willen der Weber gehen. Der neue Rat wurde in folgender Weise gebildet: 15 Männer wurden aus den Geschlechtern gewählt, wie das von alters her Sitte war; daneben wurde noch ein weiterer Rat erkoren, der zählte 50 Mitglieder. In diesem Rat waren viele Zünfte vertreten. Gott schlage mit Krankheit, die solches ersannen."
(Chroniken der deutschen Städte XII, Kölner Chronik, Bd. 1, S. 237f.)

Arbeitsvorschläge und Fragen

a) Bezeichne die Vertreter der verschiedenen Zünfte in M 1.
b) Warum wurden die Strafen öffentlich vollzogen? Die Strafe sollte eine symbolische Beziehung zum Verbrechen haben. Versuche, solche Beziehungen zu den dargestellten Strafen herzustellen. (M2)
c) Welche politischen Ziele verfolgten Kölner Bürger nach dem Vorbild der Wormser Bürgerschaft? – Was läßt sich aus der Härte der Strafen schließen?
d) Welche Personen (Gruppen) durften nicht in den Rat von Lübeck gewählt werden? – Welche Gruppe konnte daher allein Ratsherren stellen? (M 4)
e) Welche Einstellung zum Reich, welche zur eigenen Stadt läßt der Text des Eides erkennen? (M 4)
f) Wie sah die neue Ratsverfassung von Köln aus? (M 5) – Auf welcher Seite steht der Verfasser? – Welche Teile der Bevölkerung waren nach wie vor an der Herrschaft nicht beteiligt?

5. Gemeinsame Leistungen der Bürger

Die Städte wetteifern im Bau von Kirchen, öffentlichen Plätzen und Gebäuden sowie Befestigungsanlagen, die oft weit über das praktisch Notwendige hinausgehen.

13.–15. Jahrhundert ____________ Die große Zeit des Bauens im gotischen Stil.

Bau von Domen und Kathedralen

Einen unverhältnismäßig großen Teil ihres Wohlstandes und ihrer Arbeitskraft steckten die Bürger (vgl. S. 89) der Städte in den Bau der zahlreichen *Kirchen*, obwohl sie nicht dazu beitrugen, die Wohn- und Lebensverhältnisse der Bevölkerung zu verbessern – kein Pfund Korn wurde deshalb mehr geerntet, keine Elle Tuch mehr gewebt. Es waren vor allem die im Rat vertretenen Geschlechter der Patrizier und Zünfte, die den Bau der Kirchen beschlossen und finanzierten. Auch die Armen spendeten noch ihren Teil dazu. Da der Bau von Kirchen von jedermann als Gott wohlgefälliges Werk angesehen wurde und jedermann auf die Leistungen seiner Stadt stolz war, ist uns von Kritik nichts bekannt – trotz der großen Armut der Mehrheit der Bevölkerung.

1 Gotischer Dombau (Miniatur von Jean Fouquet, Ende 15. Jh.). Beim Bau der Kirche von Saint-Denis bei Paris wurde 1140 zum erstenmal der gotische Stil verwirklicht. Statt der Rundbogen des bisherigen romanischen Stils wurden Spitzbogen errichtet, die den Bau größerer und höherer Gewölbe und Fenster ermöglichten. Die weiteren und helleren Kirchenräume entsprachen den Bedürfnissen einer zahlreicheren und aktiveren städtischen Bevölkerung, die sich zum Gottesdienst nahezu vollzählig in den Kirchen versammelte.

Gotik: Der gotische Stil, in Frankreich – vielleicht durch Anregungen aus dem Orient – entwickelt, wurde im 13. Jahrhundert auch in Deutschland vom aufstrebenden Bürgertum aufgenommen und prägte allmählich das ganze Stadtbild: Kirchen, Rathäuser, Türme und Tore, Klöster, Spitäler und Bürgerhäuser wurden in diesem Stil erbaut, der auch das Innere der Räume, Altäre, Gestühl und getäfelte Wände beherrschte. Auf gotischen Bildern und Schnitzaltären zeigen die Menschen – ganz anders als in der romanischen Kunst – individuelle Gesichter mit starkem Ausdruck ihrer Gefühle. Der Mensch beginnt, sich selbst und seine eigene Welt abzubilden, auch wenn er biblische Szenen oder Heilige schildert.

Bauhütte: Eine Gemeinschaft der Baumeister, Künstler und Handwerker, die den Bau einer Kirche ausführten. Die Größe und die hohen technischen Anforderungen eines solchen riesigen Bauvorhabens erforderten eine straffe Organisation. Die Dauer der Aufgabe, die sich über Jahrzehnte und Jahrhunderte hinzog, erzeugte ein starkes Gefühl der Zusammengehörigkeit mit eigenen Sitten und Bräuchen. Diese Bauhütten gehörten nicht zu den Zünften der Stadt, sondern standen in enger Verbindung mit den Bauhütten anderer Kirchen und anderer Städte, mit denen sie Erfahrungen und Fachkräfte austauschten.

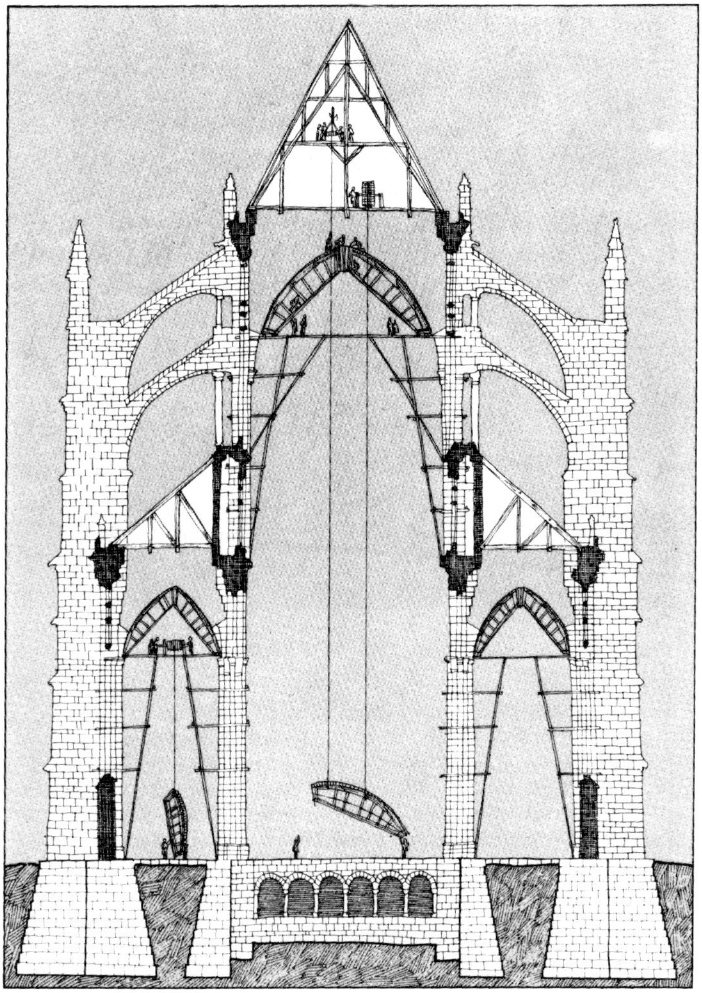

2 Querschnitt einer gotischen Kirche im Bau. Die Kirche wird als Basilika, also mit einem hohen Mittelschiff, gebaut. Das Dachgebälk ist über den Schiffen aufgesetzt. Die Holzverschalung für die Spitzbogen wird gerade montiert. Wenn die Bogen stehen, wird sie wieder weggenommen.

3 Aus den Rechnungen des Freiburger Münsters von 1510 und 1511

Einnahmen: „Aus dem Erlös von zugefallenen Kleidern, Schulden und vielen anderen Dingen ... macht zusammen 41 Pfund 7 Schilling. ... Bargeld von (Spendern) ... insgesamt 152 Pfund 1 Schilling. ... Alles in allem 508 Pfund 3 Schilling 10½ Pfennig."

Ausgaben: „... für Zimmerleute, Maurer, Schlosser, Krämer, Ziegler, Fuhrleute für Ziegel und viele andere Dinge: 184 Pfund 5 Schilling. ... Kosten für die Fuhre nach Tennenbach (einem Steinbruch) 3 Pfund 8 Schilling."

(Originaltext: „Usgeben costen, so uf die fur zu Tenebach dis halbe jar gangen ist."; zit. nach Freiburger Münsterblätter 1, Freiburg 1905, S. 36)

Arbeitsvorschläge und Fragen

a) Beschreibe die Merkmale des gotischen Stils im Vergleich zum romanischen. (M 1) – Inwiefern erforderten gotische Bauten eine höher entwickelte Technik?

b) Was bedeutete ein prächtiger Dom für die Patrizier, für die Handwerker, für die armen und einflußlosen Einwohner einer Stadt?

6. Europa – Gemeinsamkeit oder Vielfalt der Staaten? Die Nachbarn des deutschen Reiches

Eine moderne Landkarte Europas beruht auf genauen Vermessungen und Kenntnissen. Die Karte M 1 zeigt uns dagegen, welches Bild sich der Zeichner und seine Zeitgenossen im 14. Jahrhundert von unserem Erdteil machten. Der Zeichner arbeitete in Prag, wo sich damals die Residenz des Kaisers, Karls IV., befand. Europa ist als eine Frau dargestellt, die die kaiserlichen Herrschaftszeichen trägt. Wie war es möglich, daß Europa als eine Einheit angesehen werden konnte? Können wir die Vorstellung von der Gemeinsamkeit der europäischen Völker und Staaten auch in der Wirklichkeit wiederfinden? Damals wie heute wurden in Europa zahlreiche verschiedene Sprachen gesprochen, damals wie heute gab es viele unterschiedliche Staaten. Was unterschied sie, was war ihnen gemeinsam?

Ende des 10. Jh.	Drei neue Reiche unter christlichen Herrschern entstehen: Polen, Ungarn, Böhmen/Mähren.
1066	Die Schlacht bei Hastings. Die Normannen erobern England.
1214	Der französische König Philipp II. August besiegt in der Schlacht von Bouvines ein deutsch-englisches Heer.
1215	In der Magna Carta Libertatum erkennt der englische König die Forderungen des Adels an.
1241	Einfall der Mongolen in Ungarn, Polen und Schlesien.
1309	Die Päpste verlegen unter französischem Druck ihren Sitz von Rom nach Avignon.
1339–1453	England und Frankreich bekämpfen sich im „Hundertjährigen Krieg".

Europa – eine Gemeinschaft christlicher Reiche

Aus dem christlichen Frankenreich Karls des Großen hatten sich Deutschland, Frankreich und Italien entwickelt. Mit der Ausbreitung des Christentums waren seither weitere Gebiete im slawischen Osten wie im germanischen Norden angeschlossen worden. Christlich waren auch die Bereiche Südosteuropas und Rußlands geworden, die nicht im römischen Papst, sondern im Patriarchen von Konstantinopel ihren geistlichen Oberherrn sahen. Wir nennen sie im Gegensatz zu den römisch-katholischen die griechisch-orthodoxen Christen.

Die Könige Frankreichs

Am Anfang seiner Geschichte war das französische Königtum schwächer als das deutsche, die französischen Fürsten dagegen überaus mächtig. Gegen seine gefährlichen auswärtigen Feinde, die Normannen, konnte sich der französische König schließlich nur noch dadurch helfen, daß er ihnen eine große Landschaft an der Kanalküste zur Ansiedlung und als Lehen überließ: die *Normandie*. Nur über ein Zehntel des Landes herrschte der König wirklich, über die „Krondomäne", die rings um seine Hauptstadt Paris lag. Die Krondomäne beherrschte er aber vollständig und konnte von hier aus im 12. Jahrhundert seine Macht wieder über das ganze Land ausdehnen.

Die Normannen erobern England

In diesem Jahrhundert war dem französischen König ein neuer Gegner erwachsen: der englische König. Die britische Insel war nach der Römerzeit von den germanischen Angeln und Sachsen besiedelt worden und hatte nie zum Frankenreich gehört. Im Jahre 1066 setzte der Herzog der Normandie, *Wilhelm der Eroberer*, mit seinem normannischen Heer nach England über und besiegte in der Schlacht von Hastings den angelsächsischen König Harald. Die Normannen, die inzwischen schon französisch sprachen, eroberten ganz England und errichteten dort ein starkes Königtum. Ihren *Besitz* auf dem französischen Fest-

1 Europa als Einheit (Karte aus dem 14. Jahrhundert)

land gaben sie jedoch nicht auf. Der mächtigste englisch-normannische König, Heinrich II., beherrschte im 12. Jahrhundert neben England mehr als die Hälfte Frankreichs. Daß seine Festlandsbesitzungen als Lehen des französischen Königs galten, war nur eine Formsache.

Doch in jahrzehntelangen Kämpfen gelang es König Philipp II., die Engländer in Frankreich zurückzudrängen. In der Schlacht bei *Bouvines*, 1214, erfocht er einen vollständigen Sieg.

Die Franzosen in Italien. Ihr Sieg über den Papst

Nach dem Ende der Staufer verstärkte der französische König seinen Einfluß auch in Italien. Als am Ende des 13. Jahrhunderts Papst Bonifaz VIII. den päpstlichen Weltherrschaftsanspruch schroff verkündete und dem französischen König verbot, die Geistlichen in seinem Reich zu besteuern, ließ ihn der König in seinem Palast in Anagni bei Rom überfallen und gefangennehmen. Seine Nachfolger wurden gezwungen, ihren Sitz von Rom nach *Avignon* in der Provence zu verlegen. Dort blieben die Päpste 70 Jahre unter französischer Kontrolle. Diese Zeit bezeichnete man später als die *„Babylonische Gefangenschaft der Kirche"*. Damit hatte das Papsttum, ebenso wie vorher schon das Kaisertum unter Friedrich II., seine universale Stellung verloren.

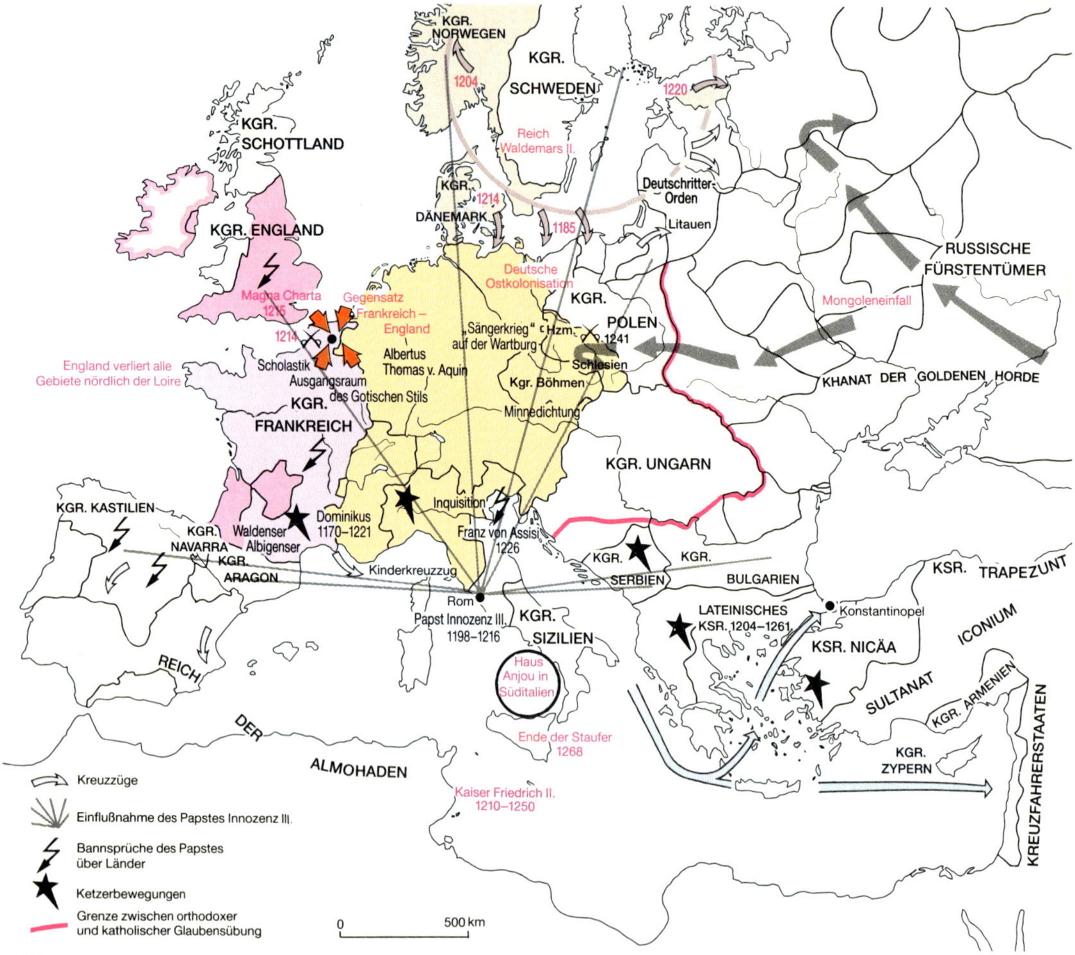

2 Europa in der ersten Hälfte des 13. Jahrhunderts

Magna Carta Libertatum

Als der bei Bouvines geschlagene englische König nach England zurückkehrte, nützte der Adel seine Schwäche aus. Die Barone zwangen ihn *1215*, die *Magna Carta Libertatum* (Großer Brief der Freiheiten) zu unterschreiben. Sie legte die Rechte des Adels fest. Noch im 13. Jahrhundert mußte es der König hinnehmen, daß eine Versammlung von Geistlichen, Adligen und Stadtbürgern zusammentrat, um über seine Steuerforderungen zu entscheiden. Diese Versammlung war der erste Schritt zum *Parlament*, das später bei der königlichen Politik mitbestimmte.

Der „Hundertjährige Krieg"

Wegen eines Thronstreits und wegen des englischen Festlandsbesitzes brach noch einmal eine lange kriegerische Auseinandersetzung zwischen England und Frankreich aus. Zuerst waren die Engländer siegreich, denn sie hatten modernere Waffen, Bogenschützen und die ersten Kanonen. Eine Wende kam erst durch ein lothringisches Bauernmädchen, *Jeanne d'Arc*, die den Widerstand gegen die Engländer neu entfachte. Sie behauptete, von Gott zur Rettung Frankreichs geschickt worden zu sein und fand Glauben bei den Franzosen. Zwar wurde sie von den Engländern gefangengenommen und als Hexe verbrannt, dennoch mußten die Engländer schließlich das Festland verlassen.

Photo Combier, Macon

3 Der Wandteppich von Bayeux. Der 70 m breite, 50 cm hohe Wandteppich von Bayeux, entstanden vor 1077, erzählt in Einzelszenen die Eroberung Englands durch die Normannen. Oben die Überfahrt des Heeres, unten die Schlacht von Hastings.

Polen entsteht

Das polnische Reich entstand aus dem Zusammenschluß westslawischer Stämme unter Führung der Polanen. Sein erster großer Herrscher war *Boleslaw Chrobry* (der Tapfere). Von Kaiser Otto III., der eine Wallfahrt nach Polen zum Grab des heiligen Adalbert, seines Freundes, unternommen hatte, wurde er geschätzt und geehrt. Nach Boleslaw konnten die polnischen Herrscher nur noch selten eine feste Königsgewalt aufbauen, denn der polnische Adel und die Kirche waren mächtige Gegner. Leicht konnten sich auswärtige Mächte in Polen einmischen: besonders die böhmischen Herrscher, aber auch der deutsche König, zuletzt Friedrich Barbarossa. Auf diese Weise löste sich Schlesien unter seinen piastischen Herzögen allmählich aus dem polnischen Herrschaftsverband heraus. Ein weiterer gefährlicher Gegner Polens entstand an der Ostseeküste: der *Staat des Deutschen Ordens* (vgl. S. 64, 79). Erst im 14. Jahrhundert gelang Polen mit dem bedeutenden König Kasimir und durch die Vereinigung des Landes mit Litauen ein neuer Aufstieg zur Großmacht.

4 Der englische König Eduard III. (links) und Philipp VI., König von Frankreich, 1329 in Amiens (Buchmalerei, 14. Jh.)

5 Der König von Frankreich – Der Kaiser im Reich – ein Vergleich

Aus einem Gutachten, das der französische König Ende des 13. Jahrhunderts erstellen ließ:

„Der König von Frankreich hat alle Gewalt in seinem Königreich, die der Kaiser im Kaiserreich hat, und ihm steht eine ebenso große, ja größere Menge ausgezeichneter Männer in der Ritterschaft wie in der Geistlichkeit zur Seite, wie jemals irgendein Kaiser hatte; und er hat in der Welt keinen, der ihm in weltlichen Dingen übergeordnet wäre ... Der König von Frankreich ist Kaiser in seinem Königreich ..., wie der Kaiser weltlicher Herr im Kaiserreich ist. Denn das Königreich Frankreich und andere Königreiche der Welt waren früher als das Kaiserreich ... und weil der König von Frankreich vor dem Kaiser da war, kann er in gewisser Weise vornehmer genannt werden ..."

(Acta Imperii, Angliae et Franciae, hrsg. von F. Kern, 1911, S. 200)

6 Aus der Magna Carta Libertatum

„12. Kein ... Hilfsgeld soll in unserem Königreich ohne Genehmigung des Allgemeinen Rates unseres Reiches eingefordert werden; ausgenommen bei Loskauf unserer Person [aus Kriegsgefangenschaft], beim Ritterschlag unseres ältesten Sohnes oder bei Heirat unserer ältesten Tochter ... 13. Die Stadt London soll alle ihre alten Freiheiten zu Lande wie zu Wasser behalten, ebenso ... alle anderen großen und kleinen Städte, Dörfer und Häfen ... 17. Die gemeinsamen Gerichtstage werden nicht an unserem Hof, sondern an einem anderen sicheren Ort abgehalten. 39. Kein freier Mann darf verhaftet, gefangengehalten, enteignet, geächtet, verbannt oder sonst irgendwie zugrundegerichtet werden. Wir werden nicht gegen ihn vorgehen ..., es sei denn auf Grund gesetzlichen Urteils von Leuten seines Standes oder der Gesetze des Landes. 61. Die Barone sollen unter sich 25 Standesgenossen auswählen. Diese sollen nach Kräften den Frieden und die Freiheiten, die wir ihnen gewährt haben ... wahren, festhalten und dafür sorgen, daß sie beachtet werden. Sollten wir oder irgendeiner unserer Beamten uns in irgendeiner Sache gegen sie vergehen ... sollen sie fordern, daß wir dieses Vergehen ohne Aufschub wiedergutmachen. Sollten wir es nicht wiedergutmachen ..., mögen jene 25 Barone zusammen mit dem ganzen Land uns auf jede Weise angehen und bedrängen, durch Wegnahme unserer Burgen, Ländereien und Besitzungen ..., bis die Sache nach ihrem Gutdünken wieder in Ordnung gebracht ist."

(Guggenbühl/Huber, Quellen zur Geschichte des MA, 5. Aufl. 1972, S. 231–234)

7 Boleslaw Chrobry macht Polen mächtig

Der erste Chronist Polens teilt mit:

„Als erster Herzog der Polen kam also Mieschko durch seine gläubige Gemahlin zur Gnade der Taufe ... Mit dieser seliggepriesenen Frau hatte er den ruhmreichen Boleslaw zum Sohn, der nach Mieschkos Tod die Herrschaft mannhaft führte und mit Gottes Huld zu solcher Tapferkeit und Macht erwuchs, daß er ... ganz Polen mit goldenem Glanz überzog. Denn wer vermöchte seine Heldentaten und Kämpfe gegen die Völker überall ringsum in gebührender Weise zu erzählen ...? Hat er nicht Mähren und Böhmen unterjocht ...? Hat er nicht die Ungarn öf-

8 Mongolen vor Liegnitz, 1241 (Buchmalerei aus der St.-Hedwigs-Legende). Aus Innerasien drangen mongolische Reiterheere nach Europa vor, die Rußland, Ungarn und Polen verheerten. Bei Liegnitz trat ihnen Herzog Heinrich der Fromme von Schlesien mit einem deutsch-polnischen Heer entgegen. Er wurde geschlagen und getötet. Die Buchmalerei zeigt die Tataren (Mongolen) mit dem aufgespießten Kopf des Herzogs bei der erfolglosen Belagerung von Liegnitz.

ter im Kampfe besiegt und ihr Land bis zur Donau seinem Machtbereich dienstbar gemacht? Die unbezwungenen Sachsen aber hat er mit solcher Tapferkeit gezähmt, daß im Fluß Saale mitten in ihrem Lande eine eiserne Grenzsäule das Gebiet Polens begrenzte. Ist es nötig, Siege und Triumphe über ungläubige Völkerstämme namentlich aufzuzählen ...? Denn er hat ... Pomeranien und Preußen, solange sie bis dahin noch im Unglauben verharrten, vernichtet, oder, wenn sie sich bekehrt hatten, im Glauben gefestigt, so daß er dort viele Kirchen und Bischöfe durch den Papst geweiht hat. Er hat auch den heiligen Adalbert [den aus Böhmen vertriebenen Bischof von Prag] ..., als er zu ihm kam, mit großer Ehrerbietung aufgenommen und vertrauensvoll auf seine Predigten und Unterweisungen gehört ..."

(Polens Anfänge. Hrsg. von J. Bujnoch, 1978, S. 55–57, Slav. Gesch.schr. X)

Arbeitsvorschläge und Fragen

a) Zähle auf, welche christlichen Länder östlich des deutschen Reiches entstanden sind? Welche von ihnen wurden im Lauf der Zeit ins Reich einbezogen? (M 2) – Welche heutigen Staaten leiten sich von ihnen her?

b) Auf der Darstellung der Schlacht von Hastings wird ein möglicher Grund für die Niederlage der Angelsachsen sichtbar. Welcher ist dies? (M 3)

c) Welcher Vorgang wird in der Abbildung M 4 dargestellt? Erkläre ihn auch mit Hilfe der Karte. (M 2)

d) Wie begründet das Gutachten den Vorrang Frankreichs? (M 5)

e) Erkläre, wie die Macht des englischen Königs durch die Magna Carta Libertatum eingeschränkt wird. (M 6) – Was ist das „adlige Widerstandsrecht"?

f) Welche Taten Boleslaws stellt der Chronist Polens dar, um ihn als bedeutenden Herrscher zu kennzeichnen? Was ist dem Chronisten am wichtigsten? (M 7)

g) Wie wird dabei zwischen christlichen und heidnischen Gegnern Boleslaws unterschieden?

7. Hausmachtkönigtum, Fürstenmacht und Städtebünde. Karl IV. als Friedenskönig

Während sich Frankreich und England allmählich zu modernen Staaten entwickelten, die von einer zentralen Regierung straff gelenkt wurden, verblieb das Reich in seinem alten Zustand. Ein Blick auf die Karte des Spätmittelalters zeigt uns zahlreiche fürstliche Territorien innerhalb des Reiches. Immer selbständiger wurden die Fürsten, immer weniger kümmerten sie sich um den König. Wie konnte Kaiser Karl IV. dennoch zum bedeutendsten Herrscher des späten Mittelalters werden?

1250–1273	Bis zur Wahl Rudolfs von Habsburg dauert die Zeit ohne wirkliche Könige – das „Interregnum".
1254	Rheinische Städte schließen sich zum ersten Städtebund zusammen.
1356	Kaiser Karl IV. erläßt die „Goldene Bulle".
Seit 1437	Die Kaiserkrone bleibt beim Hause Habsburg.
15. Jahrhundert	Die großen Konzilien [Kirchenversammlungen] von Pisa, Konstanz und Basel zur Reform der Kirche werden abgehalten. Die Versuche zur Reichsreform blieben fast ohne Erfolg.

Die Fürsten bauen die Landesherrschaft auf

Nach dem Tode des letzten staufischen Kaisers Friedrich II. (1250) gab es deutsche Könige nur noch dem Namen nach; wiederholt wurden Ausländer zu Königen gewählt, die nur selten nach Deutschland kamen. Ungehindert und zielstrebig bauten die Fürsten jetzt ihre *Landesherrschaft* auf. Mit Kauf, Tausch, Heiraten, mit Rodung und Siedlung, aber auch mit militärischer Gewalt vergrößerten oder rundeten sie ihre Territorien ab. Auch über das staufische Königsgut fielen sie her und verleibten es ihren Ländern ein. Nur die königlichen Städte in Franken, Schwaben und im Elsaß konnten sich meist behaupten und wurden zu *freien Reichsstädten*. Aber auch weiterhin suchten sich die Fürsten die Städte, die Zentren der Wirtschaft und des Geldes, zu unterwerfen. Überall gab es Kriege und Fehden (vgl. S. 53, 58ff., 109). Im Inneren ihrer Territorien gelang es den Fürsten allmählich, immer mehr Herrschaftsrechte und vor allem die oberste Gerichtsgewalt zu erringen. Sie setzten *Beamte* zur Verwaltung ein, die keine Lehensmänner mehr waren, sondern besoldet wurden und daher von ihnen *abhängig* blieben. Der Landesfürst übernahm in seinem Territorium fast alle königlichen Aufgaben.

Die Kurfürsten

Von besonderer Bedeutung wurden die Kurfürsten [Kur = Wahl]. Denn im Gegensatz zu *Frankreich*, wo das Königtum *erblich* geworden war, blieb *Deutschland* ein *Wahlreich*. Aber die Form der Königswahl hatte sich inzwischen verändert. Früher konnten alle Fürsten wählen, jetzt galten nur noch *sieben Kurfürsten* als wahlberechtigt.

Was blieb den Königen?

Die „kaiserlose, die schreckliche Zeit", so nannte man sie später, endete mit der Wahl *Rudolfs*, des ersten Königs aus der Familie der *Habsburger*. Er begann, mit mäßigem Erfolg, die Reste des Königsgutes wieder zu sammeln. Seit Rudolf waren es vor allem drei Fürstenfamilien, die immer wieder um die Königswürde stritten: *Habsburger*, *Luxemburger* und *Wittelsbacher*. Trotz einiger Versuche konnte die Reichsgewalt auch in Italien nicht mehr wiederhergestellt werden. Die Könige mußten sich also vor allem auf ihre eigenen Territorien, ihre *Hausmacht*, stützen, die sie schon vor der Wahl zum König als Fürsten beherrschten. Als Könige konnten sie die Hausmacht meist erweitern. Der

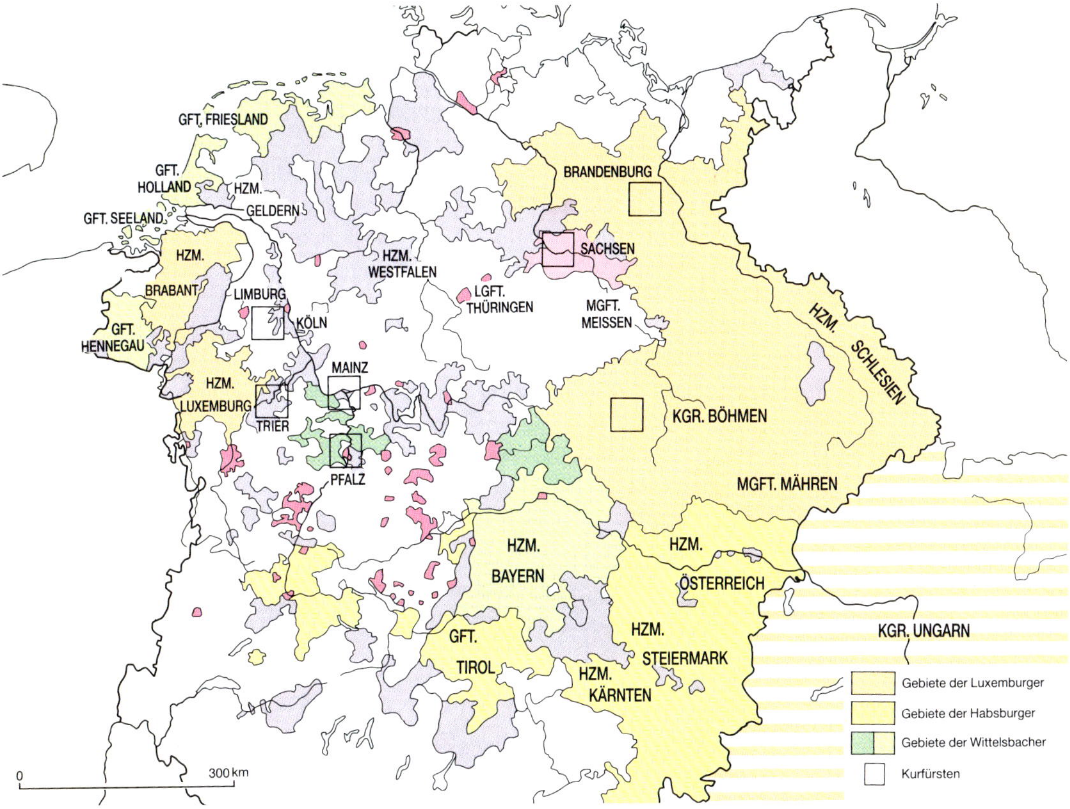

1 Hausmachtpolitik und Kaiserwahl. Böhmen war die Grundlage der luxemburgischen Macht. Im Nebenland Mähren regierte ein Bruder Karls. Die schlesischen Fürsten waren schon von Karls Vater lehensabhängig geworden. Die Lausitz und die Mark Brandenburg erwarb Karl mit Erbansprüchen, mit Geld und politischem Druck.
Das Herzogtum Luxemburg regierte sein Stiefbruder. Von Böhmen aus erweiterte Karl seine Besitzungen in der Oberpfalz und am Main. Die Nachkommen aus seinen vier Ehen und seine Nichten und Neffen verlobte er schon als Kinder mit deutschen und ausländischen Fürstensöhnen und -töchtern. Dadurch hoffte er in Zukunft seine Hausmacht weiter ausbauen zu können.

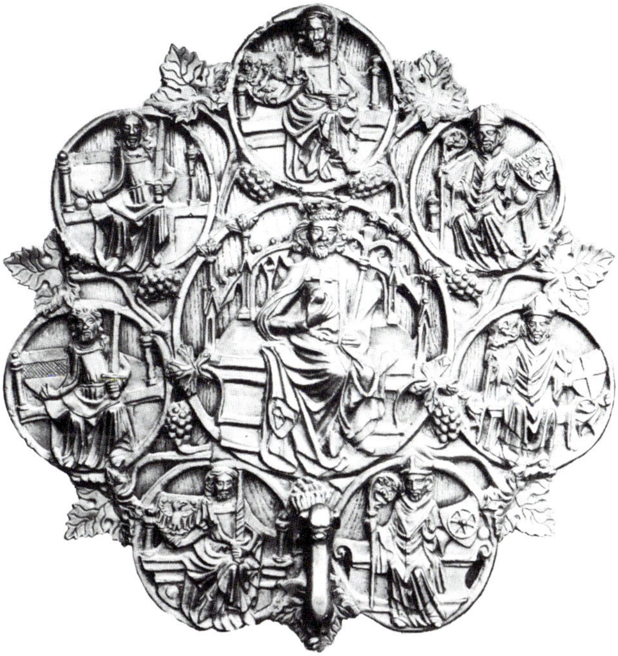

2 Türklopfer des Lübecker Rathauses von 1360. Dargestellt ist der Kaiser inmitten der sieben Kurfürsten: die Erzbischöfe von Mainz, Köln und Trier (die drei geistlichen Kurfürsten), der Pfalzgraf bei Rhein, der Herzog von Sachsen, der Markgraf von Brandenburg und der König von Böhmen (die vier weltlichen Kurfürsten).

westliche Teil des Reiches war staatlich besonders zersplittert. Deswegen bemühten sich die Habsburger und die Luxemburger, die aus dem Westen stammten, die größeren und reicheren Territorien im Osten des Reiches zu erwerben. So verschob sich das Schwergewicht des Reiches vom Rhein nach dem Osten.

Hausmachtpolitik der Luxemburger

Als Graf Heinrich von Luxemburg 1308 zum König gewählt wurde, verheiratete er seinen Sohn Johann mit der Tochter des böhmischen Königs. Da der Böhme keinen Sohn hatte, wurde *Johann König von Böhmen*. Aus dieser Ehe stammte *Karl IV.* Böhmen war wegen seiner Größe und der reichen Silberbergwerke eine wertvolle Grundlage der luxemburgischen Macht. Durch seine Heirats- und Familienpolitik konnte er seine Besitzungen beträchtlich erweitern. Nach Frankfurt, wo die Könige gewählt wurden, konnte er dann von Prag aus reiten, ohne einmal auf fremdem Boden nächtigen zu müssen.

Karls Kaiserkrönung

Mit nur 300 Rittern zog Karl nach Rom und nach der Kaiserkrönung schnell wieder zurück, beschimpft von enttäuschten Italienern. Sie hatten von ihm erwartet, er werde in dem kriegsgeplagten Land Ordnung schaffen. Aber Karl wußte, was er erreichen konnte und was nicht. Er war friedliebend und sah Gewalt nur als das letzte Mittel an. Dagegen war er immer auf Geld aus. Daher nannte man ihn manchmal einen „Kaufmann auf dem Thron". Mit Geld und seiner diplomatischen Kunst erreichte er friedlich viele seiner Ziele.

Prag und Nürnberg – Hauptstädte Karls IV.

Für sein Stammland *Böhmen* und seine Hauptstadt *Prag* tat Karl besonders viel. Er erweiterte die Stadt nach dem Vorbild von Paris, er förderte ihren Handel. Der Bau des Veitsdoms, der Karlsbrücke und der Burg Karlstein gehen auf ihn zurück. 1348 errichtete er in *Prag die erste Universität* des Reiches nördlich der Alpen. Auch in *Nürnberg* hielt sich der Kaiser häufig auf. Das reiche und mächtige Nürnberg war die einzige Reichsstadt, die sich immer auf Karls Hilfe verlassen konnte.

Die Goldene Bulle

Für das Reich erließ Karl 1356 das *erste „Grundgesetz"*: die *Goldene Bulle* (vgl. S. 111). So nannte man dieses Dokument wegen des goldenen Siegels. Gültig blieb die Goldene Bulle bis zum Ende des alten Reiches (1806). Ihr Hauptzweck war die genaue Regelung der *Königswahl*. Erst jetzt wurde Gesetz, daß die Mehrheit der *sieben Kurfürsten* entscheiden sollte. Die Kurfürsten bekamen als „Säulen des Reiches" Vorrechte: ihre Länder wurden *erblich* und durften *nicht mehr geteilt* werden.

Gegen die Städtebünde

Alle Zusammenschlüsse im Reich, an denen der König nicht teilnahm, wurden in der Goldenen Bulle verboten. Damit waren vor allem die *Städtebünde* gemeint. Die *rheinischen* und die *schwäbischen* Städte hatten sich seit 1254 immer wieder zusammengeschlossen, um sich gemeinsam gegen die Fürsten zu wehren und um ihren städtischen Handel zu sichern. Manchmal wurden sie auch vom König dabei unterstützt, aber in den meisten Fällen stellte er sich doch auf die Seite der Fürsten. Karl IV. mußte einsehen, daß die Fürsten im Reich letzten Endes doch das größere Gewicht besaßen.

Die Habsburger beerben die Luxemburger

Nach dem Tode Karls IV. folgten noch zwei seiner Söhne, Wenzel und Siegmund, auf dem Thron. Nach ihrem Ende erbten 1437 die *Habsburger* die luxemburgische Hausmacht. Sie stellten fortan *alle deutschen Könige* und *Kaiser* bis zum Ende des alten deutschen Reiches 1806.

Herausforderungen des 15. Jahrhunderts

Immer stärker bedrohten die *Türken* Ungarn, das seit König Siegmund mit dem Reich verbunden war. In Böhmen, der wichtigsten Hausmacht der Luxemburger, brach ein Aufstand der tschechischen Bewohner des Landes aus, als der Prager Kirchenreformer *Johannes Hus* als Ketzer verbrannt worden war. Viele Jahre dauerten die Hussitenkriege. In der Kirche standen sich drei Päpste mit

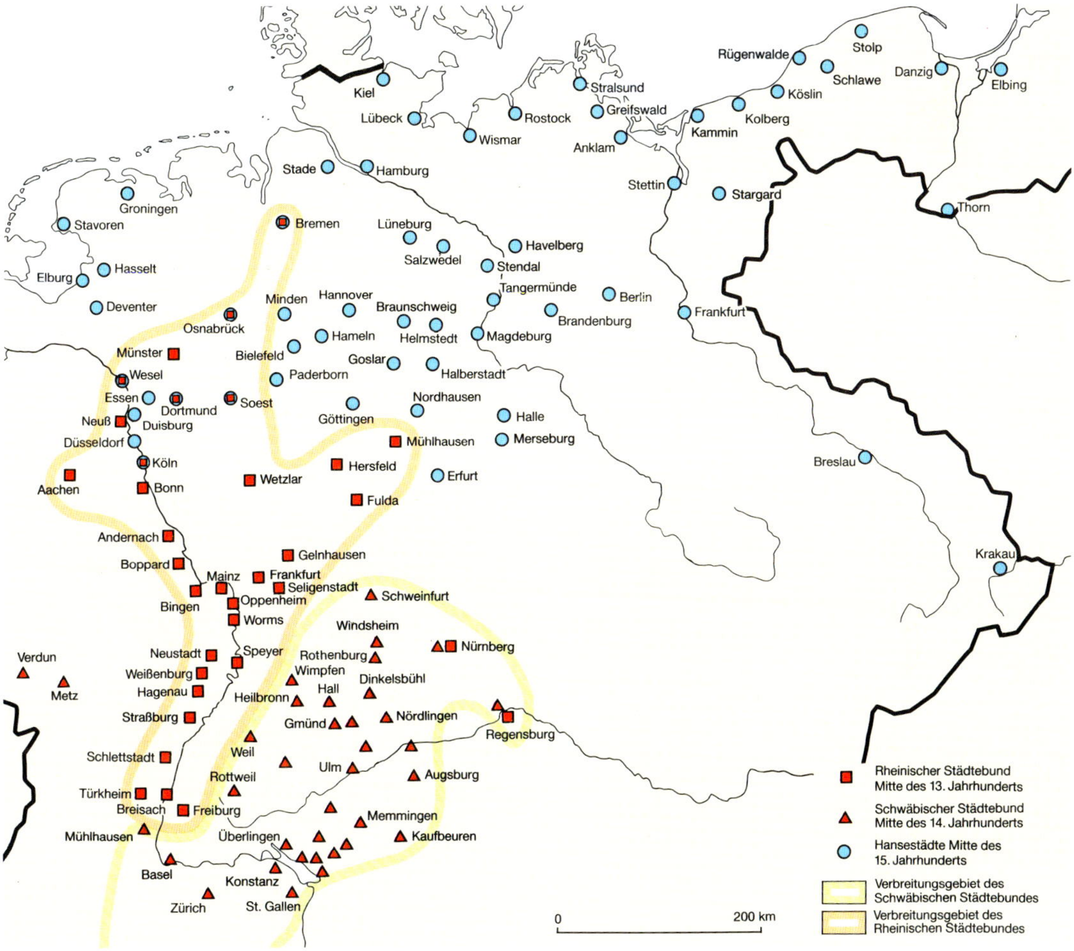

3 Große Territorien, Reichs- und Hansestädte im 14. und 15. Jahrhundert

ihren Anhängern gegenüber. Um die kirchliche Einheit wiederherzustellen, berief König Siegmund das *Konzil von Konstanz* ein (1414). Im Reich selbst waren heftige Fehden zwischen den Fürsten an der Tagesordnung. Die Macht der Zentralgewalt reichte nicht aus, um der Probleme Herr zu werden. Aber alle Versuche, das Reich zu reformieren, hatten nur ganz geringe Erfolge.

Der **Territorialstaat** (Flächenstaat) ist ein geschlossenes Herrschaftsgebiet mit festen Grenzen, in dem die wichtigsten Herrschaftsrechte (die Landeshoheit) nur dem Landesherren zustehen. Er wird durch Beamte verwaltet und löst den alten Lehensstaat ab, der durch das persönliche Treueverhältnis zwischen Lehensherrn und Lehensmann zusammengehalten wurde.

4 Graf Eberhard III., der Milde (1427) im Kreise schwäbischer Herren (Tafelbild aus der Mitte des 15. Jh.). Neben Eberhard sitzen die Vornehmsten, gleich ihm Reichsfürsten: Die Bischöfe von Konstanz und Augsburg, ein Abt, zwei Herzöge, ein Markgraf, 13 Grafen und 30 weitere Herren, die in unterschiedlichen Lehns- und Dienstverhältnissen zu Eberhard stehen. Er ist in dieser Versammlung nur Erster unter Gleichen.

5 Der Rheinische Städtebund bildet sich

Zum Jahre 1254 lesen wir in der Wormser Chronik:

„Damals stand es in Deutschland, vornehmlich am Rhein so, daß, wer der Stärkste war, der schob den anderen in den Sack, wie er konnte und mochte. Die Ritter und die Edelleute nährten sich aus dem Stegreif, mordeten, wen sie konnten, verlegten und versperrten die Straßen und Pässe und stellten denen nach, die ihres Gewerbes halber über Land ziehen mußten. Daneben hatten etliche Herrschaften neue Zölle am Rhein aufgerichtet. Auch wurde das arme Volk mit übermäßigen und unbilligen Satzungen schwer belastet und bedrängt. Weil sonst keine Hilfe zu erwarten war, verbanden sich sechzig am Rhein gelegene Städte nach dem Beispiel von Worms, Mainz und Oppenheim und wollten einander in Nöten beistehen. Darunter waren Aachen, Wesel, Köln, Bonn, Speyer, Straßburg, Basel, Heidelberg und Frankfurt. Sie vereinigten ihre Kriegsrüstungen und stellten die Zölle ab, die auf dem Rhein erhoben wurden, rissen die Raubschlösser ein und schleiften sie und vertrieben die Mörder und Straßenräuber aus dem Land."

(Wormser Chronik von F. Zorn, hrsg. von W. Arnold, 1857, S. 101f.)

6 Krieg zwischen Grafen und Städten

Über den Krieg der Grafen von Württemberg mit dem Schwäbischen Städtebund ist in der Chronik des Jakob Twinger von Königshofen zu lesen:

„Da man zählte das Jahr 1376, da erhob sich ein Streit zwischen Graf Eberhard von Württemberg und den Reichsstädten in Schwaben ... Und der Krieg währte fast dreieinhalb Jahre, und es war das Schwabenland also verheert, daß kaum ein Dorf war zu beiden Seiten, das nicht verbrannt oder beraubt worden wäre. Sonderlich die von Württemberg ... ritten vor die Städte und verheerten vor den Dörfern und Städten, was sie konnten; sie hieben das Kraut mit den Schwertern ab, ... sie hieben ihnen die Reben ab und die Obstbäume ... Doch die Städte taten nichts anderes, als daß sie das Vieh den Herren nahmen und raubten und brannten und die Leute fingen ... So wurden in diesem Kriege gegen fünfzehnhundert Dörfer verwüstet ... und gegen vierzehnhundert Menschen gefangen und erschlagen auf beiden Seiten. Dieser Krieg war darum, daß der Graf von Württemberg meinte, die Städte zögen ihm viele Leute ab ... und daß sie ihm die Stadt Weil vorenthielten, die ihm ein Kaiser zuvor für seinen Dienst gegeben hätte, wofür er gute Briefe habe; überdies schädigten ihn die ... Städte an vielen Rechten, die ihm zugehörten. Hingegen meinten dieselben Städte, sie hätten gute Freiheit von Kaisern und Königen, daß sie wohl Bürger (vgl. S. 89) aufnehmen könnten, und die vorgenannte Stadt Weil gehöre zum Reiche und nicht den Herren von Württemberg, und sie seien mit derselben Stadt Weil im Bunde, so daß sie ihr helfen müßten wider jedermann."

(Die Chroniken der dt. Städte 9, hrsg. von C. Hegel, 1870, S. 832f.)

7 Die Goldene Bulle, 1356. Gesetzeswerk aus der Regierungszeit Karls IV.

8 Die Goldene Bulle Karls IV.

Zur Königswahl wird bestimmt:

„Karl IV., von Gottes Gnaden Römischer Kaiser, allzeit Mehrer des Reiches und König von Böhmen ... Jedes Reich, das in sich selbst uneins ist, wird zerstört ... Da wir nun ... künftigen Gefahren aus Spaltung und Zwietracht bei den Kurfürsten, zu deren Zahl wir, wie man weiß, als König von Böhmen gehören, begegnen wollen, ... haben wir auf unserem feierlichen Hoftag zu Nürnberg die nachstehenden Gesetze ... verkündigt und beschlossen ...: Nachdem die Kurfürsten ... in die Stadt Frankfurt gekommen sind, sollen sie sofort am folgenden Morgen bei Sonnenaufgang in der Kirche des heiligen Apostels Bartholomäus dort in ihrer aller Gegenwart die Messe „Vom Heiligen Geist" singen lassen, damit der Heilige Geist ihre Herzen erleuchte ..., um gestützt auf seine Hilfe einen gerechten, guten und brauchbaren Mann als Römischen König und künftigen Kaiser wählen zu können ... Wenn nun die Kurfürsten ... den Eid geleistet haben, sollen sie zur Wahl schreiten, und sie sollen die vorgenannte Stadt Frankfurt nicht verlassen, ehe die Mehrzahl von ihnen ... einen Römischen König gewählt hat ... Der zum Römischen König Gewählte soll sofort nach so erfolgter Wahl, bevor er in irgendwelchen Sachen und Geschäften kraft des heiligen Reiches Verfügungen trifft, den ... Kurfürsten, die ja bekanntlich die nächsten Glieder des heiligen Reiches sind, samt und sonders alle ihre Privilegien, Urkunden, Rechte, Freiheiten, Verleihungen, alten Gewohnheiten und auch Würden ... ohne Verzug und Widerspruch ... bestätigen ... Wir setzen fest, daß die Söhne oder Erben und Nachfolger der erlauchten Kurfürsten ... da man annehmen kann, daß sie wohl die ihnen von Natur aus eingepflanzte deutsche Sprache kennen und von Kindheit an gelernt haben, nun von ihrem siebenten Lebensjahr in lateinischer Grammatik und in italienischer und slawischer Sprache unterrichtet werden, so daß sie bis zum 14. Lebensjahr ... darin gebildet sind ... deswegen, weil diese Sprachen in höchstem Grade zu Nutzen und Notdurft des heiligen Römischen Reiches gewöhnlich viel gebraucht und auch in den besonders schwierigen Angelegenheiten des ... Reiches verwendet werden."

(Quellen zur Verfassungsgesch. des röm.-dt. Reiches im Spätmittelalter, hrsg. von L. Weinrich 1983, Frh. v. Stein – Ausg. 33, S. 314 ff.)

9 Ein Reich mehrerer Sprachen

„Da des heiligen römischen Reiches Erhabenheit die Gesetze und die Verwaltung verschiedenartiger, durch Sitten, Lebensweise und Sprache sich unterscheidender Völker zu regeln hat, ist es geziemend [...], daß die Kurfürsten, des Reiches Säulen und Flanken, in der Eigenart verschiedener Sprachen und Zungen unterwiesen werden, damit sie mehr Leute verstehen und von mehr Leuten verstanden werden ... Daher verfügen wir, daß der erlauchten Kurfürsten ... Söhne oder Erben und Nachfolger ... von ihrem siebenten Lebensjahr an in der lateinischen, der italienischen und der tschechischen Sprache unterrichtet werden, so daß sie bis zum vierzehnten Lebensjahr, je nach der ihnen von Gott verliehenen Begabung, damit vertraut seien; denn dies wird nicht nur für nützlich, sondern ... für höchst notwendig erachtet."

(Geschichte in Quellen, Bd. 2, München 1970, S. 772ff.)

10 Der Mainzer Erzbischof Peter von Aspelt mit drei von ihm gekrönten Königen: Johann von Böhmen, Heinrich VII., Ludwig der Bayer (Grabplatte, 14. Jh.)

Arbeitsvorschläge und Fragen

a) Von wessen Standpunkt aus ist der Bericht über den rheinischen Städtebund geschrieben? Wessen Aufgaben übernahmen die Städte und warum mußten sie dies tun? (M 5)

b) Welches war der Hauptstreitpunkt bei der Fehde des Grafen mit den Reichsstädten und wer waren ihre Hauptleidtragenden? (M 6)

c) Welcher Landesherr regierte im Mittelalter über Deinen Wohnort? Schaue im Geschichtsatlas nach!

d) Inwiefern brachte es einem Land und seinen Bewohnern auch Vorteile, wenn die Landesherrn ihre Gebiete zu leistungsfähigen geschlossenen Territorien ausbauten?

e) Wie verlief die Königswahl nach der Goldenen Bulle und woran erkennt man die starke Stellung der Kurfürsten? (M 8)

f) Verfolge die geschilderte Hausmachtpolitik der Luxemburger und besonders Karls IV. auf der Karte. (M 1)

g) Welches Selbstgefühl eines Kurfürsten spricht aus der Anordnung der Personen? (M 10)

h) Beschreibe die Verbreitung der auf der Karte M 3 genannten Städtebünde. Welche Bedeutung haben die Gebiete für die heutige Wirtschaft?

8. Handel und Geld bringen politische Macht über die Grenzen hinweg

In Deutschland und Italien, Ländern mit schwacher Zentralgewalt, bringt die wirtschaftliche Entwicklung Fernhändlern und Städten zunehmend auch politische Macht.

8.1 Der Städtebund der Hanse

Zur Wahrung ihrer gemeinsamen Interessen gegenüber deutschen Landesherren und ausländischen Königen sowie zur Verbesserung ihrer geschäftlichen Möglichkeiten schließen sich norddeutsche Städte unter Führung Lübecks zum Bund der Hanse zusammen. Diese Städtehanse gewinnt Macht wie sonst nur Länder.

1358	Erste Erwähnung des Namens „dudesche hense".
1370	Die Hanse siegt über Dänemark.
1603	Schließung des Hansekontors in London.

Aus Kaufmannsgenossenschaften entsteht ein Städtebund

Im Raum der Nord- und Ostsee erhielt der Handel seit dem 12. Jahrhundert durch die Entwicklung neuer Schiffstypen einen besonderen Aufschwung. In den Werften der Hafenstädte baute man *Koggen*, die erheblich größer, schneller und seetüchtiger waren als die zuvor gebräuchlichen Schiffe. Die Fernkaufleute dieser Städte konnten daher viele Waren billiger liefern und ihr Gewinn nahm zu. Kaufleute, die regelmäßig das gleiche Ziel in der Fremde ansteuerten, wie die England-, Gotland- oder Flandernfahrer, schlossen sich zu Genossenschaften, sogenannten *Hansen*, zusammen, um am Zielort Schutz und Handelsvorrechte zu erhalten. Jedes Mitglied dieser Kaufmannshansen zahlte eine Summe Geldes, um eine Kogge zu kaufen und auszurüsten. Meist führte einer das Unternehmen durch, und alle teilten sich in Gewinn und Verlust.

Hansekontore

Die Hansekaufleute gründeten an den wichtigsten Handelsplätzen Nord- und Osteuropas feste Niederlassungen, sogenannte Kontore, wie in Brügge, London, Bergen und Nowgorod. Bei Wisby auf Gotland erbauten sie eine deutsche Kaufmannsstadt. An ihren Niederlassungen legten sie Lagerhallen, Stapelplätze, eigene Hafenbezirke mit Kränen an, betrieben Büros für die einzelnen Mitglieder, richteten eine Kasse ein und setzten Maß- und Münzordnung fest.

Lübeck: Hauptort der Deutschen Hanse

Die Mitglieder der Kaufmannshansen verfügten als Patrizier in ihren Städten über die Ämter und beherrschten die städtische Politik. Allmählich entstand aus den Vereinigungen der Kaufleute ein Bund ihrer Heimatstädte, die Deutsche Hanse. Um 1400 gehörten ihr über 80 Städte an. Führende Stadt in der Hanse war Lübeck, dessen Kaufleute den Ostseehandel beherrschten.

Um die Vorrechte der Hanse im Ausland zu wahren und zu verbessern und Handelsrivalitäten der Hansestädte untereinander auszuschalten, wurden in unregelmäßigen Abständen in Lübeck *Hansetage* abgehalten, auf denen Beschlüsse für das gemeinsame Vorgehen gefaßt wurden. Hansestädte, die sich an die Beschlüsse nicht hielten, wurden ausgeschlossen und mit Handelssperren gemaßregelt („verhanst").

Macht und Niedergang der Hanse

Obwohl die Hanse nicht fest organisiert war, wurde sie zu einer Macht, die Bündnisse schloß, Kriege führte, eigenes Recht sprach und Steuern erhob. Als der Dänenkönig die Rechte der Hansestädte einschränken wollte, rüsteten sie

1 Der Städtebund der Hanse und das Handelsreich Venedig. Europäische Handelsströme im 14. Jahrhundert.

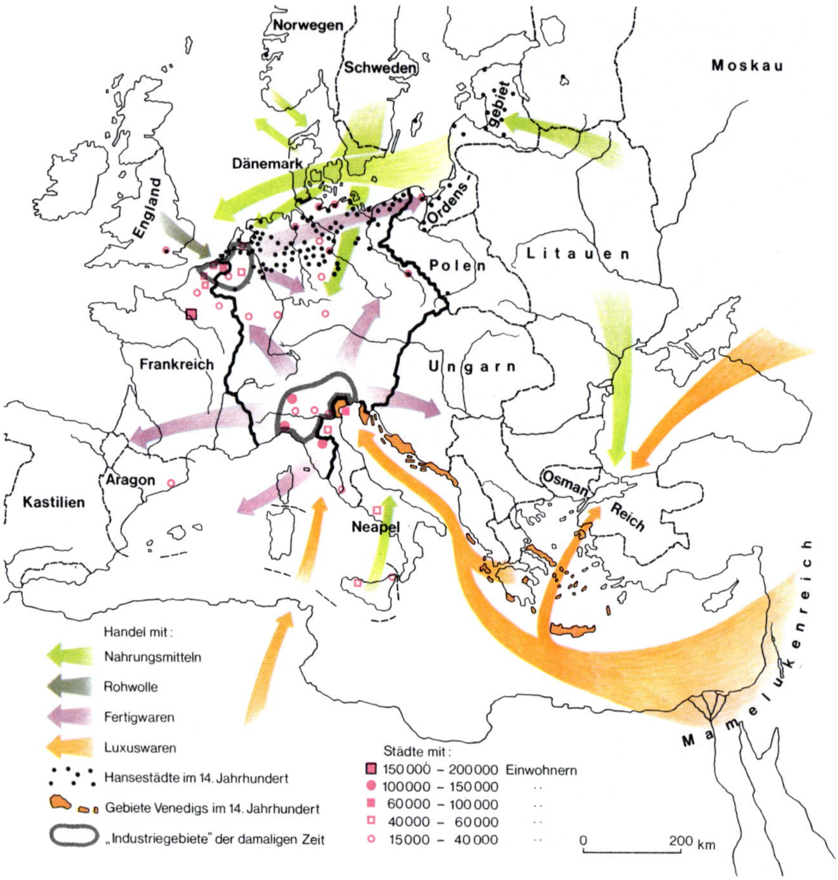

eine gemeinsame Flotte und ein Heer. Im Frieden von Stralsund mußte der Dänenkönig 1370 die Rechte der Hanse auf ihrem Haupthandelsplatz Schonen bestätigen, wo die Hansekaufleute Heringe einkauften und Fässer, Lüneburger Salz und Getreide verkauften.

200 Jahre lang war die Hanse die Herrin der Nord- und Ostsee, bis im 16. Jahrhundert vor allem die Holländer und die Engländer die Hansekaufleute überflügelten.

Nationale Staaten im Norden, Osten und Westen nahmen den Hansekaufleuten ihre Privilegien, schlossen die Kontore schließlich gewaltsam und verwiesen die Hanseaten des Landes. Dazu kam, daß die Heringszüge einen anderen Weg nahmen. Vor Schonen blieben die Heringsnetze leer. Vor allem die Holländer konnten nun den großen Fischzug vor ihren Küsten machen. Auch süddeutsche Städte, vor allem Nürnberg, drängten den Einfluß der Hanse zurück. Immer weniger Städte kamen zu den Hansetagen.

2 Schiffsordnung auf Koggen

„Wenn die Kogge in See gestochen war, versammelte der Schiffer alle Mitfahrenden und sprach etwa so: ‚Wir sind Gott und Wind und Wellen übergeben, darum soll jetzt einer dem anderen gleich sein. Und da wir von schnellen Sturmwinden, ungeheuren Wogen, Seeraub und anderer Gefahr umringt sind, kann unsere Reise ohne steife Ordnung nicht vollbracht werden. Deshalb… besetzen (wir) nach Seerecht die

Schöffenstellen, damit ehrliches Gericht sei.' Darauf ernannte er mit Beistimmung des Volkes einen Vogt, vier Schöffen, einen Wachtmeister und Schreiber, einen Meistermann, der die Strafurteile vollzog, und einen Rackersmann mit zwei Knechten, der das Schiff rein hielt. Endlich wurde das Seerecht mit seinen Strafen verkündet: Niemand soll fluchen bei Gottes Namen, niemand den Teufel nennen, nicht das Gebet verschlafen, nicht mit Lichtern umgehn, nicht die Lebensmittel verwüsten, nicht dem Zapfer in sein Amt greifen, nicht nach Sonnenuntergang mit Würfel oder Karte spielen, nicht den Koch ärgern und nicht die Schiffsleute hindern, bei Geldstrafe. Wer auf der Wache schläft, wer binnen dem Schiffsbord Unruhe stiftet, der soll unter dem Kiel durchgezogen werden; wer an Bord seine Wehr entblößt, sie sei lang oder kurz, dem wird die Wehr durch die Hand an den Mastbaum geschlagen, daß er sich selbst die Wehr durch die Hand ziehen soll, wenn er loszukommen begehrt."

(G. Freytag, Bilder aus der deutschen Vergangenheit, Bd. 1, Berlin 1927, S. 612f.)

3 Aufstand in der Hansestadt Braunschweig

In der Lübecker Chronik lesen wir:

„Im Jahre Christi 1374 war der Teufel los geworden in der Stadt Braunschweig und bewegte die Bürgerschaft gegen den Rat, daß sie einen Teil des Rates totschlugen; einen Teil fingen sie und schlugen ihnen die Köpfe ab; einen Teil vertrieben sie aus der Stadt... Zu all diesen lästerlichen Missetaten setzten sie aus allen Zünften einen neuen Rat ein..."

Die Reaktion der anderen Hansestädte erfahren wir aus den Urkunden der Hanse (24. 6. 1375):

„Da haben die gemeinsamen Städte der deutschen Hanse einträchtig beschlossen, daß sie die von Braunschweig aus der Hanse und des Kaufmanns Recht und Privilegien ausstoßen wollten. Also daß kein Kaufmann in Flandern, England, Dänemark, Norwegen, Nowgorod noch in irgendeiner Stadt, die in des Kaufmanns Recht ist, Gemeinschaft oder irgendwie Handel mit ihnen haben soll bei Verlust von Ehre und Gut."

Die Braunschweiger mußten schließlich nachgeben. Die Lübecker Chronik schreibt 1380:

„(Außer kirchlicher Buße) sollen zwei unserer Bürgermeister mit sechs ehrlichen Leuten aus Braunschweig vor die gemeinsamen Städte kommen und in Gegenwart der Vertriebenen (Braunschweiger Ratsmitglieder) sprechen: ‚Die Geschichte, die in Braunschweig geschehen ist, ist eine Tat des blinden Zorns und ist uns leid, und wir bitten euch um Gottes... willen, daß ihr uns das vergebt und uns wieder in eures Kaufmanns Recht aufnehmt...'. Wenn diese Bitte zu Lübeck geschehen ist, so sollen die Vertriebenen, die es wollen, sofort sicher in die Stadt Braunschweig kommen. Die Vertriebenen sollen und wollen wir in all ihr Gut einsetzen. Und wir sollen und wollen den Rat mit Kaufleuten und Rentnern und treuwürdigen Leuten besetzen, die dazu nütze sind nach alter Gewohnheit."

(Lübecker Chronik III, 753; Hanse-Rezesse II, 92 u. 218, in: D. Schneider, Die Hanse, Leipzig/Berlin 1931, S. 15)

Arbeitsvorschläge und Fragen

a) Welche Gefahren drohten dem Schiff, der Mannschaft und der Ladung? (M 2) – Erkläre den Zweck der Vorschriften und die Härte der Strafen.

b) Vergleiche den Aufstand in Braunschweig mit den Ereignissen in Köln fünf Jahre zuvor. (M 3) – Was ist das Ziel der Aufständischen? Erreichen sie es? Wessen Standpunkt vertritt der Verfasser der Chronik?

c) Vergleiche die Lage und Verteilung der Hansestädte mit der Venedigs und seiner Besitzungen. – Welche Unterschiede lassen sich nach Art und Herkunft der Waren zwischen der Hanse und Venedig feststellen? (M 1)

d) Vergleiche die Warenströme in dieser Karte mit dem Weg, den die Pest seit 1347 nahm (vgl. M 1, S. 119).

8.2 Internationale Kaufmannsfamilien erwerben Macht durch Kapital

Der Handel mit dem Orient bringt den italienischen Stadtstaaten Wohlstand und Macht. So erobert sich die Republik Venedig ein ausgedehntes Seereich im nordöstlichen Mittelmeer. Auch Mailand und Florenz dehnen sich als Zentren des Handels und des Geldes aus. Nach Rom als Mittelpunkt des Kirchenstaates fließen kirchliche Gelder aus ganz Europa. Handelsverbindungen nach Nordeuropa laufen über süddeutsche Städte, vor allem Nürnberg und Augsburg. Kaufmannsfamilien wie die Medici in Florenz und die Fugger (vgl. S. 40) in Augsburg gewinnen auch politische Bedeutung.

1357	Averardo di Medici, Kaufmann in Florenz †
1464	Sein Enkel Cosimo, Stadtherr von Florenz †
1521	Ururenkel Giovanni, als Papst Leo X. †
1642	Urururenkelin Maria, Königin von Frankreich †
1367	Ein Fugger läßt sich als Webmeister in Augsburg nieder.
1519	Jakob Fugger, der Reiche, finanziert die Wahl Karls V. zum Kaiser.

Florenz kommt zu Wohlstand

Im 15. Jahrhundert wurden in Florenz jährlich 70000–80000 Stück Tuch im Werte von über 1200000 Gulden hergestellt. Über 300000 Menschen lebten davon. Aber auch jede andere Art von Waren wurde in Florenz hergestellt oder gehandelt. Kein Wunder, daß hier Geld zusammenkam und aus Geldwechslern bald Bankiers wurden, daß erfolgreiche und auch skrupellose Kaufmannsfamilien zu Macht und Ansehen kamen.

Im 13. Jahrhundert waren die adligen Stadtherren durch die Zünfte gestürzt worden. Im 14. und 15. Jahrhundert kam es immer wieder zu Unruhen und Aufständen, weil sich die eigentlichen Erzeuger der Waren, z.B. die Weber, vom wachsenden Wohlstand ausgeschlossen fühlten und einflußreiche Familien um die Macht rivalisierten.

Vom Wollhandel zur großen Politik

Inmitten dieser Kämpfe gelang es der Familie der *Medici*, ursprünglich Wollhändler, im Laufe des 14. und 15. Jahrhunderts die Macht in Florenz zu erobern. Im 16. und 17. Jahrhundert gelang es ihnen, ihre Nachkommen auf Fürstenthrone und Kardinalssessel zu setzen, sogar auf den Stuhl des Papstes und den Thron von Frankreich.

Blüte der Kunst

Die Mächtigen der *italienischen Städte* übertrafen sich gegenseitig im Errichten repräsentativer Bauten, im Aufstellen von Denkmälern und Sammeln von Gemälden. Ihre luxuriöse und kultivierte Lebensführung gab den Baumeistern, Bildhauern und Malern einer neuen Kunstrichtung großartige Entfaltungsmöglichkeiten. Diese *Kunst der Renaissance* gehört bis heute zu den bewundernswertesten Leistungen europäischer Kultur.

Der Aufstieg der Fugger

Als Handelsunternehmer wurden die Medici in Europa um 1500 von den *Fuggern* überflügelt. Der erste Fugger hatte sich 1367 als Leinweber in Augsburg niedergelassen. Seine Söhne bereits webten nicht mehr selbst, sondern ließen in Heimarbeit weben, wurden also Verleger. Sie handelten Tuche bis Venedig, Lissabon und Antwerpen. Ende des 15. Jahrhunderts verschuldete sich der Graf von Tirol den Fuggern so sehr, daß er ihnen seine Silberbergwerke verpfänden mußte. Jakob der Reiche schließlich verbündete sich mit den Habsburgern, denen er ungeheure Summen Geldes lieh, um sich dafür Alleinkaufsrechte (Monopol) im Silberhandel garantieren zu lassen. Die Wahl des Habsburgers Karls V. zum Kaiser 1519 finanzierte er mit Bestechungsgeldern von ½ Million Gulden.

1 Silberbergbau. Das Altarbild in der Annenkirche zu Annaberg (Sachsen) schildert den Ursprung des Silberbergbaus (gemalt um 1550).

2 Augsburger Weber an einem Webstuhl. Mit der linken Hand führt er das Weberschiffchen, mit dem der Querfaden in die senkrecht laufenden Kettenfäden eingeschlossen wird. Aus den sich verkreuzenden Fäden entsteht das Gewebe (Holzrelief des 17. Jh.).

Verlagssystem: Wer heute ein Buch veröffentlichen will, muß einen Verleger bzw. Verlag finden, der sein Manuskript drucken läßt und das Buch über den Handel vertreibt. Im 15. und 16. Jahrhundert wurden auch Stoffe und andere Erzeugnisse im Verlagssystem auf den Markt gebracht. Der Weber z. B. bekam die Wolle vom Verleger und lieferte ihm das gewebte Tuch ab, das der Verleger auf Märkten verkaufte, die oft in anderen Ländern lagen. Hunderte von Handwerkern waren manchmal für einen Verleger tätig, der bemüht war, wenig für die Ware zu geben und viel zu bekommen, um seinen Gewinn und damit seinen Einfluß zu mehren. Das Verlagssystem ist eine Zwischenstufe zwischen dem Kleinhandwerk und der Massenproduktion in Fabriken im Zeitalter der Industrialisierung 300 Jahre später.
Frühkapitalismus: Mit Frühkapitalismus meint man die Form der Wirtschaft, die sich in den italienischen Städten seit dem 14. Jahrhundert und etwas später in Europa nördlich der Alpen entwickelt. Er ist durch die wachsende Bedeutung des Geldes gekennzeichnet, das sich mit Hilfe von Banken im Besitz weniger Personen und Familien ansammelt, die meist nicht adliger, sondern bürgerlicher Herkunft sind. Die Besitzer von Kapital sind nicht mehr selbst als Handwerksmeister tätig, sondern organisieren und finanzieren Produktion und Verkauf als Verleger, betreiben Bergbau (Metall, Salz) oder handeln als Bankiers mit Geld. Oft gelingt es ihnen, ein Monopol zu erlangen, indem sie alle Wettbewerber verdrängen.

3 Kaiserlicher Schutz

Kaiser Karl V. an seinen Prokurator 1523:

„Jakob Fugger, (u.a.) ... haben sich bei uns darüber beklagt, daß Du sie [...] vor Gericht geladen hast. Jakob Fugger und Andreas Grander sollen einen Monopolhandel betreiben; die anderen sollen unrechtmäßige Einkaufs- und Verkaufspraktiken angewandt haben.

Die genannten Kaufleute erheben ... Einspruch gegen die Vorladung. Sie haben uns untertänigst gebeten, das Vorgehen gegen sie zu verbieten [...]

Nun sind wir der Meinung, daß im heiligen Reich kein Monopolhandel betrieben werden soll und daß unziemliche, verbotene Einkaufs- und Verkaufspraktiken abgestellt werden sollen. Dennoch können wir zur Zeit aus bestimmten Gründen nicht dulden, daß gegen die genannten Kaufleute in der geschilderten Weise vorgegangen und gegen sie ein Gerichtsverfahren eröffnet wird.

Deshalb befehlen wir Dir, daß Du [...] gegen die genannten Kaufleute bis auf einen weiteren Befehl von uns nichts mehr unternimmst ..."

(J. Strieder, Studien zur Geschichte kapitalistischer Organisationsformen. Monopole, Kartelle und Aktiengesellschaften im Mittelalter und zu Beginn der Neuzeit, München/Leipzig 1914, S. 370f.)

5 Jacob Fugger, der Reiche, in seinem Augsburger Kontor (zeitgenössische Zeichnung). In der Mitte das Hauptbuch, das vom Buchhalter Matthäus Schwarz geführt wird. Die Ablagefächer im Hintergrund sind mit den Namen Fuggerscher Niederlassungen beschriftet (Antorff = Antwerpen, Craca = Krakau).

4 Bilanz der Firma Fugger von 1522

Bergwerke und Bergwerksanteile (in Ungarn und Tirol)	270000 fl
Sonstige Immobilien	150000 fl
Waren (größtenteils Kupferlager, bes. in Antwerpen)	380000 fl
Bargeld	50000 fl
Ausstände	1650000 fl
Privatkonti der Gesellschafter	430000 fl
Verschiedene schwebende Geschäfte	70000 fl
Aktiva	3000000 fl
Passiva	870000 fl
Nach Abschreibung zweifelhafter Forderungen usw. ergibt sich für 1527 ein Gesamtvermögen von	197000 fl
1511 betrug das Anlagekapital	2021000 fl

(Das Zeitalter der Fugger, hrsg. von R. Ehrenberg, Jena 1912, Bd. 1, S. 119; zit. nach: Historisch-politisches Quellenbuch, Bd. 1, Frankfurt, S. 312)

6 Gewinne der Medici-Bank und ihrer Filialen 1436–1450 in Gulden

Florenz	25 000	Rom	88 500	Wollbetrieb I	5 000
Avignon	8 000	Venedig	63 000	Wollbetrieb II	5 500
Brügge/London	17 700			Seidenbetrieb	19 000

(R. de Roover, The Medici Bank, Cambridge, Mass., 1963, S. 29 und 31)

Arbeitsvorschläge und Fragen

a) Warum gewinnen Städte und Kaufmannsfamilien in Italien und Deutschland besonderen politischen Einfluß?
b) Worauf gründeten sich Macht und Einfluß im Lehnswesen, worauf im frühkapitalistischen System?
c) Versuche die unterschiedlichen Gewinne aus der Bedeutung der Städte zu erklären. (M 6)
d) Errechne die Gewinne der Fugger von 1511 bis 1522. (M 4)
e) Suche die Kontore der Fugger (Inschriften im Bild M 5) auf einer Karte von Europa in Deinem Atlas.
f) Was ergibt sich aus dem Schreiben Karls V.? (M 3)
g) Beschreibe Abbau und Transport des Silbererzes. Warum spielt der Abbau von Kohle noch keine Rolle? Denke an Arbeitsaufwand, Transport und Bedarf. (M 1)
h) Während man das Weben mit dem Webstuhl, also einer Maschine, schon beschleunigte, wurden die nötigen Fäden noch mit der Hand oder einfachen Spinnrädern gesponnen. Warum sagte man wohl „Spinnen am Morgen, bringt Kummer und Sorgen"? (M 2)

9. Der Pest ausgeliefert

Naturerforschung und Medizin gab es im Mittelalter noch nicht als Wissenschaften. Seuchen wie der Pest waren die Menschen hilflos ausgeliefert. Sie reagierten mit Frömmigkeit und Aberglauben. Ihre Ängste schlugen in blutige Verfolgung der jüdischen Minderheit um.

1348 ______ Die schwarze Pest rafft über ein Drittel der Bevölkerung Europas hin.

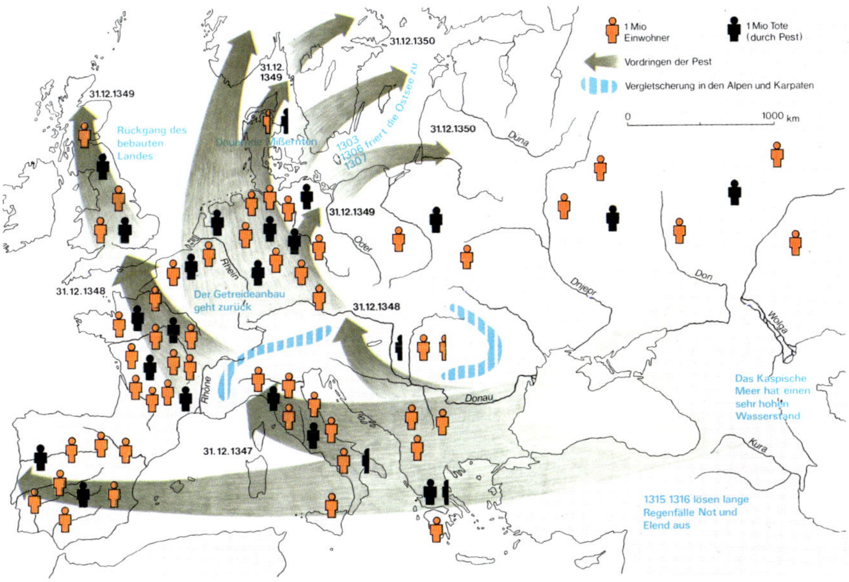

1 Der Weg der Pest durch die Länder Europas (1347–1350)

Dem Schicksal ergeben – dem Schicksal ausgeliefert

Obwohl die Fernhändler der europäischen Städte auf ihren weiten Reisen neue Erfahrungen mit anderen Menschen und der Natur machten, veränderte sich das Weltbild der mittelalterlichen Menschen nur wenig. So gut wie niemand stellte sich die Erde als Kugel vor. Für die meisten war die Erde eine Scheibe, wie es dem Augenschein entsprach. Genau beobachten, dem Augenschein und der überlieferten Meinung mißtrauen, in Frage stellen und nachmessen war wenig üblich. Überlieferung und biblisches Weltbild gaben Sicherheit. Hunger, Seuchen, Feuersbrunst, Krieg, Dürre, Kälte und Hochwasser nahmen die Menschen als Strafen Gottes für ihre Sünden hin. Frömmigkeit und Aberglaube waren Antworten der Menschen auf die Nöte des Daseins.

Der Schwarze Tod

Um 1348 brach eine besonders große Katastrophe über die Bevölkerung im Abendland herein: die *Schwarze Pest*. Die Seuche wurde durch Ratten und Flöhe, die es in jedem Haus und auf jedem Schiff gab, auf den Handelswegen aus dem Orient eingeschleppt. Der Schmutz in den engen Städten und der Fernverkehr sorgten für ihr unaufhaltsames Vordringen.

Sündenangst und Judenhaß

Da man die Pest für ein Strafgericht Gottes hielt, wollten viele für ihre Sünden durch harte Bußübungen Sühne leisten. In der allgemeinen Panik verdächtigte man in vielen Städten die Juden, deren religiöse Sitten immer mit Mißtrauen beobachtet worden waren. Sie hätten, behauptete man, die Brunnen vergiftet und so die Seuche verursacht. Da alle Juden für dieses Verbrechen büßen sollten, kam es vielerorts zu grausamen Judenverfolgungen und -morden.

Judenverfolgung (Pogrom): Kleine Gruppen von Juden hatten sich schon im römischen Reich in vielen Städten angesiedelt und waren auch in den mittelalterlichen Städten eine gewohnte Erscheinung. Da sie ihrer Religion und Lebensweise treu blieben und in der Regel nicht zum Christentum übertraten, wurden sie mit Mißtrauen betrachtet. Als Nichtchristen blieben ihnen viele Erwerbsmöglichkeiten (z. B. die Landwirtschaft und das Zunfthandwerk) verschlossen. Die weitreichenden Beziehungen der jüdischen Gemeinden im christlichen und islamischen Raum sowie ihr im ganzen höheres Bildungsniveau (jeder jüdische Junge lernte lesen und schreiben), gab vielen Juden die Möglichkeit, im Waren- und Geldhandel erfolgreich zu sein. Da es für Christen lange Zeit als unzulässig galt, für geliehenes Geld Zinsen zu verlangen, traten Juden vielfach als Geldverleiher auf (vgl. „Geldwirtschaft" S. 86). In Zeiten der Not und allgemeinen Angst fand die Bevölkerung in der jüdischen Minderheit immer wieder Sündenböcke, die angeblich an allem Unglück schuld waren und denen man die schrecklichsten Verbrechen nachsagte, um dann über sie herzufallen wie 1348 in Straßburg. Haß auf die Juden (Antisemitismus) führte im Zweiten Weltkrieg auf Befehl der deutschen Regierung zum Mord an mehreren Millionen Menschen.

2 Judenmord

Die Chronik aus Straßburg berichtet:

„Am Samstag auf St. Valentin verbrannte man die Juden in ihrem Kirchhof auf einem hölzernen Gerüst. Es waren ihrer 2000. Welche sich wollten taufen lassen, die ließ man am Leben. Es wurden auch viele Kinder aus dem Feuer genommen um ihrer Mütter und Väter willen, die getauft wurden. Was man den Juden schuldig gewesen war, das war alles wett, und es wurden alle Pfänder und Schuldbriefe zurückgegeben. Das bare Geld aber nahm der Rat und teilte es unter die Zünfte nach ihrem Verhältnis. Das Geld war auch die Ursache, daß die Juden getötet wurden. Wären sie arm und die Landesherren ihnen nichts schuldig gewesen, so wären sie nicht verbrannt worden."

(Straßburger Chronik. 1349, a. a. O.)

3 Spital im späten Mittelalter.
Sorge für die Kranken war vor allem Aufgabe der Orden, von denen zuerst Krankenhäuser (Hospital oder Spital) eingerichtet wurden.

4 Die Pest in Straßburg

Ein Bürger schildert uns die Ereignisse:

„Es ereignete sich aber eine Pest und ein Sterben der Menschen, wie es seit den Zeiten der Sintflut nicht gewesen, so daß einige Gegenden ganz entvölkert waren und viele dreirudrige Schiffe, deren Bemannung gestorben, mit ihren Waren führerlos auf dem Meere gesehen wurden. Wie ansteckend die Krankheit war, weshalb die Menschen ohne Sakramente starben, die Eltern sich nicht um ihre Kinder kümmerten und umgekehrt, die Gefährten nicht nach ihren Gefährten noch die Diener nach ihren Herren fragten, wieviel Häuser mit allem Hausrate leer standen, in welche sich niemand hineintraute, dies alles zu erzählen ist schrecklich. Der Papst blieb in seinem Gemache eingeschlossen, hatte daselbst fortwährend ein großes Feuer und gestattete niemandem den Zutritt. Die Krankheit durchzog alle Länder, und die Gelehrten konnten, obgleich sie vielerlei vorbrachten, doch keinen anderen sicheren Grund angeben, als daß es Gottes Wille wäre."

(Straßburger Chronik, 1349, in: Geschichtliche Quellenhefte 4, Frankfurt o. J., S. 10f.)

5 Judenverbrennung in Trient, 1475
(Holzschnitt, Ende des 15. Jahrhunderts)

6 Geißlerzug (Buchmalerei des 15. Jahrhunderts)

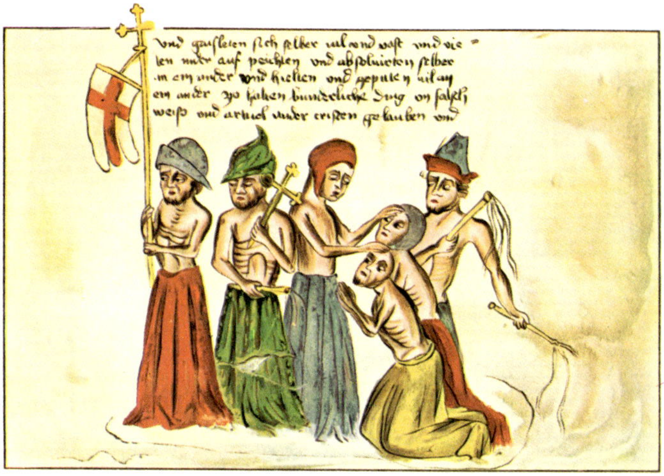

7 Die Geißler wollen durch Buße die Pest abwenden

Der Straßburger Chronist berichtet:

„Im Jahre 1349 kamen Mitte Juni siebenhundert aus Schwaben nach Straßburg. Sie hatten einen Anführer und noch zwei Meister, deren Befehlen alle Folgen leisteten. Als sie den Rhein überschritten hatten, bildeten sie unter Zulauf des Volkes einen weiten Kreis, in dessen Mitte sie Kleider und Schuhe ablegten und herumgingen. Einer nach dem anderen warf sich in diesem Kreise wie ein Gekreuzigter zu Boden, und jeder von ihnen berührte im Vorübergehen den Hingestreckten mit der Geißel. Die letzten, welche sich zuerst niedergeworfen, standen zuerst wieder auf, schlugen sich mit Geißeln, welche Knoten mit vier eisernen Stacheln hatten, und zogen, in deutscher Sprache zum Herrn singend, unter vielen Anrufungen vorüber. Nachdem sie dies lange so getrieben, beugten auf ein gegebenes Zeichen alle die Knie und fielen wie Gekreuzigte unter Schluchzen und Beten auf das Antlitz. Dies taten sie zweimal des Tages auf offenen Plätzen und jeder heimlich auch einmal in der Nacht. Mit Frauen sprachen sie nicht und schliefen auch nicht in Federbetten ... Es strömten ihnen vom Ober- und Niederrhein und vom Flachlande eine solche Menge zu, daß sie niemand zu zählen vermochte. Dies war vielen Priestern sehr schmerzlich. – Aufgefordert von dem römischen König Karl, erließ der Papst einen Prozeß (Erlaß), durch welchen er die Sekte der Geißler verurteilte."

(Straßburger Chronik, 1349, a. a. O.)

Arbeitsvorschläge und Fragen

a) Informiere Dich in einem Lexikon über das Krankheitsbild der Pest, ihre Übertragung und Bekämpfung.

b) Verfolge den Weg der Pest. – Wie hoch waren die Menschenverluste? (M 1)

c) Stelle Vermutungen über die wirtschaftlichen Folgen der Bevölkerungsverluste an (Produktion, Preise, Löhne, Besitz).

d) In den Städten starb durchschnittlich die Hälfte der Bevölkerung. – Warum konnte der Bevölkerungsverlust im Mittelalter schon in etwa 50 Jahren wieder ausgeglichen werden?

e) Wie änderte sich das Verhalten der Menschen während des großen Sterbens? (M 4)

f) Aus welchen Gründen wandten sich die Straßburger gegen die Juden? (M 2) – Wurde die Schuld einzelner Menschen festgestellt? – Warum ließ man die, die sich taufen ließen, frei? Wie steht der Chronist zu den Ereignissen?

g) Woraus ist zu erkennen, daß Obrigkeit und Kirche die Geißler ablehnten? Was waren wohl ihre Gründe? (M 7)

h) Was ist der Reaktion der Straßburger und der Geißler gemeinsam?

10. Mehr Nachrichten, mehr Bedürfnisse, mehr Erfindungen

Der zunehmende Austausch von Waren und Informationen aus nah und fern in den Städten steigerte die Nachfrage nach neuen Dingen, vor allem auch nach Büchern. Das brachte den Mainzer Johann Gutenberg 1445 auf den Gedanken, Druckplatten aus einzelnen, wiederverwendbaren Buchstaben, sogenannten Lettern, zusammenzusetzen. Unter vielen anderen Erfindungen der Zeit kam dieser Erfindung besondere Bedeutung zu.

1445 ______________ Erster Druck mit beweglichen Lettern.

Städte fördern Austausch von Waren, Nachrichten und Gedanken

Im Mittelalter wußten die meisten Menschen über die Ereignisse in der Welt weit weniger als ein zwölfjähriges Kind heute. Von Geistlichen, wenigen Adligen und Bürgern abgesehen, konnte niemand lesen und schreiben. Die handgeschriebenen Bücher waren kostbar. Bauern kamen in ihrem Leben meist nur bis in die nächste Stadt. Deshalb dauerte die Ausbreitung technischer Neuerungen meist Jahrhunderte. Neues erfuhren die Dorfbewohner nur von wandernden Händlern, Spielleuten, Gesellen. Leichter erfuhr der Stadtbewohner, was in der Welt vor sich ging. Zum Markt kamen viele Fremde, oft von weither. Die Zahl weitgereister Kaufleute, die lesen und schreiben konnten, nahm ständig zu. Erst als die Städte zahlreicher wurden und der Handel immer mehr Märkte für den Verkauf von Waren eröffnete, wurde der Anreiz größer, Güter zu schaffen, die es bisher nicht gegeben hatte, die aber den Menschen begehrenswert waren. Mehr und billigere Waren wurden verlangt; sie herzustellen erforderte nicht nur kaufmännische, sondern auch handwerklich-technische Überlegungen. Der zunehmende Austausch von Nachrichten, Gedanken und Waren auf Märkten und Handelsmessen, wo Menschen verschiedener Länder und Kulturen einander begegneten, weckte die Bereitschaft, Neuerungen zu übernehmen und anzuwenden, die im Fernen und Nahen Osten oft schon längst bekannt waren. Das gesteigerte Interesse an Neuerungen führte aber auch zu eigenen Erfindungen. Eine der wichtigsten war der *Buchdruck*. Sie war die Voraussetzung für die ungeheure Zunahme an Kenntnissen, die wesentliches Merkmal der „neuen Zeit", der Neuzeit, wurde. Nicht weniger Bedeutung kommt der Erfindung des *Schießpulvers* zu. Beide Erfindungen waren maßgebend für den Vorsprung, den europäische Länder im 15. bis 19. Jahrhundert in Wissenschaft, Technik und damit in Machtentfaltung errangen.

Presse: Die Druckpresse war in Verbindung mit den beweglichen und daher beliebig kombinierbaren Lettern Voraussetzung für die Vervielfältigung von Texten. Neben der Herstellung von Büchern wurde die Presse sehr schnell für die Vervielfältigung von Flugblättern zur Information und Beeinflussung der Bevölkerung benutzt. Aus regelmäßig erscheinenden Blättern wurden *Zeitungen*, wobei Zeitung ursprünglich einfach Neuigkeit heißt. Schließlich gewann das Wort Presse die heutige Bedeutung, die die Gesamtheit der Zeitungs- und Zeitschriftenverlage und ihrer Erzeugnisse meint.

1 Die Druckerei von Johann Fust und Peter Schöffer in Mainz (Holzschnitt von 1586). Im Hintergrund zwei Setzer vor ihren Setzkästen; im Vordergrund zwei Drucker an der Presse beim Einschwärzen der gesetzten Seiten und Prüfen einer bedruckten Doppelseite.

3 Technischer Fortschritt vom 1. Jahrhundert n. Chr. bis zum Ende des Mittelalters

1. Jahrhundert	Wassermühle im Römischen Reich. Papier in China.
5. Jahrhundert	Kummetgeschirr für Pferde in China.
nach 600	Porzellan in China. Windmühle in Persien.
8. Jahrhundert	Papier bei den Arabern.
nach 900	Kummet, Steigbügel und genagelte Hufeisen in Europa.
nach 1000	Ausbreitung der Wassermühle in Europa.
1041	Druck mit beweglichen Lettern in China.
vor 1100	Kompaß in China.
um 1200	Windmühle in Europa.
nach 1200	Kompaß in Europa.
1231	Mit Schießpulver gefüllte Bomben in China.
1298	Handspinnrad in Europa.
vor 1300	Gewichtsräderuhr in Europa.
um 1300	Brille in Oberitalien.
nach 1300	Eisenguß in Europa (1500 Jahre früher in China).
1330	Schießpulver in Europa.
1445	Druck mit beweglichen Lettern von Johannes Gutenberg, Straßburg/Mainz.
1490	Globus von Martin Behaim in Nürnberg.
1494	Doppelte Buchführung von Luca Pacioli in Italien.
um 1500	Schraubstock in Nürnberg.
1510	Taschenuhr von Peter Henlein in Nürnberg.

2 Fuhrwerk. Auf solchen Lastwagen konnten nur verhältnismäßig geringe Mengen mit großem Aufwand an Fuhrknechten und Pferden transportiert werden. Achsen- und Radbruch kam auf den schlechten Wegen häufig vor. Bei starkem Regen oder Schnee kam der Verkehr weithin zum Erliegen.

4 Buchdruck: Vervielfältigung des Gedankenaustausches

Der Abt des Klosters Hirsau schrieb über das Jahr 1450:

„In dieser Zeit wurde in Mainz jene wunderbare und früher unerhörte Kunst, Bücher mittels Buchstaben zusammenzusetzen und zu drukken, durch Johannes Gutenberg, einen Mainzer Bürger, erfunden und ausgedacht. Nachdem er beinahe sein ganzes Vermögen für die Erfindung dieser Kunst aufgewendet hatte, vollbrachte er ... endlich mit dem Rate und den Vorschüssen des Johann Fust die angefangene Sache. Demnach druckten sie zuerst das unter dem Namen ‚Catholicon' bezeichnete Wörterbuch, nachdem sie die Züge der Buchstaben nach der Ordnung auf hölzerne Tafeln gezeichnet und die Formen zusammengesetzt hatten, allein mit denselben Formen konnten sie nichts anderes drucken, eben weil die Buchstaben nicht von den Tafeln ablösbar und beweglich, sondern eingeschnitzt waren. Nach diesen Erfindungen folgten künstlichere. Sie erfanden die Kunst, die Formen aller Buchstaben des lateinischen Alphabets zu gießen ... Aus ihnen gossen sie hinwiederum eherne oder zinnerne, zu jeglichem Drucke geeignete Buchstaben; solche hatte man früher mit den Händen geschnitzt.

Auf keine Erfindung der Geistesfrucht können wir Deutsche so stolz sein wie auf die des Buchdrucks, die uns zu neuen geistigen Trägern der Lehren des Christentums, aller göttlichen und irdischen Wissenschaft und dadurch zu Wohltätern der ganzen Menschheit erhoben hat. Welch ein anderes Leben regt sich jetzt in allen Klassen des Volkes, und wer wollte nicht dankbar der ersten Begründer und Förderer dieser Kunst gedenken, auch wenn er sie nicht, wie dies bei uns und unseren Lehrern der Fall ist, persönlich gekannt und mit ihnen verkehrt hat."

(Abt Trithemius von Sponheim [1462–1516], Annalen des Klosters Hirsau, zum Jahre 1450. Quellen zur Gesch. d. MA, hrsg. v. G. Guggenbühl und O. Weise, 3. Aufl., Zürich 1954, S. 265)

5 Bücherproduktion in Deutschland

1517	40 Titel
1519	111
1525	500
1830	7000 Neuerscheinungen
1927	31000
1983	60600

(Nach: Lexikothek, Spektrum der Literatur, Gütersloh, 1978 S. 109 und 112) Außerdem erschienen 1983 am Tag Zeitungen in ca. 25912000 Exemplaren und Zeitschriften in ca. 260158000 Exemplaren je Ausgabe.

(Statistisches Bundesamt, Wiesbaden 1985)

Arbeitsvorschläge und Fragen

a) Welche Erfindungen erscheinen in der Zeittafel zweimal? – Begründe die Doppelungen. (M 3) – Welche älteren Geräte und Stoffe wurden durch die Erfindungen jeweils ersetzt? – Was bedeutete es, daß es bis 1300 keine Uhren mit Zeigern gab?

b) Auf welchen Wegen kommen Euch heute Nachrichten ins Haus? – Wieviel Zeit ist zwischen Ereignis und Bericht verstrichen?

c) Wo könnt Ihr Euch darüber informieren, was sich vor einem Jahr, vor zehn oder hundert Jahren irgendwo zutrug? – Welche Möglichkeiten, Neues zu erfahren, hatten die Menschen vor 1445?

d) Die von Gutenberg gedruckte Bibel kostete 42 Gulden (= Gegenwert von 14 Ochsen). 1522, also 70 Jahre später, kostete das „Neu Testament Deutsch" nur 1½ Gulden. – Vergleiche mit heutigen Buchpreisen.

Europäer entdecken, erobern und beherrschen die „Neue Welt"

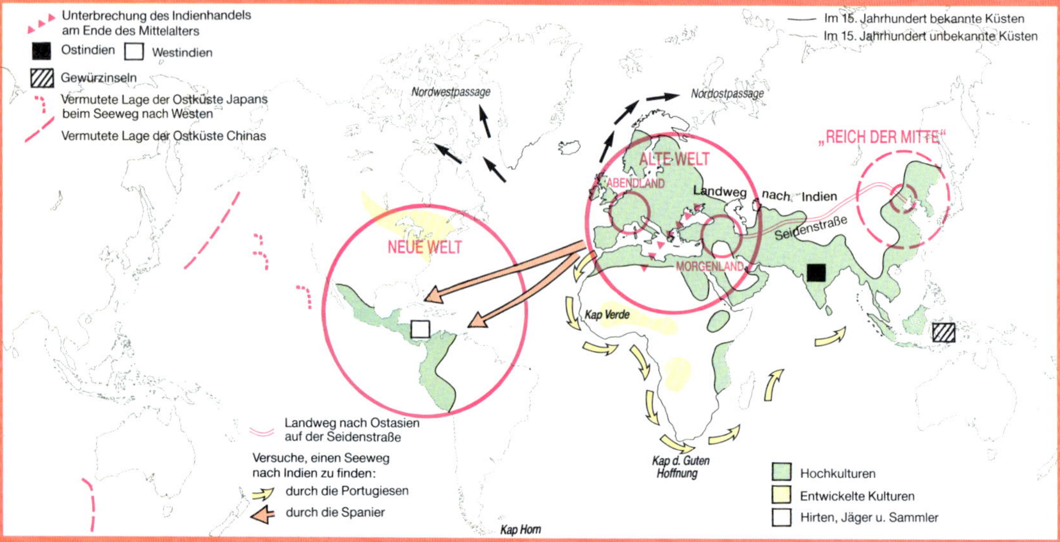

1 Die großen Entdeckungen am Ende des 15. Jahrhunderts

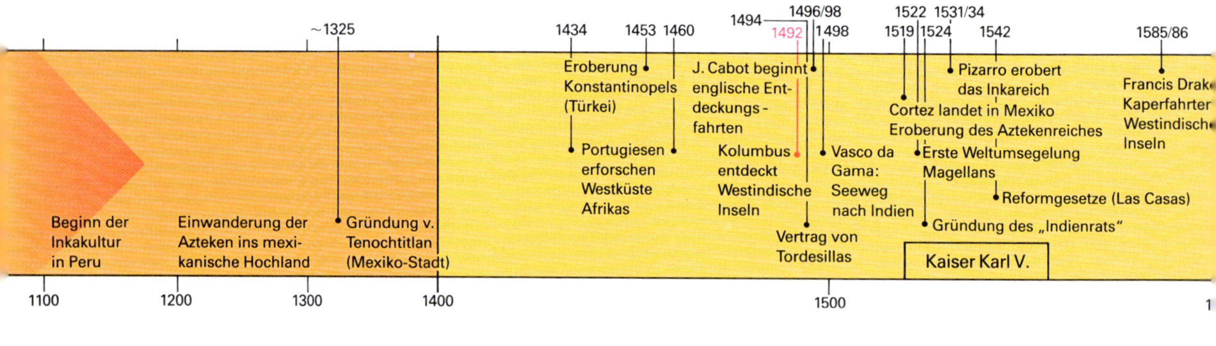

2 Landung des Kolumbus auf Haiti (kolorierter Kupferstich von Dietrich de Bry aus dem Jahre 1594)

3 Sklavenhandel. Neger werden zum Verkauf auf den Sklavenmarkt geführt. Um Fluchtversuche zu verhindern, ließen sich Sklavenhändler immer neue „Erfindungen" einfallen. (Holzschnitt, Mitte 19. Jh.)

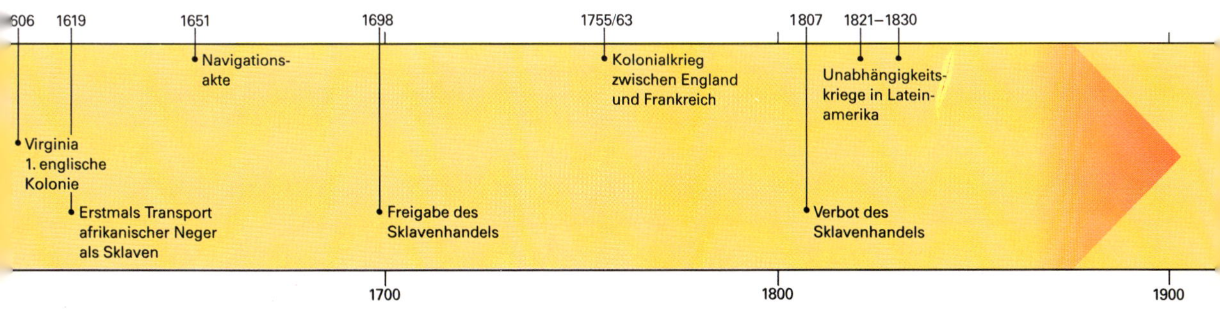

1. Spanien und Portugal: Mit Segelschiffen und Kanonen zu fremden Erdteilen und neuen Reichtümern

Vor knapp 500 Jahren hatten die meisten Menschen nur sehr ungenaue Vorstellungen über die Lage der Erdteile und Meere auf unserem Planeten. Aber innerhalb weniger Jahrzehnte entdeckten Seefahrer aus mehreren europäischen Ländern neue Seewege zu fernen Erdteilen und unbekannten Ländern. Aus welchen Gründen unternahmen die Entdecker ihre gewagten Fahrten? Auf wessen Unterstützung konnten sie sich verlassen? Welche neuen Erkenntnisse und Hilfsmittel konnten sie ausnützen?

1434–1460	Im Auftrag Prinz Heinrichs des Seefahrers dringen portugiesische und italienische Kapitäne (aus Venedig und Genua) über Kap Bojador hinaus an der westafrikanischen Küste vor. Sie gelangen bis Sierra Leone und entdecken die Kapverdischen Inseln.
1487/88	Der Portugiese Bartolomeo Diaz umsegelt die Südspitze Afrikas, das „Kap der guten Hoffnung" und erkennt, daß es eine Verbindung zwischen Atlantik und Indischem Ozean gibt.
1492	**Christoph Kolumbus** aus Genua will in spanischem Auftrag auf dem Westwege über den Atlantik Indien erreichen. Er entdeckt die Bahamas, Kuba und Haiti, das er für Japan hält. Auf drei weiteren Fahrten versucht er China und Indien zu finden. Er erkundet die **„Westindischen Inseln"** und die amerikanische Festlandküste von Honduras bis zum Orinoko.
1497/98	Dem Portugiesen Vasco da Gama gelingt es, auf dem östlichen Seeweg Kalikut in Indien anzulaufen und den Fernosthandel für Portugal zu sichern.
1499/1501	**Amerigo Vespucci** aus Florenz erkundet erst in spanischem, dann in portugiesischem Auftrag die Küste **Südamerikas.** Nach seinem Namen bezeichnet der deutsche Geograph Martin Waldseemüller auf seiner Weltkarte Südamerika als **„Amerika"** (1507).
1519/22	Der Portugiese Ferdinand Magellan umsegelt in spanischen Diensten als erster die Welt. Er entdeckt die „Magellanstraße" zwischen Feuerland und Südamerika und damit die lang gesuchte Westpassage nach China und Indien.

Vorstöße ins Unbekannte

Bis ins 15. Jahrhundert zeigen die meist von Geistlichen gezeichneten Weltkarten aus allen europäischen Ländern das gleiche Schema: Jerusalem als Mittelpunkt der Welt ist umgeben von den drei Kontinenten Europa, Asien und Afrika, die der Ozean rings umfließt.

Mit heutigen Karten hatte nur die Darstellung der Gebiete um das Mittelmeer eine gewisse Ähnlichkeit. Wie es in Afrika aussah, wußte niemand; denn bis 1434 hatte sich kein Seefahrer über Kap Bojador (West-Sahara) hinausgewagt. Über Indien, China und Japan kannte man die Reiseberichte des Venezianers Marco Polo, der 1295 von einer langen Fernostreise zurückgekehrt war.

Türkischer Sperriegel gegen italienische Zwischenhändler

Jahrhundertelang hatten Kaufleute der italienischen Seestädte Venedig und Genua Edelsteine, Seide, Farbstoffe, Teppiche und vor allem Gewürze aus dem Fernen Osten nach Europa eingeführt. Sie bezogen diese Waren von arabischen Zwischenhändlern oder direkt aus den Ursprungsländern. Von der Nordküste des Schwarzen Meeres aus konnten sie zwei Karawanenstraßen benutzen und den riesigen Sperriegel des islamischen Machtbereichs nördlich umgehen, der Europa von Asien und Afrika trennte.

Der Handel mit dem Fernen Osten wurde empfindlich gestört, als die Türken *1453 Konstantinopel* eroberten. Der Sultan erklärte den Gesandten Venedigs:

„Bisher wart ihr mit dem Meer vermählt, jetzt gehört es mir." Der Weg ins Schwarze Meer war den italienischen Seestädten nun verschlossen.
Zu dieser Zeit hatte der Neffe des regierenden portugiesischen Königs, *Prinz Heinrich der Seefahrer* (*1460), schon die Idee entwickelt, den muslimischen Bereich auf einer südlichen Route zu umgehen.
Die in protugiesischen Diensten stehenden Kapitäne drangen immer weiter nach Süden vor. Sie erreichten Liberia, den Golf von Guinea und die Kongomündung. Allmählich schwand die abergläubische Angst vor der angeblich kochenden See am Äquator und vor den Ungeheuern der sagenhaften „Terra australis". So nannte man den „Südkontinent", den man als riesige Landmasse auf der Südhalbkugel vermutete.

Tauschgeschäfte mit afrikanischen Häuptlingen

Als die Portugiesen auf ihren Fahrten an der westafrikanischen Küste die Wohngebiete der Neger erreicht hatten, begann für sie das große Geschäft des *Sklavenhandels.* Von 1441 bis 1448 wurden von Guinea aus tausend bis zweitausend Neger auf die europäischen Sklavenmärkte abtransportiert. Zunächst erhielten die afrikanischen Häuptlinge marokkanische Pferde, feine Wolltuche, aber auch billige Glasperlen und bunte Tücher als Gegenwert für das „schwarze Elfenbein". So wurde die Menschenware im Gegensatz zu den Stoßzähnen der Elefanten genannt.
Ähnlich wie das Geschäft mit Sklaven wurde die Suche nach Edelmetallen zu einem starken wirtschaftlichen Antrieb für die Entdeckungsfahrten. Als die Portugiesen 1475 den Golf von Guinea erreichten, fanden sie bald über afrikanische Zwischenhändler Zugang zu den Goldschätzen Innerafrikas. Die wichtigsten Gebiete der bekannt gewordenen Westküste Afrikas wurden nach ihrem Warenaufkommen als Elfenbein-, Gold- und Sklavenküste bezeichnet.

Bessere Karten und neue Schiffe

Die Hoffnung, das Wunderland Indien und seine begehrten Waren wie Gewürze, Seide und Edelsteine zu erreichen, trieb die Entdecker an.
Verbesserte Instrumente wie *Kompaß, Quadrant* und von Fahrt zu Fahrt korrigierte *See-* und *Landkarten* erleichterten die Vorstöße.
Die Kapitäne benutzten für ihre Fahrten neu entwickelte Schiffe, die *Karavellen.* Sie waren wendiger und schneller als die bisher gebrauchten Schiffe. Die hohen Aufbauten am Bug und vor allem am Heck boten nicht nur eine weitere Umsicht, sondern konnten auch mit Kanonen bestückt werden.

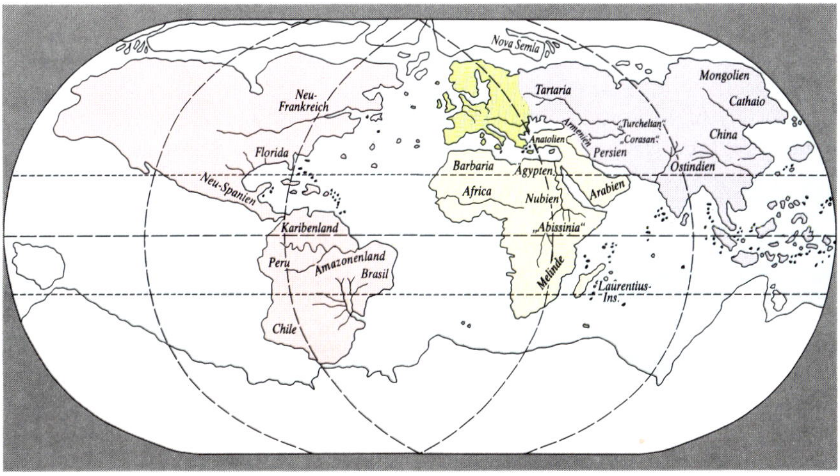

1 Weltkarte des Abraham Ortelius (1564). Vereinfachte Nachzeichnung. Die Karte des Holländers zeigt einen von vielen Lösungsversuchen damaliger Kartographen, die Kugelgestalt der Erde als Fläche darzustellen.

Rund um Afrika nach Indien

Schließlich gelang es *Bartholomeo Diaz* (1487/88), die Südspitze Afrikas, das „Kap der guten Hoffnung", zu umsegeln und in den Indischen Ozean einzufahren.
1497 gab der portugiesische König dem jungen Kapitän *Vasco da Gama* den Auftrag zu einer weiteren Erkundungsfahrt. Vasco da Gama umrundete Afrika und erreichte, von arabischen Lotsen geführt, nach knapp elf Monaten mit drei Schiffen Kalikut (heute: Kozhikode) an der indischen Westküste. Der *Seeweg nach Indien* war entdeckt.
Weitere Fahrten mit größeren Flotten folgten. Mit Gewalt vertrieben die Portugiesen die arabischen und persischen Händler aus indischen und ostafrikanischen Städten. Unter Druck versprachen die indischen Fürsten, nur noch mit den Portugiesen Handel zu treiben. Stützpunkte entlang der afrikanischen Küste und an den Ausgängen des Roten Meeres und des Persischen Golfs sicherten das *portugiesische Handelsmonopol* und blockierten den Seeweg zwischen Indien und Arabien. Der arabische Zwischenhandel und die italienischen Handelsstädte waren damit ausgeschaltet. Die Schätze Asiens, vor allem Gold, Perlen, Pfeffer und andere Gewürze, wurden nun auf portugiesischen Schiffen nach Lissabon transportiert.
Als portugiesischer Vizekönig von Indien beherrschte Vasco da Gama (seit 1524) von der Stadt Goa aus das neue See- und Handelssreich.

Kolumbus' Plan: auf dem Westweg nach Indien

Als Vasco da Gama Indien erreichte, war ihm ein anderer – scheinbar – schon zuvorgekommen. Denn 1493 kehrte *Christoph Kolumbus* von einer über sieben Monate währenden Seereise nach Spanien zurück. Am spanischen Königshof in Barcelona berichtete er von Inseln, die er in „Indien" (damit wurde damals auch ganz Asien bezeichnet) vor der „chinesischen" Küste erreicht hatte. Kolumbus war mit seinen Schiffen nach Westen aufgebrochen. Er wußte wie viele Seefahrer und Gelehrte seiner Zeit, daß die *Erde* keine Scheibe, sondern eine *Kugel* sei, und überlegte, daß der Weg nach Westen über den Atlantik nach Indien schneller zum Ziel führen könne.
Das spanische Königspaar Ferdinand und Isabella ließ sich von Kolumbus' Idee überzeugen, ernannte ihn zum Admiral und ließ drei Schiffe für ihn ausrüsten.

Entdeckung der „Westindischen Inseln"

Im Vertrauen auf sein Glück und seine seemännische Erfahrung brach Kolumbus am 3. August 1492 auf. Trotz günstigen Windes schien die Fahrt endlos zu werden. Die vielen Wochen auf hoher See zermürbten die Matrosen, die seit den Kanarischen Inseln kein Land mehr gesehen hatten. Am 12. Oktober gab endlich eines der Schiffe durch Kanonenschuß das verabredete Zeichen: „Land in Sicht!" Langsam tauchten die Umrisse einer kleinen Insel aus der See auf. Kolumbus ging mit wenigen Begleitern an Land. Er ließ als Zeichen der Besitznahme die spanische Flagge hissen und ein Kreuz errichten. Die Insel, die in der Sprache der Eingeborenen Guanahani hieß, nannte er *El Salvador* (Erlöserinsel). Heute heißt sie Watlings-Insel. Sie gehört zur Gruppe der Bahamas. Auf derselben Reise entdeckte Kolumbus außerdem Kuba und Haiti, das er für Japan hielt. Auf drei weiteren Fahrten versuchte er China und Indien zu finden. Er erkundete die „Westindischen Inseln" und die Festlandküste Südamerikas von Honduras bis zum Orinoko. Bis zu seinem Tode erkannte er nicht, daß er eine neue Welt entdeckt hatte.

Der Name für die „Neue Welt": Amerika

Seinen Namen verdankt der Kontinent, dessen mittlere und südliche Teile Kolumbus nur berührt hatte, einem deutschen Gelehrten und einem italienischen Forschungsreisenden. Einige Jahre später als Kolumbus erkundete *Amerigo Vespucci* aus Florenz zunächst im spanischen, dann in portugiesischem Auftrag auf mehreren Reisen die Küsten Südamerikas. Als der deutsche

Geograph Martin Waldseemüller seine Berichte las, schlug er vor, Südamerika nach Amerigo *„Amerika"* zu nennen. Für die Südhälfte des Kontinents trug er diesen Namen in seine Weltkarte ein (1507). Bei dieser Namensgebung hat Waldseemüller die Leistungen von Vespucci gegenüber denen des Kolumbus sicher überschätzt. Aber die Bezeichnung „Amerika" setzte sich bald für den ganzen Kontinent durch.

Die **Kugelgestalt der Erde** war schon griechischen Gelehrten klar geworden. Der Astronom *Ptolemäus* behauptete, daß die Sonne und die Planeten sich um die Erde drehten. Im Mittelalter gingen diese Kenntnisse wieder verloren. Die Gestalt der Erde stellte man sich als eine *Scheibe* vor, die von allen Seiten vom Ozean umgeben war. Arabische Gelehrte vermittelten Ende des Mittelalters die astronomischen Erkenntnisse der Antike an europäische Astronomen und Geographen weiter. Darunter auch den Irrtum, daß im Westen zwischen Europa und Asien nur ein schmales Meer läge.

2 Die Weltkarte des Paolo Toscanelli

Paolo Toscanelli, ein gelehrter Arzt aus Florenz, entwarf eine Weltkarte und schrieb Kolumbus in einem Brief (1480):

„Ich lobe Eure Absicht, nach Westen zu fahren, und ich bin überzeugt, wie Ihr auf meiner Karte bereits gesehen habt, daß der Weg, den Ihr nehmen wollt, nicht so schwierig ist, wie man denkt. Im Gegenteil, der Weg nach jenen Gegenden, die ich eingezeichnet habe, ist ganz sicher. Ihr würdet keine Bedenken haben, wenn Ihr, wie ich, mit vielen Personen verkehrt hättet, die in jenen Ländern (China, Indien) gewesen sind. Und seid gewiß, mächtige Könige anzutreffen, viele volkreiche, wohlhabende Städte und Provinzen zu finden, die an jeder Art von Edelsteinen Überfluß haben. Und es wird die Könige und Fürsten, die in jenen entfernten Ländern herrschen, hoch erfreuen, wenn man ihnen einen Weg bahnt, um mit den Christen in Verbindung zu treten und sich von ihnen in der katholischen Religion und in allen Wissenschaften, die wir besitzen, unterrichten zu lassen. Deshalb und aus vielen anderen Gründen wundere ich mich nicht, daß Ihr so viel Mut zeigt, wie auch die ganze portugiesische Nation, in welcher es immer Männer gegeben hat, die sich in allen Unternehmungen auszeichnen."

(Geschichte in Quellen, Bd. 3: Renaissance, Glaubenskämpfe, Absolutismus, bearb. von F. Dickmann, München 1966, S. 40)

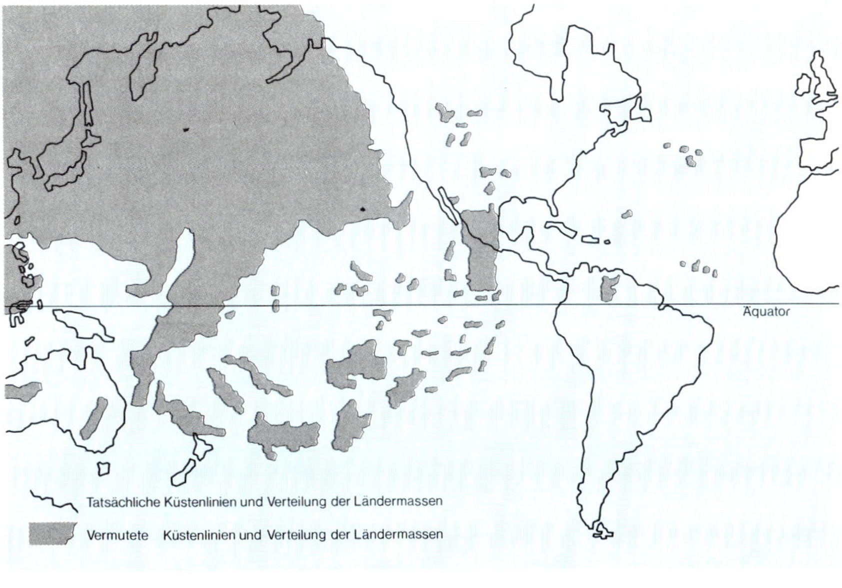

3 Toscanellis Weltkarte (um 1470, Rekonstruktion) und die wirkliche Verteilung von Ländern und Kontinenten

4 Christoph Kolumbus. Bronzemedaille von Guido Mazzoni mit dem einzigen getreuen Bild, das wir von Kolumbus besitzen. Obwohl eigenhändige Aufzeichnungen von Kolumbus erhalten sind, ist bis heute nicht völlig sicher, ob er Genuese, Portugiese oder Spanier war.

5 Erste Eindrücke des Kolumbus nach der Landung

Die Eindrücke, die er gewann, waren überall ähnlich. In seinem Bordtagebuch berichtete er über Guanahani:

„... Damit sie (die Eingeborenen der Insel Guanahani) zu uns gute Freundschaft faßten und weil ich erkannte, daß es Leute waren, die uns vertrauen und sich zu unserem heiligen Glauben mehr aus Liebe als durch Gewalt bekehren würden, gab ich einigen von ihnen rote Matrosenmützen und Glasperlen, die sie sich um den Hals hängten, und andere viele Dinge von geringem Wert, worüber sie sehr erfreut waren. Sie blieben uns so sehr zugetan, daß sie schwimmend zu den ausgesetzten Booten der Schiffe kamen und uns Papageien und Knäuel von Baumwollfäden brachten, sowie Wurfspieße und viele andere Sachen, und wir tauschten sie gegen Glasperlen, Glöckchen und anderes aus ... Mir schien, daß es in allem sehr arme Menschen waren. Sie gehen alle nackt, wie ihre Mutter sie gebar, auch die Frauen, obgleich ich nur eine sehr junge sah. Alle anderen waren junge Burschen, doch keiner, der über 30 Jahre alt sein mochte. Sie waren gut gewachsen, von schönem Körperbau und angenehmen Gesichtszügen. Ihre Hautfarbe ist wie die der Bewohner der Kanarischen Inseln weder schwarz noch weiß ... Sie tragen keine Waffen und kennen sie auch nicht, denn ich zeigte ihnen Schwerter, und sie faßten sie an der Schneide und schnitten sich aus Unwissenheit in die Hand. Sie haben kein Eisen; ihre Wurfspieße sind Stäbe ohne Eisen, von denen einige an der Spitze einen Fischzahn haben, andere etwas anderes ... Sie müssen gewiß gute dienstbare Leute sein, und sie zeigen einen guten Verstand, denn ich sehe, wie sie rasch alles wiederholen, was man ihnen sagte. Ich glaube, daß sie sich leicht zum Christentum bekehren lassen ... Wenn es dem Allmächtigen gefällt, werde ich von hier auf meiner Rückreise Eurer könglichen Hoheit sechs Leute mitbringen, damit sie (das Spanische) zu sprechen lernen ..."

(Eintrag vom 12. 10. 1492, in: R. Konetzke, Lateinamerika seit 1492, Stuttgart 1971, S. 13)

Arbeitsvorschläge und Fragen

a) Welche geographischen Annahmen Toscanellis und Kolumbus' waren richtig, welche falsch? (M 2 u. M 3) – Welche Kenntnisse verbesserten sich? (M 1)

b) Welche Schlüsse kannst Du aus der Bewaffnung und den Geschenken der Indianer auf ihre Lebensweise ziehen? (M 5)

c) Mit welcher Absicht trat Kolumbus den Indianern gegenüber? (M 5)

d) Aus welchen Ländern stammten die Entdecker und wer waren ihre Auftraggeber?

e) In welchen Punkten veränderte sich das Weltbild der Europäer durch die Entdeckungsreisen?

2. Wem gehört die „Neue Welt"?

Solange nur einige Inseln und Küstenstreifen in Amerika und Afrika bekannt waren, schien die Frage leicht zu beantworten: den Entdeckern und ihren königlichen Auftraggebern. Hatten sie, die so viel gewagt hatten, nicht das Recht, die Beute zu nehmen, die sie bekommen konnten? Aber wie weit durften sie in der Eroberung der kaum bekannten Welt überhaupt gehen? War es nicht für alle das Beste, darüber den Papst als Oberherren der Christenheit entscheiden zu lassen?

1493	Der Papst bestätigt Spanien das alleinige Entdeckungsrecht in der „Neuen Welt".
1494	Spanien und Portugal vereinbaren im Vertrag von Tordesillas eine Grenze zwischen ihren Entdeckungsräumen. Dadurch erhält auch Portugal einen Anteil an der „Neuen Welt": Brasilien.
1519–1521	Die Spanier unter Fernando Cortés erobern das Aztekenreich in Mexiko.
1532–1533	Francisco Pizzaro erobert das Inkareich in Peru.
	Infolge der spanischen Landnahme werden die indianischen Hochkulturen vernichtet. Durch Krieg, Totschlag, Versklavung und eingeschleppte Krankheiten finden Millionen von Indianern den Tod.

Entdeckerrecht = Faustrecht

Kolumbus fand auf seinen Reisen weder die mächtigen Könige noch die volkreichen und wohlhabenden Städte und Provinzen, von denen Toscanelli sprach. Seine übertreibenden Berichte wirkten jedoch auf viele Menschen in Spanien wie ein Rausch. Seefahrer, vermögenslose Adlige und Glücksritter boten der spanischen Krone ihre Dienste an, um in kurzer Zeit zu Gold und Reichtum zu kommen. Wie Kolumbus nahmen sie Inseln und Gebiete auf dem Festland für Spanien in Besitz.

Der Auftrag des Papstes

Die *Portugiesen* hatten sich das *Entdeckungsrecht* südlich von Kap Bojador vom *Papst* bestätigen lassen. 1493, gleich nach Kolumbus' Rückkehr, ließ *Spanien* sich das Entdeckungsrecht in der „Neuen Welt" in gleicher Weise von Papst Alexander VI. erteilen (vgl. M 4, S. 136).

In einer Bulle schenkte der Papst als Nachfolger Petri und Stellvertreter Jesu Christi den Königen von Spanien „alle entdeckten und zu entdeckenden Inseln und Festländer" jenseits einer Linie 100 spanische Meilen westlich der Kapverdischen Inseln. Zugleich gab er ihnen den Auftrag, die Eingeborenen zum *katholischen Glauben* zu bekehren. Portugal protestierte und erreichte im Vertrag von Tordesillas (einer Stadt in Spanien), daß die Linie um 270 Meilen nach Westen verlegt wurde. Durch diese Linie hatte der *Papst* die *Welt geteilt*: in einen rechtlich geordneten Bereich und einen herrenlosen Teil, in dem erst eine Rechtsordnung geschaffen werden sollte.

Das Aztekenreich in Mexiko

Die Entdecker und Eroberer, die an der mittelamerikanischen Festlandsküste gelandet waren, hörten von einer großen Stadt, die im Binnenland in einem See lag und von einem mächtigen König beherrscht wurde. Er besaß angeblich Schätze, die alle Vorstellungen übertrafen. Die Stadt hieß *Tenochtitlan* (heute: *Mexico-City*), der *König Montezuma* (indianisch: Mohtecuzomatzin). Er war der „große Sprecher", der Priesterkönig der Azteken, die sich selbst „Mexica" nannten.

Die *Azteken* waren ursprünglich eine kleine Gruppe kriegerischer Nomaden, die von Norden her in die Hochfläche von Mexiko eingewandert waren. Auf einer kleinen unfruchtbaren Insel im großen Salzsee gründeten sie im 14. Jahrhundert Tenochtitlan. Das Kriegführen sahen die Azteken als wichtigste Auf-

1 Cortez und Montezuma, der Kaiser der Azteken, treffen 1519 erstmals zusammen. (Mexikanischer Teppich, 1560)

2 Der Inka Atahuallpa. Als Pizarro 1532 in Peru eindrang, hatte sich der Inka nach einem Bürgerkrieg als Alleinherrscher im Inkareich durchgesetzt

gabe an. Nach und nach unterwarfen sie die umliegenden Stadtstaaaten, die älter als Tenochtitlan waren. Als Montezuma König wurde, umfaßte das Aztekenreich 38 tributpflichtige Städte vom Atlantik bis zum Pazifik.

Rückkehr der Götter? Cortés erobert Mexiko

Die Azteken lebten in ständiger Furcht vor Göttern und Dämonen. Sie verehrten einen Kriegsgott, dem sie häufig Menschenopfer, meist Gefangene, brachten. Sie hatten damit den Kult des höchsten Gottes der unterworfenen Bevölkerung verdrängt. Dieser Gott, Quetzalcoatl, wurde als Morgenstern und „Hauch des Lebens" verehrt. In den Göttersagen wurde berichtet, Quetzalcoatl sei vor langer Zeit nach Osten übers Meer ausgewandert. Eines Tages werde er zurückkehren, um seinen Thron wieder zu besteigen. Weiße Boten würden seine Rückkunft ankündigen.

Im Jahre 1519 meldeten Späher Montezumas, weiße Männer seien an der Küste gelandet. Mit Windeseile verbreitete sich in den Städten und Dörfern die Kunde: Die Götter kehren zurück.

Befehligt wurde die spanische Soldateska von *Fernando Cortés*, einem Spanier aus niederem Adel. Cortés hatte den Auftrag erhalten, das sagenhafte Reich im Landesinnern zu erobern. Mit 10 Schiffen, etwa 100 Seeleuten, ca. 500 Soldaten, 16 Pferden und 11 Kanonen war er von Kuba aufgebrochen.

Cortés gelang es, Montezuma gefangen zu setzen und Verbündete unter den von den Azteken unterworfenen Stämmen zu gewinnen. 1521 fiel die Stadt Tenochtitlan nach erbittertem Widerstand und wurde vollständig zerstört.

Auf der Suche nach Eldorado Pizarro erobert das Inkareich

Nachrichten von einer Provinz „Piru" (Peru) und Gerüchte über ein sagenhaftes Goldland (Eldorado) im Süden veranlaßten *Francisco Pizarro*, der als einfacher Soldat aus Spanien nach Amerika gekommen war, zu Erkundungsfahrten nach Kolumbien und Ecuador. Ecuador gehörte zum Reich der *Inka*, das sich über Peru und Bolivien Tausende von Kilometern bis weit nach Chile hinein erstreckte.

3 Kampfszene zwischen Spaniern und Azteken in der Hauptstadt, dargestellt von einem mexikanischen Künstler im 16. Jahrhundert

„Inka" war der Name der weitverzweigten Herrscherfamilie und des Herrschers selbst, der von *Cuzco* aus den Vielvölkerstaat straff regierte. Ein gut ausgebautes Straßennetz und ein System von Botenstafetten sorgten dafür, daß Nachrichten aus den Provinzen den Inka schnell erreichten und daß seine Befehle in kürzester Zeit an seine Beamten gelangten.

Der Inka wird in einen Hinterhalt gelockt und später hingerichtet

Als Pizarro 1532 mit knapp 200 Soldaten nach Peru vorstieß, gelang es ihm nicht, indianische Verbündete zu gewinnen. Durch Boten ließ er ein Treffen mit dem regierenden Inka Atahuallpa verabreden. Am Treffpunkt legte er sich mit seinen Truppen in einen Hinterhalt. Als der Inka in seiner Sänfte herangetragen wurde, war nur der Dominikanermönch Vicente de Valverde sichtbar.

Er forderte den Inka auf, den christlichen Glauben anzunehmen und den spanischen König als Lehensherren anzuerkennen. Atahuallpa lehnte dieses Ansinnen schroff ab. Sogleich brachen auf ein Zeichen hin Spanier aus dem Hinterhalt hervor, setzten den Inka gefangen und erschlugen ohne eigene Verluste mehrere tausend Indianer aus seinem Gefolge.

Als Lösegeld für seine Freilassung ließ der Inka ein ganzes Zimmer übermannshoch mit Goldgeräten füllen. Doch Pizarro ließ ihn hinrichten, statt ihn freizugeben.

Die Erobcrung des Inkareiches zog sich noch über Jahrzehnte hin. Erst 1572 wurde der letzte indianische Widerstand gebrochen.

Proklamation: Verkündigung. Feierliche Erklärung über die Berechtigung der kolonialen Eroberung.
Bulle: Bleisiegel an päpstlichen Urkunden. Im übertragenen Sinn Bezeichnung für die ganze Urkunde.

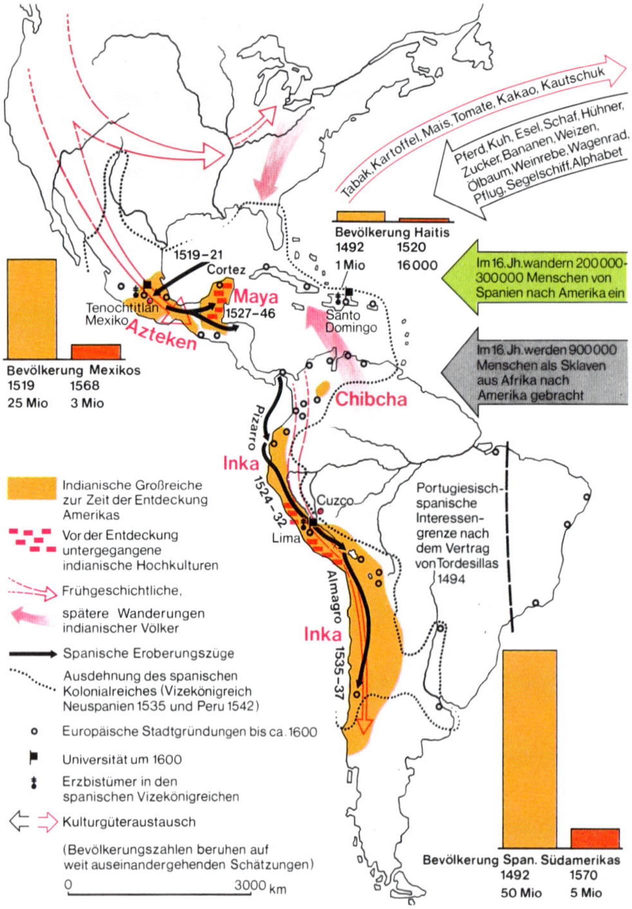

4 Die Spanier und die altamerikanischen Reiche (1429–etwa 1600)

6 Tempelpyramide von Tenochtitlan mit den Tempeln des Regen- und des Kriegsgottes. Im Vordergrund: trommelschlagender Priester, aztekischer Krieger, spanischer Soldat

5 Die Landnahme: Vorrechte der Eroberer

Seit 1513 ließen die Spanier vor jeder Landnahme in Amerika eine Proklamation verlesen. Ein Notar hatte darüber ein Zeugnis auszustellen. Ein Dolmetscher teilte den Indianern zunächst mit: Gott habe die Welt und alle Menschen erschaffen und Petrus zum Oberhaupt über alle Menschen – gleich welcher Religion – gemacht. Der Papst sei Petri Nachfolger und habe dieses Land den spanischen Königen geschenkt. Dann hieß es:

„Deswegen bitten ... wir euch ..., daß ihr auf unsere Rede hört und eine angemessene Weile darüber beratet; daß ihr die Kirche als Oberherrn der ganzen Welt und den Papst sowie in seinem Namen den König und die Königin ..., unsere Herren, als Oberherren und Könige dieser Inseln und dieses Festlandes kraft der erwähnten Schenkung anerkennt und daß ihr euch einverstanden erklärt und zulaßt, daß die hier anwesenden Ordensbrüder euch das Gesagte erklären und verkünden.

Handelt ihr danach, dann tut ihr recht und erfüllt eure Pflicht gegen Ihre Hoheiten; dann werden wir in ihrem Namen euch mit Liebe und Güte behandeln, euch eure Frauen und Kinder und eure Äcker frei und ohne Dienstbarkeit belassen ... Wir werden euch in diesem Falle nicht zwingen, Christen zu werden ...

Wenn ihr das aber nicht tut und böswillig (der Verkündigung des Glaubens) Schwierigkeiten in den Weg legt, dann werden wir, das versichern wir euch, mit Gottes Hilfe gewaltsam gegen euch vorgehen, euch unter das Joch und unter den Gehorsam der Kirche und Ihrer Hoheiten beugen, euch selbst, eure Frauen und Kinder zu Sklaven machen."

(Geschichte in Quellen, a. a. O., Bd. 3, S. 78)

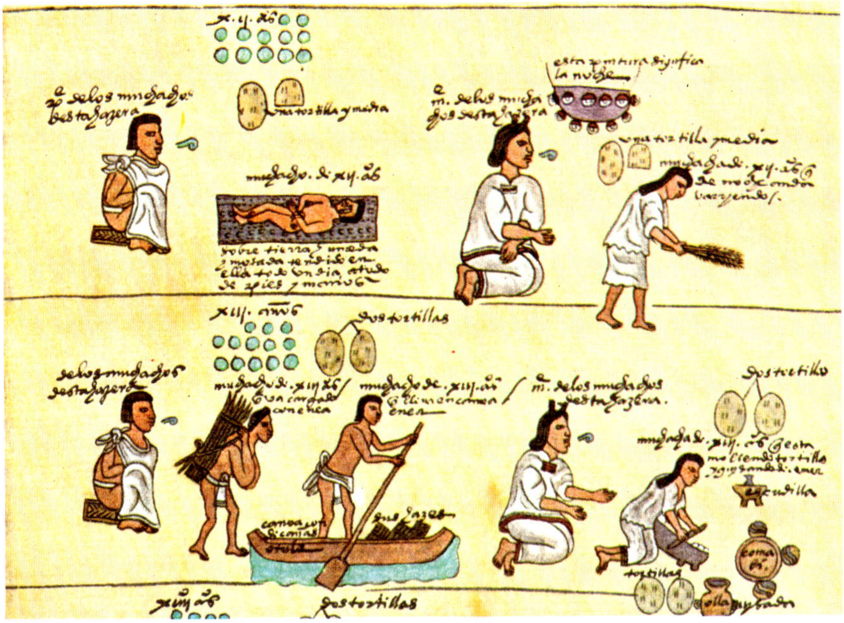

7 Aztekische Kindererziehung (mexikanische Bilderhandschrift, um 1540). Dargestellt sind jeweils Vater und Mutter, die ihre 12 bzw. 13 Jahre alten Kinder strafen bzw. zur Arbeit anleiten. Die Bedeutung der Zeichen ist auf spanisch angemerkt.

8 Tenochtitlan erregte das Staunen der Europäer

„Die große Stadt Tenochtitlan … hat vier Zugänge auf aufgeschütteten Dämmen, die so breit sind wie die Länge zweier Reiterlanzen … Ihre Hauptstraßen sind sehr breit und gerade. Zur einen Hälfte feste Wege und zur anderen Hälfte Kanäle, wo man mit Kähnen fährt … Diese Stadt hat viele Plätze, wo ständig Markt stattfindet. Ein Platz … ist ganz mit Säulengängen umgeben, wo täglich über 60000 Personen kaufen und verkaufen, und wo es aller Arten von Waren gibt: Lebensmittel, Kleinodien aus Gold und Silber, Blech, Messing, Knochen, Hummerschalen und Federn … Auf diesem Platz steht ein sehr schönes Haus, wie ein Rathaus, wo stets zehn bis zwölf Personen sitzen, die Richter sind und alle auf diesem Markt vorkommenden Fälle und Sachen entscheiden … Es gibt in dieser großen Stadt viele sehr gute und sehr große Häuser, weil alle großen Herren des Landes, Vasallen des Montezuma, ihre Häuser in der Stadt haben und dort eine gewisse Zeit des Jahres residieren; aber auch sonst gibt es in ihr viele reiche Bürger, die gleichfalls sehr schöne Häuser besitzen. Sie haben außer sehr schönen großen Gemächern auch sehr hübsche Blumengärten verschiedener Art, sowohl in den oberen als auch in den unteren Gemächern … Wer Montezumas Palast betritt, muß dies mit bloßen Füßen tun. Wer zu ihm gerufen wird, nähert sich ihm, Haupt und Augen gesenkt und in demütiger Haltung. Auch wenn jemand mit ihm spricht, darf er ihm nicht ins Angesicht sehen …"

(Bericht des Fernando Cortés an Kaiser Karl V., 1520, in: Konetzke, a. a. O., S. 15f.)

9 Angst und Schrecken vor den „weißen Göttern"

Die von Montezuma geschickten Gesandten sprachen zu Cortés:

„‚Möge der Gott geruhen, uns anzuhören. Dein Stellvertreter Montezuma hat uns geschickt. Er hat Deine Stadt in seiner Obhut' … Dann schmückten sie ihn mit Kostbarkeiten, die sie als Geschenke bei sich führten."

Nach ihrer Rückkehr berichteten die Gesandten dem König:

„Ihre Kriegstracht und ihre Waffen sind ganz aus Eisen. Sie kleiden sich ganz in Eisen, mit Eisen bedecken sie ihren Kopf, aus Eisen sind ihre Schwerter, ihre Bogen, ihre Lanzen. Sie werden von Hirschen auf dem Rücken getragen. Herr, auf diesen Hirschen sind sie so hoch wie Dächer. Ihre Körper sind ganz verborgen, nur ihre Gesichter sind nicht bedeckt. Ihre Haut ist weiß, wie aus Kalk gemacht … Ihre Speise ist menschlich wie die von Fürsten … Ihre Hunde sind große Ungeheuer mit flachen Ohren und langen hängenden Zungen."

Montezuma und sein Volk erschraken über diese Nachrichten:

„Montezuma war angsterfüllt und verwirrt. Sein Volk war verwirrt wie er, beriet, besprach die Berichte. Man kam auf den Straßen zusammen, bildete Gruppen.

Gerüchte verbreiteten Schrecken, man weinte und klagte ... Und die Kinder wurden getröstet, man streichelte ihre kleinen Köpfe."

Als Cortés mit seinen Truppen in Tenochtitlan einzog, begrüßte Montezuma ihn mit den Worten:

„Nimm Besitz von Deinen königlichen Schlössern. Willkommen in Eurem Land, meine Götter."

Die Spanier drängten den Herrscher, ihnen sein Schatzhaus zu zeigen:

„Alles Gold rafften die Spanier zu einem Haufen. An die anderen Kostbarkeiten legten sie Feuer, und alles verbrannte. Das Gold schmolzen sie ein zu Barren, und von den wertvollen grünen Edelsteinen nahmen sie nur die besten ... Das ganze Schatzhaus durchwühlten die Spanier, sie drängten und fragten und griffen nach allem, was ihnen gefiel." (Aus dem Codex Florentino, 16. Jh., in: Rückkehr der Götter, München 1965, S. 29, 32f., 35, 46)

10 Aufforderung zur Taufe und Unterwerfung

Fray Celso Gargia schildert die Begegnung zwischen dem Dominikaner Vincente de Valverde und dem Inka Atahuallpa:

„(Vicente de Valverde) hielt in der einen Hand die Bibel und in der anderen ein Kruzifix. Gemessenen Schrittes ging er auf den Inka zu und blieb knapp vor ihm stehen ... Vorerst sprach Valverde von der Dreieinigkeit, dann von der Erschaffung des Menschen, dem ersten Sündenfall, der Erlösung durch unseren Herrn Jesus Christus und der Himmelfahrt Christi. Hierauf sagte er: ‚Der Heiland ließ auf der Erde den Apostel Petrus als seinen Stellvertreter zurück, dieser gab sein Amt an den Papst weiter, dieser wieder an die ihm folgenden Päpste. Der Papst, der jetzt über alle Herrscher der Welt Gewalt hat, hat dem spanischen Kaiser, dem mächtigsten aller Fürsten, den Auftrag erteilt, die Eingeborenen auf der westlichen Halbkugel zu unterwerfen und zu bekehren. Francisco Pizarro ist jetzt gekommen, die ihm gestellte Aufgabe zu erfüllen. Ich aber fordere Euch, Atahuallpa, jetzt auf, dem Irrglauben, in den ihr verstrickt seid, abzuschwören und den wahren Glauben anzunehmen. Überdies sollt Ihr anerkennen, daß Ihr dem spanischen König ab heute zinspflichtig seid.'

Atahuallpa stand wie erstarrt da, nachdem der Dominikaner seine Rede beendet hatte. Dann sagte er mit einer Stimme, aus der Haß klang: ‚Ich werde keinem zinspflichtig sein. Ich bin der größte Fürst der Erde, niemand kommt mir gleich. Wie kann der Mann, der Papst heißt, Länder verschenken, die nicht sein Eigentum sind? Meinen Glauben werde ich nicht ablegen. Euer Gott ist von den Menschen getötet worden, die er erschaffen hat. Mein Gott' – bei diesen Worten zeigte er auf die Sonne – ‚lebt im Himmel und blickt auf seine Kinder herab.'"

(Tagebuch des Fray Celso Gargia, in: Die Eroberung von Peru, Stuttgart 1984, S. 49ff.)

Arbeitsvorschläge und Fragen

a) Wie wurde in der Proklamation das Recht der Spanier begründet? (M 5)

b) Woran zeigt sich die Rechtlosigkeit der Indianer?

c) Versuche Dir ein Bild von der Stadt Tenochtitlan zu machen. (M 6 und M 8) – Vergleiche sie auch mit einer bekannten italienischen Stadt.

d) Auf dem Markt wurden viele Waren angeboten. Welche Berufe mußten deshalb in der Stadt und ihrer Umgebung vertreten sein?

e) Wofür hielten die Azteken Cortés und was erschien ihnen an den Ankömmlingen seltsam und neu? (M 3 und M 9)

f) Wie schätzte Atahuallpa seine Stellung und seinen Glauben ein? (M 2 u. M 10)

g) Welche Handhabe bot die Indianerproklamation bei dieser Antwort? (M 5 und M 10)

h) Suche die Zeichen für das Alter und die Essensrationen (Tortillas = Fladenbrot aus Mais) je Mahlzeit. (M 7) – Deute die Strafen und Arbeiten.

i) Hochkulturen entstehen unter bestimmten geographischen Voraussetzungen. Beschreibe die Räume, in denen es Hochkulturen gab. (M 4)

3. Die Spanier errichten ihre Herrschaft in der „Neuen Welt“

Die spanischen Konquistadoren hatten die feste Absicht, trotz der weiten Entfernung vom Mutterland in den entdeckten Ländern ihre Herrschaft auszubauen. Nahmen sie nicht das Recht aller Eroberer in Anspruch, über Leben und Geschick der Eingeborenen zu entscheiden? Ihre königlichen Auftraggeber begriffen nur langsam, welche Aufgaben und Pflichten auf sie zukamen. Aber wie konnte der Wille der Regierung über die Ozeane hinweg wirksam werden und die Willkür der Eroberer zügeln?

1524	Der „Indienrat“ wird als oberstes Regierungsorgan für die spanischen Siedlungskolonien eingerichtet.
1535	Das Vizekönigreich Neuspanien – Mittelamerika – wird errichtet.
1542	Peru wird Vizekönigreich
1542	Die „Neuen Gesetze“ (Reformgesetze) zur Einschränkung der Indianer-Versklavung werden erlassen.

„Gott ist im Himmel, der König ist weit, hier befehle ich.“

So sagten und dachten nicht wenige Spanier fern vom Mutterland in der „Neuen Welt“. Sie fühlten sich als die überlegenen Herren und betrachteten die Indianer als Werkzeuge, mit denen sie nach Gutdünken verfahren konnten. Sie kümmerten sich wenig um die heftigen Diskussionen, die Theologen und Juristen in Spanien und bald auch in Amerika um die Frage führten, ob die Indianer als freie, vernunftbegabte Menschen oder als seelenlose sprechende Tiere anzusehen seien.

Die politischen und wirtschaftlichen Ziele der Krone

Doch nach der Rechtsauffassung der spanischen Herrscher sollten die eroberten Inseln und Länder kein unterworfenes Ausland sein, sondern als „las Indias“ ein neues Kronland bilden. Seine Bewohner sollten freie Untertanen der spanischen Krone werden. Denn am spanischen Hof hatte sich die Ansicht durchgesetzt, daß die Indianer zwar wild und barbarisch, aber *keineswegs rechtlos* seien; nicht Unterdrückung, sondern *Mission* und *Erziehung* zum *christlichen Leben* seien der Sinn ihrer Unterwerfung. Heiden konnten sich die „katholischen Könige“ Spaniens als freie Untertanen nicht vorstellen.

Hauptziel der Herrschaft Spaniens in Amerika war und blieb es, die Staatseinnahmen durch *Gold-* und *Silbereinfuhren* zu steigern und so der Wirtschaft des Mutterlandes zu nützen. Deshalb wurden alle wesentlichen Fragen wie Einwanderung, Landverteilung unter die Kolonisten, Gründung von Städten, Ausbeutung von Bodenschätzen, Handel zwischen Kolonien und Mutterland in Spanien vom sogenannten „Indienrat“ entschieden.

Ziele der Indianermission: regelmäßige Arbeit, Erziehung zum Glauben

Nicht nur Priester, sondern auch Laien sollten für die Christianisierung sorgen. Als wichtigstes Ziel galt dabei die Erziehung zu regelmäßiger Arbeit. Denn die Spanier deuteten die Lebensweise der vielfach nicht seßhaften, sammelnden, jagenden oder ackerbauenden Indianer nach ihren Maßstäben als Faulheit. Spanischen Kolonisten wurde deshalb eine gewisse Zahl von Indianern als Arbeitskräfte zugeteilt. Die Spanier hatten für diese Indianer Kirchen zu errichten, sie im Glauben zu unterrichten und sie zu Gebet und Messe in die Kirche zu führen. Dieses System hieß *Encomienda.*

Las Casas als Fürsprecher der Indianer

Las Casas, der „Vater der Indianer“, wie er später genannt wurde, machte sich zum Anwalt für eine menschliche Behandlung der Indianer. Die Predigt eines Dominikanermönchs, die dieser an die spanischen Siedler und Eroberer richtete, hatte ihn aufgerüttelt: „Warum tötet ihr die Indianer? Nur um Tag für Tag

Gold zu graben und zu gewinnen?... Sind dies nicht auch Menschen? Haben sie keine vernünftige Seele? Seid ihr nicht verpflichtet, sie zu lieben wie euch selbst? Hört und fühlt ihr das nicht?" Die Siedler waren empört. Sie hielten die Verknechtung der Indianer für gottgegebenes Recht und Zwangs- und Sklavenarbeit für wirtschaftlich notwendig. Las Casas fuhr nach Spanien, um beim „Indianerrat" und am Hofe immer wieder auf Abhilfe zu dringen.

Neue Gesetze gegen die Indianersklaverei

Er erwirkte endlich neue Verordnungen und Gesetze. Das Encomienda-System wurde gemildert, aber nicht beseitigt; abgeschafft wurde es erst 1720.
Erfolgreicher war er bei der schlimmsten Form der Verknechtung, der *Indianersklaverei.*

Bessere Geschäfte mit schwarzer statt brauner Haut Indianersklaverei nein, Negersklaverei ja?

Die Bemühungen von Las Casas und anderen Gleichgesinnten zielten wie die Gesetze Karls V. keineswegs auf ein Verbot der Sklaverei überhaupt. Zahlreiche vermögende Spanier besaßen seit dem 15. Jahrhundert *Negersklaven,* die sie auf portugiesischen Sklavenmärkten gekauft hatten. Nicht wenige Spanier hatten schon bald nach der Entdeckung Amerikas ihre Haussklaven mit in die Neue Welt genommen.
Der Rückgang der indianischen Bevölkerung und der Kampf gegen die Indianersklaverei ließ die spanischen Kolonisten immer drängender nach Negersklaven für die Arbeit in den Bergwerken und der Landwirtschaft verlangen. Durch die stetig wachsende Nachfrage wurden in Afrika von den portugiesischen Sklavenhändlern jährlich Tausende von Negern zusammengetrieben und mit hohem Gewinn nach Amerika verkauft.

Das Ende der spanischen Kolonialherrschaft

In einer weit verzweigten *Befreiungsbewegung,* die von Mexiko bis Chile reichte, erkämpften sich die spanischen Kolonien zwischen 1810 und 1825 ihre *Unabhängigkeit.* Ihre Anführer verkündeten zwar gleiche Rechte für die Indianer und Aufhebung der Sklaverei; aber trotz ihrer Teilnahme an den Kämpfen verbesserte sich die Lage der Eingeborenen nicht.
Die größte Anerkennung als Feldherr und Staatsmann fand der aus Venezuela stammende *Simon Bolivar.* Nach ihm erhielt der neue Staat Bolivien seinen Namen. An die Stelle der Kolonialverwaltung sollten freiheitliche selbständige Staaten treten. In den 27 Einzelstaaten Mittel- und Südamerikas setzte sich jedoch durchweg nicht die demokratische Regierungsform mit ihrem Wechsel von Regierung und Opposition sowie der Anerkennung von Menschenrechten durch. Ein kleiner Kreis von Großgrundbesitzern und Bürgern, gestützt von Militär und Kirche, entschied über Politik und Wirtschaft. Revolutionen, Bürgerkriege, Staatsstreiche und Verfassungswechsel (Venezuela hat z.B. seit seiner Unabhängigkeit 23 Verfassungen gehabt) kennzeichneten die Geschichte der meisten lateinamerikanischen Staaten bis in die jüngste Vergangenheit.

Kolonialismus: Im Zeitalter der Entdeckungen begannen europäische Staaten überseeische Erdteile zu erobern und zu beherrschen. So entstanden Wirtschafts-, Siedlungs- und Militärkolonien. Man kann drei Phasen der kolonialen Ausdehnung unterscheiden: 1. den Kolonialismus des 16.–18. Jahrhunderts, durch den vor allem Amerika unterworfen wurde, 2. den Kolonialismus des 18. und 19. Jahrhunderts, dessen Zielgebiete hauptsächlich in Asien lagen, 3. den Kolonialismus des ausgehenden 19. Jahrhunderts, der sich auf Afrika und Gebiete im pazifischen Raum erstreckte.
Encomienda-System: Zuteilung von Indianerfamilien an spanische Siedler zum Zwecke geregelter Arbeit und Missionierung. In Wirklichkeit wurde die Encomienda (= Empfehlung) ausgenützt zur Zwangsarbeit und Versklavung.

1 Die unmenschliche Behandlung der Indianer

1a Wie die spanischen Herren (Encomenderos) ihre Aufgabe in Wirklichkeit verstanden, berichtete Bartolomé de las Casas. Er war 1512 von Haiti mit den Eroberern nach Kuba gekommen und hatte selbst Indianer zur Arbeit zugeteilt erhalten. Später wurde er Dominikanermönch und Bischof von Chiapa in Mexiko.

„(Der Gouverneur auf Espanola [Haiti]) ... übergab ... jedem Spanier, der den Wunsch dazu äußerte, dem einen 50, dem anderen 100 Indianer ... darunter Kinder und Greise, schwangere Frauen und Wöchnerinnen, Hohe und Niedere ...

(Er ließ es), obwohl zu Unrecht, geschehen, daß die Spanier die verheirateten Männer 10, 20, 30, 40 oder 80 Leguas (1 Legua = ca. 6 km) zum Goldgraben fortschleppten und daß die Frauen in den Häusern und Farmen zurückblieben, um dort Feldarbeit zu verrichten. Dabei hatten sie aber zum Umgraben keine Hacken oder gar ochsenbespannte Pflüge, sondern sie mußten (wie ihre Vorfahren) die Erde ... mit Pfählen, die im Feuer gehärtet waren, aufbrechen ...

So kam es, daß die Männer und ihre Frauen kaum mehr zusammenkamen, ... und wenn ..., dann waren sie durch Hunger und Strapazen so erschöpft und ausgemergelt, so elend und entkräftet, ... daß es kaum noch zu einer ehelichen Gemeinschaft kam und die Geburten fast aufhörten ... So starben die Männer in den Goldminen, die Frauen auf den Farmen vor Erschöpfung und die neugeborenen Kinder, weil sie keine Muttermilch bekamen. Die Geburten hörten auf, und das allgemeine Sterben hatte notwendigerweise zur Folge, daß sich diese große, reichgesegnete Insel rasch entvölkerte ... (Spanische Aufseher behandelten die Indianer) derart unmenschlich, daß man sie nur für Teufelsknechte halten konnte ... Sie gaben ihnen Stock- und Rutenhiebe, Ohrfeigen, Peitschenschläge, Fußtritte und nannten sie nie anders als Hunde ... So griff die allmähliche Vernichtung dieser unglücklichen Menschen um sich und wurde in Spanien verschwiegen."

(Las Casas, Historia de las Indias, Bd. 2, Kap. 12–14, in: Geschichte in Quellen, Bd. 3, S. 69ff.)

1b „Ich sage die Wahrheit und beschwöre es als wahr, daß es in jenen Zeiten und viele Jahre später nicht mehr Sorge.. gab, sie (die Indianer) zu unterweisen, zu unserem Glauben zu gewinnen und zu Christen zu machen, als wenn sie Pferde oder andere Haustiere wären."

(Las Casas, Historia de las Indias, Bd. 2, S. 244, in: R. Konetzke, Süd- und Mittelamerika I, Frankfurt 1965, S. 246)

2 Bilderhandschrift aus Mexiko. Begleitet von bekehrten Azteken überreicht ein Franziskaner dem ersten Vizekönig von Neu-Spanien, Antonio de Mendoza, eine Schrift, die er über die Gebräuche in Mexiko verfaßt hat. Die Handschrift, die heute in Madrid ist, enthält auch dieses Bild.

3 Ende der Versklavung von Indianern

Ein Erfolg der Beschwerden und Berichte von Las Casas war ein Erlaß Karls V. aus dem Jahr 1530, der zwölf Jahre später zum Gesetz wurde.

„Am Anfang ... wurde ... erlaubt, daß Indianer, die nicht den Missionaren die Predigt unseres heiligen katholischen Glaubens gestatten wollten, sondern sogar mit bewaffneter Hand den Missionaren Widerstand leisteten, bekriegt und die Gefangenen zu Sklaven derer gemacht werden, die sie fingen und gegen sie Krieg führten ... Ebenso haben wir die Erlaubnis gegeben, daß die spanischen Christen ... durch Tauschhandel aus dem Besitz der Eingeborenen die Sklaven erwerben können, die sie in den Kriegen untereinander nach ihren Gesetzen und Gebräuchen

gemacht haben ... Indessen haben wir aber den vielen und unerträglichen Schaden erfahren, der den Eingeborenen sehr zuwider dem Gebote Gottes und unserem Willen zugefügt worden ist ... Unter Vorgabe, feindselige Indianer zu fangen und zu versklaven, hat man friedliche Indianer mit Krieg überzogen, die unsere Untertanen nicht angegriffen haben, noch irgend etwas taten, wonach sie es verdient hätten, Sklaven zu werden, noch die Freiheit zu verlieren ...
(Wir befehlen), daß weder jetzt noch in Zukunft ... keiner unserer Gouverneure, Hauptleute, Aufseher noch irgendeine Person ... selbst nicht in einem gerechten Kriege, der von uns oder mit unserer Vollmacht geführt werde, es wagen dürfe, die Indianer der genannten Gegenden gefangen zu nehmen noch zu Sklaven zu machen."
(Erlaß Karls V. vom 2. August 1530, in: R. Konetzke, Lateinamerika seit 1492, Stuttgart 1975, S. 22ff.)

4 Negersklaverei

Eine Diskussion um die Negersklaverei hat es damals nur in Ansätzen gegeben.
„Einige der Spanier auf der Insel Haiti sagten zu Las Casas, sie würden auf die Indianer verzichten, wenn er ihnen die Erlaubnis verschaffe, Negersklaven einzuführen ... Darauf bat er den König um diese Erlaubnis ... Diesen Rat, Negersklaven nach Amerika zu bringen, gab Las Casas, als er noch nicht die Ungerechtigkeit bemerkte, mit der die Portugiesen – sie hatten sich auf den Negerhandel spezialisiert – die Neger in Besitz nahmen und zu Sklaven machten."
(Las Casas, Historia de las Indias, Bd. 1, S. 177 und 275, in: Konetzke, a.a.O., S. 32)

5 Unabhängigkeitserklärung Venezuelas vom 5. Juli 1811

Vertreter der Provinzen erklären:
„Wir, die Vertreter der Vereinigten Provinzen von Venezuela ..., wollen vor Gebrauch der uns vor mehr als drei Jahrhunderten gewaltsam geraubten ... Rechte vor aller Welt die Gründe klarlegen, die ... den freien Gebrauch von unserer Souveränität rechtfertigen ... Wir vergessen großmütig die lange Reihe von Übeltaten, Beeinträchtigungen und Vorenthaltungen, die das unheilvolle Eroberungsrecht ohne Unterschied allen Nachkommen der Entdecker, Eroberer und Besiedler dieser Länder zugefügt hat ... Wir betrachten und erklären als unsere Freunde, Schicksalsgefährten und Teilhaber unserer Glückseligkeit alle diejenigen, die mit uns durch die Bande des Blutes, der Sprache und Religion vereinigt sind und dieselben Übel in der früheren Herrschaftsordnung erlitten haben ..."
(Konetzke, Lateinamerika seit 1492, Stuttgart 1971, S. 51f.)

6 Simón Bolivars Befürchtungen

„Die Bewohner (Amerikas) haben sich jahrhundertelang in einer rein passiven Lage befunden; ihre politische Existenz war gleich null. Wir waren in einem Zustand der Knechtschaft und haben deshalb um so mehr Schwierigkeiten, uns zum Genuß der Freiheit zu erheben ... Ich fürchte, daß die gänzlich demokratischen Regime, anstatt für uns vorteilhaft zu sein, zu unserem Ruin werden."
(Simón Bolivar, Brief aus Jamaika 1815, in: R. Konetzke, Lateinamerika seit 1492, Stuttgart 1971, S. 54)

Arbeitsvorschläge und Fragen

a) Erläutere den eigentlichen Sinn des Encomienda-Systems.
b) Wozu benutzten die Spanier die Zuteilung der Indianer? (M 1)
c) Welche Begründung gab Karl V. für seine Gesetzesänderung? (M 3)
d) Welcher Zusammenhang besteht zwischen dem Anwachsen der Negersklaverei und der Abschaffung der Indianersklaverei?
e) Welcher Widerspruch und welcher Wandel läßt sich in Las Casas' Haltung erkennen? (M 4)
f) Inwiefern ist die Darstellung (M 2) ein Sinnbild für die spanische Kolonialherrschaft?
g) Nenne die Gründe, die in der Unabhängigkeitserklärung Venezuelas vorgebracht werden. (M 5)
h) Welche Gründe führt Bolivar gegen die demokratischen Fähigkeiten seiner Landsleute an? (M 6)

4. England: Von der Piraterie zur Seeherrschaft

Die alten Seefahrerstaaten Spanien und Portugal teilten lange Zeit die Welt unter sich auf. Alle anderen europäischen Staaten sollen von Entdeckungs- und Eroberungsfahrten sowie dem Überseehandel ausgeschlossen werden. Doch der Inselstaat England wollte sich damit nicht abfinden. Er schickte selbst Entdecker an die Küsten fremder Länder und rund um die Welt. Er meldete selbst den Anspruch an, allein die Meere zu besitzen. Die großen Seefahrerstaaten stießen in ihren gegensätzlichen Interessen aufeinander, der Kampf um die Meere der Welt begann. Wie gelang es England, seine großen Rivalen auszuschalten?

1496–1498	Mit den Seereisen John Cabots an die Ostküste Nordamerikas beginnen die englischen Entdeckungsfahrten.
1585/86	Der englische Seefahrer Francis Drake unternimmt im Auftrag der englischen Krone gegen Spanien Kaperfahrten im Bereich der westindischen Inseln.
1651	Das englische Parlament verbietet durch die Navigationsakte die Einfuhr von Waren nach England auf holländischen Schiffen.
1652/54	Im englisch-holländischen Seekrieg muß Holland die Navigationsakte und die englische Vormacht zur See anerkennen.
1655	England erobert von Spanien Jamaika, das zum wichtigsten Anlaufhafen für die englischen Sklavenschiffe wird.

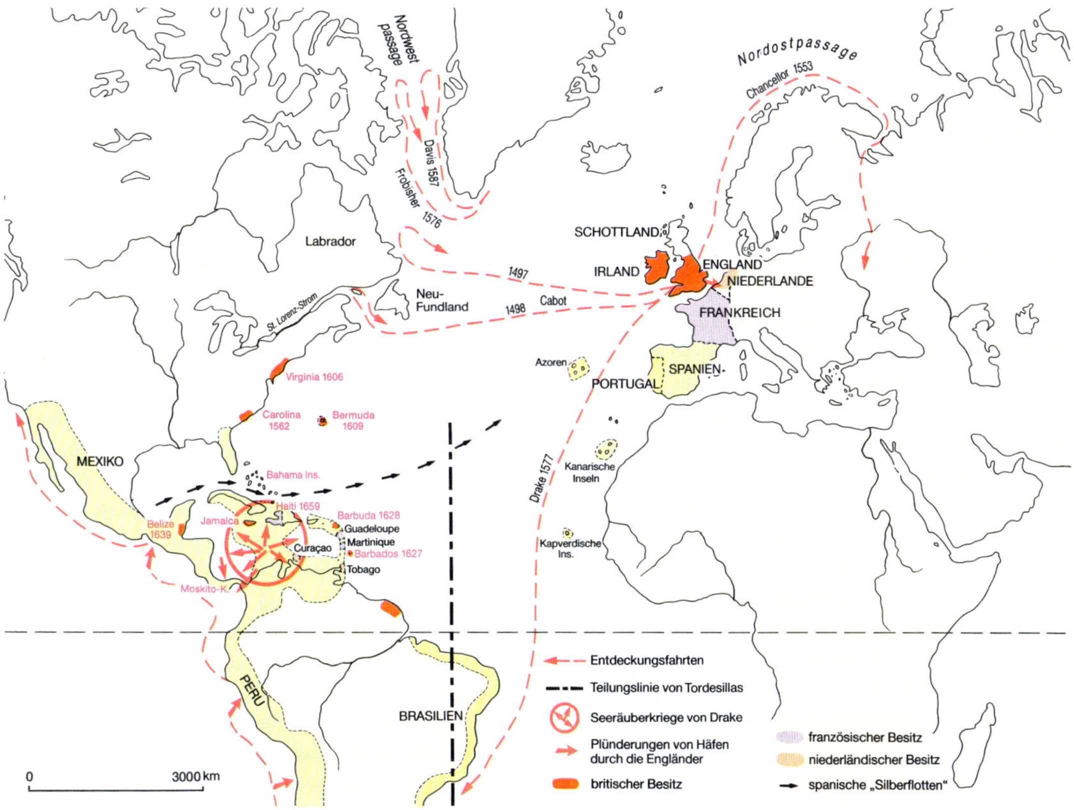

1 England auf dem Weg zur See- und Kolonialmacht

![2] Besiedlung, Industrie und Handelswege in England und den Niederlanden (Mitte des 17. Jahrhunderts)

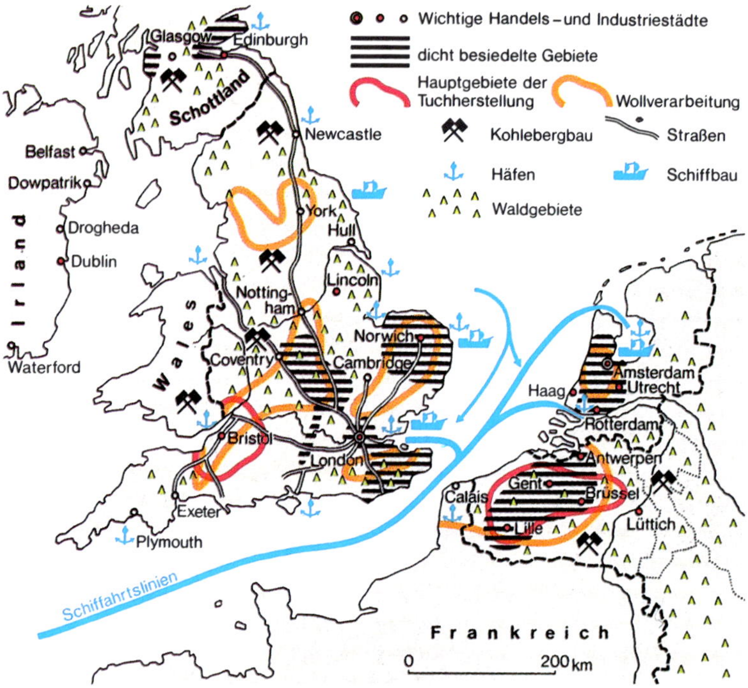

England, Holland und Frankreich erheben Ansprüche

Gegen das alleinige Recht Spaniens und Portugals, die Welt unter sich aufzuteilen, wandten sich die neu aufkommenden Seemächte *Holland*, *England* und auch *Frankreich.* Trotz des gemeinsamen Ziels, den Weltherrschaftsanspruch Spaniens und Portugals zu brechen, blieben sie untereinander Gegner. Frankreichs Kolonialpläne kreuzten sich mit denen Englands. Hollands hochentwickelte Tuchindustrie strebte nach Expansion und wurde damit zu einem Konkurrenten des Handelsstaates England.

Mit John Cabot beginnen die englischen Entdeckungsfahrten

Die englischen Könige zeigten lange Zeit nur geringes Interesse an überseeischen Entdeckungen und Eroberungen, obwohl die englische Seefahrt und der Seehandel immer mehr zunahmen. Vor allem Bristol entwickelte sich seit etwa 1480 zum Ausgangspunkt für Seefahrten in Richtung Westen. 1497 erreichte der Venezianer Giovanni Gabotto, als *John Cabot* in Diensten des englischen Königs Heinrich VII., die *Ostküste von Nordamerika.*

In Amerika stoßen englische und spanische Interessen aufeinander

Unter Königin Elisabeth I. begannen die Auseinandersetzungen mit Spanien. *Francis Drake* umsegelte die Welt und führte Angriffe gegen spanische Handelsplätze in Amerika. *Walter Raleigh* erreichte 1584 die Ostküste Nordamerikas und nahm das Gebiet am Pamplico Sund (North Carolina) in Besitz. Das Land wurde nach der unverheirateten Königin Elisabeth *Virginia* (Jungfrauenland) genannt. Raleighs Berichte über das Land lockten bereits nach wenigen Jahren englische Siedler nach Nordamerika.

Englands Handel wächst

Mit den Entdeckungsfahrten erhoben die Engländer wie schon früher die Spanier und Portugiesen den Anspruch, die entdeckten Länder in den *eigenen Besitz* zu nehmen. Verstärkt wurde dieser Anspruch durch den weiter steigenden Aufschwung *Englands.* Er beruhte auf *kapitalkräftigen Handelsgesellschaften*, beginnendem einträglichen *Kolonialhandel*, vergleichsweise *soliden Staatsfinanzen* und einer wachsenden, zum Schutze der Kaufleute bereitstehenden *Flotte.* Damit gelang es England gegen die zuvor übermächtige Konkurrenz der Spanier, Portugiesen und Holländer im Welthandel Fuß zu fassen.

Gegen die spanische Übermacht zur See konnte England dennoch lange Zeit nur durch *Kaperfahrten* vorgehen. Private Handelsschiffe, genannt Kaper, wurden von der englischen Krone zum organisierten Seeraub ermächtigt. Englische Piraten wie z.B. Francis Drake brachten aus Überfällen auf spanische Schiffe reiche Beute mit nach Hause. Am englischen Hof wurden diese abenteuerlichen Freibeuter mit Glanz empfangen und öffentlich geehrt. Denn die Kaperfahrten waren für die englische Krone mehr als Seeraub oder Vergeltung spanischer Übergriffe, sie stellten die für England damals mögliche Form des Seekrieges gegen einen noch übermächtigen Gegner dar.

Kaperfahrten gegen Spanien bringen reiche Beute

Die englischen Überfälle sollten letztlich die Spanier zwingen, die zwischenstaatlichen Beziehungen zu regeln und das Recht der *freien Seefahrt* zu gestatten. Dieses politische Ziel des englischen Staates fand volle Unterstützung durch die wirtschaftlichen Interessen der englischen Händler. Mit dem Sieg der englischen Flotte über die spanische Armada 1588 wurde das Ziel erreicht. Spaniens Vorherrschaft auf den Meeren war gebrochen, Englands Aufstieg zur militärischen und wirtschaftlichen *Seemacht* begann.

England besiegt die spanische Armada

Die Kaufleute Englands unterstützten in der folgenden Zeit entschieden alle Maßnahmen, die die Stellung des englischen Seehandels festigten. Vielfach gelang den Händlern eine enge Abstimmung ihrer Interessen mit denen des englischen Parlaments (vgl. S. 102), denn bald lebte jeder zehnte Engländer vom Handel. 1651 setzten die Abgeordneten die *Navigationsakte* durch. Erzeugnisse der überseeischen Länder durften nur auf englischen Schiffen nach England und seinen Kolonien gebracht werden, europäische Waren nur auf englischen oder Schiffen der Ursprungsländer. Das Parlament erreichte durch diese Maßnahme, daß Englands Import vor allem auf englischen Schiffen erfolgte.

Das Parlament unterstützt den Seehandel: die Navigationsakte

Holland versuchte sich in drei Kriegen vergeblich gegen diesen Eingriff in die Freiheit der Meere zu wehren, mußte die Navigationsakte aber schließlich mit geringfügigen Änderungen anerkennen. Damit hatte England nach Spanien auch Holland als Gegner ausgeschaltet und war nun erste See- und Handelsmacht.

England und Holland kämpfen um die Seeherrschaft

1655 eroberte es *Jamaika*, das spanischer Besitz war. Die Insel wurde in der folgenden Zeit zum wichtigsten Anlaufhafen für die englischen Sklavenschiffe. Der *Sklavenhandel*, der bisher das Monopol der Afrika-Kompagnie war, wurde 1698 an alle englischen Kaufleute freigegeben. England besaß wirtschaftlich mit Jamaika die Schlüsselstellung im Welthandel zwischen Europa, Afrika und Amerika. Militärisch war seine Flotte am Ende des 17. Jahrhunderts stark genug, um jeden Konkurrenten ausschalten zu können.

England erobert Jamaika: Der Sklavenhandel beginnt

Handelskompagnien: Mit diesem Begriff werden Handelsgesellschaften bezeichnet, die durch Zusammenschluß mehrerer Teilhaber entstehen. Mit dem eingebrachten Kapital werden Schiffe gebaut und ausgerüstet sowie Handelsplätze angelegt und gesichert. In Holland entstehen die Niederländisch-Ostindische und Niederländisch-Westindische Kompagnie, in England die Ostindien-Kompagnie, die Afrika-Kompagnie, die Guinea-Kompagnie, die Hudson-Kompagnie. In England erhalten die Kompagnien von der Regierung eine Alleinberechtigung, Überseehandel mit ihren Gebieten zu treiben. Sie gründen dort Niederlassungen, verwalten das Land und stellen eigene Truppen auf. Sie dürfen selbst Kriege führen und Verträge abschließen. Die Kompagnien stellten einen wichtigen Machtfaktor der Innen- und Außenpolitik Englands dar. Selbst bei Wahlen machten sie als Geldgeber ihren Einfluß geltend.

3 Elisabeth I. Das Werk eines unbekannten Künstlers um 1575 ist eines der wenigen authentischen Porträts der englischen Königin (1558–1603). Als Tochter Heinrichs VIII. und seiner Geliebten Anna Boleyn wurde sie 1558 wegen ihrer Herkunft von den Katholiken nicht als legitim anerkannt. Elisabeth, die die anglikanische Hochkirche wieder einführte, die Spanier besiegte, mit dem Aufbau eines Kolonialreiches begann, führte England wirtschaftlich und kulturell in eine Blütezeit (Elisabethanisches Zeitalter).

4 Die englische Königin unterstützt den Seeraub

Die alten Seefahrer- und Entdeckerstaaten Spanien und Portugal sahen in jeder Seereise eines anderen Landes einen Eingriff in ihren Besitz der Meere. Daher behandelten sie diese Seefahrer wie Piraten. Die englische Regierung reagierte darauf mit Kaperfahrten, d.h. mit organisiertem Seeraub. Königin Elizabeth (1558–1603) erließ dazu folgenden Kaperbrief:

„1. Alle Kaufleute und sonstigen Personen, die Kaperbriefe zur Wegnahme und Aneignung von Gütern spanischer Untertanen haben wollen, müssen zuerst vor dem Lord Admiral ... den Nachweis führen, daß ihnen Güter auf die erwähnte Weise beschlagnahmt worden sind, und über alle Verluste und Schäden, die sie auf Grund irgendeiner Beschlagnahme oder gerichtlichen Einbehaltung ihrer Schiffe, Güter und Waren in Spanien, Portugal oder sonstwo in den Reichen des Königs von Spanien erlitten zu haben behaupten.

2. Die genannten Kaufleute und sonstigen Personen sollen gesetzlich berechtigt sein, auf See alle Schiffe und Güter der Untertanen des Königs von Spanien mit Waffengewalt anzugreifen, wegzunehmen und zu behalten, ganz so und im gleichen Umfang, als ob es zur Zeit offenen Kriegszustand zwischen ihrer Majestät und dem König von Spanien gäbe.

3. Die genannten Kaufleute und sonstigen Personen müssen sich dem Lord Admiral ... gegenüber verpflichten, daß sie und ihre Leute die erbeuteten Schiffe und Güter in einen ihnen bequem gelegenen Hafen des Königreiches England einbringen, und dürfen ihre Ladung nicht löschen, bevor nicht der Vizeadmiral des betreffenden Hafens ... benachrichtigt ist, so daß unverzüglich ein genaues Verzeichnis der erbeuteten Güter aufgenommen werden kann."

(Geschichte in Quellen, Bd. 3, München 1966, S. 388)

5 Wem gehören die Meere?

5a Im Streit um das Seerecht bildeten sich verschiedene Ansichten aus. Gegen den spanisch-portugiesischen Anspruch des Alleinbesitzes verfaßte der Holländer Hugo Grotius 1609 die Flugschrift „Von der Freiheit der Meere" (Mare Liberum):

„Wir wollen kurz und klar beweisen, daß die Bataver, d.h. die Vereinigten Niederlande, das Recht haben, in bisher gewohnter Weise nach Indien zu fahren und dort Handel zu treiben. Wir wollen dabei die erste und gewisseste Regel des Völkerrechts zugrunde legen, deren Beweiskraft klar und unumstößlich ist: Jedes Volk kann ein anderes aufsuchen und mit ihm Geschäfte machen. So spricht Gott selbst in der Natur: Er reicht nicht überall des Lebens Notdurft gleichmäßig dar, sondern will, daß die Völker sich hier durch diese, dort durch jene Vorzüge auszeichnen. Warum? Weil Gott wollte, daß der Mangel hier und die Fülle da die Menschen freundschaftlich zusammenführe, damit sie nicht glaubten, jeder könne sich selbst genügen, und sie ungesellig würden. Nun helfen sich die Völker nach dieser gerechten göttlichen Ordnung wechselseitig, so daß ... bei allen zu wachsen scheint, was nur irgendwo auf Erden gedeiht ... Wer also diese Ordnung beseitigt, beseitigt jene gepriesene Gemeinschaft des Menschengeschlechts, beseitigt die Gelegenheit, sich gegenseitig wohlzutun, verletzt endlich die Natur selbst. Denn beweist nicht die Tatsache, daß der Ozean, den Gott um die Länder gelegt hat, nach allen Richtungen hin befahrbar ist und daß die Winde, die gewöhnlichen wie die außergewöhnlichen, nicht nur aus derselben Richtung, sondern aus allen möglichen Richtungen wehen, zur Genüge, daß die Natur jedem Volk gestattet hat, jedes andere Volk aufzusuchen? ..."

(Zit. nach: Geschichte in Quellen, Bd. 3, München 1966, S. 393f.)

5b Im Auftrag des englischen Königs Karl I. verfaßt John Selden 1636 sein Buch „Mare clausum", womit die englischen Ansprüche auf Kontrolle des holländischen Fischfangs an den britischen Küsten begründet werden sollen. Den Holländern wird die englische Seerechtstheorie entgegengestellt:

„... Diese Abhandlung beschäftigt sich mit dem Eigentumsrecht am Meer ... und hat zum Ziel den bündigen Nachweis jenes Rechts, kraft dessen seit unvordenklichen Zeiten das Britische Meer [Oceanus Britannicus] zu Deinem [d.h. Karls I.] geheiligten britischen Erbe gezählt wird ...

Was die Probleme der Seeherrschaft angeht, so werden hier zwei Thesen unter Beweis gestellt. Die erste heißt: Das Meer ist nach Natur- und Völkerrecht nicht Gemeineigentum aller Menschen, sondern kann genauso wie das feste Land der Herrschaft eines einzelnen unterworfen oder zum Eigentum gemacht werden. Die zweite lautet: Seine Majestät der König von Britannien ist Herr des [die Insel] umgebenden Meeres als eines untrennbaren und unveräußerlichen Bestandteils des Britischen Reiches. Es werden hier also keine anderen Rechtsgrundlagen und Wirkungen der Seeherrschaft zur Erörterung zugelassen als solche, die auch für die Herrschaft über Inseln, Festlandgebiete, Häfen oder irgendwelche andere Territorien und Provinzen, die man zum geheiligten Erbgut der Fürsten zu rechnen pflegt, zutreffen. Denn die Herrschaft über das Meer beruht genau wie die über das feste Land auf den Grundsätzen, die im Völkerrecht für Begründung und Rechtfertigung einer Herrschaft überhaupt anerkannt sind, und ihre Wirkungen sind keine anderen als die der Herrschaft über das feste Land ..."

(Zit. nach: Geschichte in Quellen, Bd. 3, München 1966, S. 413f.)

Arbeitsvorschläge und Fragen

a) Unterscheide alte und neue Kolonialmächte, die auf der Karte M 1 erwähnt werden.

b) Raub oder Krieg? Welche Rechte und Pflichten wurden den englischen Kaufleuten in dem Kaperbrief Elisabeths I. gegeben? Wie läßt sich das Vorgehen Elisabeths begründen? (M 4)

c) Vergleiche die produzierten Güter der englischen und der holländischen Wirtschaft. Was kannst Du daraus für das Verhältnis der beiden Staaten schließen? (M 2) – Wo lagen die Wirtschaftszentren?

d) Beschreibe die unterschiedlichen Standpunkte des Holländers Grotius und des Briten Selden. Von welcher gemeinsamen Position aus argumentieren sie? (M 5a und 5b)

e) Die Interessen der englischen Kaufleute wurden durch die staatliche Handelspolitik wirksam unterstützt. Nenne dafür Beispiele.

5. Englische Kolonien in Nordamerika

Bis 1918, dem Ende des Ersten Weltkrieges, ist England die größte See- und Wirtschaftsmacht der Welt. Es wird abgelöst von seinen eigenen Kolonien in Nordamerika, die sich durch Einwanderer aus fast allen Völkern der Erde rasch in der gesamten ‚Neuen Welt' ausbreiten und vom Mutterland lossagen. Die englische Besiedlung Nordamerikas ist die Geburtsstunde der USA. Dieses Land, heute größte Wirtschaftsmacht der Erde und wichtigste Militärmacht der westlichen Welt, war vor 300 Jahren zum weitaus größten Teil noch eine Naturlandschaft: riesige Wälder, Steppen und Wüsten, bewohnt von Indianerstämmen und durchzogen von einigen weißen Siedlern, die als Flüchtlinge Europa verließen, um in der ‚Neuen Welt' eine neue Heimat zu finden. Woher kommen die Menschen, was sind die Gründe der Einwanderung? Wie behandeln die Weißen die Ureinwohner Amerikas, die Indianer? Harte Kämpfe stehen den Einwanderern bevor, denn auch Konflikte ihrer alten Heimat Europa greifen nach Amerika über.

1606	An der nordamerikanischen Küste wird Virginia erste englische Kolonie.
1755–1763	Zwischen England und Frankreich kommt es wegen konkurrierender Handelsinteressen zu einem weltweiten Kolonialkrieg. Frankreich verliert seinen Kolonialbesitz in Nordamerika.

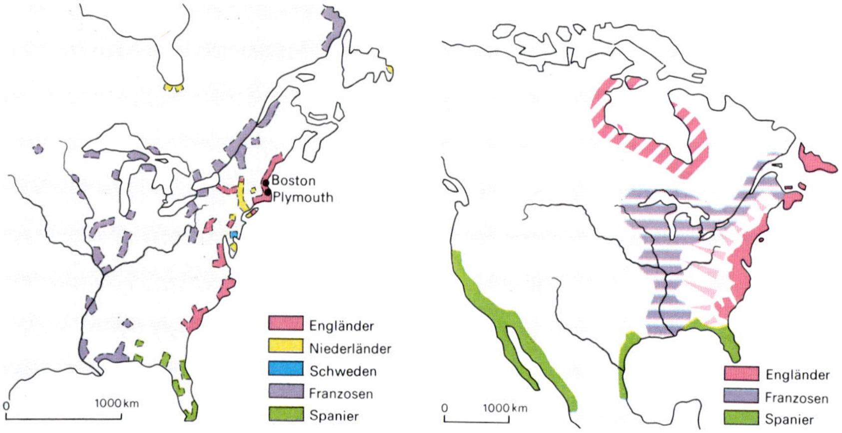

1 Die europäische Besiedlung Nordamerikas

1a Beginn des 17. Jahrhunderts (links)

1b Mitte des 18. Jahrhunderts (rechts)

Alle Seemächte gründen Kolonien

Alle fünf europäischen Seefahrerstaaten Spanien, Portugal, Holland, England und Frankreich waren an der Gründung von *Kolonien* in Amerika beteiligt. Dazu meldete noch die Landmacht Rußland 1741 nach der Eroberung Sibiriens Ansprüche auf die Westküste Nordamerikas an. Portugal errichtete an der Ostküste Südamerikas Kolonien, Spanien an der Westküste und drang von dort aus über Mittelamerika nach Norden vor. Holländische Kaufleute gründeten 1614 an der Hudson-Mündung die Handelsniederlassung Neu Amsterdam, Frankreich besetzte vor allem Gebiete in Neuschottland, Neufundland, an der Mündung des St. Lorenz-Stromes und an Ohio und Mississippi abwärts.

Virginia wird erste englische Kolonie

In dem 1584 von Walter Raleigh entdeckten Siedlungsgebiet ‚Virginia' an der Ostküste Nordamerikas landeten bereits 1587 die ersten 150 Siedler. Sie scheiterten jedoch an den neuen und ungewohnten Lebensbedingungen. Auch der von einer Handelsgesellschaft finanzierte nächste Versuch hätte beinahe dasselbe Ende genommen. Die über 100 Siedler fanden weder Gold noch Gewürze, ebensowenig den erhofften Weg nach Indien. Zwei Drittel der Siedler starben und den anderen gelang es nur durch härteste Arbeit und mit Hilfe der Indianer zu überleben. Sie gründeten 1606 in *Virginia* die *erste englische Siedlungskolonie* auf nordamerikanischem Boden. Bereits ab 1612 betrieben sie Handel mit Tabak (Virginia-Tabak).

Die meisten Siedler kommen aus England

In den folgenden Jahren kamen weitere Siedlerschiffe aus England: landlose Bauern, Handwerker, Kaufleute, Abenteurer, vor allem aber religiös und politisch Unterdrückte. Die religiösen Konflikte waren zu dieser Zeit in England besonders heftig, denn die Calvinisten lehnten die hierarchische Ordnung der anglikanischen Kirche ab. Sie wollten keinen Bischof über sich dulden, jede Gemeinde erkannte als Oberhaupt nur den aus ihren eigenen Reihen gewählten Altenrat (Presbyter) an. Geistliche und Laien trugen in diesem Rat gemeinsam die Verantwortung für die Leitung ihrer Gemeinde. Viele ‚Puritaner', die sich politisch und religiös rein (lat. purus) von den Befehlen der Bischöfe halten wollten, entschlossen sich, mit ihrer Gemeinde auszuwandern. Später zwang die wechselhafte politische Lage in England auch Anglikaner und Katholiken aus Irland und Schottland zur Auswanderung.

Deutsche, Franzosen, Spanier, Russen...

Und auch vom Kontinent kamen Flüchtlinge: *Deutsche Siedler* gründeten 1683 Germantown (heute ein Stadtteil Philadelphias in Pennsylvanien); *Franzosen* errichteten Handelsstationen und Forts zu ihrem Schutz; *Russen* wollten vor allem Fischerei und Jagdstützpunkte; *Spanier* gründeten befestigte Missionsstellen. Die Engländer erreichten jedoch durch ihre flächenhafte Erschließung des Landes und die finazielle Unterstützung durch private Handelsgesellschaften bald eine Vorrangstellung.

Unter der Krone Englands entstehen 13 Kolonien

Der Gründung der Kolonie Virginia folgten bald weitere. Die Puritanergemeinde der Pilgrim Fathers gründete 1620 in der Massachusetts-Bucht die Plymouth-Kolonie. Der englische König gab ihnen weitgehende Selbstverwaltungsrechte. 1630 gründeten die puritanischen Siedler *Boston* und 1634 lebten in der Bucht bereits 4000 Menschen in 16 Gemeinschaften.

Die Freibriefe oder *Patente*, mit denen der englische König die Gründung von Kolonien gewährte, gingen sowohl an *Handelsgesellschaften* beziehungsweise *Siedlungsgemeinschaften* als auch an *Einzelpersonen*. So entstanden zwei Arten englischer Kolonien: *Gesellschaftskolonien* wie Virginia, Massachusetts, Connecticut, Rhode Island und *Eigentümerkolonien* wie Maryland, Carolina, New York, Pennsylvania und Georgia.

Die Kolonien verwalten sich selbst und sind doch unselbständig

Die Auswanderer, die in der ‚Neuen Welt' mit mangelhafter Ausrüstung im Kampf gegen die Indianer, gegen Hunger, Klima und Krankheiten überlebten, waren stolz auf das in harter Arbeit der Wildnis abgerungene Kulturland. Sie betrachteten es als ihr persönliches Eigentum und wehrten sich gegen die Anordnungen der englischen Regierung. Der Wille jeder Kolonie war es, ihre Angelegenheiten in *freier Selbstverwaltung* zu ordnen. Die Verbindung zur englischen Regierung wurde durch einen Gouverneur aufrechterhalten, dem allerdings in allen Kolonien gewählte *Parlamente* gegenüberstanden. Diese erweiterten ihre Rechte ständig. Ihre wichtigste Aufgabe war die selbständige *Festlegung der Steuern*. Die Einzelstaaten gaben sich bald *Verfassungen*, so z.B. Connecticut bereits 1639. In krassem Gegensatz zu dieser politischen Freiheit stand die harte *Unterordnung* von Handel und Wirtschaft unter die Interessen des Mutterlandes. Dieses regulierte den Handel mit den Kolonien strikt nach den Bedürfnissen der eigenen Wirtschaft. Wohl wurde dies von den einzelnen Kolonien erkannt, von einer Solidarität waren sie jedoch noch weit entfernt.

Handel und Kampf mit den Indianern

Das Zusammentreffen der Siedler mit den *Indianern* führte einerseits zu gegenseitigem Handel, andererseits aber häufig auch zu blutigen Auseinandersetzungen. Teilweise unter Mitwirkung der Franzosen setzten sich die Indianer oft

2 Kolonialkrieg zwischen England und Frankreich (‚French and Indian War'). Französische Truppen greifen zusammen mit verbündeten Indianern 1755 am Georgsee (New York) ein englisches Lager an.

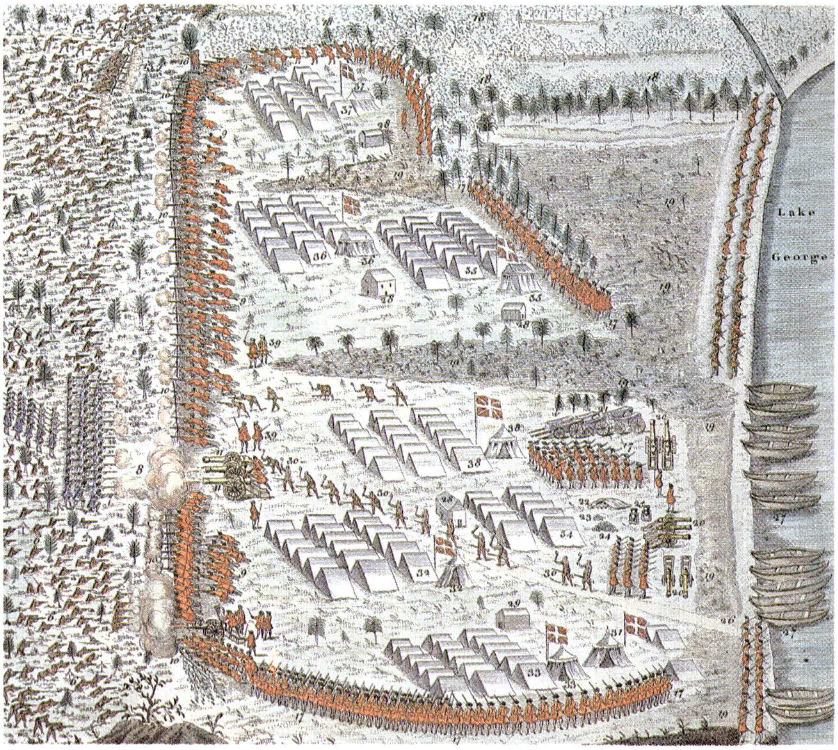

mit unterlegenen Waffen, aber überlegen an Zahl gegen das unrechtmäßige Vordringen in ihr Territorium zur Wehr.

Viele Indianerstämme werden ausgerottet

Die Verteidigung der Indianer, die sich in mehrere Sprachgruppen aufteilten, litt vor allem unter ihrer eigenen *Uneinigkeit*. Immer wieder gelang es den ‚Weißen', die die ‚Rothäute' nur als ‚Wilde', als Heiden, ansahen, gegeneinander aufzuhetzen. Viele Stämme wurden in blutigen Kämpfen *ausgerottet*. Andere mußten sich vor den unaufhörlichen Siedlungswellen der Weißen in das Landesinnere zurückziehen. Doch auch dort fanden sie vor dem Landhunger der weißen Siedler keine Ruhe.

Für die Indianer bedeutete der Kampf mit den weißen Eindringlingen den beginnenden *Untergang* ihrer *Eigenständigkeit* und ihrer *Kultur*. Für die Siedler jedoch steigerte sich durch die ständige Bewährung ihr Selbstbewußtsein und ihr Zusammengehörigkeitsgefühl. Dies sollte sich bald auch auf das Verhältnis zum Mutterland auswirken.

England und Frankreich kämpfen um die Vormacht in Nordamerika

Die Ureinwohner Amerikas konnten die Ausbreitung der englischen Kolonien nicht verhindern. Ein mächtigerer Gegner entstand den Engländern in der Kolonialmacht Frankreich. Ab 1755 kam es zum Krieg um die Vormachtstellung in Nordamerika. Die Auseinandersetzungen in Nordamerika verbanden sich mit englisch-französischen Gegensätzen und Kriegen in Europa. Während Frankreichs Truppen in erheblichem Umfang durch die Kämpfe in Europa gebunden war, konnte Englands Flotte davon weitgehend unbelastet in den Kampf um die Kolonien eingreifen. England eroberte die französischen Gebiete, Frankreich mußte kapitulieren und verlor 1763 alle Kolonien in Nordamerika.

England gewinnt die Vorherrschaft

Durch die Niederlage der Franzosen geriet ganz *Nordamerika* unter *englischen Einfluß*. Englische Kultur, Sprache und Lebensform wurden vorherrschend.

Englands Flotte beherrschte militärisch die Meere und Englands Wirtschaft stieg vor allem durch den Handel mit den Kolonien zur stärksten Macht der Welt auf und blieb dies bis zum Ende des Ersten Weltkrieges.

Kolonie: Damit bezeichnet man eine Niederlassung einer größeren Gruppe von Menschen außerhalb ihres Heimatgebietes unter weitgehender Beibehaltung ihrer heimatlichen Lebensformen. Nach Entstehung, Zweck und Aufbau unterscheidet man u. a.: Militär-Kolonie (Stützpunkt), Handelskolonie (Umschlagplatz), Pflanzungskolonie (Rohstoff- und Absatzmarkt), Siedlungskolonie (bäuerliche Dauersiedlung), Strafkolonie (Verbannungsort).

3 Die Not der Auswanderer

Das Buch „Gottlieb Mittelberger's Reise nach Pennsylvanien 1750..." stellt eine der zuverlässigsten Beschreibungen der Lage der Auswanderer dar. Der schwäbische Pfarrer schreibt:

„Ich zweifle nicht, daß Menschen, die noch immer auszuwandern begehren, in ihrem Vaterland bleiben, wenn sie alles gelesen haben... Eine solche Reise dauert von Anfang Mai bis Ende Oktober, ein volles halbes Jahr inmitten solcher Beschwerden, wie sie keiner in seinem Elend zutreffend beschreiben kann. Der Grund ist, daß die Rheinboote von Heilbronn nach Holland 36 Zollstellen passieren müssen. An jeder einzelnen werden die Schiffe durchsucht, was dann geschieht, wenn es den Zöllnern paßt. Inzwischen werden die Schiffe mit all den Menschen darauf lange festgehalten, so daß die Passagiere viel Geld ausgeben müssen. Darum dauert allein die Reise rheinabwärts 4, 5 und 6 Wochen. Wenn die Schiffe mit den Menschen nach Holland kommen, dann werden sie dort genauso 5 oder 6 Wochen festgehalten. Weil da alles sehr teuer ist, müssen indessen die armen Leute fast alles ausgeben, was sie haben... Sowohl in Rotterdam wie in Amsterdam werden auf den großen Seeschiffen die Menschen eng zusammengedrängt, sozusagen wie die Heringe. Eine Person erhält auf der Bettstelle einen Platz von kaum 2 Fuß (= 50–70 cm) Breit und 6 Fuß Länge, denn manche Schiffe transportieren vier- bis sechshundert Seelen... Bei Gegenwind kommt es vor, daß die Schiffe 2, 3 und 4 Wochen für die Reise von Holland bis Kaupp (Cowes) in England brauchen... Wenn dann die Schiffe zum letztenmal ihre Anker bei Kaupp in Altengland gelichtet haben, dann beginnt mit der langen Seefahrt erst die wirkliche Not. Denn von hier müssen die Schiffe, falls sie nicht günstigen Wind haben, oft 8, 9, 10 bis 12 Wochen segeln bevor sie nach Philadelphia gelangen... Und während dieser Reise herrscht an Bord der Schiffe ein entsetzliches Elend: Gestank, Dunst, Schrecken, Speien, jede Art von Seekrankheit, Fieber, Dysenterie (Ruhr), Kopfschmerzen, Hitze, Verstopfung, Furunkel, Skorbut, Krebs, Mundfäule und dergleichen mehr, was alles von der alten und scharf gesalzenen Nahrung und dem Fleisch und ebenso von dem schlechten und faulen Wasser kommt, so daß mancher elend zugrunde geht. Zu dieser Not mit der Verpflegung kommen noch Hunger, Frost, Hitze, Nässe, Angst, Mangel, Schmerz und Klagen mit anderen Leiden, zum Beispiel daß die Läuse so schrecklich überhandnehmen, vor allem bei kranken Menschen, daß sie vom Körper nur so abgeschabt werden können. Das Leiden erreicht den Höhepunkt, wenn zwei oder drei Nächte und Tage lang ein Sturm wütet..."

(Zit. nach: Geschichte in Quellen, Bd. 3, München 1966, S. 41 f.)

4 Vertragsknechte

Für viele Siedler brachte die ‚Neue Welt' in den ersten Jahren nicht die ersehnte Freiheit. Um die hohen Kosten der Überfahrt zu decken, mußten sie die geliehene Geldsumme oder die angesammelte Schuld mehrere Jahre als ‚Vertragsknechte' abarbeiten. In Virginia waren 1625 40% der Einwohner Vertragsknechte. Gottlieb Mittelberger berichtet:

„Wenn die Schiffe nach ihrer langen Reise in Philadelphia landen, dann darf sie niemand verlassen, außer denen, die ihre Überfahrt bezahlt haben oder hinreichende Bürgschaft (durch einen vor der Abreise abgeschlossenen Vertrag) leisten; die anderen ... müssen an Bord der Schiffe bleiben, bis jemand sie gekauft hat ... Der Verkauf menschlicher Wesen auf dem Markt an Bord der Schiffe spielt sich so ab: Jeden

Tag kommen Engländer, Holländer und Oberdeutsche aus der Stadt Philadelphia und aus anderen Orten … und suchen sich unter den gesunden Personen einen solchen aus, wie er ihnen für ihr Geschäft brauchbar zu sein scheint, und handeln mit ihm aus, wie lange er für seinen Fahrpreis dienen muß … Wenn sie sich geeinigt haben, dann geschieht es, daß sich erwachsene Personen selbst schriftlich verpflichten, für den Betrag, den sie schulden, 3, 4, 5 oder 6 Jahre zu dienen, je nach ihrem Alter und ihrer Kraft. Aber sehr junge Leute, die zwischen zehn und fünfzehn Jahren alt sind, müssen dienen, bis sie 21 Jahre alt sind … Manche Eltern müssen ihre Kinder verkaufen und verschachern sie wie ebenso viele Stück Vieh; denn wenn die Kinder die Schulden übernehmen, dann können die Eltern frei und ungehindert das Schiff verlassen … Es kommt oft vor, daß ganze Familien, Mann, Frau und Kinder, getrennt werden, weil sie von verschiedenen Käufern erworben werden, besonders wenn sie überhaupt nichts von ihrem Passagegeld bezahlt haben. Wenn ein Mann oder eine Frau auf See stirbt, wenn das Schiff schon mehr als die Häflte des Weges zurückgelegt hat, dann muß der Überlebende nicht nur für sich selbst zahlen oder dienen, sondern auch für den Verstorbenen. Wenn beide Eltern sterben nach mehr als der Hälfte des Weges auf See, dann müssen ihre Kinder … dienen, bis sie 21 Jahre alt sind …"

(Zit. nach: Geschichte in Quellen, Bd. 3, München 1966, S. 43 f.)

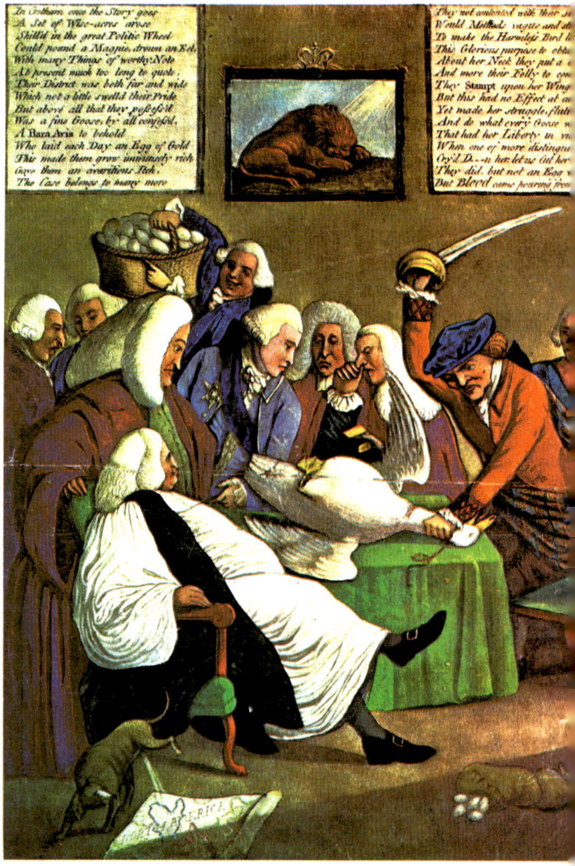

6 Englische Karikatur auf die Amerikapolitik der Regierung in London (Zeitgenössischer Stich). Der Autor stand in England mit seiner Meinung nicht allein, daß es töricht sei, von der „amerikanischen Gans" Eier zu erwarten, wenn man ihr zuvor den Hals durchschneidet.

5 Weiße Siedler treffen auf Indianer

Kapitän John Smith beschreibt, wie unterschiedlich diese ersten Begegnungen in Virginia verliefen:

„… Nachdem wir in dieser Bucht vor Anker gegangen waren, gingen zwanzig oder dreißig Mann mit dem Kapitän an Land, und als sie das Land erreichten, wurden sie von einigen Indianern angegriffen, die bis auf Pistolenschußweite auf sie eindrangen. Bei diesem Kampf erlitten Kapitän Archer und Matthew Morton Schußverletzungen, worauf Kapitän Newport ihnen zu Hilfe eilte und einen Schuß auf sie abfeuerte, der auf die Indianer wenig Eindruck machte. Aber nachdem sie ihre Pfeile abgeschossen hatten, zogen sie sich, ohne weiteren Schaden anzurichten, zurück. … Bald danach gefiel es Gott, in unserer äußerten Not (die Siedler hatten große Nahrungsmittelprobleme) die Indianer dazu zu bewegen, uns Korn zu bringen, noch ehe es halb reif war, um uns zu erquicken, obwohl wir eher erwartet hätten, daß sie uns umbrächten. … (Später suchte Smith die Indianer auf, um Nahrungsmittel einzutauschen.) Die Indianer, die glaubten, wir seien fast verhungert, boten uns mit sorgloser Freundlichkeit kleine Stücke Brot an oder eine Handvoll Bohnen oder Weizen gegen ein Beil oder ein Stück Kupfer …"

(Geschichte in Quellen, Bd. 4, München 1981, S. 23 ff.)

7 <u>Handelsbeschränkungen für die Kolonisten</u>

Ein schwedischer Beobachter, der Nordamerika von 1753 bis 1761 bereiste, berichtet:

„Die englischen Kolonien in diesem Teil der Welt haben an Einwohnerzahl und an Reichtum so sehr zugenommen, daß sie es fast mit dem Alten England aufnehmen können. Um nun Autorität und Handel des Mutterlandes nicht zu beeinträchtigen ... hat man den Kolonisten verboten, neue Manufakturen zu errichten, die sich zum Nachteil des britischen Handels entwickeln würden. Sie dürfen nicht nach Gold oder Silber graben, es sei denn, sie schickten es sofort nach England. Mit wenigen Ausnahmen steht es ihnen nicht frei, mit Gebieten Handel zu treiben, die nicht zum britischen Herrschaftsbereich gehören, noch dürfen Ausländer mit ihnen Handel treiben. Diese und andere Beschränkungen haben dazu geführt, daß die Sympathie der Einwohner der englischen Kolonien für ihr Mutterland abnimmt. ... Engländer ... haben mir erzählt, daß die Kolonien in Amerika in einer Zeitspanne von dreißig, vierzig oder fünfzig Jahren einen eigenen Staat bilden könnten, vollständig unabhängig vom Alten England."

(Die Amerikanische Revolution in Augenzeugenberichten, hrsg. von W. P. Adams und A. Meurer Adams, München 1976, S. 29)

8 <u>Einwohnerzahlen der 13 Kolonien im 17. und 18. Jahrhundert</u> (ohne Indianer)

	1625	1688	1715	davon Neger	1749
Massachusetts	180	44000	96000	2000	220000
Connecticut	–	20000	47500	1500	100000
Rhode Island	–	6000	8600	100	35000
New Hampshire	–	6000	9650	150	30000
New York	–	20000	31000	4000	100000
New Jersey	–	10000	22500	1500	60000
Delaware/Pennsylvanien	–	12000	45800	2500	250000
Maryland	–	25000	49500	9500	85000
Virginia	1800	50000	95000	23000	85000
N./S. Carolina	–	8000	27950	14200	75000
Georgia	–	–	–	–	6000
Zusammen	1980	201000	433500	58450	1046000

(Nach: Ploetz, Raum und Bevölkerung, Freiburg 1955, Bd. 2/II, S. 128)

Arbeitsvorschläge und Fragen

a) Benenne die Namen der Gebiete, die auf unserer stummen Karte farblich hervorgehoben sind. Beschreibe die Ausdehnungsrichtung der genannten Völker. (M 1a/b)

b) Zeige die Ursachen auf, die in M 3 und M 4 für den Dienst der Auswanderer als Vertragsknechte genannt wurden.

c) Die Entwicklung der Einwohnerzahlen und die Zahl der Neger ist in den Kolonien sehr unterschiedlich. Nenne Gründe dafür. (M 8)

d) Welche Gründe für das unterschiedliche Verhalten der Indianer gegenüber den Weißen kannst Du Dir vorstellen? (M 5)

e) Aus welchen Gründen kam es zur Entfremdung zwischen dem Mutterland und den Kolonien? (M 7)

f) Erkläre wie in der Karikatur (M 6) das Verhältnis von Mutterland und Kolonien gesehen wird.

6. Handelsstaat England

Menschenhandel – ein Gewerbe wie jedes andere?
200 Jahre lang sah die Mehrheit der Europäer darin kein Unrecht. Die wenigen Gegenstimmen konnten sich nicht durchsetzen.
200 Jahre lang wurden vor allem von englischen Kaufleuten insgesamt 10–15 Millionen afrikanischer Neger als Sklaven nach Amerika gebracht. Sie bildeten die Grundlage für den Dreieckshandel zwischen den Kontinenten Europa, Afrika und Amerika.
200 Jahre Sklavenhandel trugen dazu bei, daß England stärkste Wirtschaftsmacht der Erde wurde, sie führten aber vor allem in Amerika und Afrika zu Problemen, die bis in die Gegenwart ungelöst blieben.

1619	Zum ersten Mal bringt ein europäisches Handelsschiff afrikanische Neger als Sklaven nach Neuengland (Kolonie Virginia).
1698	Die Regierung in London gibt allen englischen Kaufleuten den Sklavenhandel frei.
1807	Das englische Parlament verbietet nach heftigen öffentlichen Diskussionen den Sklavenhandel.

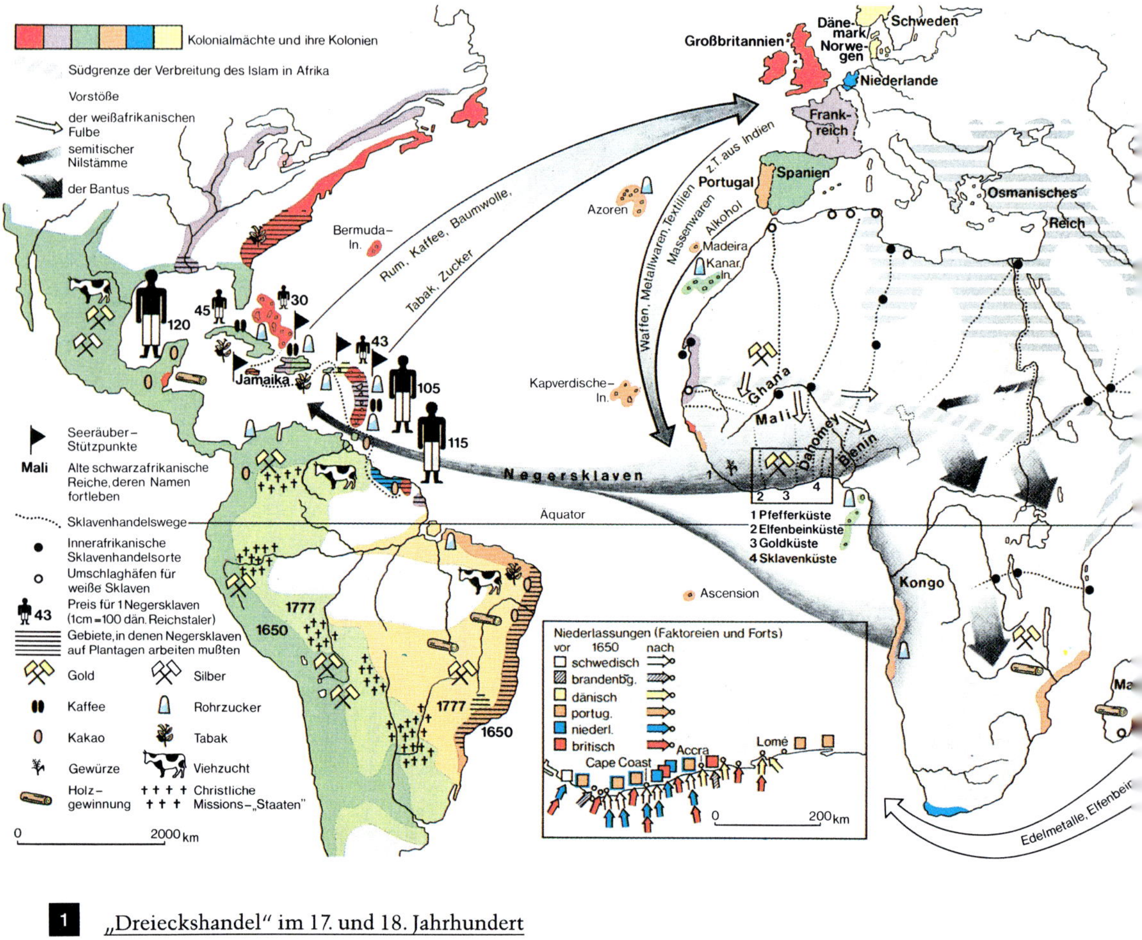

1 „Dreieckshandel" im 17. und 18. Jahrhundert

Der *Dreieckshandel* zwischen England, Afrika und Amerika machte England zur stärksten Handels- und Wirtschaftsmacht der Welt. Die Handelsströme der englischen Schiffe führten in der Regel von Liverpool an die Küste von Guinea, von dort quer über den Atlantischen Ozean nach Jamaika und von dort wieder zurück nach England. Die Geschäftspartner der Engländer an der westafrikanischen Küste waren einheimische Stammesfürsten. Diese machten bald die Erfahrung, daß es den Europäern nicht um den Erwerb von Landesprodukten, sondern fast ausschließlich um den Einkauf von *Arbeitssklaven* für die Plantagen in Amerika ging. Als Gegenleistung boten die Engländer den Afrikanern Musketen, Eisenbarren, Tuche und billigen Tand an. Es entstand ein verhängnisvoller Kreislauf: Mit Hilfe der Musketen gelang es einzelnen Stämmen und ihren Stammesfürsten, Angehörige von Nachbarstämmen gefangenzunehmen. Die Nachbarstämme wiederum suchten sich zum Schutz gegen solche Überfälle ebenfalls Musketen zu beschaffen. Musketen aber bekamen sie von den englischen Händlern nur, wenn sie Sklaven ablieferten.

Der Dreieckshandel umfaßt die Welt: Sklaven, Zucker, Musketen

Das Ergebnis war ein nicht abreißender Strom von Gefangenentransporten an die Küste, wo Sklavenschiffe bereitlagen, um die im Tauschhandel erworbene Menschenware aufzunehmen. Die Afrikaner wurden auf menschenüberfüllten Schiffen nach Jamaika gebracht und nach einer qualvollen Überfahrt dort auf den *Sklavenmärkten* zum Verkauf angeboten. Die größte Nachfrage bestand auf den ausgedehnten *Zuckerplantagen*, die europäische Kolonisatoren und Einwanderer in Amerika betrieben. Dieses Gebiet reichte von Virginia bis Brasilien, billige Arbeitskräfte waren dort ständig gefragt. Der Gewinn aus den Sklavenverkäufen war so hoch, daß die Schiffe oft nicht alle Waren fassen konnten, die von dem Erlös gekauft wurden. Dabei sorgten die Handelskompagnien dafür, daß die eingekauften Güter in der Regel nur als Roherzeugnisse nach England eingeführt wurden. Die gewinnbringende Verarbeitung blieb den Manufakturen im eigenen Lande vorbehalten.

Menschen werden zur Ware

Die Lage der ahnungslos aus ihrer Heimat verschleppten Sklaven war verzweifelt. Viele waren der Klimaveränderung und den Anstrengungen der harten Arbeit auf den Plantagen nicht gewachsen. Die Bedingungen der Zwangsarbeit und die Behandlung durch die Weißen war so menschenunwürdig, daß viele diesem Leben durch Selbstmord, Flucht oder aussichtslose Rebellion ein Ende bereiten wollten. Sklaven, die auf der Flucht wieder ergriffen wurden oder sich an einem der zahlreichen Aufstände beteiligten, erwarteten härteste Strafen. Sie wurden Folterungen unterzogen und mit Eisenketten an ihren Arbeitsplatz gebunden. Dem Tod entgingen sie oft nur, weil die Preise für Sklaven hoch und ihr Neukauf daher teuer war („Sklaven" vgl. auch S. 129, 136, 143).

Sklavenschicksal

Die *Bekämpfung* des Sklavenhandels begann wirkungsvoll erst zu Beginn des 19. Jahrhunderts. Das zeigt, wie sehr den Weißen der Sklavenhandel als ein Gewerbe wie jedes andere galt und wie wenig im Neger der Mensch gesehen wurde. 1807 verbot England den Sklavenhandel, aber erst 1865 wurde in den USA, 1888 in Brasilien die Sklaverei abgeschafft.

Auswirkungen des Dreieckshandels

Die Auswirkungen des Dreieckshandels zwischen den Kontinenten waren in England, Afrika und Amerika unterschiedlicher Art:

Wirtschaftlicher Aufschwung in England

In England führten die ungewöhnlich hohen Gewinne aus der Einfuhr von Rohprodukten und ihrer Verarbeitung in den heimischen Manufakturen zur Ansammlung von bedeutendem *Geldkapital*. Dieses Geld wurde von den Kaufleuten in Handelsunternehmungen, Manufakturen und Bergwerken erneut investiert. Die Folge war, daß sich die Entwicklung von Industrie und Handel in England immer mehr beschleunigte.

2 Transport von Sklaven. Links: Stauplan eines Sklavenschiffes im 18. Jh.; rechts: Afrikanische Eingeborene im unteren Deck eines spanischen Sklavenschiffes. (Aquarell eines Marineoffiziers)

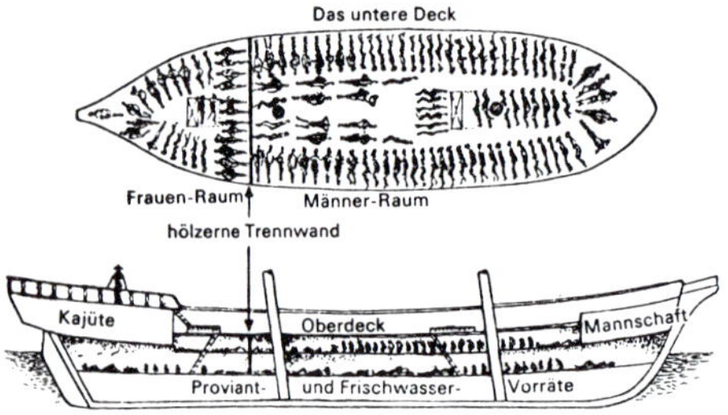

Politischer und wirtschaftlicher Niedergang in Afrika

In Afrika führte der Sklavenhandel nicht nur zu hohen Menschenverlusten. Er hatte auch eingreifende Folgen für die politische und wirtschaftliche Entwicklung des Erdteils. Die gewalttätige Form, in der sich die afrikanischen Stammeshäuptlinge an der Sklavenbeschaffung beteiligten, steigerte deren Machtstellung gegenüber ihren Stämmen weit über das bisherige Maß hinaus. Erst jetzt wurde aus der afrikanischen Stammesordnung eine despotische Häuptlingsherrschaft. Die wirtschaftlichen Folgen waren nicht weniger negativ. Die Europäer waren fast ausschließlich am Kauf von Sklaven interessiert. Die kunstvollen Produkte einheimischer Töpfer, Metallhandwerker oder Holzschnitzer wiesen die europäischen Kaufleute als Tauschangebote zurück. Auf diese Weise wurden an der afrikanischen Küste alle Ansätze zu *Warenaustausch* und *Warenherstellung* im Keim zerstört. Der Sklavenhandel bewirkte somit, daß der Abstand in der wirtschaftlichen Entwicklung Afrikas und Europas sich nicht verringerte, sondern im Gegenteil vergrößerte.

Soziale Spannungen bis in unsere Zeit in Amerika

In Amerika führte die Einfuhr von billigen Arbeitskräften aus Afrika zu einer raschen Ausdehnung der *Plantagenwirtschaft*. Diese Form der Bodenbewirtschaftung sicherte einer dünnen Minderheit von weißen Siedlern hohe Erträge. Zugleich schuf sie aber eine breite Schicht von recht- und besitzlos gehaltenen Arbeitssklaven. Die daraus entstandenen sozialen Spannungen wirken bis zum heutigen Tag in Amerika nach.

Sklaverei: Dieser Begriff bezeichnet das Verfügen über Menschen als Sacheigentum, um deren Arbeitskraft auszubeuten. Der völlig rechtlose, seinem Herrn bedingungslos unterworfene Sklave wurde schon in den alten Hochkulturen Ägypten, Griechenland und Rom nicht als Mensch angesehen. Sklaven konnten andererseits, z.B. als Arzt oder Lehrer, in römischen Familien, eine angesehene Stellung erreichen und auch unter bestimmten Bedingungen freigelassen werden. In den christlichen Ländern des Mittelalters wurde die Sklaverei abgeschafft, sie lebte aber in den arabischen Ländern, der Türkei und einigen Gebieten Afrikas weiter. Gegen die neue Form des Sklavenhandels für die Plantagen in Brasilien, Mittelamerika und den Südstaaten Nordamerikas gab es zwar in der Öffentlichkeit vereinzelt Widerstand (z.B. durch die Quäker), zu Verboten kam es aber erst zu Beginn des 19. Jahrhunderts.

3 Was kostet ein Sklave?

Im Bordbuch eines englischen Seglers, der an der westafrikanischen Küste Anker geworfen hatte, lesen wir (1699):

„Am 30. gingen wir erneut an Land und hatten eine Unterredung, aber auch sie verlief ergebnislos. ... Er [der Gewährsmann des Königs] bedauerte, daß wir seinen Vorschlägen nicht zustimmen wollten; er beteuerte, das sei nicht seine Schuld, denn er empfinde sehr viel Sympathie und Hochachtung für die Weißen, und durch die Handelsbeziehungen mit ihnen habe er seinen Reichtum sehr vergrößern können. Der Grund dafür, daß er so nachdrücklich auf einem Preis von 13 Barren für einen männlichen und 10 Barren für einen weiblichen Sklaven bestehe, sei darin zu suchen, daß die Landbevölkerung im Binnenlande den Preis auf dem Sklavenmarkt so hochtriebe ..., aber um die Verhandlungen nicht scheitern zu lassen ... würde er sich damit begnügen, 13 Barren für die Männer und nur 9 Barren und 2 Messingringe für die Frauen zu verlangen."

(B. Davidson, Vom Sklavenhandel zur Kolonialisierung. Afrikanisch-europäische Beziehungen zwischen 1500 und 1900, Hamburg 1966, S. 86)

4 Sklavenhandel – nur ein Gewerbe wie andere?

Der aus Pommern stammende ehemalige Kapitän und Sklavenhändler J. Nettelbeck schreibt 1821:

„‚Wie?' wird er [der Leser] vielleicht bei sich selbst gesagt haben, ‚Nettelbeck ein Sklavenhändler? Wie kommt ein so verrufenes Handwerk mit seinem ehrlichen pommerschen Herzen zusammen?' – Allein das ist es ja eben, daß dies Handwerk zu damaliger Zeit bei weitem nicht in einem solchen Verrufe stand, als seitdem man, besonders in England, wider den Sklavenhandel (und wohl auch nicht mit Unrecht) als einen Schandfleck der Menschheit geschrieben und im Parlamente gesprochen hat, und wenn er durch dies nachdrückliche Geschrei entweder ganz abgekommen ist oder doch mit heilsamen Einschränkungen betrieben wird: So ist gewiß auch der alte Nettelbeck nicht der letzte, der seine herzliche Freude darüber hat. Aber vor 50 Jahren war und galt dieser böse Menschenhandel als ein Gewerbe wie andere, ohne daß man viel über seine Recht- oder Unrechtmäßigkeit grübelte. Wer sich dazu brauchen ließ, hatte die Aussicht auf einen harten und beschwerlichen Dienst, aber auch auf leidlichen Gewinn."

(J. Nettelbeck, Eine Lebensbeschreibung, von ihm selbst aufgezeichnet, Meersburg und Leipzig 1930, S. 121)

5 Erster Widerstand gegen Sklavenhandel

Erst seit der zweiten Hälfte des 18. Jahrhunderts begann sich in England der Widerstand gegen den Sklavenhandel durchzusetzen. In dem Brief eines englischen Abgeordneten lesen wir (1750):

„Wir, der britische Senat [Unterhaus], der Tempel der Freiheit und das Bollwerk des protestantischen Christentums, haben in diesen 14 Tagen Maßnahmen erwogen, die geeignet erscheinen, das abscheuliche Geschäft des Handels mit Negern noch einträglicher zu gestalten. Es ist uns offenbar geworden, daß 46000 dieser elenden Geschöpfe jährlich allein an unsere Plantagen verkauft werden! Es läßt einem das Blut erstarren. Und wenn man mir den ganzen amerikanischen Kontinent dafür gäbe, ich möchte nicht von mir sagen müssen, daß ich dafür gestimmt hätte!"

(G. M. Trevelyan, Die englische Revolution 1688–1689, Bern 1950, S. 376)

Arbeitsvorschläge und Fragen

a) Stelle die Warenströme des Dreieckshandels und die daran beteiligten Länder zusammen. (M 1)

b) Welche Rolle spielten die afrikanischen Stammesfürsten beim Sklavenhandel? (M 3)

c) Überlege, warum sich 200 Jahre lang viele Europäer keine Gedanken über die Recht- oder Unrechtmäßigkeit des Sklavenhandels gemacht haben. Welche Entwicklungen könnten zu einem Wandel der Anschauungen beigetragen haben? (M 4 und M 5)

Reformation und Glaubenskämpfe in Deutschland und Europa

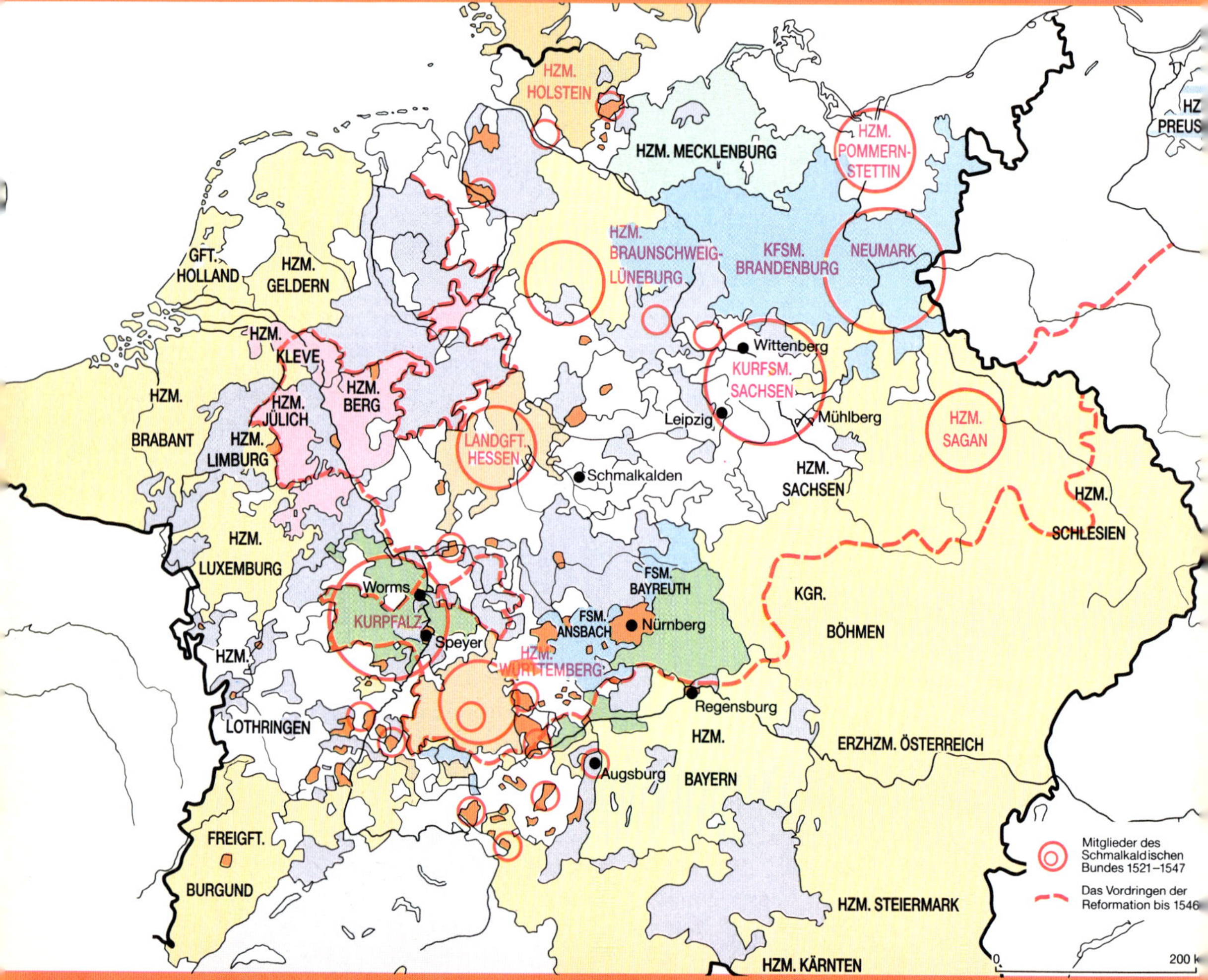

1 Die Reformation Mitte des 16. Jahrhunderts in Deutschland

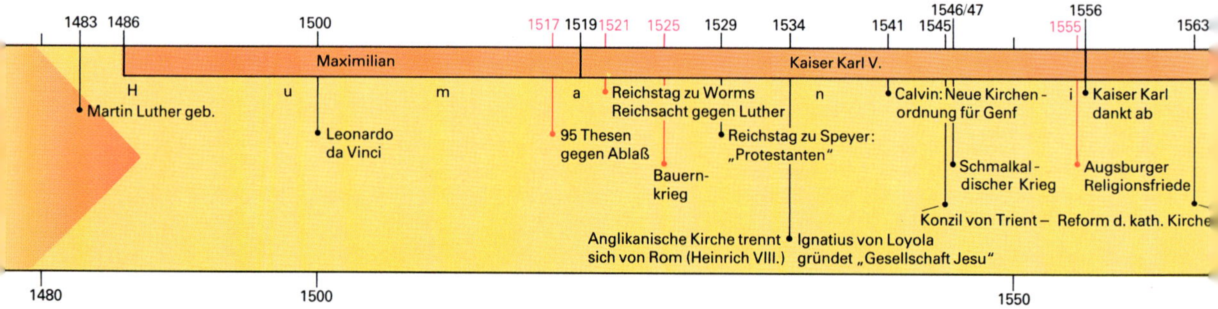

2 Martin Luther (Flügelaltar von Lucas Cranach d. Ä. für die Stadtkirche St. Marien in Wittenberg, vollendet 1547). Die Abendmahlsszene auf der Mitteltafel des Altars zeigt Luther als Junker Jörg im Kreise der Apostel, wie ihm der Mundschenk einen Becher reicht.

3 Plünderung und Zerstörung eines Dorfes während des Dreißigjährigen Krieges (Kupferstich von Jacques Callot, 1633)

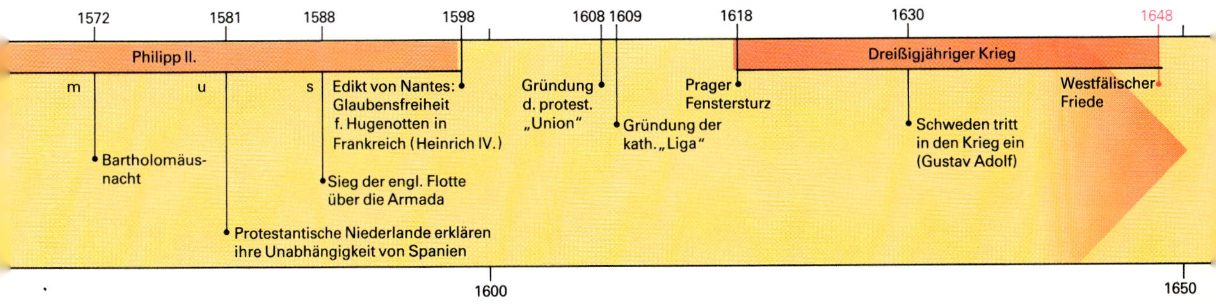

1. Der Kaiser: Oberhaupt in einem Reich oder Herr über den Erdkreis?

Mit dem 16. Jahrhundert beginnt in der üblichen Geschichtseinteilung die „Neuzeit". Noch war die Vorstellung, die das Mittelalter beherrscht hatte, lebendig: Es sei Gottes Wille, daß ein christlicher Kaiser über die Welt herrsche. Doch in Wirklichkeit war die Macht der Kaiser nicht mehr unbedingt größer als die der Könige anderer Länder.
Da kam die Kaiserkrone an einen jugendlichen Herrscher, der mit neunzehn Jahren der mächtigste König in der Christenheit war. War das nicht ein Hinweis darauf, daß es seine Aufgabe sein müßte, das große Weltreich, zu dem es bisher hin und wieder Ansätze gegeben hatte, endlich zu verwirklichen?

1486–1519	Kaiser Maximilian aus dem Hause Habsburg regiert.
1516	Maximilians Enkel Karl wird (erst sechzehnjährig) König von Spanien.
1519	Karl wird zum Kaiser gewählt und herrscht als Karl V. bis 1556.

„Das Römische Reich Deutscher Nation"

In der Zeit um 1500 war in Deutschland vieles anders als in den andern Ländern Europas. *Maximilian,* der am Anfang des Jahrhunderts in Deutschland herrschte, führte den Titel „Kaiser", aber er nannte sich nicht „Deutscher Kaiser" oder „Kaiser von Deutschland", sondern *„Römischer Kaiser"*. Und das Reich, in dem er Kaiser war, wurde *„Das Heilige Römische Reich Deutscher Nation"* genannt. Und als Kaiser war Maximilian in diesem Reich nur der Oberherr. Das Reich bestand aus vielen kleineren und größeren Ländern. *Landesherren* waren Kurfürsten (vgl. S. 106, 108, 110), Herzöge, Fürsten, Landgrafen und Grafen; es gab aber auch selbständige Stadtrepubliken, die von einem gewählten Rat mit einem gewählten Stadtoberhaupt regiert wurden, die sogenannten freien *Reichsstädte* (vgl. S. 106, 108, 111f.). Fürsten und freie Städte bildeten die *„weltlichen Reichsstände"*, Erzbischöfe, Bischöfe, Äbte und Äbtissinnen die *„geistlichen Reichsstände"*, wenn sie neben ihrem kirchlichen Amt auch die politische Herrschaft in ihrem Gebiet wahrnahmen.
Die Reichsstände entsandten ihre Vertreter zu den *Reichstagen,* die zur Regelung bestimmter Fragen einberufen und abgehalten wurden, an wechselnden Orten, meistens in einer freien Reichsstadt. Dabei führte der Kaiser oder sein Vertreter den Vorsitz. Es wurde beraten und abgestimmt. Man kann also sagen: Das Heilige Römische Reich Deutscher Nation wurde von den Kaisern zusammen mit den Reichsständen regiert.
Die Kaiserkrone war – anders als sonst die Kronen weltlicher Fürsten – nicht erblich. Das Kaisertum des „Römischen Reiches" war ein *Wahlkaisertum.* Nach dem Tod eines Kaisers mußte ein neuer gewählt werden, und zwar von den sieben Kurfürsten (Kur = Wahl): den drei „geistlichen" Kurfürsten (die zugleich das Bischofsamt innehatten) von Mainz, Trier und Köln und den vier „weltlichen" Kurfürsten von der Pfalz, von Sachsen, von Brandenburg und dem König von Böhmen, dessen Land ebenfalls zum „Reich" gehörte.

Ein König von Spanien wird Kaiser des Reiches

Als Maximilian 1486 zum Kaiser gewählt wurde, war er Erzherzog von Österreich. Er heiratete die Erbtochter des Herzogs von Burgund, zu dessen Herrschaftsbereich auch die Gebiete der heutigen Länder Belgien und Niederlande gehörten. Sein Sohn Philipp heiratete die Erbin der spanischen Krone; nach Philipps frühem Tod kam sie an Maximilians Enkel Karl, der 1516 – im Alter von 16 Jahren – in Spanien König wurde. Drei Jahre später, nach dem Tod

1 Kaiser Maximilian I. mit seiner Gemahlin Maria (Tochter des Herzogs Karl des Kühnen von Burgund), seinem Sohn Philipp dem Schönen und seinen Enkeln Karl (Mitte) und Ferdinand (links) sowie mit Ludwig von Ungarn (rechts). – Karl wurde König von Spanien und Kaiser des Reiches. Ferdinand wurde Stellvertreter Karls und dann sein Nachfolger als Kaiser. Ludwig, schon im kindlichen Alter König von Ungarn, wurde mit Maximilians Enkelin Maria verheiratet. Er kam mit 21 Jahren im Krieg gegen die Türken ums Leben. Dadurch fiel der nicht von Türken beherrschte Teil Ungarns an Habsburg.

2 Karl V. als Kaiser im Alter von 48 Jahren (Gemälde von Tizian)

Maximilians, wurde Karl von den Kurfürsten zum *Römischen Kaiser* gewählt. Die Kurfürsten für sich zu gewinnen, kostete Geld. Den größten Teil davon lieh Karl von dem kapitalkräftigen *Handelshaus der Fugger* (vgl. S. 116, 118) *in Augsburg*.

Verschiedene Erwartungen bei Kaiser und Reichsständen

Den Reichsständen lag daran, daß der Kaiser nicht zu mächtig wurde, denn das hätte ihre eigene Macht geschwächt. In einer „Wahlkapitulation" verpflichtete sich Karl, alle bisherigen Rechte der Kurfürsten und der anderen Reichsstände zu achten, wie es in der „Goldenen Bulle" (vgl. S. 108) von 1356 festgelegt war.
Der Anspruch der Reichsstände mißfiel dem jungen Kaiser. Er erklärte: „So steht unser Gemüt und Wille nicht dahin, daß man viele Herren, sondern allein einen, wie des heiligen Reiches Herkommen ist, habe."

3 Macht und Anspruch des Kaisers

Die Gesetze, die Karl erließ, begannen, wie es auch bei andern Herrschern üblich war, mit der Aufzählung seiner Herrschaftstitel:
„Wir, Karl der Fünfte, von Gottes Gnaden Römischer Kaiser ... König in Germanien ... zu Kastilien, Aragon, Leon (den drei Ländern der spanischen Monarchie), beider Sizilien (Unteritalien), Jerusalem, Ungarn, Dalmatien, Kroatien ... Sardinien ... Korsika ... der Indianischen Inseln

und des Festlandes (der von Spaniern entdeckten und eroberten Gebiete Amerikas) ... Erzherzog zu Österreich, Herzog zu Burgund ... zu Geldern (in den heutigen Niederlanden) ... Graf zu Flandern (im heutigen Belgien) .." Das ist nur eine kleine Auswahl von mehr als 70 Herrschaftstiteln.
(Geschichte in Quellen, Bd. 3, München 1976, S. 212.)

4 Erneuerung der Weltherrschaft eines christlichen Kaisertums?

Gattinara, Kanzler Karls V., berichtet:
„... Inzwischen verhandelte Kaiser Maximilian mit den Kurfürsten des Reiches über die Wahl seines Enkels Karl ... Er mahnte Karl und dessen Minister, die Sache finanziell zu fördern, einige der Minister aber glaubten, man solle diese Aufforderung lieber ablehnen als annehmen, denn die Wahl werde Karl selber, seinen Königreichen und Ländern eher Schaden als Nutzen bringen. Da war Mercurino (Gattinara) der einzige, der diesen Ratschlag als irrig bezeichnete und dieses wie folgt begründete: Das Kaisertum verheiße den gerechtesten Anspruch auf Herrschaft über die ganze Welt, da es von Gott selbst eingesetzt ... und von Christus, unserem Erlöser, ... bestätigt worden sei. Wenn das Kaisertum hier und da einmal auf machtlose Fürsten übertragen und diesen dann zum Schaden geworden sei, so sei doch weit anderes zu erhoffen, wenn der Kaisertitel einem an sich schon mächtigen König, der so reiche und bedeutende Königreiche und Länder als Machtgrundlage habe, beigelegt werde. Der könne dann ... nicht nur seine ererbten Königreiche und Länder bewahren, sondern noch größere hinzugewinnen und so das Reich selber mehren, ja die Weltherrschaft erringen ... Karl hörte dies gern; er verwarf den Rat der übrigen und entschloß sich, auf das Unternehmen einzugehen." (Geschichte in Quellen, Bd. 3, München 1976, S. 211)

Arbeitsvorschläge und Fragen

a) Wie sind die Bezeichnungen „Römischer Kaiser" und „Römisches Reich" zu erklären? (S. 17f., 40f.) – Warum wird dieses Reich „heilig" genannt? (M 3)
b) Was erwarteten die Reichsstände von dem neuen Kaiser?
c) Zeige an Textstellen, welche Ziele Karl vor Augen hatte. (M 4)
d) Welche Konflikte waren zu erwarten und zu befürchten?
e) Welche für das Haus Habsburg charakteristischen Familienähnlichkeiten sind auf dem Bild der kaiserlichen Familie zu erkennen? (M 1)

2. Die Idee einer universalen Kaiserherrschaft stößt auf Widerstand und Widerspruch

Das Reich, über das Karl V. als christlicher Herrscher gebot, war wirklich ein gewaltiges Reich. Aber in Konstantinopel regierte ein mohammedanischer Sultan, dessen Macht nicht geringer war als die des christlichen Kaisers. Auf der Grundlage seiner – der islamischen – Religion erhob der Sultan ebenfalls einen Anspruch auf die Weltherrschaft; in seinen Ländern lebten auch viele, meist nichtkatholische Christen. Aber auch in der katholischen Christenheit konnte man fragen: Braucht die Christenheit wirklich *einen* weltlichen Herrn und Beschützer? Betrachten sich die christlichen Könige nicht schon längst als Schutzherren der Kirche in ihren Ländern? Genügt es, um die Einheit des Glaubens zu erhalten, nicht, daß man ein gemeinsames geistliches Oberhaupt hat?

1521–1544	In diesen Jahren führt Kaiser Karl V. vier Kriege mit König Franz I. von Frankreich. In dem zweiten dieser Kriege steht auch der Papst als Herrscher des Kirchenstaates (vgl. S. 116) auf der Seite des französischen Königs.
1527	Im Krieg zwischen Kaiser und Papst wird Rom von deutschen und spanischen Soldaten Karls V. erstürmt und geplündert.
1529	Die Türken, die Ungarn erobert haben, belagern Wien.

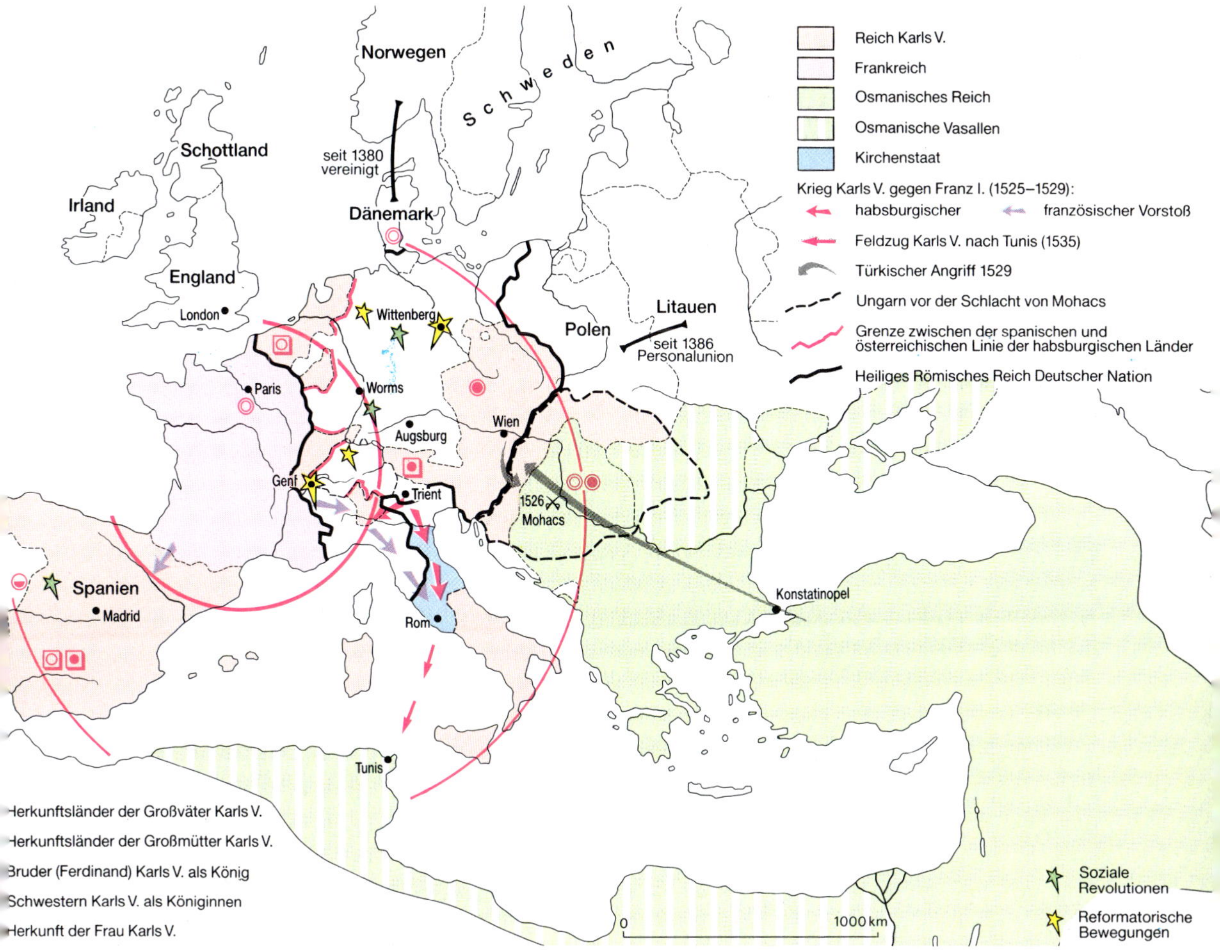

1 Die Politik der großen Mächte in der ersten Hälfte des 16. Jahrhunderts

Der Papst als politischer Gegner des Kaisers

Der Papst widersetzte sich den Plänen des Kaisers. Er war nicht nur Oberhaupt der Kirche, sondern auch weltlicher Herrscher eines selbständigen Landes in Mittelitalien mit Rom als Hauptstadt. Dieses päpstliche Land lag zwischen Gebieten unter kaiserlicher Herrschaft im Norden Italiens und dem Königreich Neapel, in dem Karl König war. Der Papst befürchtete nun, der Kaiser könne so mächtig werden, daß er ihm seinen Willen aufzwingen könne. Was den Schutz der Kirche anging, so bekannten sich die Herrscher aller Länder in Nord-, West-, Mittel- und Südeuropa zur katholischen Religion. Sie erkannten den Bischof von Rom, den Papst, als Oberhaupt der Kirche an und hielten sich für verpflichtet, in ihren Ländern Kirche und Religion zu schützen. Oft hatten sie in kirchlichen Angelegenheiten, wenn es nicht gerade um die richtige Lehre ging, mehr zu sagen als der Papst. Brauchte die Kirche den Kaiser wirklich noch als Schutzherrn?

Franz I. als Rivale Karls V.

Dann war da *Franz I.*, König von Frankreich, der ebenfalls gerne Kaiser geworden wäre. Im Norden, Osten und Süden grenzte sein Land an Gebiete, in denen Karl Herr war. Außerdem gab es ungelöste Streitfragen über beiderseitige Ansprüche auf Teile Burgunds, der Niederlande und Italiens.

Die islamische Großmacht bedroht das Reich

Und dann gab es noch eine andere Großmacht, deren Herrscher – ähnlich wie der christliche Kaiser – ebenfalls einen religiös begründeten Anspruch auf die Weltherrschaft erhob. Die Großmacht war die *Türkei*, ihre Herrscher führten den Titel *Sultan*. Die Türken waren Mohammedaner, und der Sultan war zugleich geistliches und weltliches Oberhaupt. Die Türken hatten die Länder des oströmischen (oder byzantinischen) Reiches erobert und *1453* die alte Kaiserstadt *Konstantinopel* (heute Istanbul genannt) *eingenommen*, wohin die Sultane ihre Residenz verlegten. Um 1500 beherrschten die Türken die gesamte Balkanhalbinsel. Sie eroberten einen großen Teil Ungarns. Ein türkisches Heer stieß bis *Wien* vor, belagerte die Stadt und zog, ohne die Stadt in seine Gewalt gebracht zu haben, wieder ab.

2 Ein Brief des Sultans an den König von Frankreich

1526 wurde Franz I. von kaiserlichen Truppen gefangen genommen und erst nach erzwungenen Friedenszugeständnissen wieder freigelassen.

Während sich Franz als Gefangener Karls in Madrid befand, wandte er sich heimlich an den Sultan um Hilfe. Dieser antwortete ihm folgendermaßen:

„Ihr, ein Franke, König des Landes Frankreich, habt an meine Pforte, die Zuflucht der Könige, durch Euren treuen Gesandten Frangipani einen Brief übersandt und ihm auch mündliche Mitteilungen anvertraut. Ihr habt mich wissen lassen, daß der Feind Euer Land erobert hat und daß Ihr Euch gegenwärtig in Gefangenschaft befindet. Ihr habt um Hilfe und Beistand zu Eurer Befreiung gebeten. Alle Eure Worte sind zu Füßen meines Throns, des Zufluchtsortes für alle Welt, vorgetragen worden. Mein kaiserliches Gemüt hat sie im einzelnen vernommen, und ich habe mir von allem vollständige Erkenntnis verschafft ... Tag und Nacht halten wir unser Roß gesattelt und unsern Säbel an der Seite. Möge Gott der Allmächtige das gute Werk fördern!"

(Geschichte in Quellen, Bd. 3, München 1976, S. 235)

3 Ein Brief Kaiser Karls an den Papst

Nachdem der Papst mit Frankreich ein Bündnis gegen den Kaiser eingegangen war,schrieb der Kaiser an ihn:

„Da ich Dir keinerlei Ursache zur Beleidigung gegeben habe, bitte ich Dich inständig, die Waffen niederzulegen, ich werde das gleiche tun. Und da wir beide eingesetzt sind, gleichsam als zwei große Lichter (Sonne und Mond), so laß uns darum bemüht sein, daß der Erdkreis durch uns erleuchtet werde, nicht aber durch Zwiespalt Finsternis entstehe. Denken wir an das allgemeine Beste, an die Vertreibung der Barbaren (der Ungläubigen), die Unterdrückung der Sekten und Irrlehren. Das dient ohne Zweifel der Ehre Gottes, damit sollten wir beginnen und dann erst die anderen Streitfragen vornehmen und untersuchen."

(Geschichte in Quellen, Bd. 3, München 1976, S. 225)

Arbeitsvorschläge und Fragen

a) Nenne die Konflikte, in die Karl V. bei der Verfolgung seines großen politischen Ziels geriet.

b) Wie verhalten sich die politisch Handelnden, von denen hier berichtet wird, in dem Konflikt: religiöse Einheit oder politische Macht?

c) Benenne die Länder, die zum Reich Karls V. gehörten. (M 1)

d) Was ist aus der Karte über die „Heiratspolitik" des Hauses Habsburg zu entnehmen?

3. Neue Wissenschaft und neue Kunst – Zustimmung und Widerspruch in der Kirche

Von vielen Geschichtsschreibern wird die Zeit um 1500 als der Beginn der „Neuzeit" aufgefaßt, der Zeit also, die sich bis in unser Jahrhundert erstreckt. Auf die Frage, was der Mensch ist und wie er sein sollte, suchten jetzt viele Dichter, Gelehrte und Künstler die Antworten nicht mehr oder nicht mehr hauptsächlich in der Bibel und bei den Heiligen der Kirche, sondern im Leben und Denken der Menschen des vorchristlichen griechischen und römischen Altertums. Wie wirkte sich das in der Kirche aus, die das geistige Leben der Menschen weitgehend prägte und bestimmte?

Um 1500	Künstler schaffen auf allen Gebieten der bildenden Kunst Meisterwerke, die jahrhundertelang als vorbildliche Darstellungen menschlicher Schönheit galten. Gelehrte erforschen aufs neue die Schriften des griechischen und römischen Altertums und werden dadurch zu eigenen Forschungen angeregt.
1498	Der Bußprediger Savonarola wird in Florenz verbrannt.
1516	Erasmus von Rotterdam gibt das Neue Testament in der griechischen Originalsprache heraus.

Religiöse und geistige Einheit in der Kirche

Um das Jahr 1500 bekannten sich in allen Ländern Mittel-, West-, Nord- und Südeuropas die Herrschenden und Regierenden zur römisch-katholischen Kirche und erkannten den Bischof von Rom, den Papst, als Oberhaupt der Kirche an. Auch fast alle ihre Untertanen waren katholische Christen. In jener Zeit hielt man es für selbstverständlich, daß die Menschen, die in Dörfern, Städten und Ländern zusammen lebten, den gleichen Glauben hatten. Menschen verschiedener Religion konnten damals nicht ohne Schwierigkeiten zusammen leben und arbeiten, weil das ganze Leben religiös geprägt war. Wer den gültigen Glauben nicht teilte, wer nicht an Gottesdiensten und religiösen Feiern teilnahm, der schloß sich damit selbst aus der Gemeinschaft aus, und man stellte ihn unter Sonderrechte.

„Humanismus"

Um 1500 hatten viele gebildete Menschen das Gefühl, Menschen einer neuen und großen Zeit zu sein. Neben den in der Bibel und von der Kirche überlieferten Geschichten der Heiligen las man jetzt mit Begeisterung auch von berühmten Menschen des vorchristlichen Altertums, in denen man Vorbilder menschlicher Größe sah. Man versuchte, genau herauszufinden, was die Dichter, Geschichtsschreiber und Philosophen des griechischen und römischen Altertums gedacht hatten. Im Mittelalter hatte man griechische Autoren meistens in lateinischen Übersetzungen gelesen. Jetzt wollte man sie so lesen, wie sie selbst gesprochen und geschrieben hatten. Auch die Schriften der Bibel, die man ebenfalls in der lateinischen Sprache las und studierte, wurden jetzt von Gelehrten wieder in den Sprachen herausgegeben, in denen sie ursprünglich verfaßt worden waren: hebräisch und griechisch. Man bezeichnet diese neue Einstellung zum Altertum oft als *„Humanismus"* und ihre Vertreter als *„Humanisten"*.

„Renaissance"

Auch die bildenden Künstler (Maler, Bildhauer, Architekten) begeisterten sich für das griechische und römische Altertum. Man baute Kirchen und Paläste nicht mehr so wie im Mittelalter, sondern griff auf Bauformen der Antike zurück. Im Mittelalter hatten die Maler hauptsächlich Geschichten aus der Bibel und aus dem Leben der Heiligen gemalt. Jetzt malten sie auch Szenen aus

1 Albrecht Dürer. Selbstbildnis des 28jährigen Künstlers. Dürer malte sich als schönen Menschen und in Haltung, Bart- und Haartracht so, wie die Künstler Christus darstellten. Das war keine Überheblichkeit, sondern Ausdruck seiner Kunstauffassung.

2 Erasmus von Rotterdam (Gemälde von Hans Holbein). Der Gelehrte wendet sich nicht dem Betrachter zu, sondern ist ganz in seine geistige Arbeit vertieft.

der Sagenwelt und der Geschichte der Griechen und Römer; „heidnische" Götter und Göttinnen wurden kaum weniger oft dargestellt als biblische Gestalten oder Heilige. Als Schauplatz der Ereignisse malte man die wirkliche Umwelt: Städte und Landschaften, in denen man lebte oder die man kannte. Götter, Helden und Heilige malte man in gleicher Weise als besonders schöne und wohlgestaltete Menschen. Den Kunststil, der die mittelalterliche Kunst ablöste, nannte man später *„Renaissance"* (vgl. S. 116).

Die Kirche fördert die neue Kunst

Die Begeisterung für das Altertum war in *Italien* entstanden. Die Päpste förderten die neue Wissenschaft und die neue Kunst. Sie zogen die besten und berühmtesten Künstler der Zeit an ihren Hof und gaben ihnen Aufträge. Damit steigerten sie die Pracht ihrer Hofhaltung, die bald die der meisten Herrscher übertraf, und ihren eigenen Ruhm.
Dem Beispiel der Päpste folgten viele Kardinäle, Bischöfe und Äbte. Prunksucht und Prachtentfaltung „geistlicher" Würdenträger unterschied sich in nichts von der „weltlicher" Herrscher.

Vielen imponierte das, aber andere nahmen Anstoß daran. In Florenz tadelte der wortgewaltige Predigermönch *Savonarola* öffentlich die Prachtentfaltung und die weltliche Lebensweise des Papstes und der hohen Geistlichen. Er bezichtigte den Papst des Unglaubens und verweigerte ihm den Gehorsam. Die Stadtregierung ließ ihn verhaften. Er wurde gefoltert und aufgrund erpreßter Geständnisse als „Häretiker und Schismatiker" (Irrlehrer und Kirchenspalter) gehängt und verbrannt.

Widerstand gegen die „Verweltlichung" der Kirche

Humanismus: So bezeichnete man die am Anfang der Neuzeit aufkommende und auf Vorbilder des griechischen und römischen Altertums zurückgreifende Wissenschaft vom Menschen. Ihre Vertreter nennt man **Humanisten**; ihre Lehren **humanistisch**. Die drei Wörter stammen von dem lateinischen Wort „humanus" (= human, menschlich) und werden heute auch oft gebraucht, wenn man von Menschlichkeit, Menschenwürde und Menschenrechten spricht.
Renaissance (französisch): Wiedergeburt. Mit dem Wort bezeichnete man den Kunststil, der auf die mittelalterliche Kunst folgte; man sah in ihm eine „Wiedergeburt" der antiken Kunst. In Wirklichkeit schufen die Künstler jedoch einen neuen, der antiken Kunst ähnlichen Stil.

3 Ein Humanist über Religion und Philosophie

Erasmus von Rotterdam, für viele der größte Gelehrte des Humanismus, gab 1516 die in griechischer Sprache verfaßten Schriften der Bibel, das Neue Testament, neu heraus. Er schreibt:
„In den Büchern der Heiden (der griechischen Philosophen) kann man sehr vieles finden, was mit seiner Lehre (der Lehre Jesu) übereinstimmt ... Die Stoiker (eine Gruppe von Philosophen) haben gesehen, daß nur ein guter Mensch weise sei ... Daß man Böses nicht mit Bösem vergelten dürfe, lehrt Sokrates ... Ein gutes Stück der christlichen Lehre haben nicht wenige mit ihrer Lebensweise bewiesen ... Jene reine und echte Philosophie Christi aber wird am glücklichsten aus den evangelischen und apostolischen Schriften (gemeint ist: aus dem Neuen Testament) geschöpft." (Schuster, Ringshausen, Tebbe [Hrsg.], Quellenbuch zur Kirchengeschichte I/II, Frankfurt a.M. 1955, S. 86)

4 Ein Maler der Renaissance über Religion und Kunst

Albrecht Dürer, einer der größten Maler der Renaissance, schreibt:
„Die Kunst ist groß und gut, und wir wollen sie mit großem Eifer in das Lob Gottes wenden. Denn wie sie (die Maler und Bildhauer des Altertums) die schönste Gestalt eines Menschen haben zugemessen ihrem Abgott Apollo, so wollen wir dieselben Maße brauchen zu Christus dem Herrn, der der Schönste aller Welt ist. Und wie sie gebraucht haben Venus als das schönste Weib, so wollen wir dieselbe zierliche Gestalt beilegen der allerreinsten Jungfrau Maria ... Desgleichen wollen wir den anderen Heiligen allen tun."
(Albrecht Dürer, Schriften, Tagebücher, Briefe. Stuttgart 1961, S. 212)

Arbeitsvorschläge und Fragen

a) Welche neuen Ideen vertraten Künstler und Gelehrte zu Beginn der „Neuzeit" und an welcher Zeit und Kultur orientierten sie sich dabei?
b) In welchem Zusammenhang sieht Erasmus die Lehre Christi und die Lehren vorchristlicher Philosophien? (M 3)
c) In welcher Weise will Dürer in der Kunst Christentum und antikes Heidentum miteinander verbinden? (M 4)
d) Wer die neuen Ideen vertrat, mußte sich mit christlichen Auffassungen auseinandersetzen. Zeige anhand des Verfassertextes und am Beispiel der Materialien, wie Künstler und Gelehrte danach strebten, Christliches und „Heidnisches" harmonisch zu verbinden.

4. Luther und der Beginn der Reformation

In der Zeit um und nach 1500 befand sich die Kirche – besonders in Deutschland – in einer Krise. Viele Menschen nahmen Anstoß daran, daß die Kirche die Welt in ihrer Prachtentfaltung nachahmte und übertraf. Konnte eine solche Kirche, ohne sich selbst zu widersprechen, ihren Gläubigen ein Leben in Armut und Demut empfehlen?
Anderes kam hinzu. Die neue Wissenschaft (s. Kap. 3) hatte u. a. zur Folge, daß viele gelehrte Theologen sich nicht mehr damit begnügten, die Bibel in der von der kirchlichen Tradition „geheiligten" lateinischen Sprache zu lesen; sie forschten im griechischen und hebräischen Originaltext nach dem Wortsinn und kamen dabei gelegentlich zu Auffassungen, die anders waren als die, die man allgemein für richtig hielt.
Die meisten Menschen, die über diese Probleme tiefer nachdachten, hielten Reformen in der Kirche für unbedingt notwendig; nicht wenige waren für eine Reform oder Reformation an „Haupt und Gliedern".

1483	**Martin Luther** in Eisleben (im östlichen Harzvorland) geboren; er starb in derselben Stadt 1546.
1517	Luther, Mönch und Professor in Wittenberg, greift in den Streit um den Ablaß ein und **veröffentlicht „95 Thesen"** über das Thema Ablaß und Buße. In weiteren Schriften stellt Luther das hierarchische Prinzip und damit die geltende Ordnung der Kirche in Frage.
1520	Luther wird von dem Papst mit dem Bann bedroht und 1521 mit dem Bann (vgl. S. 50, 52) belegt.
1521	Luther lehnt auf dem **Reichstag zu Worms** den vom Papst und Kaiser geforderten Widerruf seiner Schriften ab. Im **Wormser Edikt** wird die Reichsacht über Luther ausgesprochen.

4.1 Von der Frömmigkeit der Zeit: die Sorge um die Rettung der Seelen

Nach dem Tode: Himmel, Hölle, Fegefeuer

Die Kirche lehrte, daß das irdische Leben nur eine Zeit der Vorbereitung auf die Ewigkeit sei. Und „Ewigkeit", das bedeutete nicht endende Glückseligkeit oder nicht endende Qual: Himmel oder Hölle. Und das Urteil darüber traf Gott, der zwar gnädig, aber auch unbestechlich gerecht war. Nur wenige Seelen, die Gott zur Seligkeit bestimmte, konnten sogleich nach dem Tod des Leibes in den Himmel eintreten; die meisten mußten zuerst durch Leiden für begangene Sünden geläutert werden; eine Vergebung der Schuld bedeutete nicht unbedingt auch einen Erlaß der Strafe. Der Ort oder Zustand dieser Läuterung wird „Fegefeuer" genannt (lateinisch „Purgatorium" von „purgare" = reinigen, sühnen).
Der Gläubige konnte den „armen Seelen" im Fegefeuer helfen, indem er für sie betete. Er konnte auch von einem Priester gegen eine Geldleistung an die Kirche eine Messe lesen lassen, oder er konnte gute Werke für sie tun.

„Ablaß" für Lebende und Tote

Im Mittelalter hatte es sich weitgehend eingebürgert, daß Bußleistungen (z. B. Fasten, Wallfahren), die für begangene Sünden erbracht werden mußten, durch *Geldspenden* abgelöst wurden (*Ablaß*); Lebende konnten durch solche Spenden auch die Sühneleiden der Verstorbenen im Fegefeuer lindern oder verkürzen. Das führte zu Mißbräuchen, die von vielen beklagt und kritisiert wurden, gegen die die Kirche in ihrer Gesamtheit jedoch nicht entschieden auftrat.
1510 hatte der Papst einen Ablaß ausgeschrieben, durch den Geld für den Neubau der Kirche St. Peter in Rom beschafft werden sollte. Einen solchen Ablaßhandel praktizierte in Deutschland vor allem der *Dominikanermönch Tetzel*.

1 Luther als Mönch (Kupferstich von Lucas Cranach dem Älteren). Die lateinischen Worte unter dem Bild bedeuten: „Nur Luther selbst bringt die Gestalt seines Geistes zum Ausdruck; die Tafel des Lucas hält nur seine vergänglichen Züge fest."

2 Gnade für Geld?

Aus einer Ablaßpredigt aus dem Jahr 1517:

„Du Priester, du Adliger, du Kaufmann, du Frau, du Jungfrau, du Braut, du Jüngling, du Greis, tritt in deine Kirche, die, wie ich gesagt habe, die Kirche des heiligen Petrus ist, und besuche das allerheiligste Kreuz, das für dich aufgerichtet ist, das ununterbrochen ruft und dich einlädt ...

Wisse, daß ein jeder, der gebeichtet, bereut und Almosen in den Schrein getan hat, soviel ihm der Beichtvater geraten hat, eine volle Vergebung aller seiner Sünden haben wird ... Was steht ihr also müßig? Eilet alle zum Heil eurer Seele! ...

Habt ihr nicht die Stimmen eurer Eltern und anderer Verstorbenen gehört, die rufen und sagen: ‚Erbarmt euch, erbarmt euch wenigstens meiner usw.; denn wir leiden unter sehr harten Strafen und Foltern, von denen ihr uns durch ein geringes Almosen loskaufen könnt' – und ihr wollt es nicht?! ...

O ihr Widersprechenden, die ihr den Ablaß für falsch erklärt und diesen Handel direkt oder indirekt behindert, wie schlecht steht ihr da, ihr seid außerhalb der Gemeinschaft der Kirche! ..."

(H. Junghans [Hrsg.], Die Reformation in Augenzeugenberichten, Düsseldorf 1967, S. 43–45)

a) An wen wendet sich der Ablaßprediger? (M 2)
b) Was verspricht er denen, die „in den Schrein" tun, was setzt er jedoch voraus?
c) An welche Gefühle (hinsichtlich der Hörer selbst und ihrer Verstorbenen) appelliert der Prediger?
d) Was erfahren wir aus dem letzten zitierten Satz?

Arbeitsvorschläge und Fragen

4.2 Vom Streit um den Ablaß zur Bestreitung der päpstlichen und bischöflichen Autorität in der Kirche

On Aplas von Rom
kan man wol selig werden
durch anzaigung der götlichen
hailigen geschryfft.

1 Ablaßpredigt und Verkauf von Ablaßzetteln (Flugschrift aus dem Jahre 1520)

Kritik am Ablaß

Im Jahr *1517* veröffentlichte ein so gut wie unbekannter Mönch, der als Professor an der Universität Wittenberg den Studenten die Bibel auszulegen und zu erklären hatte, in lateinischer Sprache *95 Thesen über den Mißbrauch und rechten Gebrauch des Ablasses*. Diese „Thesen" waren dazu bestimmt, bei Disputationen (Streitgesprächen) von Gelehrten und Studenten über dieses Thema als Grundlage zu dienen. Ohne Zutun des Verfassers wurden die Thesen gleichsam über Nacht ins Deutsche übersetzt und in vielen gedruckten Exemplaren verbreitet. Viele Menschen aller Stände erkannten in diesen Thesen ihre eigenen Gedanken und Zweifel wieder, viele fanden auch Antwort auf sie bedrängende Fragen. Und bald war der Name des Mannes, der diese Thesen verfaßt und dabei so mutig Kritik geübt hatte, in aller Munde: *Martin Luther*.

Luthers Herkunft und Werdegang

Martin Luther stammte aus bäuerlichen Verhältnissen. Sein Vater war Bergmann; er hatte als „Häuer" angefangen, konnte sich dann selbständig machen und wurde Teilhaber an mehreren kleinen Schächten, in denen nach Kupfer und Silber gegraben wurde. Sein Sohn sollte es einmal besser haben als er, er sollte studieren, und zwar die Rechtswissenschaft. Martin begann dieses Studium, trat dann aber gegen den Willen seines Vaters und zur Überraschung aller, die ihn kannten, in ein Kloster ein; Gedanken an den Tod und an das Gericht Gottes hatten ihn dazu gedrängt. Im Kloster erkannte man seine überragende geistige Begabung und förderte ihn, so daß er schließlich Professor der Theologie wurde.

Luthers Verständnis der Gerechtigkeit Gottes

Luther hatte das Klosterleben gewählt, weil er meinte, im Kloster am ehesten seine Seele retten zu können. In der Stille des Klosters konnte man die guten Werke, mit denen Gott versöhnt werden sollte, wie Wachen, Beten und Fasten, leichter verrichten als im Getriebe der Welt. Doch Martin fand trotz seiner guten Werke keinen inneren Frieden. „Wie bekomme ich einen gnädigen Gott?" Das war die Frage, die Martin Luther bewegte. Und auf die Frage fand er beim Studium der Bibel folgende Antwort: Der Mensch kann die Gnade Gottes nicht durch Willensanstrengungen und durch gute Werke verdienen, sondern Gott schenkt sie ihm, wenn er an Gott glaubt und auf Gottes Barmherzigkeit vertraut, die in Jesus Christus offenbar geworden ist. „Da fühlte ich", sagte Luther später, „daß ich ganz und gar neu geboren und durch die geöffneten Pforten in das Paradies eingetreten war."

Ist Luther noch katholisch?

In diesem Erlebnis sah Luther während seines ganzen Lebens die Entdeckung des *wahren Evangeliums*. Diese Entdeckung stand aber zu dem, was die Ablaßprediger verkündigten, in schärfstem Widerspruch. Luther verteidigte seine Auffassung, die er auch in seinen 95 Thesen zum Ausdruck gebracht hatte, in öffentlichen Diskussionen mit anerkannten Gelehrten. Der Papst drohte ihm in einem förmlichen Schreiben, einer „Bulle" (vgl. S. 135), mit dem Bann, der ihn aus der Gemeinschaft der Gläubigen ausschließen würde. Luther verbrannte die päpstliche Bulle öffentlich vor den Toren Wittenbergs. Damit hatte Luther sich der Autorität des Papstes und der römischen Kirche öffentlich widersetzt.
Als Gebannter verfaßte Luther mehrere große Schriften. In ihnen legte er sein Verständnis des Evangeliums dar. In ihnen lehnte er zugleich ein wesentliches Prinzip der römisch-katholischen Kirche ab: die Einteilung der Menschen in „Kleriker" und „Laien", Priester und Volk, und damit die kirchliche Hierarchie.

Theologie: (wörtl.) die Wissenschaft von Gott (theos); im allgemeinen meint man damit die Wissenschaft über Wesen, Ursprung und Geschichte der christlichen (kath. bzw. ev.) Religion.
These: Satz, „Leitsatz", Behauptung. Thesen dienen in der Regel als Grundlage zur geistigen Auseinandersetzung.
Hierarchie: (wörtl.) „heilige Herrschaft". In der katholischen Kirche meint man mit dem Wort die Gesamtheit der Geistlichen („Kleriker"), die zueinander in einem Verhältnis von Vorgesetzten und Untergebenen stehen, mit dem Papst an der Spitze. Heute bezeichnet man mit dem Wort auch ähnliche feste Rangordnungen in anderen Lebensbereichen (Staat, Betrieb ...); wir sprechen dann auch von einem „hierarchischen Prinzip".

2 Martin Luther: Über Buße und Ablaß (aus den „95 Thesen")

These 1: „Da unser Herr und Meister Jesus Christus spricht: ‚Tut Buße' usw. (Matth. 4,17), wollte er, daß das ganze Leben der Gläubigen ein Bußetun sein sollte." (Das biblische Wort für „Buße" bedeutet im Wortsinn „Umbesinnung": Abwendung vom eigensüchtigen Ich und Hinwendung zu Gott und den Mitmenschen.)
These 21: „Daher irren alle Ablaßprediger, welche erklären, daß der Mensch durch den Ablaß des Papstes von jeder Strafe los und selig werde."
These 36: „Jeder Christ, der wahrhaft Reue empfindet, hat einen Anspruch auf vollkommenen Erlaß von Strafe und Schuld, auch ohne Ablaßbrief."
These 43: „Man soll die Christen lehren, daß es besser sei, den Armen etwas zu schenken und den Bedürftigen zu leihen als Ablässe zu kaufen."
(M. Luther, Die Hauptschriften, Berlin 1951, S. 1–23)

3 Martin Luther: Alle Christen sind Priester

Aus seiner 1520 erschienenen Schrift: An den christlichen Adel deutscher Nation von des christlichen Standes Besserung:
„Man hat's erfunden, daß Papst, Bischöfe, Priester und Klostervolk der geistliche Stand genannt werden, Fürsten, Herren, Handwerks- und Ackerleute der weltliche Stand, was eine ... Erdichtung und Trug ist ... Alle Christen sind doch wahrhaftig geistlichen Standes, und es be-

steht kein Unterschied zwischen ihnen als nur des Amtes halber ... Wir werden alle durch die Taufe zu Priestern gemacht ...
Und daß ich's noch klarer sage: wenn ein Häuflein frommer christlicher Laien gefangen und in eine Einöde gebracht würden und sie keinen von einem Bischof geweihten Priester bei sich hätten und würden dort in der Sache einig, erwählten einen aus ihrer Mitte, er wäre verheiratet oder nicht, und vertrauten ihm das Amt an zu taufen, Messe (Gottesdienst) zu halten, zu absolvieren (Sünden zu vergeben) und zu predigen, so wäre der wahrhaftig ein Priester, als ob ihn alle Bischöfe und Päpste geweiht hätten ..."
(M. Luther, Die Hauptschriften, Berlin 1951, S. 210–212)

Arbeitsvorschläge und Fragen

a) Stelle Aussagen Luthers und solche des Ablaßpredigers einander gegenüber. (M 2 u. M 2, S. 169)
b) Was ist nach Luthers Auffassung die einzige Voraussetzung des Priesteramtes? (M 3)
c) Wodurch wurde jemand nach katholischem Verständnis zum Priester?
d) Luther schildert eine Ausnahmesituation. Er macht dabei deutlich, durch wen Priester und Bischöfe ihr Amt eigentlich erhalten sollten. Was meint Luther? (M 3)

4.3 Die religiöse Streitfrage wird zum politischen Problem – Luther vor dem Reichstag zu Worms

Ein Gebannter vor dem Reichstag?

Der Papst hatte den Bann über Martin Luther verhängt und ihn damit offiziell aus der kirchlichen Gemeinschaft ausgeschlossen. *Nach* dem *geltenden Recht* mußte dem päpstlichen Bann die *kaiserliche Acht* folgen. Ein „Geächteter" war aus der weltlichen Rechtsgemeinschaft ausgeschlossen: Er galt als *ehrlos* und *rechtlos*, als „vogelfrei" (ohne Rechtsschutz wie ein Vogel, den jeder ungestraft töten, dessen Nest jeder ungestraft plündern und zerstören konnte).
Der Kaiser hätte die Acht über Luther aussprechen können, ohne ihn anzuhören, dazu wurde ihm auch geraten, aber das hätte in Deutschland zu Aufruhr und Empörung führen können. Deshalb folgte der Kaiser anderen Ratgebern und dem Vorschlag der Kurfürsten (vgl. S. 106, 108, 160f.), Luther vor den *Reichstag* zu laden, „der Lehre und Bücher halber, die seit einiger Zeit von Dir ausgegangen sind" (wie es in der Aufforderung hieß) und deretwegen er der Irrlehre und Ketzerei verdächtig war. Für Hin- und Rückreise wurde ihm *Sicherheit garantiert* und „Geleit" gegeben.

Luther reist nach Worms

Luther kümmerte sich wenig darum, daß sich aus den Glaubensfragen, um die es ihm ging, auch politische Probleme ergaben. Seine Freunde warnten ihn und erinnerten ihn an das Schicksal des böhmischen Reformators Jan Hus, der bei dem Konzil zu Konstanz zum Feuertod verurteilt worden war, und das trotz Zusicherung freien Geleits. Luther trat die Reise nach Worms an. Fast jedermann kannte inzwischen seinen Namen. Als er in Worms ankam, waren viele Menschen auf den Straßen, um den berühmten „Doktor Martinus", von dem jetzt so viel geredet wurde, zu sehen. Über einige Treppen wurde er heimlich in den Sitzungssaal des Reichstags geführt.

Luther widerruft nicht

Luther wurde nur zwei Dinge gefragt; erstens: ob er bekenne, der Verfasser der Schriften zu sein, die auf einem Tisch ausgebreitet lagen; und zweitens: ob er etwas davon *widerrufen* wolle. Luther bat um einen Tag Bedenkzeit. Am nächsten Tag erklärte Luther, daß er in einigen Schriften seine Gegner härter ange-

1 Luther auf dem Reichstag zu Worms. In der Bildmitte, vor dem Kaiser, liegen Luthers Schriften. (Holzschnitt vom Titelblatt einer Flugschrift, 1521)

griffen habe, „als es sich für die Religion gebührt", aber vom *sachlichen Inhalt* aller seiner Schriften, auch von dem, was er über das Papsttum gesagt habe, *nehme er nichts zurück.*

Luther in der Acht des Reiches

Damit war der Fall Luther für den Reichstag beendet. Die kaiserliche Zusage der sicheren Rückreise mit Geleit wurde eingehalten. Nachdem die Mehrzahl der Reichsstände (vgl. S. 160f.) schon abgereist war, erließ der Kaiser das *Wormser Edikt.* Nur eine kleine Zahl der zu Worms verbliebenen Reichsstände stimmten der Ächtung Luthers ausdrücklich zu. Das Edikt wurde in vielen deutschen Ländern *nicht befolgt.*

Der *Kurfürst von Sachsen,* Luthers Landesherr, ließ ihn zum Schein überfallen und auf die Wartburg bringen, damit die Öffentlichkeit glauben sollte, Luther sei getötet oder entführt worden. Luther lebte dort eine Zeitlang als *„Junker Jörg",* bis er seine Lehrtätigkeit in Wittenberg wieder aufnahm. Bis zu seinem Lebensende blieb Luther in Acht (vgl. S. 71) und Bann.

Auf der Wartburg begann Luther mit der *Übersetzung des Neuen Testaments,* das schon ein Jahr darauf im Druck erschien. Es fand reißenden Absatz und trug viel zur Verbreitung seiner Gedanken bei.

Ketzer („Häretiker"): ein Mensch, der ein kirchliches Dogma (eine von der Kirche formulierte und für verbindlich erklärte Lehre) leugnete; auf *Ketzerei* („Häresie") stand die Todesstrafe durch Verbrennen. Die Kirche stellte fest, ob Ketzerei vorlag; Verurteilung und Hinrichtung waren Sache des Staates. Heute gebraucht man beide Wörter auch, wenn jemand mit Entschiedenheit allgemein anerkannten Meinungen widerspricht.

Reformation: Erneuerung, Wiederherstellung. Meistens gebraucht man das Wort in bezug auf den kirchlichen Bereich; *Reformatoren* wollen die Kirche, die nach ihrer Auffassung verfallen oder entartet ist, *reformieren,* d.h. so erneuern oder umgestalten, daß ihr ursprüngliches Wesen wieder deutlich zum Ausdruck kommt. Das verwandte Wort *Reform* bedeutet heute oft nur Verbesserung oder Umgestaltung.

2 Titelblatt der „Bulle", dem offiziellen päpstlichen Schreiben, mit dem gegen Luther der Bann ausgesprochen wurde. Der lateinische Text bedeutet: „Bulle gegen die Irrtümer Martin Luthers und seiner Anhänger."

3 „Mein Gewissen ist in Gottes Wort gefangen"

Luthers Antwort vor dem Reichstag, wie sie schon bald danach im Druck verbreitet wurde:

„Weil denn Eure Kaiserliche Majestät und Fürstliche Gnaden eine schlichte Antwort begehren, so will ich die geben: Es sei denn, daß ich mit Zeugnissen der Heiligen Schrift oder mit klaren und hellen Gründen überwunden werde – denn ich glaube weder dem Papst noch den Konzilien allein nicht, weil es offenbar ist, daß sie oft geirrt haben – und ich also von den Sprüchen, die ich angeführt habe, überzeugt bin und mein Gewissen in Gottes Wort gefangen ist, so kann und will ich nichts widerrufen, weil es weder sicher noch geraten ist, etwas wider das Gewissen zu tun. Gotte helfe mir. Amen."

(Geschichte in Quellen, Bd. 3, München 1976, S. 125, gekürzt)

4 In der überkommenen heiligen Religion leben und sterben

Eine Erklärung des Kaisers gegenüber den Kurfürsten und einigen Fürsten am Tage nach Luthers Verweigerung des Widerrufs:

„Meine Vorfahren haben die heilige katholische Religion hinterlassen, damit ich in ihr lebe und sterbe ... Deshalb bin ich entschlossen, alles zu halten, was meine Vorgänger und ich bis zum gegenwärtigen Augenblick gehalten haben ... Denn es ist sicher, daß ein einzelner Bruder in seiner Meinung irrt, wenn diese gegen die ganze Christenheit, wie sie seit mehr als tausend Jahren gelehrt wird, steht, denn sonst hätte ja die ganze Christenheit heute und immer geirrt ... Es reut mich, daß ich es so lange aufgeschoben habe, gegen diesen Luther und seine falsche Lehre vorzugehen ... Das freie Geleit soll ihm, wie zugesagt, gehalten werden, aber er soll nicht predigen, noch dem Volk seine böse Lehre vortragen, und jede Unruhe soll vermieden werden."

(Geschichte in Quellen, Bd. 3, München 1976, S. 126)

Arbeitsvorschläge und Fragen

a) Martin Luther und Kaiser Karl V. waren von der Richtigkeit ihrer jeweiligen Glaubensauffassung überzeugt. Worauf gründet sich die Überzeugung Luthers und worauf die des Kaisers? (Die zu Tage tretende Verschiedenheit ist nicht nur persönlicher Natur, sondern zugleich Merkmal des sich abzeichnenden evangelischen und katholischen Glaubensverständnisses.) (M 3 u. M 4)

b) Welche politischen Überlegungen waren mit dafür bestimmend, daß der Kaiser gegen Luther nicht sofort von seiner Macht und seinem Recht Gebrauch machte?

c) Was verrät die Tatsache, daß Luther in Wittenberg leben und lehren konnte, über die Machtverhältnisse im Reich Karls V.?

5. Die Reformation Luthers – Folgen und Probleme

Viele Männer wurden von Luther angeregt und arbeiteten mit ihm oder an anderen Orten in seinem Sinn an derselben Aufgabe. Andere begeisterten sich an seinen Gedanken und an seinem persönlichen Mut, kamen aber beim Lesen seiner Schriften zu Folgerungen, die den Ansichten Luthers nicht entsprachen oder sogar im Widerspruch zu ihnen standen. Luther mußte Stellung dazu nehmen, denn er war ein Mann von großem Ansehen, auf dessen Wort man hörte.

1522–1526	In vielen Reichsstädten (vgl. S. 160) und mehreren Ländern des Heiligen Römischen Reiches Deutscher Nation wird das kirchliche Leben im Sinne der Lehre Luthers neu gestaltet.
1525	Aufstände der Bauern werden von Fürsten und Rittern niedergeschlagen.
1526	Thomas Müntzer, Theologe, Revolutionär und Bauernführer, wird nach der Niederlage der Bauern in Thüringen gefangengenommen und hingerichtet.
1535	Die „Wiedertäufer", die in Münster ein „Königreich Zion" errichteten, werden nach dreizehnmonatiger Belagerung durch ein Heer katholischer und lutherischer Fürsten besiegt.

5.1 Eine neue christliche Konfession entsteht: das Luthertum

Die Reformation wird zur Volksbewegung

Das Beispiel und die Gedanken Martin Luthers wirkten in ganz Deutschland und erfaßten alle Schichten der Bevölkerung. Die *„Reformation"* wurde zu einer Volksbewegung. Viele Menschen betrachteten sich jetzt als „freie" Christen und fühlten sich nicht mehr an Gebote und Vorschriften der „Papstkirche" und ihrer Würdenträger gebunden. Mönche verließen ihre Klöster, ergriffen einen bürgerlichen Beruf und heirateten. Auch Nonnen verließen das Kloster, um in der Welt zu leben. Mönche und Nonnen beriefen sich dabei auf das Evangelium, wie Luther es lehrte und erklärte. Eine der Frauen, die das Klosterleben aufgaben, war *Katharina von Bora*, die 1525 die Frau Martin Luthers wurde.
Zwei Mittel verhalfen der von Luther ausgehenden Bewegung zu ihrem Siegeslauf: die *Laienpredigt* und das *geistliche Lied*. Luther hat selbst viele Lieder gedichtet, die schnell volkstümlich wurden und später zum Kern evangelischer Kirchengesangbücher gehörten.

1 Laienpredigt. Illustration zu Martin Luthers Bibelübersetzung von Hans Lufft (Wittenberg 1534)

Was soll anders werden?

Nach Luthers Lehre war die *Bibel allein Richtschnur des Glaubens.* Mußte man dann aber nicht alle gottesdienstlichen Formen abschaffen, die in der Bibel nicht vorgeschrieben waren? Oder mußte man nur das abschaffen oder ändern, was dem Bibelwort widersprach? Luther vertrat die zweite Auffassung, aber es gab viele und heftige Auseinandersetzungen, bis er sich durchsetzte.

Wer soll die Erneuerung durchführen?

Vielerorts fanden es die Behörden oder die „Obrigkeit", wie man damals sagte, lästig oder störend, wenn Laien predigten oder die neuen geistlichen Lieder sangen und sie andere Menschen lehrten. Immer häufiger jedoch bekannten sich Bürgermeister und Stadträte freier Städte zu der neuen Lehre und führten sie dann offiziell ein. So wurden viele Städte *„lutherisch"*.

Anders als Luther dachte der Schweizer Reformator *Huldrych Zwingli*; in Zürich wurden mit Zustimmung des Rats und der Bürgerschaft alle Kreuze und Heiligenbilder aus den Kirchen entfernt.

In größeren Ländern wurde die Lehre Luthers von den *Landesherren* (vgl. S. 160) eingeführt. Die Fürsten übernahmen in ihren Ländern die bischöflichen Aufgaben, so die Berufung von Pfarrern und die Verwaltung des kirchlichen Besitzes. Das sollte eine Übergangslösung sein; doch das *„landesherrliche Kirchenregiment"* wurde in den reformatorischen Ländern zu einer bleibenden Einrichtung.

Die neuen „lutherischen Kirchen"

Jede der neu entstehenden lutherischen Landeskirchen war *selbständig*. In den Gottesdienstordnungen folgte man den Vorschlägen Luthers oder orientierte sich an ihnen. Was war in den „lutherischen" Gottesdiensten anders als in der „papistischen" Messe? Der ganze Gottesdienst wurde *in deutscher Sprache* gehalten und nicht mehr – wie bisher – beinahe auschließlich in lateinischer Sprache. Hauptstück des Gottesdienstes wurde die Predigt, in der der Pfarrer Bibeltexte auslegte. Ein wesentlicher Bestandteil des Gottesdienstes war das gemeinsame Singen der neuen kirchlichen Lieder, die man auch „Choräle" nannte. Für die Laienpredigt, die für die Ausbreitung der reformatorischen Bewegung so bedeutungsvoll gewesen war, war in den lutherischen Landeskirchen kein Platz mehr. Es predigte nur der von der Landesherrschaft angestellte Pfarrer, der sein Wissen in seinem theologischen Studium an einer Universität erworben hatte.

Luthers Ziel war es gewesen, die gesamte Kirche so zu reformieren, daß alles, was der Bibel widersprach, abgeschafft und das „reine" Evangelium verkündet würde. Entstanden war eine *neue Form* des Christentums: eine neue *Konfession*, die in selbständigen Landeskirchen organisiert war.

Die deutsche Bibel

Grundlage und Richtschnur des „neuen", des „evangelischen" Glaubens war allein die *Bibel*, das geschriebene „Wort Gottes". Jeder sollte sie lesen. Dazu mußte sie in einer zuverlässigen und verständlichen *Übersetzung* vorliegen. Mit der Übersetzung der Bibel hatte Luther schon auf der Wartburg begonnen. *1534* lag die ganze *„Heilige Schrift" in deutscher Sprache* vor. Mit seiner *Bibelübersetzung* hat Luther nicht nur ein *Meisterwerk* der *deutschen Sprache* geschaffen, sondern auch einen wesentlichen Beitrag zu ihrer Vereinheitlichung geleistet.

Laie: Heute gebrauchen wir das Wort, um in allen Lebensbereichen einen Nichtfachmann oder Nichtsachverständigen zu bezeichnen. Im Text dieses Buches hat das Wort stets seine frühere Bedeutung; gemeint ist der zum „Kirchenvolk" gehörende, „gewöhnliche" Gläubige im Unterschied zum abgesonderten und geweihten Priester.
Konfession: (wörtl.) Bekenntnis; meistens ist das religiöse Bekenntnis gemeint; häufig denkt man bei dem Wort an die Religionsgemeinschaft, zu der sich jemand bekennt.

2 Anfänge zur Neuordnung des kirchlichen Lebens

Der Kurfürst von Sachsen, ein Anhänger Luthers, ordnete 1527 u. a. folgendes an:

„(1) Die Zeremonien, die dem Evangelium gemäß sind, soll man wie von alters her halten.

(2) Keinen Geistlichen, Mönch, Pfaffe noch Nonne soll man schmähen oder verhöhnen, bei Strafe an Leib und Gut geboten.

(3) Den Priestern soll man den Zehnten und was ihnen gebührt geben.

(4) Die Messen (Gottesdienste) soll man nach jedermanns Gefallen deutsch oder lateinisch halten, wie es die Andacht erfordert.

(5) Das Evangelium soll hell und klar gepredigt werden.

(6) Die Prediger sollen auch vom Glauben, den zehn Geboten und von der Beichte predigen, dem Evangelium gemäß.

(7) Schulen soll man überall wieder aufrichten."

(H. Junghans [Hrsg.], Die Reformation in Augenzeugenberichten, Düsseldorf 1967, S. 373)

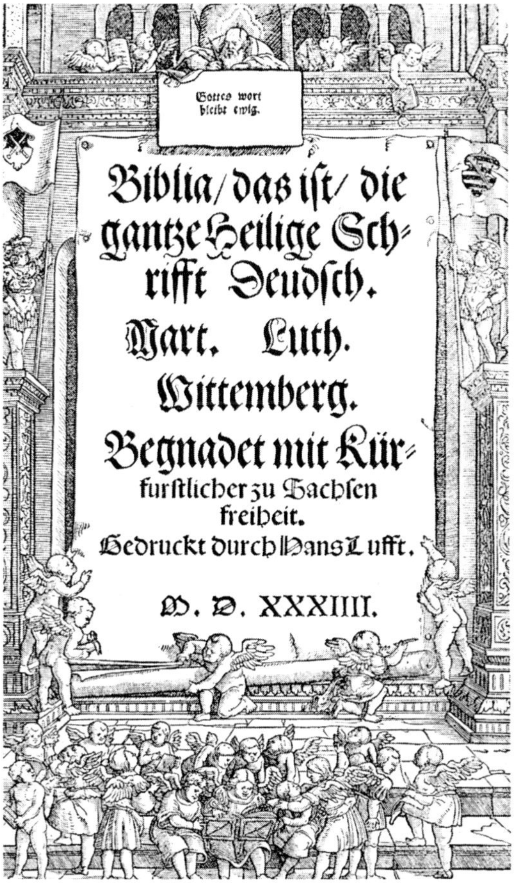

3 Titelblatt der ersten vollständigen Lutherbibel vom Jahre 1534

Arbeitsvorschläge und Fragen

a) Vergleiche Personen und Umstände der Laienpredigt (M 1) mit denen einer Predigt in einem Kirchenraum. (M 1, Kap. 4.2)
b) An welchen Stellen wird deutlich, daß die weltliche Obrigkeit in Glaubensfragen entschied? (M 2 und Darstellung)
c) Luther wollte an den herkömmlichen kirchlichen Formen nur ändern, was im Widerspruch zur Bibel stand; andere wollten alles abschaffen, was in der Bibel nicht vorgeschrieben war. – Welche Einstellung zeigt sich in der Kirchenordnung des Kurfürsten von Sachsen?
d) Welche Bedeutung hatte die Bibelübersetzung Luthers für den Verlauf der Reformation?

5.2 Nur geistliche Freiheit? Oder geistliche und politische Freiheit? – Der deutsche Bauernkrieg

Die Lage der Bauern

„Das mühselige Volk der Bauern und Hirten", schreibt Sebastian Franck, ein Schriftsteller der damaligen Zeit, „ist ein sehr arbeitsames Volk, das mit Fronen (Dienstleistungen für Adel und Geistlichkeit), Zinsen, Steuern und Zöllen hart beschwert und überladen ist."

Die Lage der Bauern war nicht überall und bei allen gleich. Es gab *freie Bauern*, aber ihre Zahl war gering. Die meisten waren *Untertanen* eines Ritters oder des Abts eines Klosters. Das Land, das sie bebauten, war ihr *Leihegut*, und sie mußten dem Grundherrn einen Teil ihres Ernteertrags, auch einen Teil des

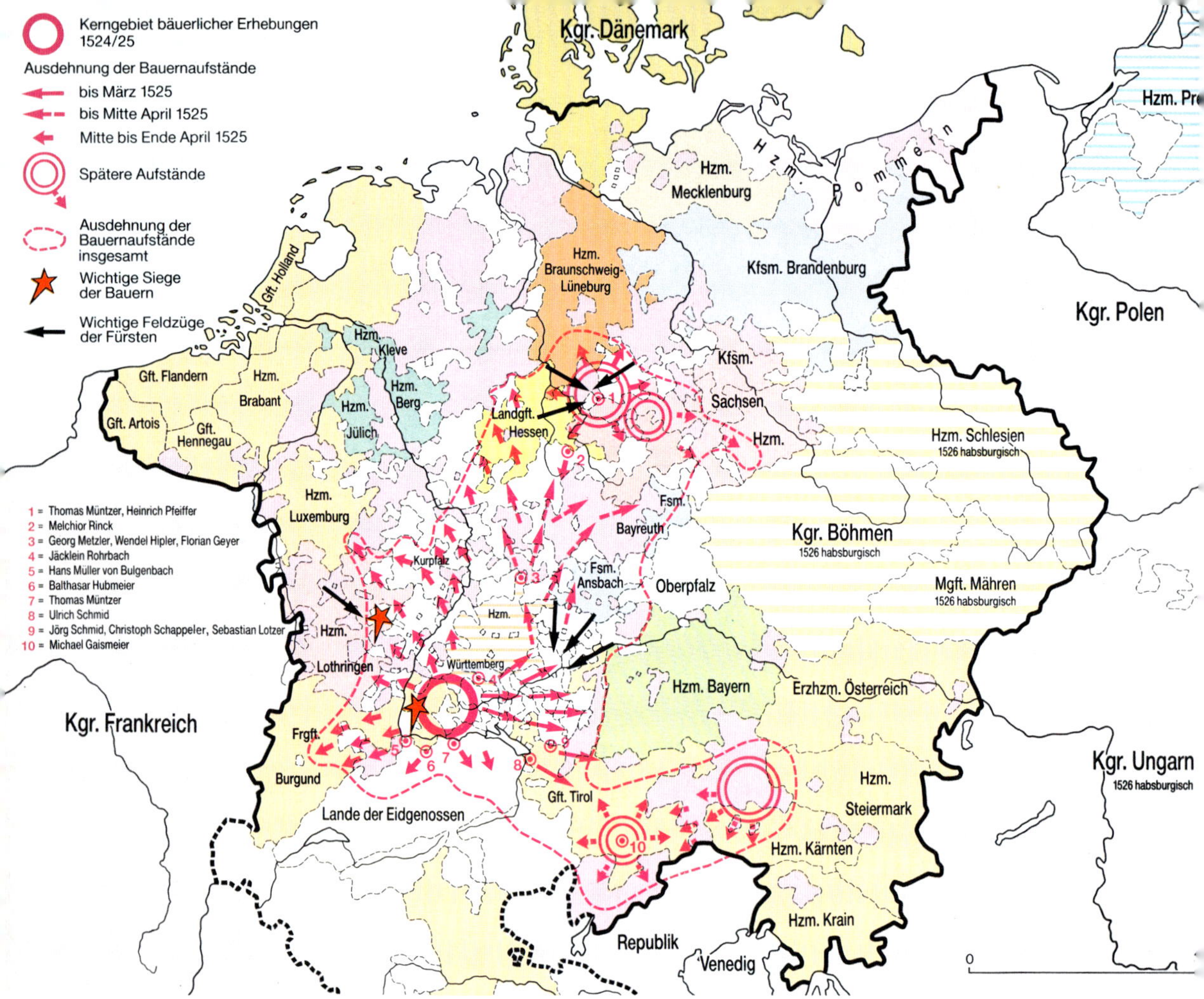

1 Der deutsche Bauernkrieg (1524–1526)

Viehs, das ihnen geboren wurde, abliefern. Außerdem waren sie zu *„Frondiensten“* (vgl. S. 28) verpflichtet: Arbeit auf dem Land des Grundherrn und sonstige Dienstleistungen. Der Herr hatte die Verpflichtung, Hab und Gut sowie Leib und Leben der Bauern gegen Gesetzesbrecher und äußere Feinde zu schützen.

„Das alte Recht“ und „göttliches Recht“

Oft war es in Deutschland – wie auch in anderen Ländern – zu Aufständen der Bauern gekommen. Meistens kämpften die Bauern dabei gegen Neuerungen für „das alte Recht“, das in der Regel mündlich überliefert und nur selten aufgeschrieben worden war.

So lange man zurückdenken konnte, gab es die gemeinsame Weide, auf der jeder sein Vieh grasen lassen konnte. Auch der Wald hatte allen gehört, und jeder hatte ein Recht auf Holz zum Brennen und zum Bauen. Und jeder hatte das Recht gehabt, wildlebende Tiere zu jagen und Fische zu fangen. Wenn nun die Grundherren den Bauern diese Rechte nehmen oder einschränken wollten, verstießen sie dann nicht nur gegen das alte Recht, sondern auch gegen göttliches Recht? Gerecht war es, daß jeder das erntete und nutzte, was er gesät und gepflanzt hatte, und daß er das Fleisch der Tiere verzehrte, die er hielt und aufzog. Aber das Gras auf der Weide und die Bäume im Wald hatte kein Mensch gepflanzt, Gott ließ Gras und Bäume ohne Zutun der Menschen wachsen, zum Gebrauch für jedermann. Und das gleiche galt für die Tiere in Wald und Feld und die Fische in Flüssen und Seen.

Berufung auf das Evangelium

So hatten die Bauern schon vor dem Auftreten Luthers gedacht. Jetzt verkündete Luther „das reine Evangelium" und predigte von der „Freiheit eines Christenmenschen". Wenn Christus uns alle erlöst und befreit hat, so argumentierten die Bauern nun, dann ist es gegen das Evangelium, wenn wir weiter als „Eigenleute" (Eigentum eines anderen) gehalten werden. Sie wollten zwar grundsätzlich eine „Obrigkeit" anerkennen, forderten aber die Aufhebung der „Leibeigenschaft".

Erhebung und Niederlage der Bauern

In dem großen *Bauernkrieg* des Jahres 1525 bildeten die Bauern kein geordnetes Heer unter einheitlicher Führung. Sie bewaffneten sich mit Spießen, Sicheln, Äxten und Keulen und vereinigten sich zu „Haufen", dem Bodensee-Haufen, dem Allgäuer Haufen und anderen. Sie erstürmten Burgen und Klöster; dabei kam es zu Totschlag und Plünderung.

Papsttreue und reformatorische Fürsten einigten sich zum Gegenschlag gegen die Bauern. Das Aufgebot der Fürsten und Herren wurde mit dem Geld des Handelshauses der Fugger finanziert. Unter der Führung von Georg Truchseß von Waldburg, dem *„Bauernjörg"*, besiegte das Fürstenheer die aufständischen Bauern. Die Strafen waren – den Rechtsvorstellungen und Gewohnheiten der Zeit entsprechend – hart und grausam. In den Berichten liest man von Enthauptungen, Augenausstechen, dem Abhauen der Finger und noch Schlimmerem.

Die Erhebung „des gemeinen (einfachen) Mannes" war gescheitert. Aber nicht die adligen Grundherren, sondern die Fürsten waren die eigentlichen Sieger. Sie schützten jetzt die Bauern vor Vermehrung der Dienstleistungen und Abgaben an die Grundherren, statt dessen zahlten die Bauern nun Steuern direkt an die Fürsten.

Obrigkeit: Das Wort wird heute fast nur noch in geschichtlichen Darstellungen gebraucht. Zu Luthers Zeit verstand man darunter alle Träger rechtmäßiger Gewalt wie Herren, Fürsten, Könige, Kaiser (weltliche Obrigkeit) und die Inhaber kirchlicher Ämter (geistliche Obrigkeit). Die Reformatoren wiesen auf Stellen der Bibel hin, wonach der gläubige Christ verpflichtet ist, die Obrigkeit zu achten und ihr zu gehorchen, sofern ihre Anordnungen nicht gegen göttliche Gebote verstoßen.

Untertanen: Bewohner eines bestimmten Gebiets, die einen Herrn (Ritter, Abt, Fürst ...) als Obrigkeit anerkennen, dem sie *huldigen*, indem sie ihm den *Treueid* (vgl. S. 24) schwören.

2 Forderungen der Bauern

Die Bauern erhoben fast überall gleiche oder ähnliche Forderungen. Besonders eindrücklich formuliert sind sie in den „12 Artikeln der Bauernschaft", die der Kürschner Sebastian Lotzer aus Memmingen im Auftrag des „Baltringer Haufens" verfaßte. In den 12 Artikeln wird folgendes gefordert:

„1. Jede Gemeinde soll ihren Pfarrer selbst wählen und ihn, falls er sich ungebührlich verhält, wieder entlassen dürfen.

2. Die Bauern sind bereit, den rechten „Kornzehnten" zu entrichten. Er dient zum Unterhalt des Pfarrers, der Rest soll an die Bedürftigen im Dorf verteilt werden; was noch übrigbleibt, soll für Verteidigungszwecke in Notzeiten zurückgelegt werden.

3. Die Bauern sollen aus der Leibeigenschaft entlassen werden, „darum daß Christus uns alle mit seinem Blut erlöst und crkauft (freigekauft) hat". Der „gewählten und gesetzten Obrigkeit" wollen die Bauern „gerne gehorsam" sein.

4. Jedermann soll das Recht haben, jagdbare Tiere zu erlegen und Fische zu fangen.

5. Die Gemeindewälder, die sich adlige und geistliche Herren widerrechtlich angeeignet haben, sollen der Gemeinde zurückgegeben werden. Jeder soll sich nach seinem Bedürfnis Holz

3 Titelbild der Memminger Bundesordnung von 1525. Die Vertreter des Baltringer, des Allgäuer und des Seehaufens schlossen sich auf dem Memminger Bauernparlament zu der „Christlichen Vereinigung Oberschwabens" zusammen. Am 7. März 1525 nahm das Bauernparlament die Memminger Bundesordnung an.

zum Brennen und – mit Genehmigung der Gemeinde – auch Holz zum Bauen daraus verschaffen dürfen.

6. Die Dienstleistungen, „die von Tag zu Tag vermehrt werden", sollen auf das frühere Maß zurückgeführt werden („wie unsere Eltern gedient haben").

7. Die Dienstleistungen der Bauern sollen durch einen Vertrag zwischen Herren und Bauern geregelt werden.

8. Die Zinsen, die der Bauer zu zahlen hat, sollen nach der Ertragsfähigkeit des bewirtschafteten Landes bemessen werden.

9. Es sollen keine neuen Rechtsstrafen eingeführt werden, sondern man soll nach „der alten geschriebenen Strafe" verfahren.

10. Wiesen und Äcker, die der Gemeinde gehören, dürfen nicht verkauft werden.

11. Die Erbschaftssteuer soll abgeschafft werden.

12. „Zum zwölften ist unser Beschluß und endgültige Meinung, wenn einer oder mehrere Artikel ... dem Wort Gottes nicht gemäß sind – wie wir aber nicht glauben –, dieselbigen Artikel möge man uns mit den Worten Gottes als unzutreffend erweisen, so wollen wir davon abstehen ..."

(H. Junghans [Hrsg.], Die Reformation in Augenzeugenberichten, Düsseldorf 1967, S. 289f.)

4 Martin Luther mahnt Herren und Bauern zu friedlichem Vergleich

Auch Martin Luther nahm zu den zwölf Artikeln der Bauernschaft in Schwaben Stellung und schrieb eine „Ermahnung zum Frieden". Den Herren sagte er unter anderem:

„Sie (die Bauern) haben zwölf Artikel aufgestellt, unter denen einige so gerecht sind, daß sie euch vor Gott und der Welt zur Schande gereichen. Doch sie sind fast alle auf ihren Nutzen und ihnen zugut abgestellt und nicht aufs beste ausgearbeitet ... Den ersten Artikel, da sie begehren, das Evangelium zu hören, und das Recht, einen Pfarrer zu wählen, könnt ihr ihnen nicht mit irgendeinem Vorwand abschlagen ... Die andern Artikel, die die leiblichen Beschwerden vorbringen, sind auch billig und recht. Denn die Obrigkeit ist nicht dazu eingesetzt, ihren Nutzen und Mutwillen an den Untertanen zu suchen, sondern den Nutzen und das Beste für die Untertanen zu erreichen. Nun ist's ja auf die Dauer unerträglich, die Leute so zu besteuern und zu schinden."

An die Bauern gewandt, schreibt Luther:

„Ich lasse eure Sache so gut und gerecht sein, wie sie nur kann; weil ihr sie aber selbst verteidigen und nicht Gewalt und Unrecht ertragen wollt, könnt ihr tun und lassen, woran euch Gott nicht hindert. Aber den christlichen Namen, den laßt stehen und macht ihn nicht zum Deckmantel eures ungeduldigen, unfriedlichen, unchristlichen Unternehmens ...

Es ist nicht wahr, daß ihr, wie ihr euch rühmt, nach dem Evangelium lehrt und lebt. Es ist kein Artikel da, der ein einziges Stück vom Evangelium lehrt, sondern alles zielt darauf, daß ihr euer Leib und Gut frei bekommt, sie handeln alle von weltlichen, zeitlichen Dingen, daß ihr Gewalt und Gut haben wollt, um nichts Ungerechtes zu leiden, während sich das Evangelium doch um weltliche Dinge überhaupt nicht kümmert und das äußerliche Leben nur auf Leiden, Unrecht, Kreuz, Geduld und Verachtung der zeitlichen Güter und des Lebens abstellt ..."

(M. Luther, Die Hauptschriften, Berlin 1951, S. 284 und 290)

5 Luther fordert gewaltsames Vorgehen „wider die räuberischen und mörderischen Rotten der Bauern"

Als die Bauern, um ihre Forderungen durchzusetzen, zur Gewalt griffen, stellte sich Luther gegen sie. Er schrieb:

„Dreierlei grauenhafte Sünden gegen Gott und Menschen laden diese Bauern auf sich, um deretwillen sie an Leib und Seele vielfach den Tod verdient haben.

Erstens haben sie ihrer Obrigkeit Treue und Ergebenheit geschworen, untertänig und gehorsam zu sein, wie das Gott gebietet. Da sie aber diesen Gehorsam mutwillig brechen und sich dazu gegen ihre Herren stellen, haben sie dadurch Leib und Seele verwirkt ...

Zweitens. Sie machen Aufruhr, berauben und plündern unter Gewalttaten Klöster und Schlösser, womit sie schon allein als öffentliche Straßenräuber und Mörder wohl zwiefachen Tod an Leib und Seele verdient haben ...

Drittens decken sie diese schreckliche, grauenhafte Sünde mit dem Evangelium, nennen sich christliche Brüder, nehmen Eid und Huldigung entgegen und zwingen die Leute, solche Greuel mit ihnen zu halten, wodurch sie die allergrößten Gotteslästerer und Schänder seines heiligen Namens werden ...

Denn ein Fürst und Herr muß hierbei bedenken, daß er Gottes Beamter und Diener seines Zorns ist, dem das Schwert gegen solche Buben (Schurken) befohlen ist, und daß er sich schwer vor Gott versündigt, wenn er nicht straft und wehrt und sein Amt nicht ausübt."

(M. Luther, Die Hauptschriften, Berlin 1951, S. 299–301)

Arbeitsvorschläge und Fragen

a) Welche Forderungen der Bauern wollen die Wiederherstellung des „alten Rechts" bzw. des herkömmlichen Brauchs, welche berufen sich auf „göttliches Recht" (beides kann miteinander verbunden sein)? Welche zielen auf eine neue Ordnung auf der Grundlage des Evangeliums, wie es von den Bauern aufgefaßt wurde? (M 2)

b) Was billigt Luther an den Forderungen der Bauern, und was mißbilligt er? Und wie begründet er Billigung und Mißbilligung? (M 4)

c) Wie ist die Veränderung in der Einstellung Luthers den Bauern gegenüber zu erklären? (M 5)

d) Was ist dem Bild über Ausrüstung und Bewaffnung der Bauern zu entnehmen? (M 3)

e) Erarbeite aus der Karte Ausbreitung und Verlauf des Bauernkrieges. – Auf welche Ursachen des Scheiterns kann man schließen? (M 1)

5.3 Herstellung einer gerechten Welt durch Vertilgung der Ungerechten? – Thomas Müntzer

Die „reine Lehre" bringt neue Fragen

Martin Luther wollte mit seiner *Reformation* die christliche Kirche reinigen und *erneuern.* Der Gemeinde sollte im Gottesdienst auf der *Grundlage der Bibel* „die reine Lehre" gepredigt werden. Welche Folgerungen sollten nun aber aus der reinen Lehre gezogen werden?

Da war z.B. die Frage, zu der die Bauern in den *„12 Artikeln"* Stellung genommen hatten, ob man aus dem Evangelium *politische* Folgerungen ableiten kann. Luther hatte geantwortet: Das Evangelium spricht das Gewissen an, sagt aber nichts über die Gestaltung der politischen Verhältnisse. Die Bauern waren mit dieser Antwort Luthers nicht zufrieden.

Reformation oder Revolution?

Unzufrieden mit der Auffassung Luthers war auch *Thomas Müntzer.* Er gehörte zu den „Radikalen" der Reformation. Er warf Luther vor, daß er nur die Kirche und das geistliche Leben reformieren wolle; aber, so sagte Müntzer, nicht nur die Kirche müsse verändert werden, sondern die *gesamte Ordnung der menschlichen Gesellschaft.* Müntzer lehrte: In der Kirche darf es keinen Unterschied geben zwischen Geistlichen und Laien; es darf also nicht so sein, daß die einen auf dem Feld oder in der Werkstatt hart arbeiten und die anderen nur lesen und studieren; jeder muß arbeiten; und lehren soll nicht der, der studiert hat, sondern der, der von Gott erleuchtet worden ist. Und so wie es in der *Kirche keinen Unterschied* geben darf *zwischen Geistlichen* und *Laien,* so wenig darf es in der *Gesellschaft* den Unterschied geben von *Herren* und *Untertanen;* es darf nicht sein, daß die einen arbeiten und die anderen nichts tun, daß die einen herrschen und die anderen ihnen dienen. Diejenigen, die diese ungerechte Ordnung aufrechterhalten wollen, müssen vertilgt werden. Müntzer begnügte sich also nicht wie Luther mit einer Reformation, er wollte eine *Revolution.*

Thomas Müntzers Geschichte

1523 wurde Thomas Müntzer Pfarrer in Allstedt; dort gründete er den „neuen getreulichen Bund göttlichen Wollens". Dem Bund sollten alle Frommen angehören, vom einfachen Bauern und Handwerker bis zum Fürsten. Die Fürsten, erklärte Müntzer, seien verpflichtet, die Gottlosen zu vertilgen; kämen sie dieser Pflicht nicht nach, dann werde ihnen das Schwert genommen und dem Volke gegeben. Die Frommen mahnte Müntzer: „Lasset die Übeltäter nicht länger leben, die uns von Gott abwenden, denn ein Gottloser hat kein Recht zu leben."

Die Stadt Mühlhausen in Thüringen wurde zum Zentrum von Müntzers Wirken. Er nahm Verbindung zu aufrührerisch gesinnten Bauern auf. Jetzt sollte mit Waffengewalt eine neue, auf Gleichheit beruhende und nur auf Gottes Wort gegründete Ordnung geschaffen werden, „auf daß Gottes Gerechtigkeit vorangehe und alle falsche Gewalt und Eigennutz zurückbleibe".

Der katholische Herzog Georg von Sachsen und der evangelische Landgraf Philipp von Hessen hatten, jeder für sich, ein Heer gegen Thomas Müntzer und die Bauern aufgeboten und machten nun gemeinsame Sache. Bei Frankenhausen kam es zur Schlacht. *Müntzers Heer* wurde *vernichtend geschlagen.* Er selbst wurde gefangengenommen und seinem ärgsten Feind, dem Grafen Ernst von Mansfeld, übergeben, der ihn zwölf Tage gefangen hielt und vernehmen und foltern ließ. Dann wurde er öffentlich mit dem Schwert enthauptet.

> **Radikal:** Das Wort kommt aus dem lateinischen „radix" (= Wurzel) und bedeutet: von der Wurzel her, vollständig; manchmal auch: rücksichtslos, bis zum Äußersten gehen. Das Hauptwort, das eine solche Einstellung kennzeichnet, heißt **Radikalismus**.

1 Thomas Müntzer (Holzschnitt von Christian von Sichem). Müntzer trägt die Tracht des gelehrten Theologen.

2 „Nehmt das Schwert gegen die Gottlosen!"

An seine Anhänger in Allstedt schrieb Thomas Müntzer:

„Wie lange schlaft Ihr noch? Ganz Deutschland und Welschland ist in Bewegung. Die Bösewichter müssen dran. Wenn Eurer nur drei sind, die in Gott gelassen allein seinen Namen und seine Ehre suchen, werdet Ihr Hunderttausende nicht fürchten ... Die Bösewichter sind verzagt wie die Hunde. Laßt Euch nicht erbarmen! Sehet nicht an den Jammer der Gottlosen! Lasset Euer Schwert nicht kalt werden! Lasset es nicht erlahmen! Gott geht Euch voran! Folget, folget!"

(G. Franz, Der deutsche Bauernkrieg, Bad Homburg, 8. Aufl., 1969, S. 265, gekürzt)

Arbeitsvorschläge und Fragen

a) Worin unterscheidet sich das Ziel, das Thomas Müntzer verfolgte, von den Zielen, die in den „12 Artikeln" genannt werden? (M 2, S. 179)

b) Thomas Müntzer will mehr Gleichheit unter den Menschen; wie steht es bei ihm mit Freiheit und Toleranz?

c) Was will Müntzer mit seinen Worten bei seinen Anhängern bewirken? (M 2)

5.4 Ein Gottesreich auf Erden? Die Herrschaft der Täufer in Münster

Die Täufer: Fortsetzung der Reformation?

Die von Luther ausgelöste große Volksbewegung war vielerorts von den Obrigkeiten aufgegriffen und in die festen Formen der *Landeskirchen* (vgl. S. 176) gebracht worden. Viele Menschen waren mit dieser Lösung unzufrieden. Zu ihnen gehörten die *„Täufer"*, auch *„Wiedertäufer"* genannt. Sie lehnten die *Kindertaufe* ab. Getauft werden, so lehrten sie und beriefen sich dabei auf Stellen der Bibel, dürfe ein Mensch erst dann, wenn er über den Inhalt des Glaubens belehrt worden sei und mit eigenem Mund und aus freiem Willen seinen Glauben bekannt habe. Wer zu ihnen gehören wollte, der mußte sich, auch wenn man ihn – wie es selbstverständlich war – als Kind getauft hatte, noch einmal taufen lassen.

Die Täufer *lehnten* den *Kriegsdienst,* oft sogar schon das Tragen von Waffen, *ab.* Sie *verwarfen den Eid.* Sie *verurteilten den Wucher* und hielten es schon für *Unrecht, Geld gegen Zinsen auszuleihen.* „Sie halfen einander treulich mit Leihen, Borgen und Schenken."

Verfolgungen

Der Schriftsteller Sebastian Franck berichtet von dieser neuen „Sekte" (vgl. S. 122, 164) weiter: Ihre Zahl nahm „so jählings zu, daß die Welt sich eines Aufruhrs vor ihnen besorgte, dessen sie aber doch, wie ich höre, allenthalben für unschuldig befunden worden sind. Man greift nach ihnen an vielen Orten mit großer Tyrannei, legt sie gefangen, peinigt sie mit Brand, Schwert, Feuer, Wasser und mit mancherlei Gefängnis, so daß ihrer viele an vielen Orten umgebracht wurden ... Und sie litten als Märtyrer geduldig und standmütig". Sich als Erwachsener noch einmal taufen zu lassen oder einen anderen wiederzutaufen, galt als todeswürdiges Verbrechen. Die Täufer wurden von katholischen und lutherischen Obrigkeiten (vgl. S. 179) in gleicher Weise verfolgt.

Verfolgte werden Verfolger

Die Stadt *Münster in Westfalen* wurde zu einem *Zentrum* der *Täuferbewegung.* Die Täufer wurden dort so zahlreich, daß sie bestimmen konnten, was in der Stadt geschehen sollte.

In Münster lehrte – entgegen den bisherigen Überzeugungen der Täufer – Jan Matthys, der als Prophet galt, die Anwendung von Gewalt und den „Gebrauch des Schwertes". Er verlangte die Tötung der „Gottlosen" (der Lutheraner und Katholiken), die noch in der Stadt waren. Man beschränkte sich darauf, die „Gottlosen", die sich nicht wiedertaufen lassen und zum Glauben der Täufer bekennen wollten, aus der Stadt zu jagen.

Eine neue Gesellschaftsordnung

Der Landesherr, der Bischof von Münster, der verjagt worden war, sammelte ein Heer und belagerte die Stadt. Dort gingen die Täufer daran, das Zusammenleben der Menschen neu zu ordnen. Sie führten die *Gütergemeinschaft* ein. Einer ihrer Prediger sagte: „Alles, was die christlichen Brüder und Schwestern haben, das gehört dem einen so gut wie dem anderen; es gehört uns allen."

In ihren Grundsätzen entfernten sich die Münsterer Täufer immer weiter von der Lehre Christi und seiner Apostel. Ein Mann konnte jetzt drei, vier und mehr Frauen heiraten. Um die Ehe zu schließen, genügte es, daß Mann und Frau vor Zeugen ihren Willen dazu bekundeten. Ebenso leicht war die Ehe wieder zu scheiden.

Münster: das neue Jerusalem?

Die Münsterer Täufer betrachteten sich als das neue Gottesvolk, das neue „Israel" und die Stadt Münster als das „neue Jerusalem"; sie machten einen der Ihren, *Jan van Leiden* (Johann Bockelson), der Schneider, Kaufmann und Wirt gewesen war, als den *„neuen David"* zu ihrem *König.*

Das Ende der Täuferherrschaft

Es gelang den Belagerern, aufgrund der Aussagen von Überläufern heimlich und unbemerkt in die Stadt einzudringen, ohne daß die Verteidiger nennenswerten

Widerstand leisten konnten. Die Sieger hielten Gericht. „Wer kann die Hinrichtungen der einzelnen Tage aufzählen?" schreibt einer, der es miterlebte. Ein halbes Jahr nach der Einnahme der Stadt wurden an einem Tag der König und zwei seiner Helfer „mit feurigen glühenden Zangen" zu Tode gemartert. Sie litten und starben ohne ein Wort der Klage. Ihre Leichen wurden zur Abschrekkung in Käfigen an der Lambertikirche aufgehängt. Die Vertriebenen kehrten in die Stadt zurück. Die Stadt wurde wieder katholisch. Im Kampf gegen die Täufer hatten auch evangelische Reichsstände dem Bischof geholfen.
Dem Ansehen der Täufer haben die Ereignisse in Münster sehr geschadet. Aber trotz blutiger Verfolgungen blieben ihre Gemeinden, die den ursprünglichen Grundsätzen treu geblieben waren oder wieder zu ihnen zurückkehrten, bestehen.

Sekte: eine sich von einer (meist größeren) Religionsgemeinschaft trennende neue (meist kleinere) Gemeinschaft. Heute gebraucht man, um Wertungen zu vermeiden, oft die allgemeinere Bezeichnung Glaubens- oder Religionsgemeinschaft.

1 Aufruf zu Rache und Strafe

Bernhard Rothmann war Prediger der Täufer in Münster und, wie wir heute sagen würden, ihr „Chefideologe".
Er verkündigte: „Die Zeit der Rache ist zu uns gelangt. Gott hat den verheißenen David erweckt, gerüstet mit seinem Volk zur Rache und Strafe an Babylon (der gottlosen Welt) ... Darum, liebe Brüder, rüstet Euch zum Streit, nicht allein mit den demütigen Waffen der Apostel zum Leiden, sondern auch mit dem herrlichen Harnisch Davids zur Rache ... um all das gottlose Wesen auszurotten."
(R. van Duelmen [Hrsg.], Das Täuferreich zu Münster, München 1974, S. 208)

3 Die Käfige mit den hingerichteten Wiedertäufern.
Titelblatt eines 1536 in Münster erschienenen Buches

2 Gegen das Ergreifen des Schwertes

Menno Simons, dessen Anhänger Mennoniten genannt wurden, vertrat das Prinzip der Gewaltlosigkeit. Er schrieb:
„Dadurch (durch bestimmte Bibelstellen) werden wir gelehrt und gewarnt, das Ergreifen des Schwertes weder zu lehren noch gutzuheißen, ausgenommen das gewöhnliche Schwert der Obrigkeit (das Richtschwert zur Bestrafung von Verbrechen) ... Die wahren Christen wissen von keiner Rache ... Allen Christen ist befohlen, ihre Feinde zu lieben, denjenigen Gutes zu tun, welche uns Leid antun und uns verfolgen ..."
(J. C. Wenger, Die Täuferbewegung, Kassel 1984, S. 106f.)

Arbeitsvorschläge und Fragen

a) Warum sahen die Behörden in den Lehren der Täufer eine Bedrohung der staatlichen und der wirtschaftlichen Ordnung?
b) Vergleiche die Lehren der frühen Täufer mit den Maßnahmen der Täufer in Münster und stelle Widerspruch und Übereinstimmung fest.
c) Mit welcher Absicht wurden die besiegten Täufer zur Schau gestellt? (M 3)
d) Welche einander widersprechende Positionen werden in M 1 und M 2 vertreten? Warum kann man beide Positionen als radikal bezeichnen? Nimm zu beiden Anschauungen Stellung.

6. Religionsfriede – um welchen Preis?

Auf dem Reichstag zu Worms hatte der Kaiser Luther geächtet und jeden mit dem Verlust von Freiheit und Eigentum bedroht, der Luthers Lehre annahm oder weiter verbreitete. Doch viele Reichsstände (vgl. S. 160f., 173) handelten so, als existiere das Wormser Edikt gar nicht. Der Kaiser konnte und wollte das nicht hinnehmen. Damit ergaben sich zwei Probleme: Erstens: Wird die religiöse Einheit des Reiches gewahrt, oder löst sie sich auf? Zweitens: Wer hat die tatsächliche Regierungsgewalt im Reich: der Kaiser oder die Landesherren (vgl. S. 160, 176)?

1529	**Reichstag zu Speyer.** Der Kaiser fordert die Durchführung des Wormser Edikts und die Einstellung und Zurücknahme jeder kirchlichen Neuordnung; reformatorische Reichsstände protestieren („Protestanten").
1531	Schmalkaldischer Bund. Mehrere Fürsten und elf Reichsstädte schließen in der thüringischen Stadt Schmalkalden einen Bund zur Verteidigung der evangelischen Sache gegen die Kirchenpolitik des Kaisers.
1546–1547	Schmalkaldischer Krieg. Der Kaiser besiegt das Heer des Schmalkaldischen Bundes und nimmt dessen Bundeshauptleute gefangen.
1552	Fürstenverschwörung gegen den Kaiser. Moritz von Sachsen, der im schmalkaldischen Krieg den Kaiser unterstützt hatte, organisiert einen Fürstenaufstand und siegt über den Kaiser.
1555	**Augsburger Religionsfriede.** Auf dem Reichstag zu Augsburg werden die von den Obrigkeiten durchgeführten kirchlichen Veränderungen anerkannt; das lutherische Bekenntnis gilt nunmehr als gleichberechtigt neben dem katholischen.
1556	Karl V. dankt ab und zieht sich nach Spanien zurück.

Keine Einigung der Religionsparteien

Das Edikt von Worms wurde nur da durchgeführt, wo die Obrigkeit katholisch war und blieb. Der Kaiser, der in Kriege mit Frankreich und den Türken verwikkelt war, mußte das einstweilen hinnehmen. In einem Schreiben, das auf dem Reichstag zu Speyer verlesen wurde, forderte er die strikte Befolgung des Wormser Edikts. Die Mehrheit stimmte zu; eine *Minderheit* von 6 Fürsten und 14 Städten *protestierte* und blieb den weiteren Verhandlungen fern. Von da an nannte man die reformatorisch Gesinnten *Protestanten.*

„Augsburger Bekenntnis"

Auf dem *Reichstag zu Augsburg 1530* legten die Protestanten ihr *Bekenntnis* vor. *Melanchthon,* der Freund Luthers, hatte es verfaßt und Luther hatte es gebilligt. Von katholischer Seite wurde es zurückgewiesen. Eine Einigung oder ein Ausgleich zwischen den Konfessionen konnte nicht erreicht werden.

Krieg zwischen Kaiser und Protestanten

Es war nicht daran zu zweifeln, daß der Kaiser vorhatte, seine Ziele mit Gewalt durchzusetzen. Um sich dagegen zu schützen, schlossen *evangelische Reichsstände* den *Schmalkaldischen Bund* (vgl. M 1, S. 158).

Martin Luther mißbilligte jede offene oder geheime Verschwörung und erst recht jeden bewaffneten Widerstand der Fürsten gegen den Kaiser. In Briefen an den Kurfürsten von Sachsen vertritt er dieselben Überzeugungen wie in seinen Worten an die Bauern vor ihrem Aufstand.

Erst nach Luthers Tod (1546) kam es zur bewaffneten Auseinandersetzung zwischen dem Kaiser und den „Schmalkaldenern". Ihre Bundeshauptleute waren der Kurfürst Johann Friedrich von Sachsen und der Landgraf Philipp von Hessen. Sie wollten dem Kaiser, der in Süddeutschland den Krieg vorbereitete, zuvorkommen und griffen ihn überraschend an. Doch der Kaiser siegte, zog mit seinem Heer nach Sachsen und nahm die beiden Bundeshauptleute gefangen.

Die Stadt Wittenberg, von der die Reformation ausgegangen war und wo Luther gelebt und gelehrt hatte, mußte sich ein Jahr nach Luthers Tod dem Kaiser „auf Gnade und Ungnade“ ergeben. Zum allgemeinen Erstaunen schonte der Kaiser die Stadt und verhielt sich „gegen die lutherischen Prediger und Doktoren auf das allerfreundlichste“.

Fürsten gegen den Kaiser

Herzog Moritz von Sachsen hatte den Kaiser in seinem Kampf gegen die „Schmalkaldener“ unterstützt, und dies, obwohl er selbst Protestant war. Johann Friedrich von Sachsen mußte einen großen Teil seines Landes an Moritz abtreten und zu dessen Gunsten auch auf die Kurwürde verzichten.

Moritz wechselte die Fronten. Er organisierte eine *Fürstenverschwörung* gegen den Kaiser, an der sich auch katholische Fürsten beteiligten. Während der Kaiser, nichts Böses befürchtend, sich, wie sein Chronist berichtet, „mit ganz wenig Kriegsvolk“ in Innsbruck aufhielt, „fiel des Kurfürsten Moritz samt der anderen Fürsten Kriegsvolk zu Mitternacht in das Städtlein ein“. Der Kaiser entkam mit knapper Not, „mit wenig Gesellen und zwei Bergsteigern, die der Berge und der Landschaft kundig waren“.

König Ferdinand, der Bruder Karls, und Kurfürst Moritz schlossen den Passauer Vertrag, den der Kaiser bestätigte. Die gefangenen Fürsten kamen frei. Anordnungen, die der Kaiser nach seinem Sieg über die „Schmalkaldener“ gegen lutherische Reformen getroffen hatte, wurden aufgehoben.

„Augsburger Religionsfrieden“

Der *Augsburger Religionsfrieden* beendete den Streit zwischen Katholiken und Lutheranern; die *kirchlichen Veränderungen*, die von den Obrigkeiten der Länder und Städte vorgenommen worden waren, wurden *bestätigt*.

Die kaiserliche Politik ist gescheitert

Der Versuch Karls, die Macht des Kaisers im Reich zu stärken und sie Fürsten und Städten gegenüber durchzusetzen, war gescheitert. Als er die Krone niederlegte, waren Macht und Ansehen des „kaiserlichen Namens“ nicht größer als bei seinem Regierungsantritt, sondern geringer.

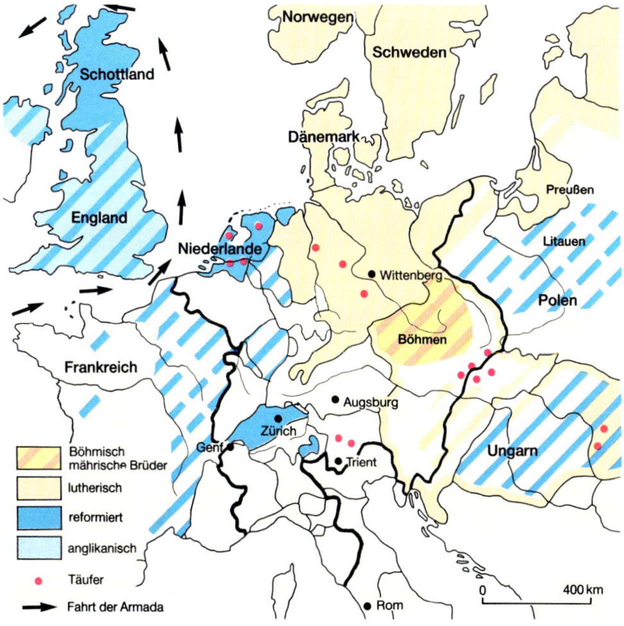

1 Die reformatorischen Bekenntnisse in Europa um 1580/1600

2 Wichtige Bestimmung des Augsburger Religionsfriedens

„(1) Beide Konfessionen (vgl. S. 176) (Katholiken und Lutheraner) sind von nun an gleichberechtigt. Unterschiede im religiösen Bekenntnis sind kein rechtlich anerkannter Grund feindseliger Gesinnungen oder Handlungen.

(2) Die Untertanen sollen der Religion angehören, für die sich der Fürst des Landes entschieden hat. Sind sie dazu nicht willens, dann haben sie das Recht der Auswanderung.

(3) In Reichsstädten (vgl. S. 160, 175) können sich die Bürger frei für die katholische Religion oder die des Augsburger Bekenntnisses entscheiden; sie sollen ‚friedlich und ruhig bei- und nebeneinander' wohnen.

(4) Die Kirchengüter, die die Protestanten eingezogen haben, bleiben in ihrem Besitz.

(5) Ein geistlicher Würdenträger, der zugleich weltlicher Herr ist, verliert bei einem Religionswechsel Amt und Herrschaft.

(6) Der Religionsfrieden gilt nur für Katholiken und Anhänger des Augsburgischen Bekenntnisses; alle anderen sollen ‚nicht gemeint, sondern gänzlich ausgeschlossen sein'. Das galt u.a. für die Täufer und für die Anhänger des Reformators Calvin." (Zit. nach: Geschichte in Quellen, Bd. 3, München 1976, S. 204f.)

Arbeitsvorschläge und Fragen

a) Vergleiche die Pläne des jungen Kaisers mit der Situation, die ihn zur Abdankung bewegte.

b) Zeige an dem Text, wie Glaubensfragen und politische Interessen sich im Verhalten der Fürsten miteinander verbanden bzw. im Widerspruch zu einander standen.

c) Inwieweit entsprechen die Bestimmungen des „Religionsfriedens" unseren modernen Vorstellungen von Toleranz und Menschenrechten, inwieweit bleiben sie dahinter zurück? (M 2)

d) Wieso kommt es im Deutschen Reich teilweise zu scharf abgegrenzten Verbreitungsgebieten der Konfessionen, in anderen nicht? Beschreibe die Verbreitung der reformatorischen Bekenntnisse. (M 1)

7. Katholische Reformen

In der alten Kirche tat sich ein Mann hervor, dem es nicht genug schien, über die Lehren der „Neuerer" zu diskutieren; er wollte die überkommene katholische Frömmigkeit von innen her erneuern; dabei fand er neue Wege zur Verbreitung und Stärkung des katholischen Glaubens.
Und wie reagierte die offizielle Kirche, Papst und Bischöfe, und die Theologen, die an der alten Lehre festhielten, auf die Reformation Luthers und anderer? Konnte man sich mit den „Neuerern" noch einigen, oder mußte man sich von ihnen lossagen und ihre Lehre verwerfen?

1540	Der Papst bestätigt den neuen Orden der **„Gesellschaft Jesu"** („Jesuiten"), die der Spanier Ignatius von Loyola (1491–1556) ins Leben gerufen hat.
1545–1563	Auf dem **Konzil von Trient** wird über die Neuordnung der Kirche beraten und beschlossen. (Das Konzil tagte mit jahrelangen Unterbrechungen in drei Sitzungsperioden.)

7.1 Ignatius und der Jesuitenorden – Erneuerung katholischer Frömmigkeit

Ein Offizier wird Pilger

Ignatius war ein spanischer Edelmann baskischer Herkunft. „Bis zum Alter von 26 Jahren war er den Eitelkeiten dieser Welt ergeben." So urteilte er später über sich selbst. Als Offizier wurde er bei der Verteidigung einer Burg gegen die Franzosen schwer verwundet und mußte lange liegen. Er wünschte sich Ritter-

1 Die Bestätigung des Jesuitenordens. Auf diesem Gemälde aus dem Jahr 1540 ist dargestellt, wie Ignatius von Loyola von Papst Paul III. die Anerkennungsurkunde für die „Gesellschaft Jesu" empfängt.

romane zum Lesen, bekam aber zwei andere Bücher, eines über das „Leben Christi" und eines über das „Leben der Heiligen". Die Lektüre dieser beiden Bücher veränderte sein Leben. Er wollte dem Beispiel Jesu und dem der Heiligen nachfolgen. Nach seiner Genesung tat er das, was er von Heiligen gelesen hatte: Er vernachlässigte sein Äußeres und ging barfuß; er fastete, er kasteite sich, er lebte als Pilger und machte eine Wallfahrt nach Jerusalem.

Der Eifer, „Seelen zu retten"

Ignatius kehrte nach Spanien zurück, Freunde schlossen sich ihm an. Ignatius und seine Freunde begannen, Frauen und Männer, die sich ihnen anvertrauten, über „den rechten Dienst Gottes" zu belehren. Um bei dem Werk, „Seelen zu retten", nicht behindert zu werden, sondern es im Auftrag seiner Kirche ausüben zu können, lernte Ignatius – schon über 30 Jahre alt – Latein und studierte dann Theologie, seit 1528 in Paris; seinen Lebensunterhalt mußte er erbetteln. Er wurde zum Priester geweiht und ging nach Rom.

Die „Gesellschaft Jesu"

Noch in Paris hatte Ignatius sich mit einigen Gefährten durch ein Gelübde zu einem Leben gleicher Art und gleichem Ziel verbunden. In Rom wurde aus diesem Bund nach päpstlicher Bestätigung eine kirchlich anerkannte Organisation: die *Gesellschaft Jesu*. Ignatius wurde ihr Leiter und führte den Titel „General". Er entwarf die Strategie der Gesellschaft. Als sie die päpstliche Bestätigung erhielt, hatte sie 10 Mitglieder; als Ignatius starb, waren es etwa 1000.

Strategie (griechisch): die Kunst der Kriegsführung. Der „Stratege" (Feldherr, Heerführer) muß vor einem Feldzug oder einer Schlacht einen wohldurchdachten Plan entwerfen. Heute gebraucht man das Wort auch für Planung auf nichtmilitärischem Gebiet.

2 Ziele und Merkmale der Gesellschaft Jesu

Ignatius und seine Freunde haben die wichtigsten Aufgaben und die besonderen Merkmale ihrer Gesellschaft so beschrieben:

„Wer immer in unserer Gesellschaft ein Streiter Gottes sein und dem Herrn (Gott) allein und seinem Statthalter auf Erden (dem Papst) dienen will, der führe sich zu Gemüte, daß er Teil einer Gesellschaft ist, die gegründet ist zur Förderung der Seelen in christlichem Wandel und christlicher Lehre und zur Ausbreitung des Glaubens: durch geistige Exerzitien (Übungen), durch Werke der Nächstenliebe und insbesondere durch die Unterweisung der Kinder und Ungebildeten im Christentum ...

Das Urteil über die Stellung, die dem einzelnen zukommt, und die Verteilung der Ämter soll völlig in der Hand des von uns zu wählenden Vorgesetzten liegen ...

Alle Genossen sollen das ganze Leben lang täglich bedenken, daß wir verpflichtet sind, alles, was Seine Heiligkeit (der Papst) befiehlt, was zur Förderung der Seelen und zur Ausbreitung des Glaubens dient, ohne jede Ausflucht und Entschuldigung auszuführen, mag er uns nun zu den Türken (Mohammedanern) schicken oder in die Neue Welt (zu den Indios in Mittel- und Südamerika) oder zu den Lutheranern oder zu irgendwelchen Gläubigen oder Ungläubigen."

(R. Krämer-Badoni, Ignatius von Loyola ... Köln 1964, S. 182f., gekürzt)

3 Strategien der Gesellschaft Jesu

3a Die Jesuiten trugen viel dazu bei, daß Gebiete, die die reformatorische Lehre angenommen hatten, wieder katholisch wurden. Ignatius hatte u. a. folgendes empfohlen:

„Somit wäre die Vervielfältigung von Schulen der Gesellschaft über viele Gegenden das beste Mittel, um der Kirche in ihrer bedrängten Lage zur Hilfe zu kommen. Da ferner die Neuerer häufig Broschüren und Flugschriften verbreiten, durch die sie der Katholiken und besonders unser, der Jesuiten, Ansehen zu untergraben und einige falsche Glaubenslehren auszustreuen suchen, scheint es zweckmäßig, daß auch die Unsrigen zur Abwehr einige Verteidigungsschriften oder Traktate herausgeben, und zwar gut und kurz geschrieben, damit sie schnell zur Stelle sind und von vielen gekauft werden können."

3b Der König von Portugal wünschte sich einen Jesuiten zum Beichtvater. Keiner wollte die Aufgabe übernehmen. Ignatius hielt ihnen vor: „Wie am Wohlbefinden des Hauptes alle Glieder Anteil haben, so am Wohl des Fürsten alle Untertanen; insofern ist die geistliche Hilfe, die man einem Landesherrn leistet, höher zu bewerten als die Hilfe für andere." Jesuiten wirkten später häufig als Berater und Beichtväter katholischer Herrscher.

(R. Krämer-Badoni, Ignatius von Loyola ... Köln 1964, S. 229f., gekürzt)

Arbeitsvorschläge und Fragen

a) Welche Aufgaben hat die von Ignatius gegründete Gesellschaft sich gesetzt? (M 2, M 3)

b) In der Gesellschaft Jesu sollte der Gehorsam, der in allen geistlichen Ordensgemeinschaften wichtig war, besonders ernst genommen werden. An welchen Textstellen ist das erkennbar?

c) Was hat Ignatius von den Reformatoren gelernt?

d) Welche politische Bedeutung konnte für die Gesellschaft Jesu und die katholische Kirche darin liegen, daß weltliche Herrscher Jesuiten zu Ratgebern und Beichtvätern wählten? (M 3b)

7.2 Das Konzil von Trient – Erneuerung der kirchlichen Ordnung und Klärung der katholischen Lehre

Was ist ein „Konzil“?

Über Einzelfragen des Glaubens hatte es in der Kirche stets unterschiedliche Lehrmeinungen gegeben. Wenn die Lehrunterschiede so groß wurden, daß eine Seite die Auffassung der anderen Seite als Ketzerei (Häresie) ansah und möglicherweise eine Spaltung der Kirche zu befürchten war, dann berief man eine Versammlung aller Bischöfe ein. Sie berieten über die strittige Sache und entschieden dann, was als echte katholische Lehre und was als Irrlehre zu gelten hatte. Eine solche Versammlung nannte man ein *allgemeines Konzil.*

Forderungen nach einem Konzil

Schon vor dem Auftreten Luthers war der Ruf nach einem Konzil laut geworden, das die Mißstände in der Kirche beseitigen sollte. Nach dem Auftreten Luthers und anderer Reformatoren ging es aber nicht mehr nur um Mißstände oder Mißbräuche, sondern um Grundfragen der christlichen Lehre und der kirchlichen Ordnung. Wegen der politischen und kriegerischen Konflikte zwischen dem Kaiser und dem König von Frankreich sowie zwischen Kaiser und Papst dauerte es lange, bis der Papst sich dazu entschloß.

Das Konzil von Trient

Das *Konzil,* das der Papst nach langem Zögern einberief, fand in *Trient* statt; es wurde 1545 eröffnet und dauerte – mit Unterbrechungen – bis 1563. In der zweiten Periode (1551–52) wurde auch mit den Vertretern der deutschen Protestanten verhandelt. Die Verhandlungen führten zu keinem Ergebnis; zu verschieden waren die Auffassungen beider Seiten.

In der dritten Periode (1562–63) wurde das Konzil weder von den deutschen Protestanten noch von den deutschen Bischöfen besucht. Nach dem Abschluß des Augsburger Religionsfriedens hatte man sich mit der Lage, die in Deutschland entstanden war, abgefunden.

1 Bestätigung der Tradition und Abgrenzung gegen reformatorische Lehren

Das Konzil traf u.a. folgende Lehrentscheidungen (sie werden hier nicht im Wortlaut, sondern ihrem Sinn nach wiedergegeben):

(1) Die Glaubenswahrheiten beruhen auf zwei Grundlagen; erstens: der Heiligen Schrift; zweitens: der kirchlichen Überlieferung (Tradition). Bibel und Überlieferung stehen gleichberechtigt nebeneinander. (Auch das Papsttum und die hierarchische Ordnung der Kirche beruhten auf der Tradition.) Die Lehre der Reformatoren, wonach die Heilige Schrift allein Quelle und Richtschnur der Glaubenslehre ist, wird verworfen.

(4) Die von den Reformatoren abgelehnte Anrufung der Heiligen und die Verehrung ihrer Reliquien (Gebeine und hinterlassene Gegenstände) werden ausdrücklich gebilligt und empfohlen.

(5) Beibehalten wird in katholischen Ländern die Inquisition (kirchliche Gerichte zur Aufdekkung und Verurteilung von Irrlehren) und der ständig ergänzte Index (Verzeichnis) verbotener Bücher.

(Zit. nach: E. Stakemeyer, Trienter Lehrentscheidungen und reformatorische Anliegen. In: Concilium Tridentinum, hrsg. von R. Bäumer, Freiburg 1979, S. 199–250)

Arbeitsvorschläge und Fragen

a) In der Frage nach der Tradition scheiden sich schon auf dem Reichstag zu Worms die Meinungen Luthers und des Kaisers. Stelle den Unterschied dar.

b) Welche der hier genannten Bestimmungen des Konzils gibt der Kirche eine außerhalb der allgemeinen Rechtsordnung stehende zusätzliche juristische Wirkungsmöglichkeit?

8. Calvin und die reformierten Kirchen – Neben dem Luthertum entsteht eine neue Form evangelischer Lebensordnung

Noch heute nennen die Evangelischen in manchen Ländern ihre Kirchen „lutherisch"; im Unterschied dazu bezeichnen die Evangelischen anderer Länder ihre Kirchen als „reformiert". Die Kirchen der „Reformierten" unterscheiden sich in ihrer Lehre und noch mehr in ihrer Verfassung von denen der „Lutheraner". Ihr Glaubensleben und ihre Kirchenordnung gehen zurück auf den Reformator Johann Calvin, der in Genf die erste Kirche dieser Art schuf; sie wurde dann das Vorbild der reformierten Kirchen in aller Welt. Der „Calvinismus" hatte große Wirkungen nicht nur auf die religiöse, sondern auch auf die politische Geschichte.

1541	Eine neue Kirchenordnung für die Stadt Genf, von Johann Calvin (1509–1564) entworfen, tritt in Kraft, nachdem sie vom Rat und den Bürgern gebilligt wurde.
1559	Die Genfer Akademie wird gegründet, an der Studenten aus vielen Ländern Europas die Calvinische Theologie studieren.

Von der Rechtswissenschaft zur Theologie

Calvin stammt aus der nordfranzösischen Stadt Noyon. Dem Wunsch seines Vaters folgend studierte er Rechtswissenschaft. Aber er las auch die lateinischen Schriften Luthers. Er selbst berichtet, wie eine „plötzliche Bekehrung zur Gelehrsamkeit" sein Interesse am Studium der Heiligen Schrift weckte, und fährt fort: „Es war noch kein Jahr vergangen, als alle, die nach reinerer Lehre begehrten, zu mir, dem Neuling und Anfänger, kamen, um zu lernen."

Genf wird Wirkungsstätte Calvins

Calvin schloß sich den Evangelischen an und mußte, da der König von Frankreich begann, den reformatorischen Glauben gewaltsam zu unterdrücken, das Land verlassen. Er ging nach *Basel.* Dort verfaßte er eine Schrift, in der er seine von Luther angeregten reformatorischen Auffassungen darlegte: *„Unterricht in der christlichen Religion."* Auf einer Reise kam er nach *Genf,* wo er nicht länger als eine Nacht bleiben wollte. Genf war eine Stadtrepublik, zu der auch das umliegende Land mit mehreren Dörfern gehörte. Die Bürgerschaft hatte sich für die Reformation entschieden und den Bischof aus der Stadt vertrieben. Der Prediger Farel forderte Calvin auf, zu bleiben und ihn bei der Durchführung der Reformation zu unterstützen. Calvin schrak vor dieser Aufgabe zurück; doch es war ihm, als lege Gott seine Hand auf ihn, und er blieb. Sein Lebenswunsch war es gewesen, das stille Leben eines Gelehrten zu führen; statt dessen begann mit diesem Tag für ihn ein Leben öffentlichen Wirkens und unaufhörlicher religiöser und politischer Auseinandersetzungen. Von 1541 bis zu seinem Tode lebte und wirkte Calvin in Genf. Er führte die Reformation durch. Und obwohl er selbst über keine öffentliche Macht verfügte, wurde Genf durch sein Wirken zu einem Gemeinwesen, das in ganz Europa Beachtung fand, von den einen als Vorbild bewundert, von den andern entschieden abgelehnt.

Grundgedanken der Lehre Calvins

Wie Luther lehrte Calvin, daß gute Werke den Menschen vor Gott nicht gerecht machen; der Gläubige ist verpflichtet, das Gute aus Dankbarkeit gegen Gott zu tun, der ihn erschaffen und erlöst hat. Die Unfähigkeit des Menschen, sich selbst gerecht zu machen, ist für Calvin schon darin begründet, daß Gott jeden einzelnen Menschen von Ewigkeit her erwählt oder verworfen hat. Diese Lehre von der *„Prädestination" (Vorherbestimmung)* ist allerdings, wie Calvin betont, dem menschlichen Geist nicht faßbar und für sein Denken ein auswegloses Labyrinth.

1 Johannes Calvin (Gemälde)

Das ganze Leben muß den Gehorsam gegen Gott zum Ausdruck bringen. Das gilt nicht nur für den einzelnen, sondern auch für die Gemeinschaft, so z.B. eine Stadt.

Neuordnung der Kirche

Eine solche Ordnung herzustellen, darin sah Calvin seine Aufgabe in Genf. Zunächst galt es, die *Kirche* nach dem Willen Gottes *neu zu ordnen*. Calvin orientierte sich an dem, was aus der Bibel über die Ordnungen der ersten christlichen Gemeinden zu erfahren ist. An die Stelle eines Bischofs trat ein *„Konsistorium"*, das aus sechs Predigern und zwölf Ältesten bestand. Die Leitung der Gemeinde lag also nicht mehr bei einer Person, sondern bei einem *Rat*. In der Kirche gab es *vier Gemeindeämter: Prediger* (Pastoren), *Lehrer* (Doktoren), *Älteste* (Presbyter) und *Pfleger* (Diakone). Das entsprach den Aufgaben, die in einer Gemeinde wahrgenommen werden mußten: Wortverkündigung, Unterricht, Aufsicht über die Lebensführung der Gemeindeglieder, Pflege der Kranken und Hilfsbedürftigen.

Zusammenarbeit von Kirche und Staat

Aussagen über die richtige Ordnung des Staates sind in der Bibel nicht enthalten; deshalb brauchte die bürgerliche Ordnung der Stadt nicht geändert zu werden. Kirche und Staat sollten eng zusammenarbeiten. So sollten nur Mitglieder des Rats der Stadt zu Kirchenältesten gewählt werden.

Strenge und Verantwortung

Die *Gemeinschaft der Gläubigen* in der reformierten Kirche war für Calvin „das Volk Gottes auf dem Weg zu Gott". Was zu dieser Auffassung im Widerspruch stand oder zu stehen schien, durfte nicht geduldet werden. Calvin und seine Anhänger hielten Glücksspiele wie Karten- und Würfelspiele sowie andere Spiele um Geld für sündhaft; sie wurden verboten. Verboten wurde auch das Tanzen. Spiele, die der gesunden Erholung dienten, wie z.B. das Kegeln im

2 Reformierter Taufgottesdienst in Lyon, dargestellt auf einem Gemälde von 1564. Die französischen Calvinisten nannten die Häuser, die ihren gottesdienstlichen Versammlungen dienten, „Tempel"; der hier dargestellte hatte den Namen „Paradies".

Freien, waren erlaubt. Aber Calvin dachte nicht nur ans Verbieten. Er beriet den Rat der Stadt in rechtlichen Angelegenheiten. Dabei erreichte er u.a., daß der Verkauf von Lebensmitteln überwacht wurde und daß Straßen und Plätze der Stadt regelmäßig gereinigt wurden. Calvin kümmerte sich um die Versorgung der Armen und die öffentliche Krankenpflege. Er veranlaßte die Schaffung neuer Arbeitsplätze in der Tuch- und Samtweberei, was Glaubensflüchtlingen aus Frankreich Arbeit und Verdienst brachte und der Stadt zu größerem Wohlstand verhalf. Diese *Verbindung* von *Strenge* und *Verantwortungsbewußtsein*, die wir an Calvin beobachten, wurde später ein besonderes Merkmal *calvinischer Lebensordnung*.

Keine Duldung von „Ketzern"

Unsere modernen Vorstellungen von religiöser Toleranz wurden damals nur von ganz wenigen Menschen vertreten. Nach allgemein geltendem Recht war Ketzerei ein todeswürdiges Verbrechen. Calvin dachte in dieser Hinsicht nicht anders als die große Mehrheit der Lutheraner und Katholiken. So wurde der spanische Arzt Servet auf Veranlassung Calvins in Genf als Ketzer (vgl. S. 173) verurteilt und verbrannt, weil er den „dreieinigen Gott" des christlichen Glaubens als „dreiköpfigen Höllenhund" bezeichnet hatte.

Geschichtliche Wirkungen Calvins

Die Gedanken Calvins verbreiteten sich über ganz Europa. Dazu trug auch die *Genfer Akademie* bei; sie war auf Anregung Calvins gegründet worden und wurde von Studenten aus vielen Ländern Europas besucht.

In Deutschland entschieden sich einige Fürsten und Freie Städte, die lutherisch gewesen waren, für die calvinische Lehre. An vielen Orten, besonders in Frankreich, in den Niederlanden, in England und in Schottland, entstanden calvinische Gemeinden. Und wo immer sich solche Gemeinden und Kirchen bildeten, gaben sie sich eine eigene Ordnung, orientierten sich dabei aber an der Ordnung der Genfer Kirche. Kennzeichnend für die Reformierten in aller Welt wurden die aktive Teilnahme des einzelnen am Gemeindeleben, die Strenge ihrer Lebensführung, Fleiß im Erwerbsleben sowie das Bewußtsein politischer und sozialer Verantwortung.

Toleranz (lat.): die Duldung von Überzeugungen, die anders sind als unsere. Im 16. Jahrhundert sah man in der Toleranz ein Zeichen religiöser Gleichgültigkeit und Lauheit. Heute bekennen sich die meisten modernen Staaten offiziell zu politischer und religiöser Toleranz; häufig entspricht die Wirklichkeit jedoch nicht dem offiziellen Bekenntnis.

3 Auszüge aus der Genfer Kirchenordnung vom Jahre 1561

Begründung. „Im Namen des allmächtigen Gottes! Wir, Bürgermeister, Kleiner und Großer Rat mit der gesamten Bürgerschaft nach altem Rechtsbrauch durch Trompete und große Glocke einberufen ... haben für richtig erkannt, die geistliche Leitung wieder in gute Form zu bringen, wie sie unser Herr in seinem Wort dargelegt und gestiftet und zu deren Befolgung er uns angehalten hat ..."

Wahl und Aufgabe der Ältesten. „Ihre Aufgabe ist, über den Lebenswandel jedes einzelnen zu wachen und die in Liebe zu ermahnen, die sie straucheln und ein ungeordnetes Leben führen sehen ... Entsprechend der Lage der hiesigen Kirche soll man dafür Leute aus dem Rat wählen ... Und bei ihrer Wahl wird man darauf achten müssen, daß jedes Stadtviertel berücksichtigt wird."

„Gemeindezucht". „Die obengenannten Ratsbeauftragten sollen einmal wöchentlich mit den Dienern (Predigern) zusammenkommen, um festzustellen, ob in der Gemeinde irgend etwas nicht in Ordnung ist, und um gemeinsam über die Mittel zur Wiederherstellung der Ordnung zu verhandeln ... Ist einer im Kirchenbesuch so nachlässig, daß man darin eine Verachtung der Gemeinschaft mit den Gläubigen erblicken muß, soll man ihn ermahnen. Ist er willig zu gehorchen, soll man ihn in Liebe in der Gemeinde behalten. Wird es aber immer schlimmer mit ihm, soll man ihn nach dreimaliger Ermahnung aus der Kirche ausschließen und beim Rat anzeigen ..."

(H. J. Hillerbrand, Brennpunkte der Reformation, Göttingen 1967, S. 209f.)

Arbeitsvorschläge und Fragen

a) Suche die Textstellen heraus, in denen die enge Zusammenarbeit von Staat und Kirche erwähnt und beschrieben wird. (M 3)

b) Calvins Kirchenordnung enthält – mit modernen Maßstäben gemessen – beträchtliche Einschränkungen der Freiheit des einzelnen. Trotzdem sind manche modernen Historiker der Meinung, Calvin sei mit seinem Werk ein Wegbereiter der bürgerlichen Freiheiten und der Demokratie geworden. Welche Gründe können sie anführen? (M 3, Darstellung)

c) Die Reformierten verstehen ihren Gottesdienst als die Versammlung der Gläubigen, die das gepredigte Wort Gottes hören. Zeige, daß die architektonische Anlage des „Tempels" diesem Gottesdienstverständnis entspricht. (M 2)

9. Politik und Religion wirken aufeinander ein – Innere und äußere Konflikte, Auseinandersetzungen und Kriege in Europa

Nicht nur in Deutschland, sondern auch in anderen Teilen Europas stellten die Herrschenden mit Anordnungen und Maßnahmen in Glaubensfragen ihre Untertanen vor schwere Gewissensentscheidungen. Und unterschiedliche religiöse Überzeugungen führten zu politischen – oft gewaltsam ausgetragenen – Auseinandersetzungen innerhalb eines Landes oder eines Landes mit einem anderen. Worum es in solchen Auseinandersetzungen ging und wie sie ausgetragen wurden, das war von Fall zu Fall verschieden.

1534	König Heinrich VIII. von **England** erklärt sich zum Oberhaupt der Kirche seines Landes.
1581	Die sieben nördlichen Provinzen der **Niederlande** sagen sich nach jahrelangen Kämpfen von Spanien und dem Haus Habsburg los und bilden die „Republik der Vereinigten Niederlande".
1588	Die von König Philipp II. von **Spanien** zur Eroberung Englands ausgesandte Flotte (die „unbesiegliche Armada") wird von englischen Schiffen zerstreut; die Hälfte der spanischen Schiffe geht in Wind und Wellen verloren.
1598	In **Frankreich** gewährt König Heinrich IV. nach acht Religions- und Bürgerkriegen den Protestanten seines Landes im Edikt von Nantes Glaubens- und Gewissensfreiheit.

9.1 Der König von England macht sich zum Oberhaupt der Kirche seines Landes

Zwist zwischen dem König von England und dem Papst

König Heinrich VIII. von England (1509–1547) hatte die Witwe seines Bruders geheiratet; eine solche Ehe durfte nach kirchlichem Recht nur mit Sondergenehmigung des Papstes geschlossen werden. Später wollte der König die Ehe vom Papst für ungültig erklären lassen; als der Papst diesem Antrag nicht entsprach, wurde die königliche Ehe auf Verlangen des Königs von dem ranghöchsten englischen Geistlichen, dem Erzbischof von Canterbury, für ungültig erklärt. Der König trennte sich von seiner Frau Katharina, einer spanischen Prinzessin, und heiratete die Hofdame Anna Boleyn. Der Papst sprach den Bann (vgl. S. 50, 52, 168, 171 ff.) über den König aus.

Die englische Kirche trennt sich von Rom

Das wurde für den König zum Anlaß, alle Bindungen der Kirche an den Papst zu lösen. In Kirchenversammlungen wurde festgestellt, daß „der Bischof von Rom" (der Papst) keinerlei Rechte im Königreich England habe. Der König selbst wurde das Oberhaupt der Kirche von England, der „anglikanischen" Kirche; wer den Suprematseid (die Anerkennung des Königs als kirchliches Oberhaupt) verweigerte, galt als Verräter und wurde mit dem Tode bestraft. Die Klöster wurden aufgelöst; ihre Ländereien fielen an die Krone und später durch Verkauf an den Landadel.

Die anglikanische Kirche

Der König war ein Gegner Luthers; deshalb konnten die Gedanken der Reformation erst nach Heinrichs Tod ungehindert verbreitet werden. Und erst nach dem Scheitern eines gewaltsamen Rekatholisierungsversuchs unter Maria der Katholischen (1553–1558), einer Tochter aus Heinrichs erster Ehe, konnte die neue *„anglikanische" Kirche* unter Königin Elisabeth I., einer Tochter Heinrichs und seiner zweiten Frau, ihre Stellung endgültig festigen.

1 In England soll nicht der Bischof von Rom (der Papst), sondern der König von England Oberhaupt der Kirche sein

1534 verabschiedete das Parlament ein Gesetz, in dem es heißt:
„Obgleich Seine Majestät der König nach Recht und Gesetz Oberhaupt der englischen Kirche ist und sein soll und von der Geistlichkeit des Reiches in ihren Kirchenversammlungen auch als solches anerkannt worden ist, wird trotzdem zur Bestätigung und Bekräftigung dessen kraft Gewalt des Parlaments verfügt, daß unser höchster Herr und König, seine Erben und Nachfolger, die Könige dieses Reiches, als das alleinige Oberhaupt der Kirche von England, genannt Anglicana Ecclesia, gelten und angesehen werden."
(H. J. Hillerbrand, Brennpunkte der Reformation, Göttingen 1967, S. 308)

2 König Heinrich VIII. von England. Gemälde von Hans Holbein. Das Bild zeigt den König in selbstbewußter Haltung und prachtvoller Kleidung.

Arbeitsvorschläge und Fragen

Zeige an dem Parlamentsbeschluß, wie Geistlichkeit und Parlament zusammenwirkten, um den Anspruch des Königs durchzusetzen.

9.2 Das katholische Spanien – Innerer und äußerer Kampf gegen Andersgläubige und Abtrünnige

Spanien unter islamischer Herrschaft

In *Spanien* fanden die Ideen der Reformation kaum Anklang. Das lag wahrscheinlich an der Besonderheit der spanischen Geschichte. In den Jahren 711–714 war das christliche Spanien von den aus Nordafrika kommenden islamischen Mauren erobert worden. Im äußersten Norden, wo die Mauren ihre Herrschaft nicht hatten festigen können, begann die Wiedereroberung des Landes durch die Christen. 1492 fiel der letzte maurische Stützpunkt auf spanischem Boden. Aus den Königreichen Kastilien und Aragonien entstand das Königreich Spanien.

Spaniens Könige gegen Mauren, Juden und Ketzer

Jahrhundertelang hatten in Spanien Christen, Juden und Mohammedaner nebeneinander gelebt. Nach der Wiedereroberung des Landes („Reconquista") war es das Ziel der christlichen Herrscher, die *religiöse Einheit* im katholischen Glauben herzustellen und zu behaupten. Juden und Mauren, die es ablehnten, sich taufen zu lassen, mußten das Land verlassen, es waren Hunderttausende. Aber den „bekehrten" Mauren traute man nicht; kurz nach 1600 wurden die letzten (über 200000) aus Spanien vertrieben. Und viele der im Land verbliebenen getauften Juden waren nur dem Schein nach katholische Christen, insgeheim hielten sie an ihrem alten Glauben fest. Die dritte Gefahr für den katholischen Glauben war der „Lutheranismus"; ihn zu bekämpfen, das war für Karl V., wie er seiner Tochter schrieb, „zur Erhaltung dieser Reiche wich-

1 Reconquista in Spanien

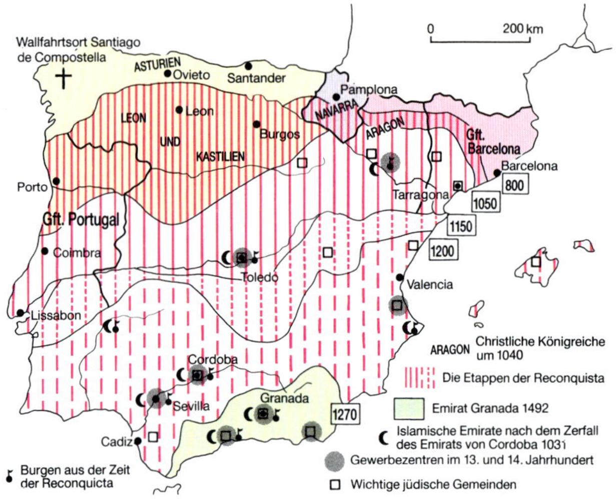

tiger als alles andere". Das war auch die Auffassung seines Nachfolgers, Philipps II. „Heimliche Juden" und „lutheranische Ketzer" aufzuspüren, war Aufgabe der von den Herrschern geförderten *Inquisition*. Überführte Ketzer wurden in öffentlichen Veranstaltungen verbrannt.

Höhepunkt und Rückgang spanischer Macht

Philipp II. wollte das protestantische England mit Hilfe einer riesigen Flotte, der „unbesieglichen Armada", unterwerfen; das Unternehmen scheiterte. Im *Untergang der Armada* sah die protestantische Welt ein Gottesurteil. Die Vertreibung der Juden und Mauren hatte der spanischen Wirtschaft großen Schaden zugefügt. Mit dem Untergang der Armada begann der Abstieg der spanischen und der Aufstieg der englischen Seemacht.

Inquisition (lat.): Untersuchung. In der Regel meint man mit dem Wort kirchliche Glaubensgerichte und deren Tätigkeit: Aufspüren und Verurteilung jeglicher Form von Ketzerei.

2 Stolz auf die „Reinheit des Blutes"

Anfang der Lebensgeschichte des Capitán Alonso de Contreras, von ihm selbst erzählt:

„Ich kam in der sehr edlen Stadt Madrid am 6. Januar 1582 zur Welt. Meine Eltern waren von alter christlicher Herkunft ohne einen Tropfen maurischen oder jüdischen Blutes, auch gab es keinen vom Heiligen Inquisitionsgericht Verurteilten in meiner Familie. Meine Eltern waren arm und lebten nach dem Gebot unserer Heiligen Mutter Kirche während vierundzwanzig Jahren im Stand der Ehe; sechzehn Kinder hatten sie." (Es handelt sich nicht, wie man nach dieser Einleitung glauben könnte, um die Geschichte eines religiösen Menschen, sondern um das Leben eines Abenteurers und Raufbolds.)

(Das Leben des Capitán Alonso de Contreras. Von ihm selbst erzählt. Zürich 1961, S. 57)

Arbeitsvorschläge und Fragen

a) Im Spanien des 16. Jahrhunderts unterschied man zwischen „Altchristen" und „Neuchristen". Was erfahren wir aus den Worten des Capitán Alonso über die Einstellung der Altchristen zu den Neuchristen jüdischer und maurischer Herkunft? – Welche Gefühle wird diese Haltung bei Neuchristen hervorgerufen haben? (M 2)

b) Nenne historische und geographische Gründe für die Entstehung christlicher Königreiche im Norden der Halbinsel. (M 1)

1 Autodafé (öffentliche Verurteilung und Hinrichtung von „Ketzern"). Das Gemälde von Pedro Berruguete aus dem 16. Jh. zeigt nebeneinander einzelne Etappen eines solchen Autodafés. Links vor der Treppe wird ein Ketzer zur Verurteilung geführt, er trägt die Ketzermütze in der Hand. Rechts unten stehen zwei bereits verurteilte Ketzer, zu erkennen an den aufgesetzten Ketzermützen, vor der Hinrichtung; daneben sieht man zwei Verurteilte auf dem Scheiterhaufen.

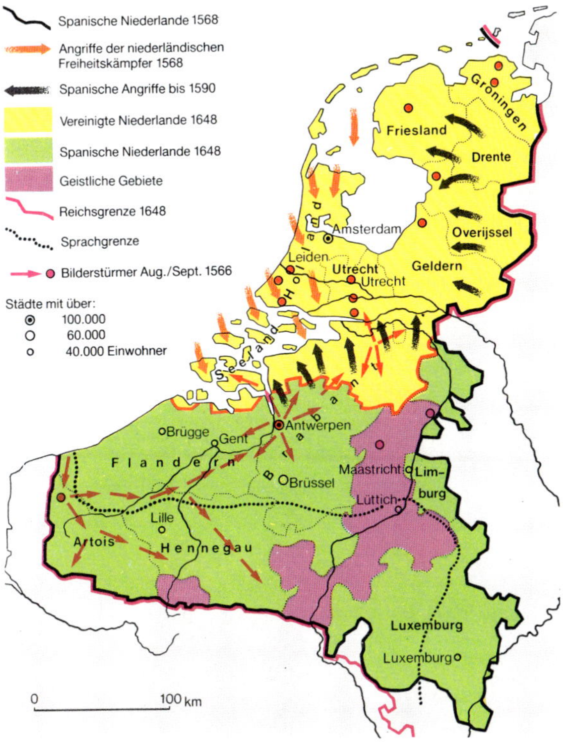

2 Freiheitskampf der Niederlande (1568–1648)

9.3 In den Niederlanden wird der Kampf um Glaubensfreiheit zum Kampf um politische Befreiung

Unzufriedenheit im Volk

In den *Niederlanden*, die politisch mit Spanien verbunden waren, wurden die Gedanken Luthers und auch die der Täufer von vielen Menschen angenommen. Nach 1540 wurde der *Calvinismus* zur bestimmenden religiös-politischen Kraft im niederländischen Protestantismus. Von Karl V. und Philipp II. wurde jede Art von „Ketzerei" blutig unterdrückt. Das führte in den niederländischen Provinzen zum *Widerstand* gegen Spanien. Politische und wirtschaftliche Gründe kamen hinzu. Das Volk murrte über hohe Steuern, mit denen Karl V. seine Kriege finanzierte. Und man fürchtete, der König könne die Absicht haben, die Niederlande zu einem Teil des Königreichs Spanien zu machen.

Ein Aufruhr und seine „Befriedung"

1566 forderten die reformatorisch gesinnten Adligen die Aufhebung der Inquisition (vgl. S. 191, 198f.) und Religionsfreiheit; der König lehnte ab. *„Bilderstürmer"* drangen in die Kirchen ein und entfernten die Bilder Christi und der Heiligen (die Calvinisten lehnten religiöse Bilder in gottesdienstlichen Räumen strikt ab). Die Regierenden sahen in dem Bildersturm einen Angriff auf die staatliche und gesellschaftliche Ordnung. Der König schickte den Herzog von Alba mit einem spanischen Heer, um die Niederlande zu „befrieden". Alba ließ etwa 1000 Personen wegen Aufruhr und Unruhestiftung hinrichten.

Krieg gegen die Spanier

Es kam zum bewaffneten Aufstand und zum Krieg gegen die Spanier. *Wilhelm von Nassau*, Fürst von Oranien, übernahm die Führung. Die Aufständischen konnten sich behaupten. Die nördlichen Provinzen sagten sich völlig von Spanien los und bildeten die *„Republik der Niederlande"*. Die südlichen Niederlande (im wesentlichen das heutige Belgien) blieben mit der spanischen Krone verbunden und hießen jetzt „die Spanischen Niederlande".

Die Niederlande gewinnen Weltgeltung

Die freien Niederlande wurden eine *Seemacht* von Weltgeltung, das gewerbe- und kapitalreichste Land Europas und das Zentrum des Weltcalvinismus.

3 Bringt religiöse Toleranz einem Land Nutzen oder Schaden?

Ein Engländer, der Holland im 17. Jahrhundert kennenlernte, urteilt so: „Durch den Wohlstand unserer Nachbarn in Holland ist mehr als erwiesen, daß die verschiedenen Wege unserer Brüder in Dingen der Religion nicht hinderlich sind, sondern daß sie miteinander in Frieden leben können, und der Spanier kann Zeugnis ablegen für die Stärke ihrer Einigkeit zur Verteidigung ihrer gemeinsamen Freiheiten und zum Widerstand gegen ihre gemeinsamen Feinde." („Toleranz" vgl. S. 195) (G. Parker, Der Aufstand der Niederlande, München 1979, S. 320f.)

Arbeitsvorschläge und Fragen

a) Welche geographischen Vorteile boten die Nordprovinzen den Aufständischen? (M 2)

b) Wie kann es zu erklären sein, daß die religiöse Toleranz Wohlstand und Stärke nicht verhinderte, sondern eher förderte? (M 3)

9.4 Hugenotten in Frankreich – Religions- und Bürgerkriege

Die Reformierten in Frankreich

Calvin wurde von Genf aus der geistige Führer der *Reformation in Frankreich*. Man nannte die Reformierten *„Hugenotten"* (für die Herkunft des Wortes gibt es verschiedene, einander widersprechende Erklärungen). Die Hugenotten blieben eine Minderheit (etwa ein Sechstel der Bevölkerung), aber es war eine entschiedene und opferbereite Minderheit von Menschen aller gesellschaftlichen Schichten.

Gewaltsame Auseinandersetzung

Die Herrschenden reagierten wie in anderen Ländern auch; es gab Hinrichtungen und Ketzerverbrennungen. Die Hugenotten lehnten Gewalt gegen die rechtmäßige Obrigkeit grundsätzlich ab. Als jedoch immer mehr Angehörige des Adels sich ihnen anschlossen, begann man danach zu fragen, wie denn der neue Glaube politisch gesichert und durchgesetzt werden könne. Calvin warnte den *Admiral Coligny*, den Führer der Hugenotten: „Der erste Tropfen von Blut, den unsere Leute vergießen, wird Ströme Bluts hervorrufen, die ganz Europa überschwemmen." Doch die Hugenotten entschieden sich für den bewaffneten Kampf. Insgesamt wurde Frankreich von acht *„Hugenottenkriegen"* heimge-

1 Die Bartholomäusnacht. Der zeitgenössische Kupferstich stellt eine Straßenszene während der Bartholomäusnacht in Paris dar. Rechts im Bild wird der Leichnam des Hugenottenführers Admiral Coligny aus dem Fenster geworfen.

sucht. Jeder Friedensschluß barg in sich wieder den Keim eines neuen Krieges. Es ging in diesen Kriegen freilich nicht nur um Religion, sondern auch – und vielleicht noch mehr – um die Macht im Staat.

Ein Staat im Staat?

Die Hugenotten hielten Städte und Teile des Landes besetzt. Jeder opferte Geld für die gemeinsame Sache, auch Landarbeiter und Dienstboten, jeder schätzte sich nach seinem Gewissen selbst ein. So konnte auch ein Heer unterhalten werden. „Der Admiral hat im Königreich seinen eigenen Staat", bemerkt ein ausländischer Beobachter.

Pariser „Bluthochzeit"

Im Jahr 1572, als wieder einmal Friede zwischen den Parteien herrschte, wurde in Paris die Hochzeit des hugenottischen Königs *Heinrich von Navarra* mit der Schwester des Königs von Frankreich gefeiert. Fast der gesamte hugenottische Adel war aus diesem Anlaß in die Hauptstadt gekommen. Auf Anstiftung der Mutter des Königs sollten in der *„Bartholomäusnacht"* (Nacht zum 24. August) alle Hugenotten, die in Paris wohnten oder sich dort aufhielten, ermordet werden: Männer, Frauen und Kinder. Nur wenige konnten sich retten. Damit waren die Hugenotten ihrer Führer beraubt. Aber König Heinrich von Navarra, den man gefangen genommen hatte, konnte aus Paris fliehen; er trat nun an ihre Spitze.

Das Edikt von Nantes

Der König, der den Befehl zu dem Massenmord gegeben hatte, starb zwei Jahre danach. Sein Bruder wurde Opfer eines Attentats. Jetzt war Heinrich von Navarra rechtmäßiger Thronerbe. Da er als Protestant nicht König von Frankreich werden konnte, trat er zum katholischen Glauben über. Heinrich erließ eine allgemeine *Amnestie* und gewährte den Hugenotten im *Edikt von Nantes* das *Recht der freien Religionsausübung*. Heinrichs Enkel, Ludwig XIV., hob 1685 das Edikt von Nantes – und damit die Religionsfreiheit – wieder auf.

Amnestie: ein allgemeiner, für viele Einzelfälle geltender Straferlaß. Durch „Amnestieklauseln" in Friedensverträgen schützt jede Partei ihre Parteigänger im Lager des Gegners.

2 Religionsfrieden in Frankreich

Aus dem Edikt von Nantes: „Wir ordnen an, daß die katholische, apostolische und römische Religion an allen Orten und Plätzen Unseres Königreichs, in denen ihre Ausübung untersagt worden war, wieder eingesetzt und in Frieden und Freiheit ungestört und ungehindert befolgt werden kann. Und um Unseren Untertanen keine Gelegenheit zu Unruhen und Streitigkeiten zu geben, haben Wir denen von der angeblich reformierten Religion gestattet und gestatten ihnen, in allen Städten und Orten Unseres Königreichs zu leben und zu bleiben, ohne darüber befragt, bedrängt und belästigt noch genötigt zu werden, in Sachen der Religion etwas gegen ihr Gewissen zu tun ... Wir gestatten auch denen von der Religion (den Hugenotten), diese jetzt und in Zukunft in allen Unserer Herrschaft unterstehenden Städten und Orten auszuüben, in denen sie von ihnen eingesetzt wurde."

(Julien Coudy [Hrsg.], Die Hugenottenkriege in Augenzeugenberichten, Düsseldorf 1965, S. 364)

Arbeitsvorschläge und Fragen

Welche Formulierungen im Textauszug aus dem Edikt von Nantes lassen erkennen, daß es keine Gleichheit zwischen den Konfessionen herstellte, sondern daß die Hugenotten lediglich geduldet wurden?

10. Der Dreißigjährige Krieg – Religiöse Konflikte und Kämpfe um die Macht

Die erste Hälfte des 17. Jahrhunderts ist eine der düstersten Epochen in der Geschichte unseres Volkes. Die Streitfragen, die in der zweiten Hälfte des 16. Jahrhunderts gelöst zu sein schienen, brachen aufs neue auf. In die Konflikte, die mit Waffengewalt ausgetragen wurden, griffen auch ausländische Mächte ein. Die Feldzüge und andere Kriegsereignisse dieser Jahre brachten so viel Elend, daß die Erinnerung an den „Dreißigjährigen Krieg" (1618–1648) bis in unser Jahrhundert nicht aus dem Gedächtnis und dem Bewußtsein unseres Volkes schwand.

1619	Böhmen gegen den Kaiser: Das Königreich Böhmen sagt sich aus konfessionellen und politischen Gründen vom habsburgischen Kaiserhaus los. Der Aufstand scheitert.
1623	Gegen die Rekatholisierungspolitik des Kaisers schließen Fürsten und Städte Nordwestdeutschlands unter Führung des Königs von Dänemark ein Bündnis; der entstehende Krieg dauert bis 1629.
1630	Die Schweden landen in Pommern, nachdem der Kaiser seine Macht bis zur Ostsee ausgedehnt hat.
1639	Frankreich und Schweden verbünden sich gegen das Reich.
1648	**Der Westfälische Friede** (Friedensverhandlungen in Münster und Osnabrück) beendet den Krieg.

10.1 Die böhmischen Stände rebellieren gegen den Kaiser – Für religiöse Selbstbestimmung im Rahmen politischer Freiheit

Religionsfreiheit und Widerrufung in Böhmen

Der Kaiser war zugleich auch König von Böhmen. In Böhmen lebten Tschechen und Deutsche gleichberechtigt nebeneinander; amtliche Bekundungen erfolgten in beiden Sprachen. Kaiser Matthias hatte 1609 in einem *„Majestätsbrief"* allen „Herren, Rittern und Städten" Böhmens das Recht verliehen, ihre *Religion* und damit auch die der Menschen in ihrem Herrschaftsgebiet *frei zu*

1 Fenstersturz zu Prag. Zeitgenössischer Kupferstich von Matthäus Merian

bestimmen. Sein Neffe und Nachfolger Ferdinand II. (König von Böhmen seit 1617 und Kaiser von 1619 bis 1637) *widerrief* den Majestätsbrief.

Böhmen sagt sich von Habsburg los

Wütende Protestanten stürzten daraufhin (1618) zwei kaiserliche Statthalter aus einem Fenster der Prager Burg; beide kamen mit dem Leben davon. In diesem *„Fenstersturz"* sieht man den Beginn des *„Dreißigjährigen Krieges"*. *Böhmen sagte* sich vom Kaiserhaus der Habsburger *los*. 1619 wählten Abgesandte aus allen Teilen des Landes den reformierten Kurfürsten *Friedrich von der Pfalz* zum *König* von Böhmen. Friedrich nahm die Wahl an und zog unter großem Jubel und mit großer Pracht, „dergleichen keinem Römischen Kaiser widerfahren", in Prag ein.

Es ging dabei freilich nicht nur um die Freiheit der Religion, sondern auch um die Frage, wer in Böhmen die politisch bestimmende Macht sein sollte: die Krone oder die „Herren, Ritter und Städte".

Sieg des Kaisers

Der Kaiser entschloß sich, den *böhmischen Aufstand* mit Gewalt niederzuwerfen. Auf seine Seite stellten sich der katholische Herzog von Bayern und der lutherische Kurfürst von Sachsen. Dem Bayern Maximilian versprach der Kaiser die Kurfürstenwürde, die dem aufrührerischen Pfalzgrafen Friedrich genommen werden sollte. Und der Sachse Johann Georg sollte die zu Böhmen gehörenden Landschaften Nieder- und Oberlausitz erhalten.

Bestrafung der Aufständischen

Die Böhmen wurden besiegt. Der neugewählte König mußte fliehen. Die böhmischen Stände huldigten erneut dem Kaiser, dieser forderte eine „unconditionierte" (bedingungslose) Huldigung, bei der er nicht – wie sonst üblich – bestimmte Privilegien bestätigte und auch keine Amnestie versprach. 26 führende Männer des Aufstandes wurden öffentlich hingerichtet; ihre Güter hatten sie bereits durch Konfiskation verloren.

Huldigung: der Treueid der Untertanen, mit dem sie die Herrschaft als rechtmäßig anerkennen und Gehorsam geloben; der Huldigung voraus ging in der Regel die Bestätigung geltender Rechte oder Privilegien der Untertanen von seiten des Herrn.
Konfiskation: entschädigungslose Enteignung von Personen oder Gruppen, die damit politisch entmachtet werden sollen.

2 Dem böhmischen Adel wird die Existenzgrundlage entzogen

Ein Zeitgenosse berichtet:

„Es war mit dem, was bisher in Böhmen vorgegangen (Ächtung und Hinrichtung der Führer des Aufstandes und Beschlagnahmung ihrer Güter) nicht genug. Es sollte die Strafe der Confiscation der Güter auch über die ergehen, so beim Fensterauswerfen gewesen ... in der Confoederation (Bund) wider Kaiserliche Majestät und das Haus Österreich ... bei der Rejection (Ablehnung) Kaiser Ferdinandi ... bei der Election Friderici (Wahl Friedrichs) ... im Feldzug vor Wien mit gewesen (ein böhmisches Heer war bis Wien vorgerückt)."

(H. Jessen [Hrsg.], Der Dreißigjährige Krieg in Augenzeugenberichten, München, 4. Aufl. 1980, S. 116)

3 Religiöse Zwangsmaßnahmen

3a In einem zeitgenössischen Bericht aus dem Jahre 1622 heißt es:

„Den 21. und 22. Octobris wurde in den drei Prager Städten der Rat reformiert (rekatholisiert), der Augsburgischen Konfession Zugetane daraus geschafft und ihre Stellen mit Katholiken ersetzt. Den 24. Octobris wurden die zwo deutschen Kirchen der Evangelischen versperrt und verriegelt. Des anderen Tages wurde den Jesuiten (vgl. S. 188, 190), nachdem ihnen zuvor auch die Landschule (das Gymnasium) eingeräumt worden, die Universität übergeben."

3b Nicht nur in Böhmen, sondern auch in den anderen kaiserlichen Erblanden wird mit der Rekatholisierung ernstgemacht. Eine Wiener Zeitung des Jahres 1622 berichtet:

„Allhier wird kein Unkatholischer zum Bürger hinfort angenommen, den Zünften ist angesagt worden, keinem, so nicht der gleichen (katholischen) Religion angehört, Arbeit zu geben, welches den Meistern schwer ankommen wird."

(H. Jessen [Hrsg.], Der Dreißigjährige Krieg in Augenzeugenberichten, München, 4. Aufl. 1980, S. 119–121)

Arbeitsvorschläge und Fragen

a) Welche machtpolitischen Ziele verfolgte der Kaiser mit seinem Vorgehen gegen den böhmischen Adel? (M 2)

b) Welche kirchenpolitischen Ziele sind aus den durchgeführten Maßnahmen abzulesen? (M 3 a)

c) Zeige an dem Bericht aus Wien, daß der Kaiser aus kirchenpolitischen Gründen wirtschaftliche Schwierigkeiten in Kauf nahm. (M 3 b)

10.2 Der Kampf um die Herrschaft in Deutschland – Feldzüge und diplomatische Aktivitäten

Der Krieg weitet sich aus

Friedrich, spöttisch der *„Winterkönig"* genannt, weil er nur einen Winter lang König von Böhmen gewesen war, begab sich ins *Exil* in die freien Niederlande. In den calvinistisch bestimmten „Staaten von Holland" sah Kaiser Ferdinand „die stärksten Urheber und Aufwiegler aller Rebellion, Unruhe und Kriegsübel". Die mit dem Kaiser verbündeten Spanier griffen Holland an und verwüsteten die Pfalz, das Land des glücklosen Böhmenkönigs. Der Herzog von Bayern und der Kurfürst von Sachsen erhielten das Versprochene.

Sieg des Kaisers über deutsche Länder und Dänemark

Die zunehmende Macht des Kaisers und seine Politik der *Rekatholisierung* (vgl. S. 196, 202) schafften Unruhe. Besorgt, vom Kaiser „ihrer Freiheit und Religion beraubt zu werden", *verbündeten* sich die Herzöge von Braunschweig, Holstein und Mecklenburg, die Städte Hamburg, Bremen, Lüneburg und andere miteinander und mit dem König von Dänemark. Bayrische und kaiserliche Truppen unter den Generalen *Tilly* und *Wallenstein* drangen nach Norden und bis zur Ostsee vor. Es kam zum Friedensschluß mit Dänemark.

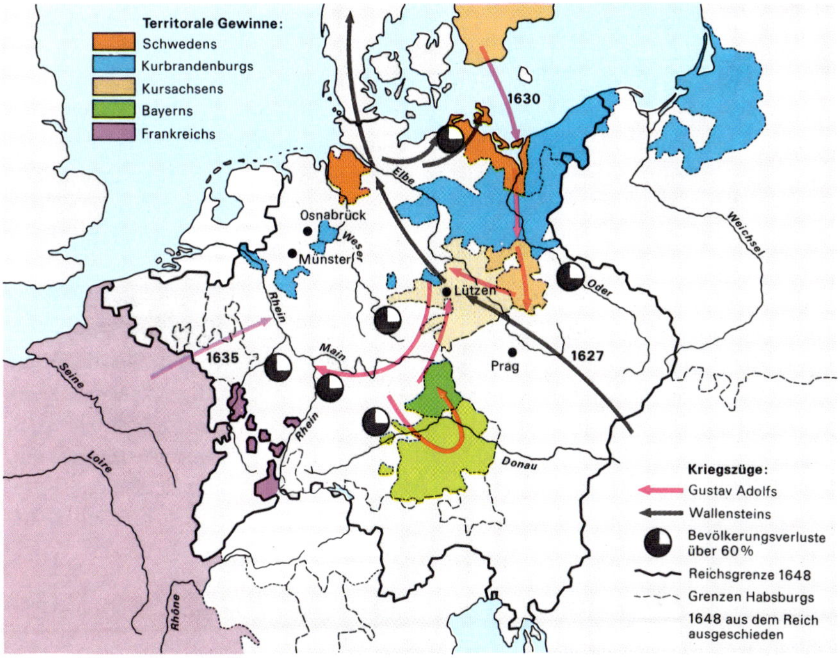

1 Der Dreißigjährige Krieg. Kriegszüge, Bevölkerungsverluste, Gebietsveränderungen

Wallensteins Aufstieg und Entlassung

Dieser *Erfolg* war vor allem dem kaiserlichen Feldherrn *Wallenstein* zuzuschreiben; Wallenstein, von Geburt böhmischer Edelmann, zunächst Protestant, dann Katholik, ergriff 1618 die *Partei des Kaisers*; nach dessen Sieg kaufte er 58 Grundherrschaften (vgl. S. 28ff., 43, 45, 53, 55, 58) vertriebener Empörer auf; den vereinten Landbesitz machte der Kaiser zu einem Fürstentum; Wallenstein wurde erst Fürst und dann *Herzog von Friedland*. Nach seinem Erfolg im Krieg gegen Dänemark und seine Verbündeten belehnte der Kaiser Wallenstein 1628 mit dem Herzogtum Mecklenburg.

Wallenstein war jetzt der mächtigste Mann im Reich; vielen war er bereits zu mächtig, sie fühlten sich von ihm in ihrer Macht und ihrem Ansehen bedroht. Die Kurfürsten, sowohl die Katholiken wie die Protestanten, drängten den Kaiser, den Herzog von Friedland *abzuberufen*. Der Kaiser gab nach und enthob Wallenstein seines Kommandos.

Schweden greift siegreich in den Krieg ein

König Gustav Adolf von Schweden sah in der gewaltig angestiegenen kaiserlichen Macht eine politische Bedrohung Schwedens und in der Politik der Rekatholisierung eine konfessionelle Schwächung des Luthertums, zu dem er sich bekannte. 1630 erschien er mit einer Flotte vor der Insel Rügen und betrat mit seinem Heer deutschen Boden. Nur zögernd schlossen sich ihm die protestantischen Herrscher von Pommern, Sachsen und Brandenburg an. Der kaiserliche und bayrische Feldherr Tilly trat Gustav Adolf entgegen. Tilly wurde besiegt und starb an den Folgen einer Verwundung. Gustav Adolf zog als Sieger in München ein. Die mit den Schweden verbündeten Sachsen eroberten Prag.

Gustav Adolfs und Wallensteins Ende

In dieser Situation sah der Kaiser nur einen Ausweg: Er übertrug Wallenstein, dem Mann, den er zwei Jahre zuvor entlassen hatte, den Oberbefehl über die gesamte kaiserliche Armee. In kurzer Zeit hatte Wallenstein 100000 Mann unter seinen Fahnen. Er zog mit seinem Heer nach *Sachsen*, dem Verbündeten Schwedens. Damit zwang er Gustav Adolf, Süddeutschland zu verlassen und sich ebenfalls nach Sachsen zu begeben, wo es bei *Lützen* zur Schlacht kam

(1632). Die Schlacht endete unentschieden, aber Gustav Adolf kam ums Leben. Nach dem Tod des Königs wurde der Krieg unter dem Kommando schwedischer Generale weitergeführt. Statt nun die Schweden weiter zu bekämpfen und nach Norden zurückzudrängen, zog Wallenstein nach Böhmen und begann geheime Verhandlungen mit den Schweden. Der Kaiser wurde vor dem „Verräter" gewarnt, und Wallenstein wurde auf Veranlassung des Wiener Hofes ermordet. 1637 starb Ferdinand II.; sein Sohn, Ferdinand III., wurde Kaiser. In seinen konfessionellen und politischen Zielen war er gemäßigter als sein Vater.

Frankreichs Politik gegen Habsburg und das Reich

Frankreich war gleichsam der „Erbfeind" Habsburgs. Auf der Landkarte schien es von habsburgischen Herrschaftsgebieten umklammert zu sein: im Süden das von Habsburgern regierte Spanien, im Norden die spanischen Niederlande, im Osten das von einem habsburgischen Kaiser regierte Reich. Die französische Politik lag in den Händen des *Kardinals Richelieu*. Ohne direkt in den Krieg einzugreifen, unterstützte Frankreich die Gegner des Kaisers mit Geld, so auch den König von Schweden. 1639 schloß Richelieu ein Bündnis mit Schweden. Auf dem Boden des Reiches kämpften jetzt schwedische und französische Truppen. Frankreich besetzte das Elsaß und Teile Süddeutschlands; die Schweden standen 1646 vor Wien und 1648 vor Prag.

2 Gustav Adolf begründet den Kriegseintritt Schwedens

1629 schrieb der König an den schwedischen Reichsrat:

„Die Absicht der Katholischen ist allgemein kundig und offenbar. Seit langem wollen sie nichts anderes als den Untergang der rechtgläubigen Evangelischen. Schon haben die Päpstler an der Ostsee Fuß gefaßt, sich auf ihr stark gemacht, strengen alles an, eine Ostseeflotte zu errichten, um mit ihr den schwedischen Handel und Trafik (Verkehr) zu turbieren (stören) und, hinüber nach Schweden kommend, hier Fuß zu fassen."

(H. Jessen [Hrsg.], Der Dreißigjährige Krieg in Augenzeugenberichten, München, 4. Aufl. 1980, S. 229, auszugsweise und gekürzt)

3 Frankreichs Interesse an dem Krieg in Deutschland

Richelieu schrieb 1633 in einem Gutachten:

„In der gegenwärtigen Lage muß das erste Ziel des Königs sein, durch Geld, was es auch kosten mag, zu versuchen, den Krieg in Deutschland und Holland fortzusetzen, ohne daß der König genötigt wäre, offen daran teilzunehmen ... Aber wenn es klar zu erkennen wäre, daß die Kriegsmüdigkeit einen Friedensschluß befürchten und voraussehen ließe, dann wäre zu überlegen, ob der König besser daran täte, im Bündnis mit den deutschen und holländischen Protestanten sich offen gegen das Haus Habsburg zu erklären, unter folgenden Bedingungen: Die Religion soll den Protestanten an allen Orten erhalten bleiben, wo sie vor dem Krieg herrschte. Sie sollen (als Gegenleistung) alles in die Hände des Königs legen, was sie diesseits des Rheins besetzt halten, nämlich Mainz ... die ganze Pfalz ... ferner alles, was zum Elsaß gehört ..."

(H. Jessen [Hrsg.], Der Dreißigjährige Krieg in Augenzeugenberichten, München, 4. Aufl. 1980, S. 335, auszugsweise und gekürzt)

Arbeitsvorschläge und Fragen

a) In welchen Gebieten gab es die größten Bevölkerungsverluste und Gebietsveränderungen im Dreißigjährigen Krieg? – Welche Länder haben Gebiete hinzugewonnen? – Nenne Gebiete, die aus dem Reichsverband ausschieden. (M 1)

b) Zeige an den Worten Gustav Adolfs und an dem Gutachten Richelieus, wie die religionspolitische Starrheit des Kaisers Schweden als Kriegsgrund diente und der französischen Regierung ihren Kampf gegen den Kaiser erleichterte. (M 2, M 3)

c) Welche realpolitischen Interessen (Wirtschaft, Macht) kommen in den Aussagen Gustav Adolfs und Richelieus zum Ausdruck?

10.3 Soldaten, Bauern und Bürger

Wer zahlt die Kosten des Krieges?

Um Krieg führen zu können, brauchten die Regierenden *Soldaten*; und die Soldaten mußten ausgerüstet werden und ihren „Sold" erhalten; das Geld dazu mußten *Bauern* und *Bürger* aufbringen; wenn die vorhandenen Steuereinnahmen nicht reichten, wurden besondere *Kriegssteuern* erhoben. Doch mit diesem Geld konnte eine Streitmacht zwar aufgestellt und ausgerüstet, aber nicht auf Dauer unterhalten werden. Es galt der Grundsatz: *Der Krieg ernährt den Krieg.* Die Bevölkerung des Landes, durch das ein Heer zog oder in dem ein Heer sein Lager aufschlug, mußte das Heer erhalten. Dörfer und Städte mußten Geld-, Sach- und Dienstleistungen erbringen; sie mußten eine ihnen von den Heerführern auferlegte Geldsumme zahlen; sie mußten Nahrungsmittel und Schlachtvieh abliefern; die Einwohner wurden zur Arbeit an Schanzen, zur Instandsetzung von Wegen und dergl. herangezogen. Es war dabei ohne Bedeutung, ob das Heer sich im Lande des eigenen Kriegsherrn oder im Feindesland befand. Immer stand die Bevölkerung unter der Drohung, daß die Truppe sich das, was sie brauchte oder zu brauchen vorgab, notfalls auch mit Gewalt nehmen konnte.

Plünderungen, Raub, Gewalttaten

Plünderungen entsprachen dem Kriegsbrauch der Zeit; wenn eine Stadt die dritte und letzte Aufforderung zur Übergabe abgelehnt hatte, dann waren die siegreichen Sturmtruppen berechtigt, drei Tage lang zu plündern. Viel mehr als unter diesen im Verständnis der Zeit rechtmäßigen Plünderungen hatte die Bevölkerung unter *Raub* und *Gewalttaten* zu leiden, die von kleineren Einheiten abseits der großen Heerstraße vorgenommen wurden und von denen die Kommandierenden häufig nichts erfuhren; oft wußten sie jedoch davon und duldeten es, auch wenn sie es selbst ausdrücklich unter Strafe gestellt hatten. Am meisten gefürchtet waren die Marodeure, Soldaten, die den Anschluß an ihre Truppe verloren oder sich absichtlich von ihr getrennt hatten und nun in kleinen Gruppen oder auch größeren Banden plündernd und sengend durchs Land zogen.

Kriegführen: ein Beruf

Die Heere der damaligen Zeit waren *Söldnerheere*. Eine Ausnahme war das Heer Gustav Adolfs, das aus eingezogenen Landeskindern bestand. Ein Fürst, der Krieg führen wollte, warb Soldaten an. Unter denen, die sich anwerben ließen, gab es Abenteuerlustige; die meisten wurden jedoch Soldat, weil sie keine andere Existenzgrundlage hatten oder fanden; nicht wenige standen vor der Alternative: Soldat werden oder betteln.

Um was es den Kriegführenden ging, darum kümmerte sich der Soldat nicht; ihn interessierte die Höhe des Soldes, die zu erwartende Beute, auch das abenteuerliche Leben. Wenn der Krieg beendet war, wurde das Heer aufgelöst; der Soldat mußte sich nach einer anderen Tätigkeit umsehen, die aber schwer zu finden war, oder einen neuen Dienst nehmen. Von einer Seite zur anderen überzugehen, galt nicht als schimpflich; es war – nicht nur für einfache Soldaten, sondern auch für Offiziere – etwas Selbstverständliches, so wie es in unserer Welt selbstverständlich ist, daß ein Angestellter oder Arbeiter in seinem Betrieb kündigt und zur Konkurrenz geht.

Auswirkungen des Krieges

Der Dreißigjährige Krieg wurde geführt wie andere Kriege der Zeit auch. Daß er sich dem Gedächtnis des Volks besonders tief einprägte, ist darauf zurückzuführen, daß es im Laufe von dreißig Jahren immer wieder zu neuen Kriegshandlungen kam. Sie erstreckten sich fast über das gesamte Reichsgebiet, und die Zahl der Schlachten, Belagerungen, Plünderungen, auch der verübten Gewalttaten war größer als jemals in einem anderen gleich langen Zeitraum. Zuverlässige Angaben über die Zahl der Getöteten, Verletzten, der an der Pest und anderen Seuchen oder auch an Hunger Gestorbenen gibt es nicht. Die Schätzungen der Historiker gehen weit auseinander. Nach einigen soll die Bevölkerung des deutschen Sprachgebiets um ein Drittel, nach anderen um die Hälfte oder noch mehr zurückgegangen sein; wieder andere sind der Auffassung, daß die Bevölkerungszahl zu Beginn des Krieges und an seinem Ende etwa gleich groß war (15 bis 18 Millionen).

Sold, Soldat, Söldner. „Sold" bedeutete ursprünglich das gleiche wie Lohn, dann den Lohn des Kriegsmanns (des „Soldaten"). Heute bezeichnet man mit dem Wort Soldat den Angehörigen einer regulären stehenden Armee eines Staates; „Söldner" nennen wir jemand, der sich für eine besondere Situation zum Kriegführen anstellen und bezahlen läßt.

1 Bürger und Bauern leiden unter Feind und Freund

1a Die Stadt Magdeburg, die sich auf die Seite Gustav Adolfs stellte, wurde von den kaiserlichen Truppen erstürmt und geplündert. Otto von Guericke, ein Bürger – später eine Zeitlang auch Bürgermeister – der Stadt, schreibt darüber:

„Da ist nichts als Morden, Brennen, Plündern, Peinigen und Prügeln gewesen. Insonderheit hat ein jeder von den Feinden nach großer Beute gefragt ... Viel tausend unschuldige Menschen, Weiber und Kinder sind kläglich ermordet und auf vielerlei Weise erbärmlich hingerichtet worden ... Durch den unversehens zustoßenden Wind hat das Feuer dergestalt überhand genommen, daß gegen Nacht die ganze Stadt völlig in der Aschen und Steinhaufen gelegen."

2 Reiter überfallen ein Dorf (Radierung von H. U. Franck, 1645)

3 Bauern nehmen Rache (Radierung von Jacques Caillot, 1633)

1b Eine Zeitung des Jahres 1626 berichtet von unrechtmäßigen Plünderungen der Soldaten Wallensteins in Schlesien, einem Land ihres eigenen Kriegsherrn:
„Obwohl hierlands Kais. Mandat angekommen, darinnen den Soldaten alles Plündern und Landverderben ernstlich abgeschafft (verboten) wird, so fragen sie doch nicht danach ... Die Wallensteinischen hausen ärger als der Feind, ist ihnen nicht genug, daß man ihnen Essen, Trinken und Geld gibt, sondern plündern noch dazu, was sie antreffen." Ähnliche Berichte gibt es von den Soldaten aller Armeen.
(H. Jessen [Hrsg.], Der Dreißigjährige Krieg in Augenzeugenberichten, München, 4. Aufl. 1980, S. 263 und S. 186f., auszugsweise)

Arbeitsvorschläge und Fragen

a) Wie wurden die Kriege finanziert und die Heere unterhalten? (Darstellung)
b) Wie kann es zu erklären sein, daß unrechtmäßige Plünderungen nicht nur im Feindesland, sondern auch im Land des eigenen Kriegsherrn so häufig waren und daß die verantwortlichen Kommandierenden sie oft verboten, aber in der Praxis häufig nichts dagegen unternahmen?
c) Die beiden Bilder vermitteln eine Vorstellung von den Schrecken des Krieges. Beschreibe Einzelheiten. Welcher Zusammenhang besteht zwischen den Vorgängen der beiden Bilder? (M 2 und 3)

10.4 Der „Westfälische Friede" – Politischer und konfessioneller Ausgleich auf Kosten der Reichsgewalt

Wer kann den Frieden herstellen?

Eine Beendigung der kriegerischen Auseinandersetzungen auf der Grundlage einer innerdeutschen Einigung – ähnlich etwa wie 1555 – hatte sich als *unerreichbar* erwiesen. Jetzt hatten *fremde Mächte* in die Auseinandersetzungen eingegriffen: *Schweden* und *Frankreich* standen *gegen* den *Kaiser* und gaben sich dabei jeweils als Beschützer der „deutschen Freiheit" aus. Beide Mächte hielten einen großen Teil deutschen Bodens besetzt; ohne sie oder gar gegen sie war der Friede nicht herstellbar.

Vorschläge Frankreichs und Schwedens werden angenommen

1638 hatten sich Frankreich und Schweden verpflichtet, nur gemeinsam mit dem Reich Frieden zu schließen; dabei hatten sie sich auf folgende Ziele geeinigt: Eine *„Generalamnestie"* (vgl. S. 201 „Amnestie") sollte unter alles Geschehene einen Schlußstrich ziehen; im Reich sollte im wesentlichen die *politische* und *religiöse* Situation, wie sie 1618 gewesen war, *wiederhergestellt* werden; die „beiden Kronen" Schweden und Frankreich sollten für die „Wiederherstellung der deutschen Freiheit", die sie offiziell als ihr Kriegsziel erklärt hatten, entschädigt werden. Die Friedensverhandlungen sollten unter dem Vorsitz Frankreichs und Schwedens an zwei Orten stattfinden, man entschied sich für zwei benachbarte westfälische Städte: das *katholische Münster* und das *protestantische Osnabrück*. Die deutschen Kurfürsten und die anderen Reichsstände waren zu Verhandlungen auf dieser Grundlage bereit.

Friedensverhandlungen und Friedensvertrag

Aber es bedurfte noch jahrelanger zäher Auseinandersetzungen der Diplomaten mit endloser Korrespondenz, bis Frankreich und Schweden 1644 alle Reichsstände (vgl. S. 186) zu Friedensverhandlungen einladen konnten und die Einladungen von allen – zuletzt vom Kaiser – angenommen worden waren. Ein päpstlicher Protest gegen jede vertraglich festgelegte Duldung irgendeiner Form nichtrömischen Christentums blieb unbeachtet. Am 24. Oktober *1648* wurde der *Friedensvertrag* in der Wohnung des kaiserlichen Gesandten in *Münster* unterzeichnet.

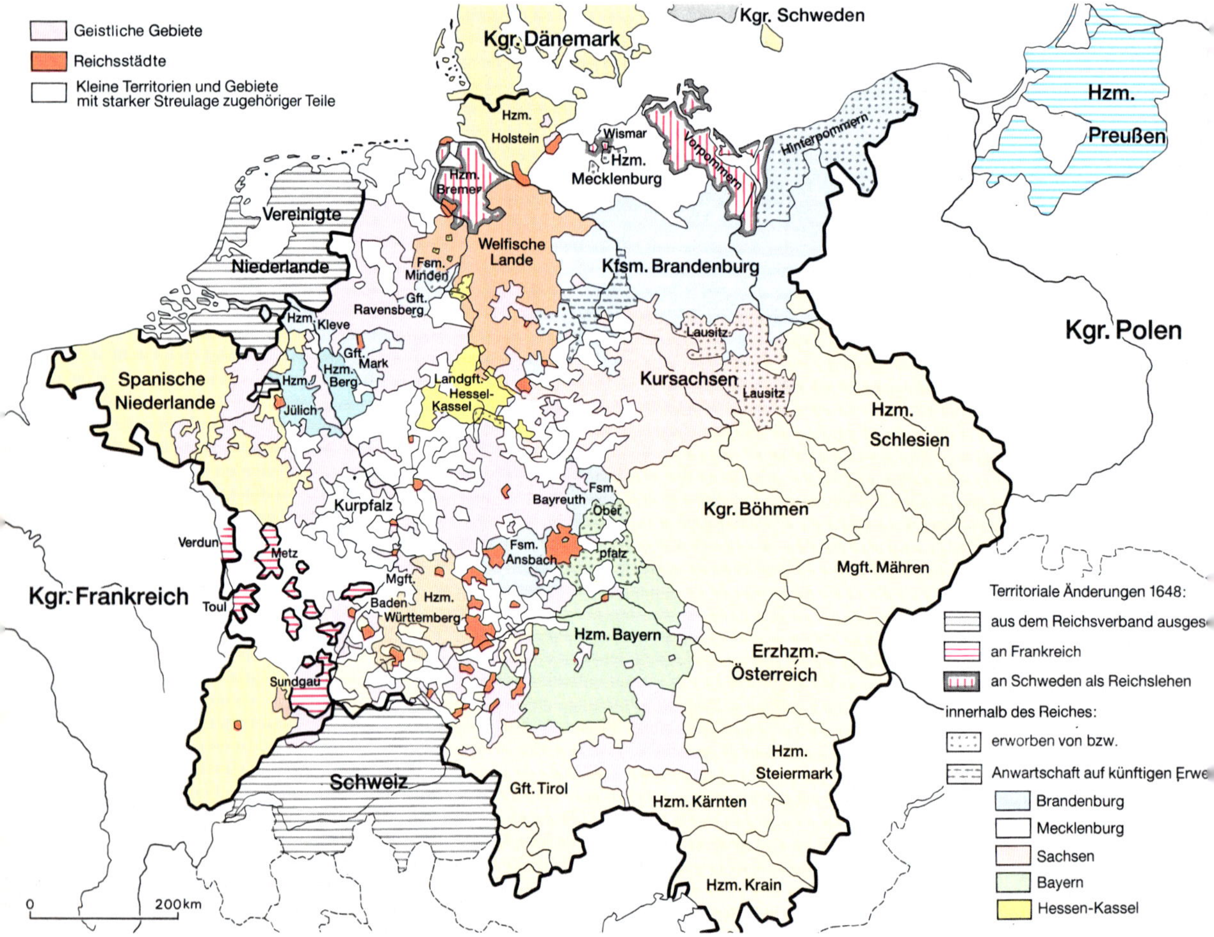

1 Das Reich nach dem Westfälischen Frieden (1648)

Diplomat: Beamter oder Beauftragter einer Regierung, der die Interessen des Landes gegenüber anderen Regierungen vertritt (abgeleitete Wörter: *Diplomatie*, *diplomatisch*). In früheren Zeiten hatten Botschafter und Gesandte einen wesentlich größeren Handlungsspielraum als heute, da es kaum jemals zu persönlichen Begegnungen zwischen Staatsoberhäuptern und Regierungschefs oder Ministern kam; fast alle Verhandlungen wurden in schriftlicher Korrespondenz abgewickelt.

2 Einige Bestimmungen des Westfälischen Friedens

(Die Bestimmungen werden hier in ihrem Inhalt, nicht im Wortlaut wiedergegeben; auch die Numerierung entspricht nicht den Artikeln und Paragraphen des Vertrages.)

1. Der Calvinismus wird als dritte Konfession gleichberechtigt neben Katholizismus und Luthertum anerkannt.

2. Ein Glaubenswechsel des Landesherrn verpflichtet die Untertanen nicht zur Annahme der neuen Konfession; das Recht der privaten Ausübung ihrer Religion wird ihnen zugesichert.

3. In konfessionellen Angelegenheiten gibt es beim Reichstag in Zukunft keine Mehrheitsentscheidungen; anstehende Fragen werden durch Vereinbarungen zwischen evangelischen und katholischen Ständen geregelt. Die Reichsgerichte und Kommissionen des Reichstags werden paritätisch (von jeder Konfession gleich viele Vertreter) besetzt.

4. Alle Reichsstände erhalten das Recht, Bünd-

3 „Freud- und Friedenbringender Postreuter" (Holzschnittillustration zu einem Flugblatt des Jahres 1648)

nisse untereinander und mit auswärtigen Mächten zu schließen; Bündnisse dürfen sich jedoch nicht gegen Kaiser und Reich richten. (Diese Einschränkung war, wie die Folgezeit lehrte, kaum mehr als eine Floskel.)
5. Die Pfalz wird wieder ein selbständiges Kurfürstentum, aber auch die Landesherren Bayerns behalten die Kurwürde. Der Sohn des vertriebenen Böhmenkönigs Friedrich wird Kurfürst von der Pfalz. (Es gab hinfort also 8 statt – wie bisher – 7 Kurfürsten.)
6. Schweden und Frankreich werden für die Anstrengungen zur Erhaltung der deutschen Freiheit finanziell und territorial entschädigt. Frankreich erhält Grenzfestungen; die Rechte, die dem Kaiser über im Elsaß liegende Reichsstädte zustehen, übernimmt der König von Frankreich (Straßburg wird ausgenommen). Schweden erhält die Herrschaft über Vorpommern und das zwischen Weser und Elbe liegende Land Bremen; es beherrscht also die Mündungen der drei großen deutschen Flüsse Weser, Elbe und Oder.
7. Die Schweiz und die Niederlande lösen sich endgültig vom Reich. (Zit. nach: Geschichte in Quellen, Bd. 3, München 1976, S. 346f.)

Arbeitsvorschläge und Fragen

a) Welche Landgebiete verlor das Reich? (M 1)
b) Was war hinsichtlich der konfessionellen Situation nach dem Krieg anders als vorher? (M 2)
c) Wie stand es mit der Macht und Selbständigkeit der Reichsstände vor und nach dem Krieg?
d) Von wem kann man sagen, er habe durch den Krieg gewonnen, von wem, er habe verloren?
e) Versuche, den allegorischen (gleichnishaften) Gehalt des Bildes zu deuten. (Die Gestalt rechts oben ist Merkur, der Himmelsbote der antiken Sage. Pax = Friede; Fama = Nachricht.) (M 3)

Der Absolutismus in Europa: Herrscher, Staaten, Untertanen

1 Wien. In der Mitte der Stephansdom (Gemälde von Bernardo Bellotto)

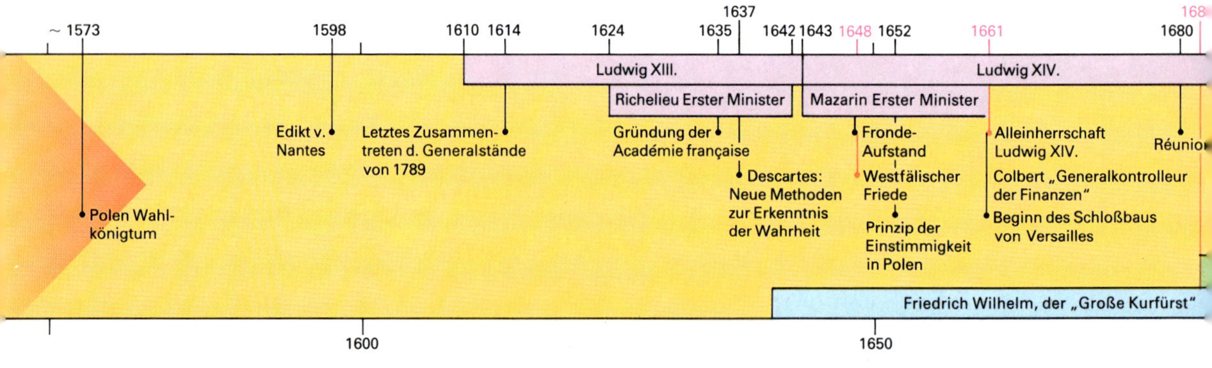

2 Ludwig XIV. im Jahre 1701 (Gemälde von Hyacinthe Rigaud, 1659–1743)

3 Friedrich II. überwacht die Kartoffelernte (Gemälde von R. Warthmüller, 1886). Die ersten Kartoffeln wurden in Deutschland 1621 gepflanzt, aber erst durch Friedrich II. fand der Kartoffelanbau größere Verbreitung.

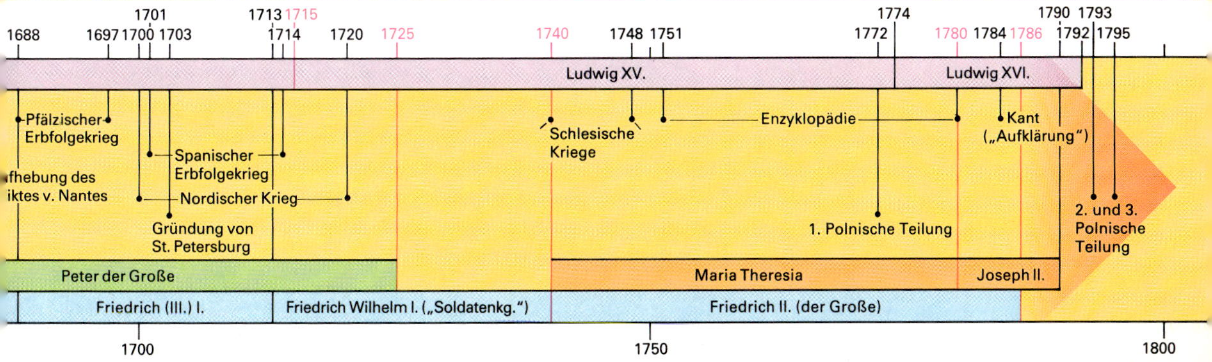

1. Frankreich wird ein absolutistisch regiertes Land

An der Wende vom 16. zum 17. Jahrhundert war Frankreich ein Land, in dem die religiöse Minderheit der Calvinisten eigene Festungen und Truppen besaß – in dem Gerichtshöfe die Gesetze des Königs auf ihre Rechtmäßigkeit überprüfen und sie zurückweisen konnten – in dem der hohe Adel gegen den König rebellierte – in dem Vertreter der drei Stände das Steuerbewilligungs- und das Beschwerderecht besaßen – in dem adlige Gouverneure die Provinzen selbstherrlich verwalteten. Und doch konnte ein halbes Jahrhundert später der französische König Ludwig XIV. von sich sagen: ‚Der Staat bin ich.' Wie war dies möglich?

1598	König Heinrich IV. aus dem Hause Bourbon beendet die Hugenottenkriege durch das Edikt von Nantes (vgl. S. 196, 201 f.).
1614	Von diesem Jahr an werden die Vertreter der drei Stände, die Generalstände, für einen Zeitraum von 175 Jahren nicht mehr einberufen.
1624	König Ludwig XIII. erhebt den Kardinal Richelieu zu seinem ersten Minister; er bleibt in diesem Amt bis zu seinem Tod 1642.
1628	Richelieu erobert den bedeutendsten calvinistischen Sicherheitsplatz La Rochelle.
1642	Kardinal Mazarin folgt Richelieu im Amt des ersten Ministers nach.
1648–1653	Die Fronde, der letzte große Aufstand in Frankreich vor dem Absolutismus, vereint alle, vor allem die adligen Gegner des französischen Königs.
1661(–1715)	Mit dem Tode Kardinal Mazarins beginnt die Alleinherrschaft Ludwigs XIV.; er hält an dieser Herrschaftsform bis zu seinem Tode fest.

Die Hugenottenkriege, ein Religions- und Machtkampf

Der Kampf zwischen Katholiken und Calvinisten, die in Frankreich Hugenotten (vgl. S. 200ff.) genannt wurden, dauerte 36 Jahre. Er war nicht nur ein äußerst blutiger Religionskrieg, sondern auch ein harter Machtkampf zwischen fürstlichen Familien. Diese verbündeten sich zum Teil mit ausländischen Herrschern der Nachbarstaaten, so daß auch diese in die Kämpfe eingriffen. Das französische Königreich war in Gefahr, in einem Chaos unterzugehen. Einen Ausweg aus diesen Wirren sah der französische Rechtsgelehrte Jean Bodin nur in einem starken König, der die höchste Gewalt in seinem Reich haben sollte.

Heinrich IV., der gute König

Als Heinrich IV. aus dem Hause Bourbon den französischen Thron bestieg, wollte er das Chaos überwinden: Durch das Edikt von Nantes (1598; → Calvinismus) beendete er den Religions- und Bürgerkrieg – der Nutzen für das Königreich (= das Interesse des Staates = die Staatsräson) hatte für Heinrich den Vorrang vor allen anderen Streitpunkten.

Im Jahre 1610 wurde Heinrich IV. ermordet. Jedoch standen bald wiederum an der Spitze des französischen Königreichs Männer, die sich für eine starke Stellung des Königs einsetzten. Seit 1614 wurden die Generalstände nicht mehr einberufen; sie umfaßten die Vertreter der 3 Stände, des hohen Klerus, des hohen Adels und der Bürger (vgl. S. 89) und Bauern und besaßen das Recht der Steuerbewilligung. Darüber setzte sich die Regierung hinweg.

Kardinal Richelieu, erster Minister

Zehn Jahre später berief Ludwig XIII. den *Kardinal Richelieu* in das Amt des ersten Ministers. Er ging systematisch gegen alle Einrichtungen und Gruppen vor, die den König schwächen konnten oder wollten: Den Hugenotten ließ er zwar die Religionsfreiheit, nahm ihnen aber das *Recht auf eigene Festungen und Truppen.* Dieses Recht sollte nur dem König zustehen. Nicht nur zu Lande, auch zur See sollte der französische König eine starke Stütze haben: Richelieu,

1 König Heinrich IV. überträgt die Regentschaft für seinen minderjährigen Sohn Ludwig XIII. der Königin. Der Maler Peter Paul Rubens gestaltete dieses Bild im Auftrag der Königin. Sie hatte das Amt nach der Ermordung Heinrichs IV. für den damals 9jährigen Ludwig XIII. übernommen. Durch ihn wurde 14 Jahre später der Vorkämpfer der absolsuten Herrschaft der französischen Könige, der Kardinal Richelieu, in sein Amt berufen.

der selbst das Amt des Admirals übernahm, bemühte sich um eine starke Flotte im Dienste des Königs; so gab er auch dem Flaggschiff der Kriegsflotte den Namen La Couronne (= die Krone).

Richelieu und die adligen Gegner des Königs

Besonders schwierig war die Auseinandersetzung mit der Opposition der alten, adligen Familien. Richelieu ging abwechselnd mit Milde und Härte vor. Jedoch gelang es ihm bis zu seinem Tode nicht, den Widerstand des Adels ganz zu brechen.

Richelieu und die Parlamente

Die *Parlamente*, so wurden in Frankreich die königlichen Gerichtshöfe genannt, hatten das Recht, königliche Gesetze auf ihre *Rechtmäßigkeit* zu überprüfen. Wenn Zweifel an dieser Rechtmäßigkeit bestanden, konnten sie die Gesetze zurückweisen. Dies war ein großes *Hindernis* für die Alleinherrschaft eines Königs. 1641 nahm Richelieu den Parlamenten das Recht auf Zurückweisung der königlichen Gesetze; ganz ausschalten konnte er die Parlamente jedoch noch nicht.
Um die Verwaltung der Provinzen des Landes unter die Kontrolle der Regierung zu bringen, setzte der Kardinal Verwalter, sogenannte *Intendanten*, ein. Sie überwachten die zivile und militärische Verwaltung. Ihr Amt war der Anfang für das *Berufsbeamtentum*, das dann unter Ludwig XIV. zentral von Paris aus gelenkt wurde.

Kardinal Mazarin und die Fronde

Als Richelieu 1642 starb, war die Stellung des Königs zwar wesentlich stärker als in früherer Zeit, aber sein Werk war noch nicht abgeschlossen. Unter seinem Nachfolger, *Kardinal Mazarin*, schlossen sich noch einmal alle Gruppen, die die Macht des Königs einschränken wollten, in einem fünf Jahre dauernden Aufstand, der *Fronde*, zusammen. Die königliche Familie – Ludwig XIV. war damals 10 Jahre alt – befand sich im Pariser Stadtschloß nahezu in der Gefangenschaft der Aufständischen. Mazarin mußte zweimal ins Ausland fliehen. Von Köln aus gelang es ihm schließlich, ein königliches Heer anzuwerben, das 1653 den Aufstand niederschlug.

Ludwig XIV., der erste absolute König in Frankreich

Nach den Jahre andauernden Wirren der Fronde war der Wunsch nach einem *starken König*, der Ordnung schaffen sollte, wieder laut geworden. Es hatte sich bewahrheitet, was *Thomas Hobbes* in seinem Werk „Leviathan" 1651 festgestellt hatte: Ohne die ordnende Hand eines Herrschers, der alle politische Macht besitzt, sind die Menschen in einem dauernden Kriegszustand miteinander, denn „der Mensch ist dem Menschen ein Wolf", d. h., jeder ist von Natur aus egoistisch, will dem andern Rechte streitig machen und seinen Besitz wegnehmen. Erst wenn sich die Menschen darauf einigten, einem Herrscher alle Macht unwiderruflich zu übertragen, würden sie – vom König beherrscht und gelenkt – in Frieden und Sicherheit leben.

Als Mazarin 1661 starb, übernahm *Ludwig XIV.* die *Alleinherrschaft*, und es gab in Frankreich keine geschlossene Opposition mehr, die sich dem *absoluten Herrscher* widersetzt hätte.

Absolutismus: Man bezeichnet damit die Herrschaftsform, die in Europa im 17. und 18. Jahrhundert vorherrschte. Der König als oberster Gesetzgeber ist von menschlichen Gesetzen losgelöst [= legibus (ab)solutus → Absolutismus], jedoch den Gesetzen Gottes und der Natur unterworfen. Er ist oberster Richter und trifft alle politischen Entscheidungen, ist also souverän. Diese Herrschaftsform erschien den Zeitgenossen als der einzige Ausweg, um Unordnung und Bürgerkrieg in einem Reich zu vermeiden. Man war der Ansicht, daß die Untertanen für diese Ordnung dem absoluten Herrscher dankbar sein müßten und sich seiner Herrschaft nicht widersetzen dürften.

Parlament: In Frankreich bezeichnete man damit Gerichtshöfe; der vornehmste war das Parlament von Paris. Es besaß das Recht, königliche Gesetze auf ihre Rechtmäßigkeit hin zu überprüfen. Erschien das Gesetz annehmbar, wurde es registriert. Bestanden an seiner Rechtmäßigkeit Zweifel, hatte das Parlament das Recht, dieses Gesetz zurückzuweisen. Die Bezeichnung ‚Parlament' leitet sich von dem lateinischen Verb ‚parlare' (= sprechen) her; es ist dieselbe sprachliche Wurzel wie in der heute üblichen Bezeichnung ‚Parlament' für eine gewählte Volksvertretung, die das Recht der Gesetzgebung besitzt. Diese Einrichtung geht auf die englische Tradition des ‚parliament' (vgl. S. 102) zurück – ursprünglich eine Vertretung der Stände, die das Recht der Steuerbewilligung besaß.

2 Der absolute Herrscher

Jean Bodin schreibt während der Hugenottenkriege in seinem Werk „Sechs Bücher vom Staate":

„Souveränität ist die absolute und dauernde Macht eines Staates ... Wenn wir sagten, daß nur derjenige absolute Gewalt besitzt, der ‚den Gesetzen' nicht unterworfen ist, so würde sich auf der ganzen Welt kein souveräner Herrscher finden, denn alle Fürsten der Erde sind den Gesetzen Gottes, der Natur und gewissen menschlichen Gesetzen, die allen Völkern gemeinsam sind, unterworfen ... Wohl aber gehört es notwendig zum Begriff der Souveränität, daß ihre Inhaber auf keine Weise den Befehlen eines anderen unterworfen sind, daß sie den Untertanen

Gesetze geben, überholte Gesetze ... aufheben und neue dafür erlassen können: Das kann keiner, der selber den Gesetzen oder anderen, die Befehlsgewalt über ihn haben, untersteht. Dies ist gemeint, wenn das Gesetz sagt, der Fürst sei von der Gewalt der Gesetze befreit [legibus absolutus]."
(Geschichte in Quellen, Bd. 3 Renaissance, Glaubenskämpfe, Absolutismus. Bearb. von Fritz Dickmann, München 1976, S. 257f.)

3 Der Herrscher von Gottes Gnaden

Zur Zeit Ludwigs XIV. ergänzte der Hofprediger des Königs, Bischof Jacques-Benigne Bossuet, die zeitgenössischen Ansichten über die absolute Herrschaft des Königs; er schrieb im Jahre 1682:

„Die Fürsten handeln ... als Gottes Diener und Statthalter auf Erden. Durch sie übt er seine Herrschaft aus ... Deshalb ist ... der königliche Thron nicht der Thron eines Menschen, sondern Gottes selber ... Aus alledem ergibt sich, daß die Person der Könige geheiligt ist ... Kommt ihre Gewalt von oben, so dürfen sie doch nicht glauben, sie seien Herren über sie, um nach ihrem Belieben davon Gebrauch zu machen. Vielmehr sollen sie sich ihrer mit Scheu und Zurückhaltung bedienen, als einer ihnen von Gott anvertrauten Sache, über die Gott von ihnen Rechenschaft fordern wird. ... Niemand kann ... daran zweifeln, daß der ganze Staat in der Person des Fürsten verkörpert ist. Bei ihm liegt die Gewalt ... Ihm allein kommt es zu, alle Kräfte zum Wohl des Ganzen zusammenzufassen. Man muß den Dienst, den man dem Fürsten schuldet, und den, den man dem Staate schuldig ist, als untrennbare Dinge ansehen."
(Zit. nach: Geschichte in Quellen, Bd. 3, München 1976, S. 451)

4 Der erste Minister – der König – der Staat

4a In seinem politischen Testament überdenkt Richelieu noch einmal sein Werk im Dienst des französischen Königs:

„Als Eure Majestät [gemeint ist Ludwig XIII.] sich entschloß, mich zu Ihrem Ratgeber zu machen und mir gleichzeitig ein großes Vertrauen zur Leitung der Staatsgeschäfte zu gewähren, lagen die Dinge ... folgendermaßen: die Hugenotten teilten den Staat mit Eurer Majestät,

5 Kardinal Richelieu. Der erste Minister war nicht nur um die Stärke und Größe der französischen Könige und Frankreichs bemüht. Er begründete die Akademie der Wissenschaften und förderte selbst als Auftraggeber die Künste.

die Großen führten sich so auf, als ob sie nicht Ihre Untertanen wären, und die mächtigsten Gouverneure der Provinzen spielten die unumschränkten Herren in ihren Ämtern. Ich kann wohl sagen, daß das schlechte Beispiel der einen wie der anderen so nachteilig für das Königreich war, daß die geordnetsten Verbände von dieser Auflösung angesteckt wurden und in gewissen Fällen Eure legitime [rechtmäßige] Autorität nach Möglichkeit schwächten, um die ihrige weit über die Grenzen der Räson [Vernunft] hinaus zur Geltung zu bringen ... Ich versprach Eurer Majestät, meinen ganzen Fleiß und mein Ansehen, das Eurer Majestät Gunst mir verliehen, auf die Vernichtung der Hugenottenpartei zu richten, den Stolz der Großen zu demütigen, alle Ihre Untertanen auf ihre Pflicht zu verweisen und Ihren Namen bei den auswärtigen

Mächten wieder zu dem Ansehen zu erheben, in dem er stehen mußte. Der Erfolg der guten Absichten, die Gott nach seinem Wohlgefallen mir zur Regierung dieses Staates gegeben, wird den kommenden Jahrhunderten die Festigkeit rechtfertigen, mit der ich ständig dieses Ziel im Auge gehabt habe."
(Richelieu, Politisches Testament. Klassiker der Politik, Bd. 14, S. 75f.)

4b La Rochefoucauld, einer der harten Widersacher Richelieus, schrieb in seinen Memoiren anläßlich des Todes des Kardinals:
„Wie groß auch die Freude seiner Gegner [über seinen Tod] war, die sich nun vor Verfolgungen sicher wußten – die Folge hat gelehrt, daß dieser Verlust für den Staat höchst nachteilig war und daß nur er allein, der ja die Regierungsweise des Staates so vielfach verändert hatte, in der Lage gewesen wäre, sie mit Nutzen zu handhaben, wenn seine Amtszeit und sein Leben länger gedauert hätten. Niemand hatte bis dahin so wie er die Machtmittel des Königreichs erkannt, und er hatte sie vollständig in der Hand des Herrschers zusammengefaßt. Viel Blut war in der Zeit seines gestrengen Ministeriums geflossen, die Großen des Reiches waren gedemütigt, das Volk mit Abgaben überlastet worden; aber die Eroberung von La Rochelle, die Vernichtung der Hugenotten als Partei, die Erniedrigung des Hauses Österreich, die Größe seiner Absichten und die Geschicklichkeit, mit der er sie ins Werk setzte, sollten allen privaten Groll erstikken und sein Gedächtnis mit dem Ruhm kränzen, den es gerechterweise verdient."
(Zit. nach: Geschichte in Quellen, Bd. 3, München 1976, S. 301, übers. v. F. Dickmann)

Arbeitsvorschläge und Fragen

a) Welche Kennzeichen hat die absolute Herrschaft eines Königs nach der Meinung der zeitgenössischen Gelehrten? Weshalb ist diese Herrschaftsform nach ihrer Meinung berechtigt? (M 2 und M 3)
b) Rubens verherrlicht in seinem Gemälde das französische Königtum. Wie läßt sich diese Feststellung aus dem Bild ablesen? (M 1)
c) Was erscheint Richelieu, was erscheint seinem Gegner als besondere Leistung während seiner Amtszeit? (M 4a und M 4b)

2. Der absolute Herrscher – die Stützen seiner Herrschaft

„Der Staat bin ich", ein Satz, von dem wir nicht sicher wissen, ob ihn Ludwig XIV. wirklich gesagt hat. Von anderen Äußerungen wissen wir es sicher: „Wer an den Staat denkt, arbeitet für sich selbst. Das Gute des einen gereicht dem andern zum Nutzen." „Es gibt heute auf der Welt ohne Ausnahme kein besseres Haus als das unsere, keine Monarchie (= Königsherrschaft), die so alt, keine Macht, die größer, keine Gewalt, die absoluter wäre." „Selbst regieren zu wollen und keinen Rat anzuhören, das wäre aber ein ebenso gefährliches Extrem wie das andere, sich regieren zu lassen." Hat Ludwig entsprechend seinen Äußerungen gehandelt? Wie wirkten sich seine Maßnahmen aus?

Ludwig XIV. am Beginn seiner Alleinherrschaft

Ludwig war schon mit 5 Jahren nach dem Tod seines Vaters, Ludwig XIII., im Jahre 1643 *König von Frankreich* geworden. Obwohl der junge König nach geltendem Recht mit 13 Jahren großjährig wurde, war *Mazarin*, der erste Minister und Leiter der Regentschaft, für den Minderjährigen weiterhin im Amt geblieben. Man behauptete, Ludwig sei eher von der Politik ferngehalten, als auf sein hohes Amt vorbereitet worden.

1 Ludwig empfängt zwei seiner Minister. Zu Füßen des Königs, der durch die Kopfbedeckung und den Stab von den anderen abgehoben ist, hat der Kupferstecher S. Leclerc einen kurzen Satz hinzugefügt: „Nil sine te." (= Nichts ohne dich.)

Nach Mazarins Tod kam der Erzbischof von Rouen zu dem damals nun schon 23 Jahre alten Ludwig mit der Frage: „Majestät, an wen sollen wir uns in Zukunft wenden?" „An mich", gab der König zur Antwort. Damit begann die 54 Jahre andauernde *Alleinherrschaft Ludwigs XIV.*

Der König und seine Mitarbeiter

Er bemerkte später in seinen Memoiren, er habe einerseits den Augenblick herbeigesehnt, an dem er die Herrschaft selbst in die Hand nehmen könnte. Andererseits aber habe er sich davor gefürchtet. Obwohl er überzeugt war, daß zwischen ihm und seinen Untertanen (vgl. S. 179) ein „nahezu unermeßlicher Unterschied an Geburt, Rang und Macht" bestünde, so wollte er doch die vernünftigsten und klügsten von ihnen um Rat fragen. So behielt sich Ludwig in der Folgezeit zwar jede Entscheidung letztlich für sich vor; nicht einmal ein Paß durfte ohne sein Wissen unterschrieben werden. Da er aber nicht in allen Bereichen der Politik über das notwendige Fachwissen verfügen konnte, hatte er eine große Zahl von Mitarbeitern, von denen er sich regelmäßig informieren ließ. Er holte ihren Rat ein, sie durften aber ihrerseits keine selbständige Entscheidung treffen. Wegen seines Mißtrauens gegen die Angehörigen des hohen Adels wählte er die meisten seiner Mitarbeiter aus dem gebildeten Bürgertum und aus dem niederen Adel. Vielen von ihnen verlieh er später Adelstitel als Auszeichnung, und sie durften ihr Amt an ihre Söhne vererben.
Es gab nur vier sogenannte *Minister*, die aber ihren Aufgabenbereich *nicht selbständig* und in eigener Verantwortung führen durften. Keiner von ihnen besaß ein Ernennungsschreiben des Königs; sie konnten von einer Stunde auf die andere entlassen werden. Neben den Ministern gab es noch den *Generalkontrolleur der Finanzen*, einen Kanzler und den Siegelbewahrer. Jeder dieser Mitarbeiter mußte mehrere Aufgaben erfüllen. So war z.B. *Colbert* nicht nur für die Finanzen zuständig, sondern auch für das Währungswesen, die Kriegsmarine, die Verwaltung des königlichen Hauses, das Verkehrswesen, die Kolonien (vgl. S. 151), Kultur und Wissenschaften. Durch diese kleine Zahl von Mitarbeitern, die so viele Aufgaben gleichzeitig erfüllen mußten, war es leichter, wichtige Dinge geheim zu halten, und außerdem besaß jeder durch seine vielseitigen Aufgaben einen guten Einblick in die Zusammenhänge.

2 Ludwig XIV. genehmigt den Bau des Hôtel des Invalides. Der Unterhalt des stehenden Heeres stellte ganz neue Aufgaben. So mußte auch für die Kranken und die Invaliden des Heeres gesorgt werden. Das Bild hat zwei Ebenen: Im Vordergrund die reale Szene der Genehmigung des Bauplans; im Hintergrund darf der Betrachter einen Blick in die Zukunft tun: Das Bauwerk ist bereits halb vollendet.

Die Intendanten

Um die Verwaltung des Königreichs unter Kontrolle zu haben, baute Ludwig die Ämter der Kommissare oder *Intendanten*, die schon Richelieu eingeführt hatte, weiter aus. Wie vielseitig ihre Aufgaben waren, verrät ihr Titel: „Intendanten des Gerichts, der Polizei und der Finanzen, Kommissare für die verschiedenen Steuerbezirke des Königreichs zur Vollstreckung der Befehle des Königs." Es gab 33 solcher *Steuerbezirke*, die an die Stelle der alten Provinzen mit ihren adligen Gouverneuren getreten waren. Anfangs bereisten die Intendanten nur die einzelnen Bezirke. Allmählich aber wurden sie Leiter der Verwaltung eines solchen Bezirks und erhielten dort auch ihren festen Amtssitz. Im Namen des Königs durften sie Sekretäre und Schreiber zu ihrer Unterstützung einstellen.

Die Rechtspflege

Auch um die *Rechtspflege* bemühte sich Ludwig. Die Rechtsgewohnheiten waren in den verschiedenen Teilen Frankreichs unterschiedlich. Ludwig wollte nicht alle Unterschiede einebnen. Jedoch wurden in seinem Auftrag durch neue Gesetzbücher die Gerichtsordnung und das Gerichtsverfahren bei Strafprozessen *vereinheitlicht*. Erstmals in Europa wurden in Frankreich Verordnungen über den Handel erlassen: sie betrafen die Art der Buchführung, das Rechnungswesen, den Abschluß von Kaufverträgen und das Vorgehen bei Zahlungsunfähigkeit.

Den Einfluß der Parlamente drängte Ludwig weiter zurück. Sie mußten nun jedes königliche Gesetz ohne Widerspruch akzeptieren.

Ludwig selbst konnte durch *geheime Haftbefehle*, die *„lettres de cachets"*, jeden Untertan, unabhängig von seiner sozialen Stellung, verhaften lassen, verbannen oder ein schon bestehendes Gerichtsurteil verändern.

Eine der bedeutendsten Neuerungen für die damalige Zeit war die Einrichtung einer *Polizei*, an deren Spitze der Polizeidirektor von Paris stand. Er war eine der wichtigsten Persönlichkeiten im Königreich und stand mit Ludwig ständig in unmittelbarer Verbindung. Er übte die *Zensur* über Schriftsteller und Druckereien aus, mußte für die öffentliche Sicherheit der Hauptstadt sorgen, traf Maßnahmen im Katastrophenfall.

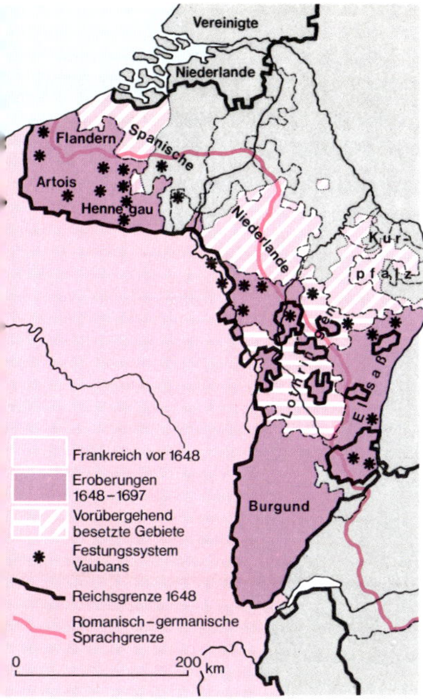

3 Der Festungsgürtel Vaubans an der französischen Ostgrenze. Insgesamt 300 Ortschaften wurden befestigt: „Ein Panzer aus Stein, Wasser, Erde und Feuer von allen Seiten."

4 Die Vaubansche Festung Neubreisach. In 50 Belagerungen erlitt Vauban nie eine Niederlage. So war das Wort über ihn im Umlauf: „Eine Festung, die von Vauban belagert wird, ist schon eingenommen. Eine Festung, die von Vauban verteidigt wird, ist uneinnehmbar."

Das stehende Heer

Ludwig ließ durch seine beiden Kriegsminister, Michel de Tellier und dessen Sohn, den er zum Marquis de Louvois erhoben hatte, eine *Heeresreform* durchführen. Louvois baute die französische Armee zur schlagkräftigsten in Mitteleuropa aus: Sie wurde auch in Friedenszeiten ständig unter Waffen gehalten und in Manövern geübt. Bisher war es meist üblich gewesen, Heere nur für den Kriegsfall anzuwerben. Die Soldaten waren überwiegend *Berufssoldaten*, wurden regelmäßig besoldet, einheitlich ausgerüstet und in Kasernen untergebracht. Eine genaue Rangliste regelte die Ordnung von Befehl und Gehorsam in der Armee. Oberbefehlshaber dieses *stehenden Heeres* war der König.

Die Festungsbauten Vaubans

Louvois stellte auch eine große Zahl von Militäringenieuren in Dienst, vor allem um sie beim Bau von Festungen und bei deren Verteidigung oder Belagerung einzusetzen. Der berühmteste Militäringenieur zur Zeit Ludwigs XIV. war der Marschall und Marquis *de Vauban*. Beide Titel verdankte er Ludwig, denn auch Vauban kam aus dem niederen Adel. Der König setzte Vauban vor allem zur Sicherung der *Ostgrenze Frankreichs* ein. Da dort eine natürliche Grenze weitgehend fehlte, wurde ein Festungsgürtel errichtet. Vaubans Art, Festungen anzulegen und sie zu verteidigen, brachte ihm den Ruf der Unbesiegbarkeit ein.
Zur gleichen Zeit wie das Landheer und die Festungen wurde auch die *Kriegsmarine* Frankreichs weiter ausgebaut. Nach der englischen war sie die zweitstärkste Europas geworden. Marineminister war ein Sohn des Generalkontrolleurs der Finanzen, Colbert. Im Jahre 1670 bestand die Flotte aus 86 Schiffen unterschiedlicher Größe; 6000 Offiziere, 21 000 Matrosen und 1300 Soldaten taten dort Dienst.

Ludwig liebte den Krieg zu sehr

Ludwig XIV. liebte das *Kriegswesen*. Was lag näher für ihn, als die schlagkräftigste Armee Europas und die zweitgrößte Flotte auch wirklich zum eigenen

Ruhme und zum Ruhme Frankreichs einzusetzen. Colbert mußte die notwendigen Geldmittel bereitstellen, und ein Vorwand für diesen oder jenen Krieg ließ sich finden: Angebliche Erbansprüche von Ludwigs Gemahlin auf den spanischen Thron und von seiner Schwägerin auf die Pfalz lieferten z. B. diese Scheingründe. In vier großen Kriegen und durch sogenannte friedliche Eroberungen, d.h. die meist kampflose Besetzung von Orten im Elsaß, versuchte Ludwig sein Ziel zu erreichen: die *Vorherrschaft Frankreichs in Europa.* Er konnte sie aber trotz beachtlicher Einzelerfolge nicht gewinnen – im Gegenteil: Es setzte sich für die folgenden Jahrhunderte der *Grundsatz* der *englischen Regierung* durch, das *Gleichgewicht der Mächte in Europa*; damit wurde jede Vorherrschaft, aber auch jede vollkommene Unterwerfung eines Staates abgelehnt und bekämpft. Außerdem hatten die jahrelangen Kriege die militärische und die wirtschaftliche Kraft des französischen Staates überfordert. Das Land war am Ende der Regierung Ludwigs XIV. ärmer und in einer schlechteren Verfassung als am Anfang seiner Alleinherrschaft.

Ein Gott, ein Glaube, ein Gesetz, ein König

Als König von Gottes Gnaden fühlte sich Ludwig auch als Herrscher über die Seelen seiner Untertanen. Der Grundsatz *„ein Gott, ein Glaube, ein Gesetz, ein König"* zeigt, wie sehr in diesem Falle Religion und Macht im Reich Ludwigs aufeinanderprallen konnten. Er versuchte zunächst, die katholische Kirche Frankreichs zu einer *französischen Staatskirche* zu machen, jedoch scheiterte er am Widerstand des Papstes. Der König konnte nur *zwei Sonderrechte* durchsetzen: die Verfügung über das Kirchengut und die Besetzung kirchlicher Ämter mit Kandidaten, die ihm genehm waren.

Anders verlief die Auseinandersetzung mit der *calvinistischen Minderheit* im Lande, etwa 1½ Millionen Menschen, ¹⁄₁₀ der Gesamtbevölkerung. Ihre politischen Rechte hatten die Hugenotten (vgl. S. 200ff., 214, 217f.) schon unter Richelieu verloren. Aber sie entzogen sich durch ihre Gemeindeordnung weitgehend dem Zugriff des absolutistischen Herrschers, da sie von der Armenfürsorge bis zur Gerichtsbarkeit alle Lebensbereiche selbst kontrollierten. Seit 1680 wurden die Calvinisten unter Druck gesetzt, vor allem durch Einquartierungen, durch die Zerstörung ihrer sozialen Einrichtungen, ihrer Schulen und gelegentlich auch ihrer kirchlichen Gebäude. Die Prediger wurden überwacht, der Besitz vieler Calvinisten enteignet. Am 18. Oktober 1685 *hob* Ludwig das *Edikt von Nantes* (vgl. S. 196, 201f., 214) *endgültig auf* und ließ die Prediger ausweisen. Ungefähr 200000 bis 300000 Hugenotten gelang die Flucht ins Ausland. In manchen Staaten, z.B. in Preußen, wurden sie gerne aufgenommen, denn diese Flüchtlinge brachten ihr Vermögen mit sowie Produktionsgeheimnisse und seltene handwerkliche Fertigkeiten.

Stehendes Heer: In Frankreich wurde seit der Heeresreform des Louvois ständig ein Heer unter Waffen gehalten. Es erhielt eine einheitliche Ausrüstung, wurde in Kasernen stationiert und regelmäßig in Manövern geübt. Die Lebensführung jedes Soldaten wurde überwacht. Für Kranke und Invaliden gab es erstmals Lazarette und Heime. Die Schlagkraft der französischen Armee stieg durch die Einführung des stehenden Heeres gegenüber den Nachbarländern sehr stark an, denn dort waren noch überwiegend die Söldnerheere alter Art üblich, die in Kriegsgefahr angeworben und beim Friedensschluß wieder entlassen wurden.

Zentralismus: Alle Bereiche des öffentlichen Lebens werden von einem Mittelpunkt aus gelenkt und überwacht. Dieser Mittelpunkt war in Frankreich räumlich die Residenz des Königs. Hinsichtlich der Art der Durchführung orientierte sich der Zentralismus am Willen des Königs.

5 Der Arbeitstag des Königs

5a Ludwig verfaßte zur Belehrung für den Thronfolger eine Sammlung von Erfahrungen und Beobachtungen, die er in seiner Regierungszeit gemacht hatte. In diesen sogenannten Memoiren schreibt er über die Regierungsweise des Königs:

„... Zwei Dinge vor allem waren notwendig: Eigene unablässige Arbeit und sorgfältige Auswahl der Männer, die mir dabei zur Hand gehen konnten ...

Ich will Dich, was das betrifft, nicht nur darauf hinweisen, daß dies freilich unerläßlich ist, wenn man regieren will, und daß darin der Sinn des Regierens besteht ... Ich habe es mir zum Gesetz gemacht, regelmäßig zweimal am Tag zu arbeiten, jedesmal zwei oder drei Stunden mit jeweils verschiedenen Mitarbeitern, nicht gerechnet die Stunden, wo ich für mich allein tätig war, oder die Zeit, die ich von Fall zu Fall über das gewöhnliche Maß hinaus für besondere Geschäfte verwendet habe, wofür ich jederzeit zu sprechen war, wenn sie auch nur ein wenig dringend waren. ... Die anfängliche Schüchternheit, die der Mangel an Urteilsfähigkeit zunächst hervorruft, und die mir anfangs zu schaffen machte, vor allem, wenn ich längere Zeit öffentlich reden mußte, verlor sich bald vollständig. Ich hatte nur noch das Empfinden, daß ich König sei und daß ich geboren sei, um es zu sein. ..."

(Zit. nach: Geschichte in Quellen, Bd. 3, München 1976, S. 425f, übers. v. F. Dickmann)

5b Zum gleichen Thema äußert sich der Herzog von Saint-Simon in seinen „Erinnerungen"; er weilte mit Unterbrechungen seit 1691 am Hof Ludwigs XIV.

„... Der König war weniger denn mittelmäßig begabt, aber sehr bildungsfähig. Er war ruhmsüchtig und hielt auf Ordnung und Gesetz. Er besaß natürlichen Verstand, war mäßig, verschwiegen, Herr seiner Bewegungen und seiner Sprache, und – so sonderbar es klingen mag – im Kern seines Wesens gütig und gerecht. Gott hatte ihn wohl dazu befähigt, ein guter, ja vielleicht ein großer Monarch zu werden, wenn nicht fremde Einflüsse dazu gekommen wären. Als Kind wurde er so vernachlässigt. ... Man brachte ihm nicht einmal ordentlich Lesen und Schreiben bei. So blieb er sein Leben lang unwissend und hatte von den Hauptdingen der Weltgeschichte, von den Zeitereignissen, vom Geld- und Verwaltungswesen, von der Genealogie (= Familiengeschichte) des Adels, von den Gesetzen usw. keine Ahnung. Manchmal beging er sogar vor der Öffentlichkeit die allergrößten Schnitzer. ... Man lobte den Herrscher um die Wette und verdarb ihn damit. Dieses Loben, besser gesagt: diese Lobhudeleien sagten ihm dermaßen zu, daß selbst die gröbste Sorte Erfolg und die niedrigste wenigstens ein huldvolles Lächeln garantierte. Schmeichelei war der einzige Weg, sich den König geneigt zu machen. ... Voll erstaunlichem Selbstgefallen hielt er das Bild von sich für echt, das man ihm vorspiegelte. ..."

(Zit. nach: Geschichte in Quellen, Bd. 3, München 1976, S. 430f, übers. v. W. Weigand)

6 Wie selbständig regierte Ludwig?

Über seine Art zu herrschen schreibt Ludwig ebenfalls in den Memoiren:

„Was die Personen betrifft, die mir bei meiner Arbeit behilflich sein sollten, so habe ich mich vor allem entschlossen, keinen Premierminister mehr in meinen Dienst zu nehmen. ...

Es war also nötig, mein Vertrauen und die Ausführung meiner Befehle zu teilen, ohne sie einem ganz und ungeteilt zu geben, indem man den verschiedenen Personen verschiedene Angelegenheiten gemäß ihren besonderen Fähigkeiten übertrug. Dies ist vielleicht das erste und wichtigste, was ein Herrscher können muß. ...

Ich bin über alles unterrichtet, höre auch meine geringsten Untertanen an, weiß jederzeit über Stärke und Ausbildungsstand meiner Truppen und über den Zustand meiner Festungen Bescheid, gebe unverzüglich meine Befehle zu ihrer Versorgung, verhandle unmittelbar mit den fremden Gesandten, empfange und lese die Depeschen und entwerfe teilweise selbst die Antworten, während ich für die übrigen meinen Sekretären das Wesentliche angebe. ...

Du könntest, mein Sohn, durch Übertreibung einer an sich guten Absicht ... zwei sehr verschiedene Dinge durcheinanderbringen, nämlich: selbst regieren zu wollen und keinen Rat anzuhören. Das wäre aber ein ebenso gefährliches Extrem wie das andere, sich regieren zu lassen. Die geschicktesten Privatleute nehmen in ihren kleinen Interessen Rat von anderen geschickten Personen an; wie steht es denn mit den Königen, die das Interesse aller in der Hand

haben und deren Entschlüsse Böses oder Gutes für das ganze Land zur Folge haben? Man sollte so wichtige Entscheidungen niemals treffen, ohne nach Möglichkeit die aufgeklärtesten, vernünftigsten und klügsten unserer Untertanen zu Rate zu ziehen."
(Zit. nach: Geschichte in Quellen, Bd. 3, München 1976, S. 426 ff., übers. v. F. Dickmann)

7 Der Intendant, das Auge des Königs

In der Instruktion des Intendanten von Lyon lesen wir:
„In Erwägung der Wichtigkeit und Notwendigkeit für unsere Herrschaft und für das Wohl und die Erleichterung der Untertanen haben wir ... Sie zum ‚intendant de la justice et police et des finances' unserer Stadt Lyon ... bestimmt und Sie dorthin geschickt:
– um ... mit den diesem Amte eigenen Befugnissen und Vorrechten dem Gouverneur und unserm Generalleutnant in dieser Provinz mit Ihrem Rat in allen Geschäften ... zur Seite zu stehen ...; – um die Klagen und Beschwerden unsrer Untertanen ... anzuhören und ihnen nachzugehen; ... – um sorgfältig zu untersuchen, ob unsern Untertanen gut und gewissenhaft Recht gesprochen wird; – um festzustellen, ob die Gerichtsbeamten und die anderen Beamten ihr jeweiliges Amt gemäß unsern Erlassen und Verordnungen versehen; – um den Verhandlungen in den ... Königsgerichten beizuwohnen, dort Sitz und Stimme zu beanspruchen und um dort, wenn immer es nötig sein wird, ... den Vorsitz zu führen; – um Euch nach ... dem Zustand der öffentlichen Ordnung und der Verwaltung der Finanzen ... zu erkundigen; ... – um ein Auge darauf zu haben, daß es im Umkreis dieser Provinz zu keinen unerlaubten Versammlungen, zu keinen unerlaubten Handlungen, zu keiner Aufwiegelung, zu keiner unerlaubten Stimmungsmache oder zu irgend etwas anderem kommt, was gegen unsre Autorität gerichtet ist; ... – um dafür zu sorgen, daß nur aufgrund unsrer klaren und ordnungsgemäß beglaubigten Instruktionen Steuererhebungen stattfinden; ... – um uns über den Stand der Angelegenheiten und die Art, wie man uns dient, zu unterrichten; – um die Provinz so fest in die Hand zu bekommen, daß sie unverbrüchlich gehalten wird." (Manuel d'histoire III, Paris o.J., S. 310, übersetzt von H. D. Talmon)

8 Der König, oberster Richter

Ein geheimer Verhaftsbefehl Ludwigs an den Gouverneur der Inseln (16. Februar 1694):
„Auf Bitten der nächsten Verwandten des Jean-Philippe de Villeneuve de Languedoue habe Ich seine Überführung auf die Inseln von Sainte-Marguerite befohlen, um die ärgerlichen Folgen, die sein liederliches Leben haben könnte, zu verhindern. Ich schreibe Ihnen diesen Brief, um Ihnen mitzuteilen, daß es Mein Wille ist, daß er dort aufgenommen und bis auf anderweitigen Befehl festgehalten werden soll. Nahrung und Unterhalt trägt seine Familie. ..."
(Zit. nach: Geschichte in Quellen, Bd. 3, München 1976, S. 441, übers. v. F. Dickmann)

9 Der Kampf Ludwigs XIV. um die Vorherrschaft Frankreichs in Europa:

1667–1668 Aufgrund von *sehr umstrittenen* Erbansprüchen aus seiner Heirat mit der spanischen Prinzessin Maria Theresia führt Ludwig XIV. Krieg um die Spanischen Niederlande. England und Holland verbünden sich trotz ihrer See- und Handelsstreitigkeiten gegen Frankreich, das im Frieden von Aachen einige befestigte Grenzorte (z.B. die Stadt Lille) erhält.
1672–1678 Krieg gegen Holland. Durch die Öffnung der Schleusen und Dämme hält der Generalstatthalter der Niederlande, Wilhelm III. von Oranien, die weit überlegenen französischen Truppen auf.
Seit 1680 „friedliche Eroberung" des Elsaß. Französische Gerichte stellen im Auftrag des Königs fest, welche Orte einmal zu Frankreich gehört haben. Wöchentlich werden sechs Dörfer mit Frankreich „wiedervereinigt" („Reunionen"). 1681 wird Straßburg besetzt.
1688–1697 Unter dem Vorwand von Erbansprüchen seiner pfälzischen Schwägerin Elisabeth Charlotte („Lieselotte von der Pfalz") greift Ludwig XIV. die Pfalz an. Eine durch Wilhelm von Oranien – seit 1689 König von England – organisierte Allianz europäischer Staaten verhindert die Festsetzung Frankreichs auf dem rechten Rheinufer (Friede von Rijswijk 1697).
1701–1713 Spanischer Erbfolgekrieg. Der Anschluß Spaniens an Frankreich gelingt nicht. In den Friedensschlüssen von Utrecht (1713) und von Baden und Rastatt (1714) bemühen sich die Vertragspartner um die Herstellung eines Gleichgewichts der europäischen Mächte.

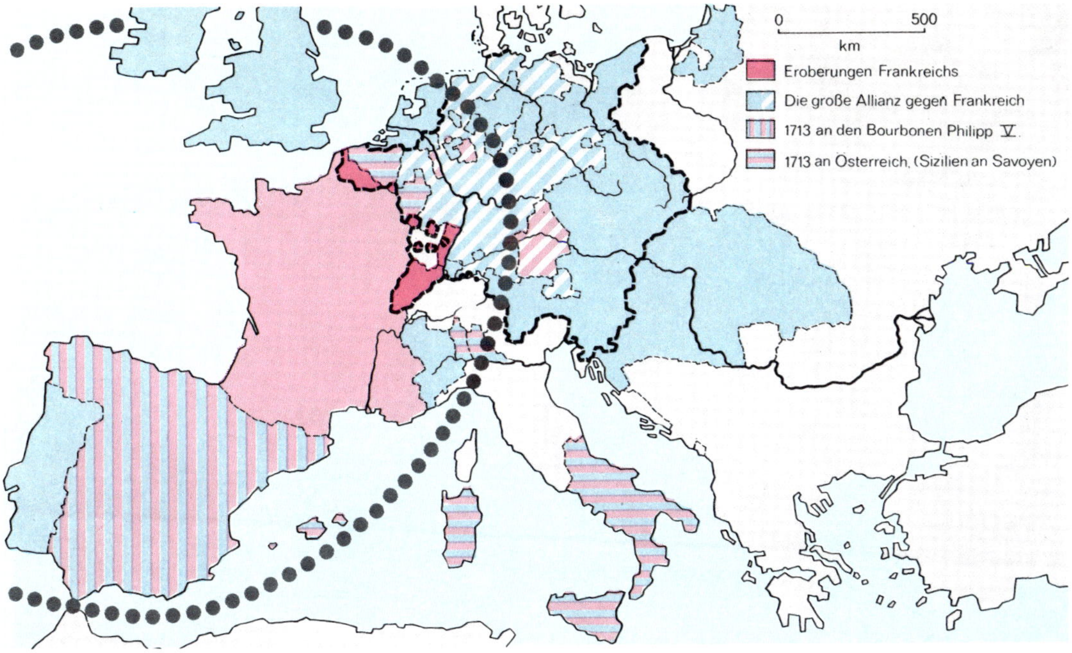

10 Frankreich und Europa 1667–1713

11 Aus dem Edikt von Fontainebleau

Am 18. Oktober 1685 unterschrieb Ludwig in Schloß Fontainebleau jenes Dokument, durch das das Edikt von Nantes aufgehoben wurde:

„1. Und infolgedessen wollen Wir und gefällt es Uns, daß alle Kirchen derer von der besagten vorgeblich reformierten Religion unverzüglich zerstört werden.

2. Wir verbieten Unseren besagten Untertanen von der vorgeblich reformierten Religion, sich noch ferner zu versammeln, um den Gottesdienst nach der besagten Religion an irgendeinem Orte oder in einem Privathause, unter welchem Vorwande es auch sein könnte, zu halten.

3. Wir befehlen ernstlich allen Predigern der besagten vorgeblich reformierten Religion, die sich nicht bekehren und die katholische, apostolische und römische Religion annehmen wollen, vierzehn Tage nach der Veröffentlichung Unseres gegenwärtigen Ediktes Unser Königreich und die Länder Unserer Botmäßigkeit zu verlassen, bei Strafe der Galeeren.

4. Wir wollen, daß diejenigen der besagten Prediger, welche sich bekehren werden, fortfahren, während ihres Lebens, und nach ihrem Tode ihre Witwen, solange sie im Witwenstand bleiben, dieselbe Befreiung von Steuern und von Einquartierung zu genießen, die sie während der Ausübung ihres Amtes als Prediger genossen haben, und überdies wollen Wir den besagten Predigern zeitlebens ein Jahrgeld zahlen lassen, das um ein Drittel größer ist als die Einkünfte, die sie als Prediger bezogen, von welchem Jahrgelde im Todesfall die Hälfte ihre Frauen, solange sie im Witwenstande bleiben, ebenfalls genießen sollen."

(Zit. nach: Geschichte in Quellen, Bd. 3, München 1976, S. 454f, übers. v. F. Sander)

Arbeitsvorschläge und Fragen

a) Wie sieht und beurteilt Ludwig XIV. seine Alleinherrschaft? Wie sieht und beurteilt seine Umgebung Ludwigs Alleinherrschaft? (M 5a, 5b, 6)

b) Wie versucht Ludwig, zwischen den Extremen ‚selbst regieren' oder ‚regiert zu werden' hindurchzukommen? (M 1, 5, 6)

c) Zähle die Aufgaben eines Intendanten auf. Weshalb kann man ihn das Auge des Königs nennen? (M 7)

d) Ludwig gab selbst zu, er habe den Krieg zu sehr geliebt. Wie wird dies aus dem obigen Material deutlich? (M 2, 3, 4, 9, 10)

e) Jede wichtige praktische Maßnahme mußte zugleich dem Ruhm und der Größe des Königs dienen. Wie verdeutlicht dies der Maler von M 2?

1 Das Schloß von Versailles (Gemälde von P.-D. Martin 1722). Im Vordergrund zwischen den noch unbehauenen Quadersteinen mündet die Straße von Paris ein. Durch das große Tor mit seinem in Gold und Blau gehaltenen Gitter erreicht der Ankömmling den großen Ministerhof. Wieder muß ein Gitter durchschritten werden, um in den etwas kleineren Königshof zu kommen. Über drei Stufen schließlich gelangt man in den Marmorhof unmittelbar vor dem Schloß.

3. Der Hof des Sonnenkönigs

Ludwig XIV. ließ in 50jähriger Bauzeit außerhalb der Hauptstadt Paris in Versailles ein Schloß errichten, das der Mittelpunkt seines Reiches wurde. Der König lebte dort fern von den manchmal aufsässigen Menschenmassen und zog die Vertreter des französischen Adels an seinen Hof. Waren dieser Hof und das Schloß von Versailles nur Ausdruck der Verschwendungssucht oder verfolgte Ludwig damit eine politische Absicht?

1661	Ludwig XIV. beginnt mit den ersten Umbauten des ländlichen Schlößchens in Versailles, das sein Großvater und sein Vater errichtet hatten.
1662	Ludwig wählt die Sonne als Symbol seiner königlichen Herrschaft.
1664	Colbert übernimmt die Oberaufsicht über das Bauwesen und unterwirft alle Künstler seiner Kontrolle. Als Schirmherr der Akademie der Wissenschaft organisiert er die Einrichtung neu.
6. Mai 1682	Ludwig XIV. übersiedelt mit dem gesamten Hof in das zu einem großen Teil noch im Bau befindliche Schloß von Versailles.

2 Ludwig XIV. als siegreicher Feldherr. Das Stuckrelief wurde von Antoine Coyzevox um 1680 für den Salon de la Guerre im Schloß von Versailles geschaffen. Der Künstler übernahm zur Verherrlichung Ludwigs XIV. für sein Werk Anregungen aus antiken Feldherrndarstellungen.

Der Sonnenkönig

Am 5. und 6. Juni 1662 fanden am französischen Königshof Festlichkeiten statt. Den Höhepunkt bildete ein Reiterspiel auf einem öffentlichen Platz in Paris, an dem nicht nur die höfische Gesellschaft teilnahm, sondern auch die Bevölkerung der Hauptstadt zusehen konnte. Diese Festlichkeit beeindruckte Ludwig XIV. in doppelter Hinsicht: Er sagte, ihm sei durch diese Veranstaltung deutlich geworden, daß derartige *Hoffeste* nicht ein bloßes Vergnügen für die Beteiligten darstellen dürften, sondern sie seien für das *Ansehen des Königs in der Öffentlichkeit* höchst notwendig. Sie hätten also eigentlich eine *politische Aufgabe*. Außerdem hatte Ludwig an diesem Fest zum ersten Male die *Sonne* zu seinem persönlichen Sinnbild als König von Frankreich gewählt. Von da an trat dieses Symbol auf Bildern und Medaillen immer wieder auf. Und so wie die Sonne eine ganze Welt mit ihrem Licht beherrscht, errichtete sich auch der Sonnenkönig eine eigene Welt, in der er der glänzende Mittelpunkt war und in der sich alles andere um ihn bewegen mußte wie Sterne um die Sonne. So entstand das *Schloß von Versailles* als festlicher Rahmen für das Leben am Hofe.

Der Bau von Versailles

Die Wahl für den Bauplatz des Schlosses war auf eine waldreiche, sumpfige Gegend gefallen, wo ein Dörfchen namens Versailles lag, und wo schon Ludwigs Großvater und sein Vater ein kleines Jagdschloß errichtet hatten. 1661 begannen die Arbeiten in Versailles mit dem Umbau dieses Schlößchens. In den folgenden Jahren wurde die Anlage Trakt für Trakt und Hof für Hof erweitert.

Die Natur und das Schloß

Vom Schloß, von dem aus der Wille des Königs ganz Frankreich durchdringen sollte, gingen strahlenförmig drei Straßen aus, die größte und breiteste führte nach Paris. Die Bauwerke wurden eingebettet in die *Natur*, jedoch in eine vom Menschen gezähmte, zurechtgestutzte und beherrschte Natur. In dem vom Gartenarchitekten Le Nôtre gestalteten Park traf man auf Teiche, Brunnenbecken, Springbrunnen und künstliche Wasserfälle. Das Wasser dafür sowie für die Hofhaltung wurde über komplizierte *Wasserleitungen* aus der Seine buchstäblich über Berg und Tal herbeigeschafft. Gleichzeitig mußte aber das Sumpfgebiet, in dem ursprünglich Versailles lag, durch ein ausgeklügeltes, 170 km langes *Kanalsystem* entwässert werden.

Der Innenausbau des Schlosses

Wie das Äußere der Anlage von Schloß Versailles war auch der Innenausbau für die *Repräsentation der königlichen Macht und Größe* geplant. Private Bequemlichkeit mußte zurückstehen. So kam z. B. das Essen für den König und seine Umgebung meist fast kalt auf den Tisch, weil die Küchenräume zu weit entfernt waren. Für die Adligen am Hof standen nur wenige angemessene Wohnräume zur Verfügung, so daß viele in kleinen, unzulänglichen Dachkammern untergebracht wurden.

Das Zeremoniell

Auch im Tagesablauf des Königs mußte das Private hinter dem Öffentlichen zurückstehen. Der König lebte buchstäblich in der *Öffentlichkeit*, angefangen mit dem feierlichen Aufstehen am Morgen, dem *Lever*, dem Ankleiden und dem Einnehmen der Morgenmahlzeit. Dem entsprach gegen 11 Uhr abends das feierliche Schlafengehen, das *Coucher*. Hierbei war alles genau geregelt: Es stand fest, wer ein *Ehrenamt* dabei ausüben durfte, sei es das Tragen der Kerzenleuchter oder das Helfen beim An- und Auskleiden.

Und die, die sich um diese Ehrenämter drängten und bemühten, waren Angehörige des Hochadels, Männer, vor denen noch während des Aufstands der Fronde (vgl. S. 216) der französische König gezittert und Mazarin außer Landes geflohen war. Nun waren sie gezähmt. Ludwig konnte sich sicher fühlen, wenn die Feinde von einst sich nun nur noch um die Ehre stritten, „den Ärmel des königlichen Nachthemdes halten zu dürfen".

Hofzeremoniell: Es umfaßt die genau festgelegten Verhaltensformen an einem Fürstenhof, sowohl innerhalb der höfischen Gesellschaft als auch gegenüber auswärtigen Besuchern. Es gab ein eigenes Amt am Hofe, um die Einhaltung des Zeremoniells zu überwachen. Außerdem achtete jeder Höfling selbst genauestens darauf, ob die ihm vom Zeremoniell her zustehenden Verhaltensformen auch eingehalten wurden. Das Zeremoniell am Hofe Ludwigs XIV. ist eine Weiterentwicklung des spanischen Hofzeremoniells, das als das strengste in Europa galt.

3 Der Sonnenkönig

3a In seinen Memoiren schreibt Ludwig über das Symbol (= das Sinnbild) der Sonne:

„... Man wählte daher als Figur die Sonne, die in den Spielregeln dieser Kunst die vornehmste von allen ist und durch ihre Einzigartigkeit, durch den Glanz, der sie umgibt, durch das Licht, das sie den anderen, sie wie ein Hofstaat umgebenden Sternen mitteilt, durch die gleichmäßige Gerechtigkeit, mit der sie dieses Licht allen Zonen der Erde zuteilt, durch das Gute, das sie allerorten bewirkt, indem sie unaufhör-

3b Die Schaumünze von 1664:

lich auf allen Seiten Leben, Freude und Tätigkeit weckt, durch ihre unermüdliche Bewegung, die gleichwohl als ständige Ruhe erscheint, ihren gleichbleibenden und unveränderlichen Lauf, von dem sie sich nie entfernt und niemals abweicht, sicher das lebendigste und schönste Sinnbild eines großen Herrschers darstellt.

Diejenigen, die mich inmitten der Unzahl von Sorgen, die das königliche Amt mit sich bringt, mit so leichter Hand die Regierung führen sahen, überredeten mich, noch die Erdkugel und als Motto die Worte „Nec pluribus impar" (= ‚noch mehr Aufgaben gewachsen' oder: ‚mehreren ebenbürtig') hinzuzufügen. Sie wollten das so verstanden wissen, wie es dem Ehrgeiz eines jugendlichen Königs auf angenehme Art schmeichelt, nämlich daß ich, da ich mich allein so vielen Aufgaben gewachsen zeigte, ohne Zweifel auch imstande sein würde, noch mehr Reiche zu regieren, so wie die Sonne auch noch andere Welten erleuchten könnte, wenn sie ebenso wie die unsere ihren Strahlen ausgesetzt würden. ..."

(Zit. nach: Geschichte in Quellen, Bd. 3, München 1976, S. 429f., übers. v. F. Dickmann)

4 „In allem liebte er Glanz, Verschwendung und Fülle"

Der Herzog von Saint-Simon äußert sich in seinen Erinnerungen zu verschiedenen großen Bauvorhaben Ludwigs, so auch zu Versailles:

„Doch nein. Versailles ward erwählt. Der trübseligste, undankbarste aller Orte: aussichts-, wald- und wasserarm, wo der Boden Sand oder Sumpf, und die Luft infolgedessen ungesund war.

Es gefiel ihm, auch die Natur zu tyrannisieren, sie der Kunst und dem Geld zu unterwerfen. Planlos reihte er ein Gebäude neben das andere: Häßliches und Schönes, Großartiges und Kleinliches, alles bunt durcheinander. Eng und unbequem, finster und ohne Aussicht sind sogar seine und der Königin Räume. Die Gärten verraten erstaunliche Prachtliebe. Aber sie sind geschmacklos und laden nicht zum Aufenthalt ein ... Überall ist die Natur vergewaltigt worden, und man mag wollen oder nicht: man wird davon abgestoßen und angewidert ... In allem liebte er Glanz, Verschwendung, Fülle. Es war wohlberechnet, daß er die Sucht, ihm hierin nachzueifern, in jeder Weise begünstigte. Er impfte sie seinem ganzen Hofe ein. Wer alles draufgehen ließ für Küche, Kleidung, Wagen, Haushalt und Spiel, der gewann sein Wohlwollen ... Er hat dem Land damit eine Wunde geschlagen, die wie ein Krebsschaden an allem frißt. Wozu noch weiter von den ungeheuerlichen Fehlern des Riesenpalastes reden, der Unsummen verschlungen hat, mit allem, was dazu gehört, Gewächshäusern, Obstgärten, Hunde- und Pferdeställen, den zahllosen Gesindehäusern. Das ist eine ganze Stadt, wo ehedem nur ein elendes Wirtshaus stand ..."

(Zit. nach: Geschichte in Quellen, Bd. 3, München 1976, S. 432)

5 Leben in fest gefügten Formen

Der Tagesablauf des Königs:

„8.00 Aufstehen; 10.00 bis 12.00 Arbeit im Rat; 12.00 bis 13.00 Besuch der Messe; ab 14.00 Mittagessen; im weiteren Tagesablauf meist Arbeit im Rat, andernfalls Jagd oder Promenade; vom Beginn der Dämmerung bis 22.00 Spiel, Theater, Ball; 22.00 bis 23.00 Abendessen."

(Zit. nach: Der Hof Ludwigs XIV. in Augenzeugenberichten, hrsg. von G. Ziegler, Berlin 1967, S. 146)

Arbeitsvorschläge und Fragen

a) Weshalb ist die Sonne für Ludwig das einzige, dem König angemessene Sinnbild? (M 3a, 3b)

b) Vergleiche die Schaumünze (M 3b) und ihre Bedeutung mit den Aussagen des Herzogs von Saint-Simon über den Charakter Ludwigs im 2. Kapitel, M 5b.

c) Versuche Gegenargumente Ludwigs gegen die Vorwürfe des Herzogs von Saint-Simon zu konstruieren (M 4); beachte dabei auch das Bild des Schlosses. (M 1)

d) Inwiefern verherrlichen die Abbildungen in diesem Kapitel den König? (M 1, 2)

4. Geld bedeutet Macht – Wirtschaft und Finanzen des Sonnenkönigs

„Was mich betrifft, Sire, so kann ich über diese Sache zu keinem anderen Urteil kommen als dem, daß man die Einnahmen erhöhen und die Ausgaben vermindern muß. Was die Vermehrung der Einnahmen betrifft, so muß ich Eurer Majestät sagen, daß ich fürchte, darin schon zu weit gegangen zu sein. ... Außerordentliche Einnahmen gibt es keine mehr, und was etwa in den eroberten Ländern Ertrag abwerfen könnte, haben Eure Majestät bereits verausgabt." So schrieb Colbert, Generalkontrolleur der Finanzen, in einer Eingabe 1680 an Ludwig XIV. Wird es Colbert gelingen, für die immer größer werdenden Ausgaben die notwendigen Geldmittel herbeizuschaffen?

1661–1683	Colbert leitet als Generalkontrolleur der Finanzen die Finanz- und Wirtschaftspolitik in Frankreich.
Von 1666 an	Die Organisation von Manufakturen und die Qualitätskontrolle für französische Fertigwaren wird durch königliche Verordnungen geregelt.
1681	Der Canal du Midi, der das Mittelmeer mit dem Atlantik verbindet, wird eröffnet. Seine Bauzeit betrug 14 Jahre.

Der Sturz Fouquets

Bis zum Jahre 1661 hatte zwar der Oberintendant der Finanzen, N. Fouquet, stets die Geldwünsche von Mazarin und Ludwig XIV. erfüllen können. Jedoch hatte er in mehreren Bereichen schwere Fehler begangen: Die Staatskasse war überschuldet, die Staatseinnahmen von 1½ Jahren schon im voraus verpfändet; bei reichen Privatleuten hatte Fouquet gegen überhöhte Zinsen Kredite aufgenommen; die Steuerpächter durften über die Hälfte der Steuereinnahmen für sich behalten; schließlich hatte Fouquet in der Buchführung zwischen staatlichen Einnahmen, Krediten und seinem Privatvermögen nicht getrennt.

Mit Wissen Ludwigs XIV. beobachtete Colbert über Monate das Vorgehen Fouquets. Dann wurde dieser wegen Betrugs seines Amtes enthoben und angeklagt.

Jean Baptiste Colbert

An seine Stelle trat als Generalkontrolleur der Finanzen *Jean Baptiste Colbert*. Er stammte zwar aus bürgerlicher, aber aus sehr reicher Familie und hatte ursprünglich das Privatvermögen Mazarins verwaltet. Nach dessen Tod war er in den Dienst des Königs getreten. Er war ihm treu ergeben und wollte, daß niemand und nichts im französischen Königreich sich dem Dienst für die Größe und Macht Ludwigs XIV. entziehen könne; alles sollte ihm nutzbar gemacht werden. Colbert war aber auch freimütig genug, an der Ausgabenpolitik des Königs Kritik zu üben. Und Ludwig wußte, welchen Fachmann er an Colbert hatte und nahm diese Kritik hin.

Der Etat

Nach dem Sturz Fouquets versuchte Colbert, eine strenge Ordnung einzuführen: Es wurde von nun an jährlich ein *Haushaltsplan* aufgestellt, der *Etat*. Monatlich mußten Ausgaben und Einnahmen abgerechnet werden. Für verschiedene Waren wurden die Preise vorkalkuliert. Die teuren Kredite ließ Colbert zurückzahlen, um die Zinsen einzusparen. Der Anteil der Steuerpächter an den Einnahmen mußte rapide gesenkt werden. Ämterkauf und willkürliche Steuererhöhungen wurden vorerst abgeschafft.

Vor allem in vier Bereichen fielen nach Ansicht Colberts die größten staatlichen Ausgaben an: Für die Kriegsflotte, für das Landheer, für die Finanzierung der Außenpolitik und der inneren Verwaltung Frankreichs und schließlich für die großen Bauten, die Hofhaltung und die Feste des Königs. Um den Etat

1 Grabmal Colberts in der Kirche St. Eustache in Paris. Das Grabmal wurde nach dem Vorbild der französischen Königsgräber vom Hofbildhauer Ludwigs XIV., Antoine Coyzevox, geschaffen. Wenige Tage vor Colberts Tod hatte der König an den ältesten Sohn Colberts, der damals Marineminister war, mitteilen lassen: „Ich hoffe immer zu, daß es nicht Gottes Absicht sein wird, ihn von dieser Welt zu nehmen, in der er für das Wohl des Staates so unentbehrlich ist."

ausgleichen zu können, mußte Colbert vor allem für diese Ausgabeposten Geldmittel in großem Ausmaß erwirtschaften.

Merkantilismus Colbertismus

Colbert war Anhänger eines wirtschaftlichen Grundsatzes, der damals in ganz Europa bekannt war: „Die Macht des Staates und der Glanz des Königtums bestehen darin, daß große Einnahmen große Ausgaben ermöglichen und daß zuletzt ein Überschuß an Geld bleibt ... Im selben Ausmaß, in dem wir das Bargeld vermehren, vermehren wir Macht, Größe und Reichtum des Staates", schrieb Colbert am 3. 8. 1664 in einer Denkschrift. Um diesen Grundsatz in die Tat umzusetzen, brauchte man vor allem Kaufleute (lat. mercator – der Kaufmann). Deshalb wird diese Theorie auch *Merkantilismus* genannt. In der Form, wie sie Colbert in Frankreich in die Tat umsetzte, erhielt das Vorgehen die Bezeichnung Colbertismus.

Exportsteigerung/ Importdrosselung

Durch *Zölle* wurde die Einfuhr erschwert und die Ausfuhr begünstigt. Gegen konkurrierende Staaten konnte so im Außenhandel eine Art Wirtschaftskrieg geführt werden. Gleichzeitig mußten aber Kaufleute im Lande dafür sorgen, daß Fertigwaren von guter Qualität in großer Menge und möglichst rasch an die Stellen gebracht wurden, wo man sie brauchte. Sobald innerhalb Frankreichs die Versorgung mit französischen Gütern ausreichend in der Menge, rasch und reibungslos möglich war, mußten immer weniger Waren aus dem Ausland gekauft werden. So konnte *verhindert* werden, daß *Geld ins Ausland abwanderte* und Frankreich dadurch ärmer wurde. Außerdem sollten auf *ausländischen Märkten* möglichst viele und gute *französische Waren* angeboten werden, damit der Gegenwert an Bargeld nach Frankreich hereinströmte und den Staat reicher machte.

Produktionssteigerung

So galt die besondere Fürsorge Colberts der *Güterproduktion* im Lande. Er förderte vor allem die *Manufakturen*, Großbetriebe, in denen zwar noch überwiegend Handarbeit geleistet wurde, jedoch jeder Handwerker nur noch einige wenige spezialisierte Handgriffe ausführte. Staatliche Manufakturen wurden

2 Die Wirtschaft Frankreichs im 17. Jahrhundert

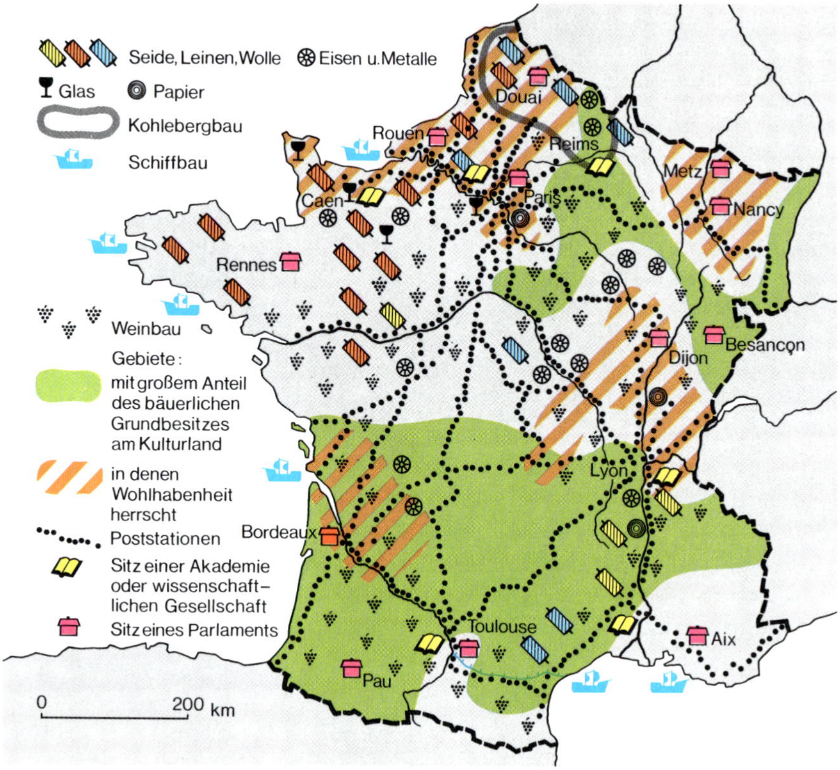

als Musterbetriebe eingerichtet. Privatleute erhielten Zuschüsse, wenn sie selbst Manufakturen gründeten. Um das *arbeitsteilige Verfahren* möglichst wirkungsvoll zu gestalten, mußte in den Betrieben eine strenge Disziplin herrschen. Auch die große Zahl der Arbeitskräfte machte dies notwendig; es gab Manufakturen, in denen 3000 Menschen arbeiteten, von denen immer einige Hundert in einem Gebäude untergebracht waren. In einer großen Zahl von Verordnungen wurde jede Kleinigkeit vom Kantinenbesuch bis zum Redeverbot während der Arbeit *staatlich* geregelt.

Qualitätssteigerung und Rohstoffbeschaffung

Um möglichst hochwertige Güter herzustellen – nur so konnte Frankreich vom Import seltener und teurer Produkte unabhängig werden –, wurden *Fachleute aus dem Ausland* angeworben und im Ausland Werkspionage betrieben. Dadurch war es auch möglich, Ländern, die bisher die alleinigen Hersteller eines Produkts waren, diese Monopolstellung zu entziehen. So wurde z.B. alles daran gesetzt, den Venezianern das Monopol in der Spiegelherstellung zu nehmen. Es gelang Colbert, Frankreich die *führende Stellung im Außenhandel* zu verschaffen, vor allem für teure Luxusartikel wie Möbel und Modewaren.

Um den Transport zu erleichtern und zu beschleunigen, sorgte Colbert für den *Ausbau* der *Straßen* und *Kanäle*. Auch die Verbindung zwischen dem Atlantik und dem Mittelmeer durch den *Canal du Midi* sollte diesem Zweck dienen.

Um die Rohstoffe, die das eigene Land nicht erbringen konnte, billig zu gewinnen, wollte Colbert das französische Kolonialreich, das im Zerfallen begriffen war, wieder aufbauen – eine ehrgeizige Aufgabe, die ihm nicht ganz gelang. Immerhin wurden aber die *Kriegs-* und *Handelsflotte* zum sicheren und schnellen *Transport der Güter* beachtlich ausgebaut.

Mißerfolge und Fehlentwicklungen

So gut das Einvernehmen zwischen Colbert und dem König war, so konnte er sich doch nicht in allem gegen Ludwig durchsetzen oder er mußte einmal durchgesetzte Maßnahmen wieder zurücknehmen. So blieben Adel und Klerus weiterhin *steuerfrei*; Ludwigs Vorliebe für das Heerwesen und den Festungsbau sowie die große Zahl der Kriege steigerten die Staatsausgaben wieder so sehr, daß der *Steuerdruck erhöht* und die Käuflichkeit der Ämter wieder eingeführt werden mußte. Um auf dem Markt konkurrenzfähig zu bleiben, war es notwendig, daß die Preise und damit auch die Löhne niedrig waren. Dies war aber nur möglich, wenn vor allem die *Getreidepreise niedrig* blieben. So *verarmten die Bauern* immer mehr. Colbert erkannte zwar diese Gefahr für die Landwirtschaft, und er versuchte auch durch verschiedene Fördermaßnahmen vor allem die rückständigen Anbaumethoden zu verbessern. Aber der Erfolg war gering, und letztlich galten das Interesse und die Vorliebe Colberts doch den Manufakturen und nicht der Landwirtschaft.

Merkantilismus: Die merkantilistische Wirtschaftspolitik geht von der Annahme aus, daß der Reichtum eines Landes an Geld – das bedeutete damals in erster Linie an zu Münzen geprägtem Edelmetall – über die Größe und Macht eines Staates entscheidet. Folglich mußte man sich darum bemühen, möglichst wenig Geld, z. B. durch Importe, aus dem Land gehen zu lassen und statt dessen möglichst viel Geld vor allem durch Exporte ins Land zu bringen. Wenn die Erlöse aus Exporten die Ausgaben für Importe überwiegen, spricht man von einer **aktiven Handelsbilanz**. Durch Einfuhrzölle und staatliche Begünstigung der Ausfuhr wurden diese Maßnahmen ebenso unterstützt wie durch einen gezielten Wirtschaftskrieg gegen konkurrierende Staaten. Da in diesem System dem Kaufmann (= lat. *mercator*) als dem Verteiler der Güter eine besondere Rolle zukommt, wird das System Merkantilismus genannt. In der Form, wie es Colbert in Frankreich in die Tat umsetzte, bezeichnet man es als *Colbertismus*. Um rationell zu produzieren, wurden **Manufakturen** (= manu facere/mit der Hand herstellen) eingerichtet, Großbetriebe mit arbeitsteiligem Verfahren, aber doch noch überwiegend handwerklicher Arbeit (vgl. S. 155).

3 Das Streben nach einer aktiven Handelsbilanz

Schon vor Colbert schrieb der Engländer Th. Mun im Jahre 1630:

„Das gewöhnliche Mittel, unsern Reichtum und unsern Staatsschatz zu vermehren, ist der Außenhandel, wobei wir folgende Regel beachten müssen: jährlich an Ausländer mehr zu verkaufen, als wir ... von ihnen verbrauchen ... Wir müssen jede Anstrengung darauf verwenden, unsre Ausfuhr zu erhöhen und den Verbrauch fremder Verbrauchsgüter zu senken. Auf Ödland sollte man Hanf, Flachs und andre jetzt noch eingeführte Rohstoffe anpflanzen ... Für Waren, die unsere Nachbarn brauchen und die kein anderes Land liefern kann, dürfen wir einen hohen Preis fordern; diejenigen aber, für die wir kein Monopol besitzen, müssen wir so billig wie möglich verkaufen. Fremde Rohstoffe ... sollten zollfrei sein. Unsere Exporte müßten wir auf eigenen Schiffen fahren ..."

(Zit. nach: M. Fuhs, Herrschaftsformen der frühen Neuzeit, Freiburg/Würzburg 1978, S. 38f.)

4 Ein ausländischer Fachmann gründet eine Manufaktur

Aus der Konzession für einen Holländer, der 1665 in Frankreich eine Manufaktur gründete:

„Wir gestatten und erlauben dem genannten van Robais, sich in der Stadt Abbéville mit fünfzig holländischen Arbeitern niederzulassen und dort eine Manufaktur für feine Tuche einzurichten von der Art, wie man sie in Spanien und Holland herstellt, und zu diesem Zweck dreißig Webstühle dorthin zu transportieren und dort aufzustellen ... Wir wollen, daß er und seine bei der Manufaktur tätigen ausländischen Gesellschafter und Arbeiter als wahre Franzosen ein-

5 In einer Spielkartenmanufaktur in Paris um 1680. Der Blick aus dem Fenster auf die Seine und das Denkmal Heinrichs IV. läßt die Lage der Manufaktur rekonstruieren. Sie muß sich in einem Gebäude an der Place Dauphine befunden haben.

gestuft und angesehen werden … Sie werden auch während der Laufzeit dieser Konzession von allen übrigen Abgaben, Steuern, Soldateneinquartierungen, städtischen Diensten, Frondiensten (vgl. S. 178) und sonstigen öffentlichen Lasten befreit sein … Und damit sie in der gleichen Religionsfreiheit leben können, in der sie aufgewachsen sind, gestatten wir dem Unternehmer und seinen Gesellschaftern und Arbeitern, sich weiterhin zur angeblich reformierten Religion zu bekennen …

Wir ordnen an, … daß dem Unternehmer die Summe von 12000 Livres bar bezahlt und ausgehändigt werde. … Und damit der Antragsteller in voller Freiheit den Gewinn seiner Arbeit genießen kann, haben wir allen Arbeitern und anderen Personen, gleich welchen Standes sie sein mögen, verboten, während der Zeit von zwanzig Jahren diese Tuchsorte nachzuahmen."

(Zit. nach: Politische Weltkunde I, Teil 3, Stuttgart 1972, S. 51f.)

6 „Voll Liebe und Eifer" zum Ruhme des Königs

Aus einer Eingabe Colberts an Ludwig XIV., datiert vom 22. 6. 1666:

„Eurer Majestät Befehl, Ihre hohe Gesinnung, mein Herz, das voll Liebe und Eifer zu Eurer Majestät Person und Ruhm ist, geben mir die Kühnheit, so zu sprechen.

… Ich vertraue der Güte und hohen Gesinnung Eurer Majestät und auf die Weisung, die Sie uns oft und immer wieder erteilt haben, Sie zu warnen, wenn Sie zu rasch voranstürmen; ich vertraue auf die mir so oft gewährte Freiheit, Ihnen meine Meinung zu sagen … Eure Majestät haben Ausgaben von vier verschiedenen Arten zu bestreiten: Die erste und wichtigste von allen ist zur Zeit der Krieg zur See (gegen England), die zweite sind die auswärtigen Angelegenheiten, die dritte der Krieg zu Lande, die vierte die inneren Ausgaben des Königreichs, die Vergnügungen und Unterhaltungen Eurer Majestät. …

Eure Majestät haben Ihre Belustigungen und den Krieg zu Lande in einer Weise vermengt, daß eins vom anderen kaum noch zu trennen ist. Wollten Eure Majestät einmal im einzelnen nachprüfen, wieviel unnütze Ausgaben Sie getätigt haben, so würden Sie erkennen, daß Sie durch Verzicht auf diese Ausgaben gar nicht erst in die jetzige Notlage gekommen wären. … Wenn Eure Majestät Ihre und der Königin Spielverluste, die Feste, Gastmähler und außerordentlichen Bankette in Betracht ziehen, werden Sie finden, daß dieser Posten nochmals über 300000 Livres beträgt, daß die Könige, Ihre Vorgänger, solche Ausgaben nicht gekannt haben und daß sie keineswegs notwendig sind. … Das alles sind Ausgabenerhöhungen, die der Staat nicht tragen kann. …"

(Zit. nach: Geschichte in Quellen, Bd. 3, München 1976, S. 444, übers. v. F. Dickmann)

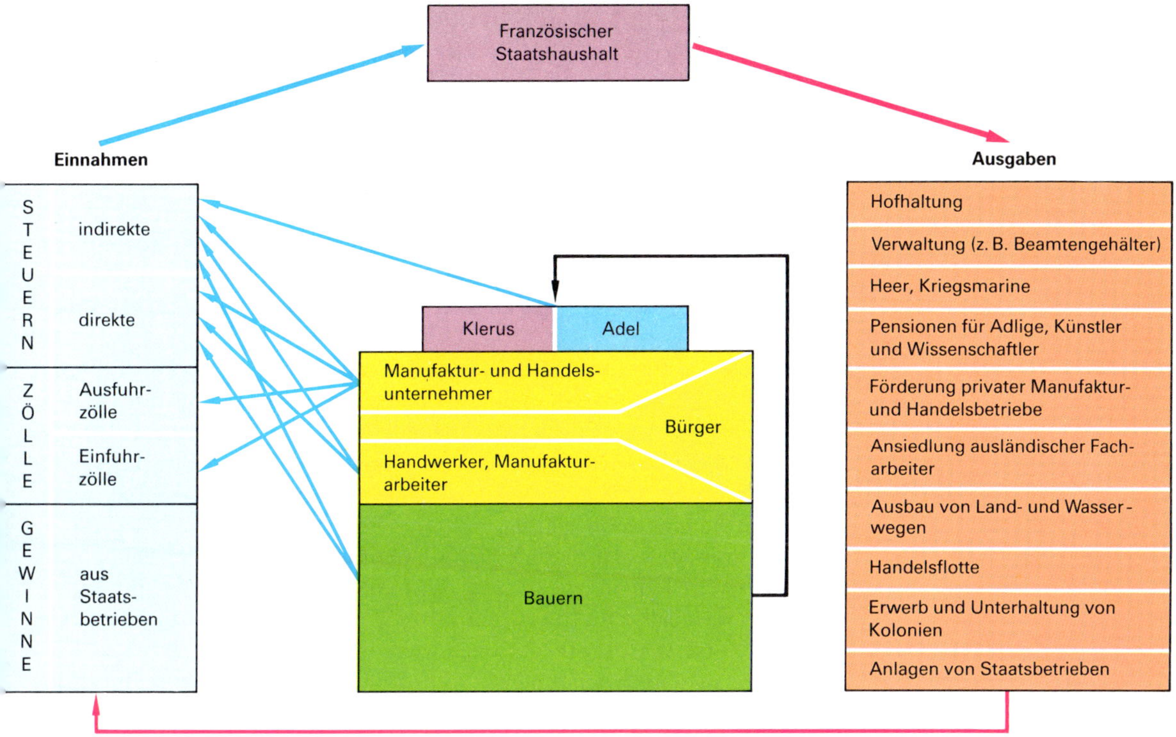

7 Französischer Staatshaushalt im Zeitalter des Merkantilismus

8 Merkantilistische Wirtschaftspolitik
(Schätzungen bzw. Berechnungen moderner Geschichtswissenschaftler für Frankreich:)

Staatseinnahmen		*Staatsausgaben*
1661	32 Mio. Livres	?
1667	63 Mio. Livres	?
1669	70 Mio. Livres	ca. 70 Mio. Livres
1678	99,5 Mio. Livres	129,5 Mio. Livres
1715	69 Mio. Livres	132 Mio. Livres

Staatsschulden	
1661	ca. 17 Mio. Livres
1680	ca. 47,5 Mio. Livres
1715	ca. 3500 Mio. Livres

Französische Handelsbilanz im Jahre 1715:
Einfuhren im Wert von 71 Mio. Livres
Ausfuhren im Wert von 105 Mio. Livres

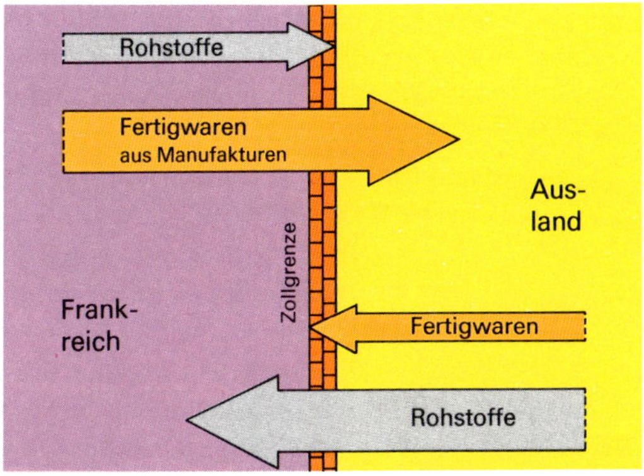

Arbeitsvorschläge und Fragen

a) Stelle noch einmal die Kennzeichen des Merkantilismus zusammen. (M 3)
b) Welche Mittel wurden angewandt, um ausländische Fachleute für Frankreich zu gewinnen? (M 4)
c) Was sagen uns die zeitgenössischen schriftlichen Zeugnisse (M 6) über das Verhältnis des Königs zu seinem Mitarbeiter Colbert? Wie wird in M 1 die Bedeutung Colberts für Frankreich deutlich?
d) Welche Schwerpunkte lassen sich in der landwirtschaftlichen und gewerblichen Produktion in Frankreich feststellen? (M 2)
e) Erkläre kurz die Notwendigkeit der einzelnen Ausgabenpunkte im französischen Staatshaushalt. (M 7)
f) Die Darstellung der Spielkartenmanufaktur ist ein besonders gutes Zeugnis für das arbeitsteilige Vorgehen in einer Manufaktur. Wie ging man dort zu Werke? (M 5)

5. Der absolute Herrscher und seine Untertanen

Auf eine Bittschrift der Städte des Languedoc ließ der König folgende Antwort übermitteln: „Seine Majestät weiß sehr wohl, was für das Volk von Nutzen ist; die Untertanen vermögen ihren eigenen Vorteil nicht besser wahrzunehmen als dadurch, daß sie sich blindlings dem Willen des Königs fügen." Wer waren diese Untertanen (vgl. S. 179)? Was hieß es, sich dem Willen des Königs fügen?

Die hohe Geistlichkeit

Die Angehörigen des *Ersten Standes*, die hohen *Geistlichen*, entstammten meist adligen Familien. Wenn es die Ausübung ihres geistlichen Amtes zuließ, holte sie Ludwig an den Hof. Sie unterstanden einer *eigenen Gerichtsbarkeit*. Der Abstand zwischen diesen Klerikern am Hofe und den einfachen Landgeistlichen wurde immer größer; diese lebten zum Teil in sehr armen Verhältnissen und besaßen nur eine geringe Bildung.

Der Hofadel

Die alten Familien des *Hochadels* hatten ihren politischen Einfluß schon nach der gescheiterten Fronde (vgl. S. 216, 228) vollkommen verloren. Ihr Selbstbewußtsein war dadurch schwer getroffen. So neigten viele dazu, durch eine *aufwendige Lebenshaltung* ihr Ansehen wenigstens nach außen zu zeigen. Dies artete häufig in Verschwendung aus, die in keinem Verhältnis mehr zu den Einnahmen stand. Wieder zu Geld zu kommen, war für sie fast nicht möglich: An Handelsgeschäften beteiligten sich die französischen Adligen nicht; dies galt als unstandesgemäß. Eine gelehrte Ausbildung, um ein hohes Amt übernehmen zu können, hatten die meisten ebenfalls nicht. So bot sich für Ludwig die günstige Gelegenheit, diese Familien von sich *abhängig* zu machen, indem er ihre Geldnot ausnützte. Er übernahm ihre Schulden, gab ihnen Geldgeschenke und Pensionen. Damit aber mußten sie *ständig am Hofe* leben und waren dadurch unter *steter Kontrolle* des Königs. Zugleich diente ihr Auftreten der Repräsentation Ludwigs. Ihr Interesse richtete sich nun auf Ansehen und Ämter an diesem Hof, nicht mehr auf die Politik. Die Lebensführung dieser *Höflinge* unterschied sich in immer höherem Maße von der des *niederen Adels*, der in der Provinz lebte. Der *Erste* und der *Zweite Stand* waren beide als bevorrechtigte Stände *steuerfrei*. Sie bildeten mit dem König zusammen die vornehme *höfische Gesellschaft*. Wegen des hohen Ansehens dieser Gesellschaft wurde es für den Außenstehenden nicht so recht deutlich, daß auch die Angehörigen dieser beiden Stände genauso politisch *rechtlose Untertanen* waren wie die Mitglieder des *Dritten Standes*.

Der Dritte Stand – die ungleichen Untertanen

Da aber der *Dritte Stand* im allgemeinen zum Hof keinen Zutritt hatte, wurden die Untertanen in zwei Gruppen zerrissen: Eine tiefe Kluft trennte die bevorrechtigten ersten beiden Stände vom dritten.

Der Dritte Stand war zwar insgesamt steuerpflichtig, aber in sich selbst wiederum höchst *uneinheitlich*.

Auf dem Land gehörten neben völlig verarmten Landadligen die mittleren Bauern ebenso zum Dritten Stand wie die große Zahl der unfreien Bauern auf den Grundherrschaften und der Tagelöhner. Auch hier waren *soziale Unterschiede* deutlich ausgeprägt; sogar noch unter den Tagelöhnern gab es eine deutliche Abstufung: Neben den ganz Armen, die nicht einmal ein eigenes Zugtier besaßen, um das Stückchen Land zu bebauen, lebten solche, die 1 oder 2 Rinder hatten und die außerdem neben ihrer Arbeit in der Landwirtschaft noch ein Handwerk ausübten und auf diese Weise leichter Beschäftigung und Verdienst fanden.

Die Hauptlast lag ohne Zweifel auf der Landbevölkerung. So leisteten z.B. die

1 Waschfrauen an der Seine

unfreien Bauern Abgaben an den Grundherrn, zahlten die Kopfsteuer an den königlichen Steuerpächter und waren von Verbrauchssteuern, so z. B. von der Salzsteuer, betroffen. Im Kriegsfall mußten sie eine zusätzliche Steuer, die Kontribution, errichten, ihre Söhne zum Heer schicken und darüber hinaus noch Einquartierungen aufnehmen.

Die Mehrheit der Stadtbewohner bildete die große Zahl der mittleren und kleinen Handwerker und Händler bis hin zu den Lohnarbeitern in den Manufakturen, den Waschfrauen an den Ufern der Seine und schließlich den vielen Gelegenheitsarbeitern und Arbeitslosen. Manchen von diesen mußten wegen ihrer Armut die Steuern sogar erlassen werden.

Der Amtsadel

Den ausgeprägtesten Gegensatz zu all diesen Gruppen bildeten die *wohlhabenden Stadtbürger*. Sie waren meist durch eine Manufaktur (vgl. S. 233) oder durch Handel zu Reichtum gekommen. Für sie war es besonders bedrückend, daß sie trotz ihrer Steuerleistungen für den Staat und trotz ihrer guten Ausbildung politisch auch rechtlos waren. Aber für sie bot sich eher die Möglichkeit eines Auswegs. So gaben sie ihren Söhnen häufig eine besonders gute Ausbildung, vor allem als Juristen, und kauften Ämter oder Adelsbriefe. In diesen Fällen gehörten sie dann dem sogenannten *Amtsadel* an und konnten versuchen, auch am Hofe Fuß zu fassen. Aus diesem Kreis der wohlhabenden Bürger stammten viele Berater des Königs, kamen Maler und Bildhauer, Architekten, Dichter und Wissenschaftler. Da man nur am Hofe zu Ansehen kommen konnte, zog sie dieser Hof wie ein Magnet an. Jedoch war die Zahl derer, denen es gelang, dort Fuß zu fassen, nur klein, gemessen an der Größe dieser Gruppe.

Der Merkantilismus und die Stadtbürger

Die Angehörigen des wohlhabenden Bürgertums profitierten durch Colberts Wirtschaftssystem. Wenn sie sich den Vorstellungen Colberts beugten, hatten sie durch die Gewinnchancen große Vorteile. Wer von ihnen die „gemäße Ord-

2 Ein Krankenhaus für Findelkinder. Der heilige Vinzenz von Paul (1581–1660) begründete die moderne Armenfürsorge. Barmherzige Schwestern der von ihm gegründeten Klostergenossenschaft pflegten die kranken Kinder, die von ihren armen, oft unverheirateten Müttern ausgesetzt worden waren. Zwei reiche Damen der Pariser Gesellschaft überreichen Vinzenz von Paul ihren Schmuck für die Armen.

nung" Colberts nicht hinnehmen wollte, wurde vom König zum Gehorsam gezwungen – durch gesetzliche Regelungen, durch Strafen.

Ähnliches galt für die *Handwerker*. Wer dreimal wegen schlechter Waren gerügt worden war, wurde zusammen mit der unzureichenden Ware an den Pranger gestellt; auch Geldstrafen waren nicht selten. Schwerer zu ertragen als solche Kontrollen war für viele, vor allem für kleinere Handwerker, die Gefahr, daß sie mit der Großproduktion der Manufakturen nicht mehr mithalten konnten. Die alten Handwerksmeister wurden allmählich von Großhändlern abhängig, am frühesten in der Textilverarbeitung. Der Großhändler stellte die Rohstoffe zur Verfügung und übernahm zu dem von ihm festgelegten Preis den Absatz der Waren.

Auch die *Unselbständigen* hatten es sehr schwer. Im Handwerk wurden aus der Not heraus Lohnkürzungen versucht, in den Manufakturen ebenso, um die Preise niedrig zu halten. Gesellen und Manufakturarbeiter schlossen sich zu *Bünden* zusammen, legten geschlossen die Arbeit nieder. *Revolten* waren in Paris und anderen größeren Städten nicht selten. Da es an freien Tagen keine Vergütung gab, verringerte sich der Lohn noch mehr: Außer den Sonntagen gab es noch ungefähr 60 freie Tage, an denen die Arbeit ruhte. Colbert bemühte sich umsonst um die Abschaffung dieser vielen freien Tage. An den Arbeitstagen war dafür die Arbeitszeit entsprechend lang. Die Pariser Bauarbeiter begannen im Sommer um 5 Uhr früh und arbeiteten bis 7 Uhr abends, im Winter von 6 Uhr früh bis 6 Uhr abends. Auch in den Manufakturen lag die Arbeitszeit bei 10 bis 12 und sogar 14 Stunden.

Auf dem *Land* war die große *Rückständigkeit*, gegen die Colbert nicht genügend unternahm, ein schweres Hindernis. Der Pflug war primitiv, noch ohne Pflugschar und Rad. Düngung wurde kaum oder nur unzureichend angewandt. Hauptanbauprodukt war *Getreide*, selbst in Gegenden, deren Klima für Getreideanbau ungeeignet war. So gab es je nach Klimagunst sehr reiche und sehr arme Provinzen.

Schließlich war der Dritte Stand generell davon betroffen, daß Colbert wegen der hohen Kriegskosten seit 1678 neue *Steuererhöhungen* durchsetzen mußte. Allein schon das Gerücht einer möglichen bevorstehenden Steuererhöhung versetzte vor allem die Bevölkerung auf dem Land in Unruhe. Im Jahre 1670 z.B. brach unter dem Schlagwort „Es lebe der König, (aber) ohne die Salzsteuer!" in der Gegend von Montpellier ein Aufruhr aus, der erst nach Wochen mit Hilfe der Truppen niedergeschlagen werden konnte.

3 Die Verschwendungssucht des Königs greift auf alle über, die Ansehen genießen wollen

Der Herzog von Saint-Simon über das Schicksal des Hofadels:

„In allem liebte er (= Ludwig XIV.) Glanz, Verschwendung, Fülle. Es war wohlberechnet, daß er die Sucht, ihm hierin nachzueifern, in jeder Weise begünstigte. Er impfte sie seinem ganzen Hofe ein. Wer alles draufgehen ließ für Küche, Kleidung, Wagen, Haushalt und Spiel, der gewann sein Wohlwollen. Um solcher Dinge willen redete er die Leute an. Indem er so den Luxus gewissermaßen zur Ehrensache und für manche zur Notwendigkeit machte, richtete er nacheinander alle zugrunde, bis sie schließlich einzig und allein von seiner Gnade abhingen. So befriedigte er seinen Hochmut und seinen Ehrgeiz. Sein Hof war blendend, und die Rangunterschiede verschwanden in einem allgemeinen Wirrwarr. ...

(Zit. nach: Geschichte in Quellen, Bd. 3, München 1976, S. 432, übers. v. W. Weigand)

5 Für die Mühsal geboren. Der Kupferstich, der von N. Guerard um 1700 gefertigt wurde, zeigt den unfreien Bauern, der für Grundherrn und König Abgaben und Steuern aufbringen muß.

4 Die ungleichen Untertanen

Die Auswertung von Inventaren, die nach Todesfällen aufgestellt wurden, erbrachten für Paris zur Zeit Ludwigs XIV. folgende Angaben:

Ein besonders wohlhabender Maurer:
1 Haus auf dem Montmartre von mittlerer Größe: 1 großes Zimmer im Erdgeschoß, 2 kleine Zimmer im Obergeschoß.
1 Pferd } für landwirtschaftliche
1 Pachtacker } Nebentätigkeit
Betriebsgröße: Ein-Mann-Betrieb ohne Gehilfen

Ein besonders wohlhabender Glaser:
1 Arbeitsgewand
3 gute Anzüge
1 Mantel
27 Hemden
Betriebsgröße: Ein-Mann-Betrieb ohne Gehilfen

Ein verarmter Zimmermann:
1 Zimmer für 7 Personen
Betriebsgröße: Ein-Mann-Betrieb ohne Gehilfen

Handeltreibender Kleinbürger – Hoflieferant für Spielkarten

Lagerbestand:	2033 Ries Papier *
	16 Ries Schreibpapier
	800 Gros Karten **
	47 Verzeichnisse
	24 Notenbücher
	76 Pfund Wachs
	30 Dutzend Federmesser
	10000 Schreibfedern

* 1 Ries = 1000 Bogen
** 1 Gros = 12 Dutzend

Soziales Ansehen: Ein Schwiegersohn ist Generalintendant der Galeeren, einer Offizier

(Zusammengestellt v. d. Verf. nach P. Gaxotte, Ludwig XIV., München 1951, S. 55ff.)

6 Wie lange arbeitete man für ein einfaches Essen?

An einem Arbeitstag von 10 bis 14 Stunden verdiente ein

Maurer	12–18 Sous
Zimmermann	14–18 Sous
Grubenarbeiter	15–16 Sous
Stepper	20–25 Sous
Leineweber	12–15 Sous
Schlosser (in Paris)	30 Sous
Landarbeiter	8–19 Sous

Preis für

Weißbrot (450 g)	1–2 Sous
1 Pinte (= 0,6 l) Wein	2–3 Sous
1 Pfund Butter	5–8 Sous
1 Pfund Ochsenfleisch	2–3 Sous
1 Paar junge Hühner	30 Sous
1 Paar Holzschuhe	2 Sous
1 Pfund Kerzen	6–10 Sous

(Nach P. Gaxotte, Ludwig XIV. München 1951, S. 54f.)

7 Kritik an alten Vorrechten, Kritik an der zeitgenössischen Wirtschaftspolitik

Vauban, der für eine gleiche Besteuerung der Angehörigen des zweiten und dritten Standes entsprechend ihrem Einkommen eintrat, wandte sich 1694 in einer Denkschrift an den König:

„Nun ist es aber die untere Schicht des Volkes, die durch ihre Arbeit, ihren Handel, ihre Abgaben den König und sein ganzes Reich emporbringt. Sie stellt Soldaten und Matrosen für Heer und Flotte, dazu zahlreiche Offiziere, alle Kaufleute und die unteren Justizbeamten. Sie übt alle Künste und Gewerbe aus, sie betreibt den gesamten Handel und die Manufakturen des Königreiches, sie stellt die Arbeiter, Weingärtner und Tagelöhner auf dem Lande, sie pflegt und füttert das Vieh, sät und erntet das Korn, bestellt die Weingärten und keltert den Wein; mit einem Wort: Sie verrichtet alle große und geringe Arbeit in Stadt und Land …

Auch wer nur wenig von den ländlichen Verhältnissen weiß, erkennt ohne weiteres, daß die Einkommenssteuern eine der Ursachen des Übels darstellen. … sie sind zur Willkür geworden, denn es besteht überhaupt kein Verhältnis mehr zwischen dem Einkommen des Steuerpflichtigen und der Steuer, mit der man ihn belastet. Außerdem werden die Abgaben mit der äußersten Härte eingetrieben … Es ist gar nichts Ungewöhnliches, wenn man bei den Exekutionen [zwangsweisen Eintreibungen] so weit geht, nach Verkauf des Inventars der Häuser auch noch die Türen auszuhängen …"

(Geschichte in Quellen, Bd. 3, München 1976, S. 461f.)

Arbeitsvorschläge und Fragen

a) Wie beurteilt der Herzog von Saint-Simon das Schicksal seiner Standesgenossen am Hofe? (M 3)

b) Überprüfe die wirtschaftliche Lage der mittleren und unteren Schichten der Bevölkerung in Paris und vergleiche sie mit der Lage der Bauern. (M 4, 6)

c) Gegen die Auswirkungen von Colberts Wirtschaftspolitik regte sich in Frankreich zunehmend die Kritik. Welche Probleme standen im Vordergrund? (M 7)

d) Welches Bild vom Schicksal der unteren Schichten entsteht durch die Bilder M 1, M 2, M 5?

6. Französischer Herrschafts- und Lebensstil wird in Deutschland – wie in ganz Europa – nachgeahmt

Nicht nur der Regierungsstil Ludwigs XIV., sondern auch seine Hofhaltung wurde von den Fürsten Europas als vorbildlich angesehen. Wie stark das französische Beispiel in Deutschland wirkte, ist heute noch zu erkennen: Vielerorts finden wir Schlösser und Parkanlagen, die aus der Zeit Ludwigs XIV. oder der darauf folgenden Jahrzehnte stammen und die nach dem Muster von Versailles – wenn auch in bescheideneren Ausmaßen – geschaffen wurden. Aber auch die Untertanen der deutschen Fürsten schauten bewundernd auf Frankreich und die französische Kultur. Was bewog die Fürsten zur Nachahmung des französischen Königs, und welche Folgen hatte das für ihre Untertanen? Und wie wirkte sich die Bewunderung für alles Französische im Leben der Menschen dieser Zeit aus?

	Zwei deutsche Fürsten von vielen aus der Zeit des Absolutismus:
1679–1716	Johann Wilhelm, genannt Jan Wellem, Herzog von Jülich und Berg, regiert in Düsseldorf.
1723–1760	Clemens August, Kurfürst und Erzbischof von Köln, residiert in Bonn.

1 Die Territorien des Alten Reiches auf dem Boden des heutigen Bundeslandes Nordrhein-Westfalen

6.1 Probleme deutscher Kleinstaaten im Zeitalter des Absolutismus

Anlehnung deutscher Fürsten an Frankreich

Das Heilige Römische Reich Deutscher Nation war nach dem Dreißigjährigen Krieg nur noch ein loser Verband von mehr als 300 Einzelstaaten. Die *„Duodezfürsten"*, die vielen Herren kleiner Staaten, deren Gebiete im Westen des Reiches lagen, befanden sich in einer schwierigen Situation. Einerseits waren sie noch immer dem *Kaiser*, der das Reich repräsentierte, zur Treue *verpflichtet*, auch wenn das Reich politisch oft so gut wie ohnmächtig war; andererseits waren viele von ihnen auf das *Wohlwollen Frankreichs* angewiesen, um ihre Herrschaft und den Bestand ihres Staates erhalten zu können. Söhne deutscher Fürsten traten als Offiziere in den Dienst des Königs von Frankreich und über-

2 Herzog Jan Wellem. Jan Wellem ließ sich sein Denkmal schon zu Lebzeiten errichten. – Ein französischer Adliger schrieb: „Der Hof ist zahlreich und glänzend, man tut nichts ohne Pracht und Herrlichkeit" (links).

3 Clemens August als Falkenjäger (Gemälde von F. J. Winter). Als Erzbischof von Köln war er einer der drei geistlichen Kurfürsten des Reiches (rechts).

nahmen Kommandostellen in seiner Armee. Frankreich wiederum versuchte, die Fürsten durch finanzielle Unterstützung für sich zu gewinnen und von sich abhängig zu halten.

Fürstliche Heiraten aus politischen Gründen

Für den Fürsten eines deutschen Mittel- oder Kleinstaats war es eine große Ehre und ein politischer Erfolg, wenn er durch eine *Heirat* seine Familie mit dem französischen Königshaus verbinden konnte. Prinzen und Prinzessinnen wählten sich ihre Ehepartner nicht selbst, sie wurden von ihren Eltern verheiratet, und zwar auf Vorschlag der fürstlichen Räte und aus Gründen der Politik. So wurde die Tochter des Kurfürsten von der Pfalz, der in Heidelberg regierte, mit dem Herzog von Orléans, dem Bruder Ludwigs XIV., verheiratet; die lebendig geschriebenen Briefe der *„Liselotte von der Pfalz"* werden noch heute gelesen. Nach dem Tod ihres Bruders erhob Ludwig im Namen Liselottes Erbansprüche auf die Pfalz, was zum „Pfälzer Krieg" führte. Liselotte (Elisabeth Charlotte) konnte nicht verhindern, daß französische Truppen auf Befehl des Sonnenkönigs ihr Heimatland verwüsteten und Dörfer, Städte und Schlösser – so auch das Heidelberger Schloß – niederbrannten.

Ludwig XIV.: Vorbild deutscher Fürsten

Ludwig XIV. wollte den „ehrfurchtsvollen Blick der Völker" auf sich ziehen, und das erreichte er auch. Die deutschen Fürsten seiner Zeit und der darauf folgenden sahen in ihm ihr großes Vorbild, das sie, so gut es ihnen möglich war, nachahmten. Sie ließen ihre Schlösser nach dem Muster des *Schlosses von Versailles* bauen und ihre Gärten und Parks in der Art der Versailler Schloßgärten anlegen. Sie förderten die Künste und beauftragten die Künstler gerne mit Werken, in denen sie selbst oder das Herrschertum überhaupt oder der große Mensch allgemein (z.B. in der Gestalt des griechischen Sagenhelden Herakles oder Herkules) verherrlicht wurden. Diese Maßnahmen der Fürsten brachten vielen Menschen Arbeit und Brot, aber sie bedeuteten für das Volk auch Steuerlasten, besonders wenn die Fürsten verschwenderisch und ohne Rücksicht auf die finanziellen Möglichkeiten ihres Landes verfuhren.

Der große außenpolitische Gegner Frankreichs war und blieb *England*. Um Frankreichs Machtausdehnung einzudämmen, versuchte auch England, deutsche Fürsten auf seine Seite zu ziehen. Dabei spielte das Geld eine Hauptrolle. Als sich die Menschen in den nordamerikanischen Kolonien (vgl. S. 148ff.) gegen die Engländer erhoben und schließlich auch ihre Unabhängigkeit erkämpften (1776–83), stellten deutsche Fürsten den Engländern gegen Geld Soldaten zur Verfügung, die in ihren militärischen Einheiten nach Amerika verschifft wurden und dort gegen die Aufständischen kämpften. Freiheitsbewußte Männer tadelten die Fürsten öffentlich wegen dieses „Menschenhandels", was für manchen Verfolgung oder Gefängnis zur Folge hatte.

Soldaten für Englands Kriege

Zwei Fürsten aus der Zeit des Absolutismus sollen hier – gleichsam stellvertretend für die vielen, die es gab – genannt werden. Ihre Ländereien lagen im Gebiet des heutigen Bundeslandes Nordrhein-Westfalen; sie regierten in *Düsseldorf* und in *Bonn*. Düsseldorf war die Hauptstadt des Herzogtums Berg; und in Bonn residierten die Erzbischöfe von Köln, die Landesherren und Kurfürsten des Reiches waren.

Düsseldorf und Bonn als absolutistische Residenzen

Zur Zeit Ludwigs XIV. residierte in Düsseldorf *Johann Wilhelm II.*, Herzog von Jülich und Berg und später auch noch Kurfürst von der Pfalz, besser bekannt unter seinem volkstümlichen Namen *Jan Wellem*. Er förderte die Musik und die bildenden Künste. Er gründete eine Gemäldegalerie. Durch ihn wurde Düsseldorf eine Kunststadt und zum „Klein-Paris" des Rheinlandes. Ein imposantes Reiterstandbild auf dem Marktplatz in Düsseldorf erinnert an ihn. Er war ein beim Volk beliebter Herrscher, und man rühmt ihm nach, daß die Pracht seiner Hofhaltung nicht in dem Maße, wie das bei anderen Fürsten der Fall war, zu Lasten der Bevölkerung ging.

Jan Wellem in Düsseldorf

Die Erzbischöfe von Köln, die als Kurfürsten (vgl. S. 106, 108, 160) zugleich weltliche Landesherren waren, regierten seit dem 13. Jahrhundert – nach langen Kämpfen mit der Bürgerschaft, aus denen die Bürger als Sieger hervorgegangen waren – nicht mehr in der Stadt Köln, sondern erst auf einer Burg in der Umgebung Kölns und seit dem Ende des 16. Jahrhunderts in Bonn. *Clemens August* war nicht nur Erzbischof von Köln, sondern auch Fürstbischof von Münster und Paderborn und wurde dann auch noch Bischof – und damit Landesherr – von Hildesheim und Osnabrück. Sein kirchlich-religiöses Amt hatte – so wie es auch bei andern „Fürstbischöfen" in Deutschland war – so gut wie keine Bedeutung für sein Verhalten. Er war auf Repräsentation bedacht und tat sich als Bauherr künstlerisch bedeutender Schlösser hervor. Das Schloß *Augustusburg bei Brühl*, das heute der Bundesregierung bei Staatsempfängen als festlicher Rahmen dient, wurde von ihm gebaut, ebenso die benachbarten Jagdschlösser Falkenlust und Entenfang. Diese Bauten kosteten zwar viel Geld, brachten aber auch dem einheimischen Handwerk und Gewerbe Aufträge und regten den Adel und das wohlhabende Bürgertum zum Bau von Schlössern und Bürgerhäusern an. Die Politik überließ der Kurfürst seinem Minister.

Clemens August und seine Schlösser

Duodezfürst: Fürst eines kleinen Ländchens (Duodezstaat) in der Zeit der deutschen Kleinstaaterei. Duodez ist die Bezeichnung des zweitkleinsten Buchformats.
Repräsentation: Darstellung, Vertretung, Stellvertretung; aber auch: würdiges oder standesgemäßes und imponierendes Auftreten; entsprechende Bedeutung haben die Wörter *Repräsentant* und *repräsentieren*.

4 Höfische Pracht und Geheimdiplomatie

Der Historiker Max Braubach schildert nach geschichtlichen Quellen eine Episode aus dem Leben des Kurfürsten Clemens August:

„Seit 1746 wurde Poppelsdorf während einiger Wochen im Sommer der Mittelpunkt des höfischen Lebens. Was gab es nicht alles auf dieser Poppelsdorfer Messe zu kaufen und zu sehen, zum Jubel des Volkes, zur Unterhaltung der Herren. Hohe Gäste waren eigens zu diesem Markt eingeladen worden. Kurfürst Karl Theodor von der Pfalz war mit seiner Gemahlin und seinem ganzen Hofstaat von Düsseldorf herübergekommen. Er ließ sich von Clemens August durch die Buden der Kirmes führen. Gemeinsam sah man sich die Vorführungen der französischen Komödianten an, die aus Straßburg herbeibeordert waren, genoß man im Poppelsdorfer Schloßgarten die feenhafte Beleuchtung. Da stand der Obristhofmeister und erste Minister mit dem Kammerpräsidenten, und sie versicherten den Vertretern Österreichs und Hollands, daß in diesen Tagen jede Politik ausgeschaltet sei, daß man nur dem Vergnügen lebe; sie mußten es ja wissen, denn sie waren die wichtigsten Mitglieder der Staatskonferenz. Sie alle ahnten nicht, daß zur selben Stunde in einem Kabinette (Beratungszimmer) des Schlosses Poppelsdorf der Domherr Metternich mit dem Franzosen Tilly, der im Gefolge des Pfälzers gekommen war, zusammensaß und für Clemens August, der doch seit einiger Zeit durch einen Vertrag an die Seemächte (Holland und Großbritannien) gebunden war, eine geheime Konvention (Übereinkunft) unterzeichnete, durch die der Kurfürst sich gegen 20000 Gulden Subsidien zu freundschaftlicher Haltung gegenüber Frankreich in allen Reichsangelegenheiten verpflichtete. Ein typischer Vorgang für das 18. Jahrhundert!"

(M. Braubach, Am Hofe des Kurfürsten Clemens August. In: Schloß Brühl der kurfürstlichen Residenz Augustusburg und Falkenlust, hrsg. von W. Hausmann, Köln 1982, S. 49f.)

Arbeitsvorschläge und Fragen

a) Ordne das, was in der Schilderung von Max Braubach über Hofhaltung und Politik des Kurfürsten zum Ausdruck kommt, dem zu, was dem Verfassertext über Clemens August und über die Fürsten allgemein zu entnehmen ist. (M 4)

b) Woran ist zu erkennen, daß Jan Wellem und Clemens August in bestimmter Hinsicht typische Fürsten ihrer Zeit waren? (M 2, 3)

c) Zeige, worin bei Jan Wellem und Clemens August das Beispiel Ludwigs XIV. zu erkennen ist und worin jeder der beiden sich von dem Sonnenkönig unterscheidet. (M 2, 3)

d) Suche Textstellen, die etwas darüber sagen, welche Folgen der fürstliche Absolutismus für die Untertanen hatte.

e) Betrachte die Abbildungen (M 2 und M 3) im Zusammenhang. Mit welcher Wirkung rechneten die Fürsten, wenn sie sich selbst so darstellen und solche Schlösser (M 1, S. 245) bauen ließen?

f) Zu welchen Stammesherzogtümern des frühmittelalterlichen Reiches gehörten die Territorien, die unsere Karte M 1 zeigt? Ziehe M 1, S. 39 heran.

g) Welche weiteren Gebiete im Reich werden durch die großen Herrscherhäuser Wittelsbach und Hohenzollern beherrscht? (M 1)

6.2 Französischer Einfluß in allen Lebensbereichen

Französische Mode auf allen Lebensgebieten

Aber nicht nur die Fürsten, sondern auch der Adel und das Bürgertum waren von Frankreich fasziniert. Man kleidete sich so, wie die Franzosen es taten. Die französische – genauer gesagt: die Pariser – *Mode* wurde zum Vorbild, das man nachahmte, und nicht nur in Kleidung und Frisur, sondern auch in der Einrichtung der Wohnungen. Auch französische Eßgewohnheiten wurden übernommen; das gilt nicht nur für Speisen und Getränke, sondern auch für das Tisch-

1 Schloß Augustusburg (Hauptparterre um 1755). Es wurde vom Kurfürsten Clemens August im 18. Jahrhundert gebaut und diente, wie das Versailler Vorbild, in erster Linie der Repräsentation. Heute gibt der Deutsche Bundespräsident dort oft offizielle Staatsempfänge.

geschirr und die Tischsitten. Die französischen Sitten galten als feiner, höflicher, eleganter. Nachgeahmt wurden auch die französischen Formen geselliger Unterhaltung; man spielte französische Kartenspiele, tanzte französische Tänze und versuchte, in der geistvoll-witzigen Art zu reden, die in den Pariser Salons üblich war.

Einfluß der französischen Sprache

Mit den Dingen, die man aus Frankreich übernahm, übernahm man oft zugleich auch die Wörter für diese Dinge. Viele dieser „Fremdwörter" sind noch heute im Gebrauch; oft wurden sie in Aussprache und Rechtschreibung der deutschen Sprache angepaßt. Die Begeisterung für alles Französische führte sogar dazu, daß man sich in bestimmten Kreisen der vornehmen Welt bei gesellschaftlichen Zusammenkünften der französischen Sprache bediente. Aber auch, wenn man deutsch sprach, verlangte es die Mode, daß man möglichst oft französische Wörter gebrauchte. So lesen wir in einem Brief, in dem 1779 eine preußische Prinzessin ihrem Musiklehrer von einer Opernaufführung berichtet, folgendes: „Der Herr Gluck wird nimmermehr für einen habilen Mann in der Composition passieren können. Er hat gar keine Invention, eine schlechte elende Melodie und keinen Accent, keine Expression. Überhaupt ist die ganze Oper miserabel."

Gegner der Nachahmung Frankreichs

Diese Bevorzugung und Nachahmung des Französischen rief freilich auch Protest und Widerstand hervor. Im 17. Jahrhundert bildeten sich Sprachgesellschaften zur Pflege und Reinhaltung der deutschen Sprache. Andere wandten sich gegen die Nachahmung französischer Moden und die dabei auftretenden Modetorheiten. Aber diese Bemühungen hatten nur geringen Erfolg.

Mode: Das französische Wort „mode" kommt von dem lateinischen „modus" (Art und Weise). Das Wort bezeichnete seit dem 17. Jahrhundert die neueste französische Art, sich zu kleiden. Heute ist die Mode international. Das Wort wird gelegentlich auch auf andere Lebensbereiche angewandt.

2 Gegen die Nachahmung der Franzosen

Aus einer deutschen Flugschrift von 1689:

„Wer ist bisher unter uns verkehrten und leider ganz verblendeten Teutschen gewesen, der sich nicht durch die Irrlichter unserer Feinde, der Franzosen, Art hat verführen lassen? Als vor etlichen Jahren die Franzosen aus einem Feldzug mit großen, weiten Stiefeln zurückkamen, stracks trug so ein Stutzer (Modenarr) und Gassentreter, so weder zu reiten noch zu Felde zu liegen hatte, dergleichen Stiefel von einer Stube zur andern. Also ging es auch mit den Perücken. Als solches ein Teutscher gesehen, gleich hat er seine schönen Haare vom Kopf geschnitten und eine solche aufgesetzt. Wer schreibet, redet, singet und holet bald nicht Atem auf französisch?"

(H. von Zwiedineck-Südenhorst, Die öffentliche Meinung in Deutschland 1650–1700, Stuttgart 1888, S. 71f.)

3 Französisch versteht man überall

Der preußische König Friedrich der Große schrieb im Jahre 1780:

„Unter der Regierung Ludwigs XIV. verbreitete sich das Französische in ganz Europa, und das aus Vorliebe für die guten Autoren, die damals in Blüte standen ... Und jetzt ist diese Sprache ein Passepartout (überall passender Hauptschlüssel) geworden, der einen in alle Häuser und alle Städte einführt. Man reise von Lissabonn nach Petersburg (damals die Hauptstadt Rußlands), von Stockholm nach Neapel, überall kann man sich mit Französisch verständlich machen."

(Der König, hrsg. von G. Mendelssohn-Bartholdy, Ebenhausen b. München 1912, S. 490)

4 Straßburger Menuett. Das Menuett war der Lieblingstanz des Sonnenkönigs, es beherrschte bis 1789 die Ballsäle Europas. Es galt als Beispiel vollendeter Tanzkunst und bildete den Höhepunkt jedes Festes. Alle großen Komponisten des Barockzeitalters und später Klassik haben Menuette komponiert.

Arbeitsvorschläge und Fragen

a) Mit welchen Gründen tadelt der Verfasser der Flugschrift die Übernahme französischer Verhaltensweisen? (M 2)

b) Warum hält der König von Preußen die Verbreitung der französischen Sprache für einen begrüßenswerten Fortschritt? (M 3)

c) Nimm zu beiden Texten Stellung.

d) Versuche, die folgenden aus verschiedenen Lebensbereichen stammenden Fremdwörter, die zur Zeit des Absolutismus aus dem Französischen in die deutsche Sprache übernommen wurden, nach folgenden Sachgebieten (jeweils 5 Wörter) zu ordnen: Heerwesen; Kleidung und Aussehen; Wohnung; Essen und Trinken; gesellige Unterhaltung; Musik.

Alarm – Armee – Billard – Bombe – Etage – Fassade – Gardine – Gavotte – Hotel – Kompott – Kostüm – Likör – Major – Maskerade – Menuett – Ouvertüre – Patience – Perücke – Pommes frites – Prélude – Promenade – Puder – Restaurant – Rommé – Salon – Soldat – Suite – Taille – Tapete – Weste

7. Vernunft und Aufklärung – Vorherrschende Ideen des 17. und 18. Jahrhunderts

Von der Reformation bis zum Dreißigjährigen Krieg wurden das geistige Leben und die geistigen Auseinandersetzungen von der Frage beherrscht, worin das Wesentliche des christlichen Glaubens zu sehen sei und wie demzufolge die Kirche beschaffen sein müsse und Staat und Gesellschaft geordnet sein sollten. Im 17. Jahrhundert wandte sich das Interesse der Menschen, die sich mit wissenschaftlichen Problemen beschäftigten, der Frage zu, wie die Natur beschaffen sei, welche Gesetze in ihr galten und wie man die Kenntnis dieser Gesetze nutzen könne, die Natur zu beherrschen. Und im 18. Jahrhundert stellten sich die geistig Interessierten die Frage, wie denn der Charakter der Menschen, ihre Beziehungen zueinander und ihre äußeren Lebensumstände verbessert werden könnten.

Um 1600	In Holland werden Mikroskop und Fernrohr erfunden.
1660	In England wird die erste Gesellschaft zur Erforschung der Natur und zur Nutzbarmachung der Naturerkenntnisse gegründet.
1751–1780	In Frankreich erscheint eine alle Wissensgebiete umfassende **„Enzyklopädie“** (Wissenszusammenfassung); sie soll das gesamte Wissen der Menschheit festhalten und überliefern, damit die Menschen vernünftiger und glücklicher werden können.
1784	Der deutsche Philosoph **Immanuel Kant** beantwortet die Frage: Was ist „Aufklärung“?

7.1 Neues Wissen und neues Forschen im Zeitalter des Rationalismus

Entdeckungen im Weltraum

Die Erforschung der Erdoberfläche, die im Zeitalter der Entdeckungen begonnen hatte, wurde in den darauf folgenden Jahrhunderten fortgesetzt. Aber noch staunenswertere Entdeckungen wurden von Menschen gemacht, die nicht über die Meere in die Ferne fuhren, sondern zu Hause blieben. Mit Hilfe des *Fernrohrs*, das in Holland erfunden worden war, beobachteten der Italiener *Galilei* und der Deutsche *Johannes Kepler* den Himmel und entdeckten neue, bisher unbekannte Sterne. Nun konnte bewiesen werden, was *Kopernikus* hundert Jahre zuvor als Theorie behauptet hatte: daß sich nicht die Sonne um die Erde dreht, sondern die *Erde um die Sonne*, und daß die Sterne nicht an der Innenseite einer riesigen Weltkugel befestigt sind, wie die Gelehrten des Altertums angenommen hatten, sondern daß die Himmelskörper, ohne irgendwie gehalten zu werden, frei im Raum schweben.

Streit um das neue Weltbild

Die Verbreitung dieser Lehre wurde vom Papst verboten, weil sie den Lehren des griechischen Philosophen *Aristoteles* widersprach, dessen Weltbild sich die Kirche zu eigen gemacht hatte und dessen Schriften seit dem späten Mittelalter fast so hoch geschätzt wurden wie die Bibel. Trotzdem setzte sich diese Erkenntnis durch, besonders nachdem der Engländer *Newton* das *Gesetz der Schwerkraft* formuliert hatte, womit er erklären konnte, warum die Himmelskörper nicht fallen: weil sie nämlich von der Anziehungskraft, die sie durch ihre jeweiligen Massen aufeinander ausüben, gleichsam gehalten werden.

Entdeckung des unsichtbar Kleinen

Nicht weniger erstaunlich waren die Entdeckungen, die man machte, nachdem das *Mikroskop* erfunden worden war, ebenfalls in Holland und etwa zur gleichen Zeit wie das Fernrohr. Jetzt konnte man winzige Dinge für das Auge

1 Der Versuch Otto von Guerickes, 1657. Kupferstich von Caspar Schott, 1664. In einer hohlen Metallkugel, die aus zwei abgedichteten Halbkugeln bestand, hatte Guericke einen fast luftleeren Raum geschaffen. Unter dem Einfluß des äußeren Luftdruckes wurden die luftleeren Halbkugeln so fest zusammengehalten, daß 16 Pferde sie nicht auseinanderreißen konnten.

vergrößern und genau studieren. Und man entdeckte Lebewesen, die noch niemand gesehen hatte, weil sie mit bloßem Auge einfach nicht zu sehen waren.

Wissenschaftliche Gesellschaften und Akademien

Mit großem Eifer und sogar mit Begeisterung begann man jetzt mit der systematischen Erforschung der Natur. 1660 wurde in England zu diesem Zweck die *„Royal Society"* gegründet, eine vom König geförderte Gesellschaft. In Frankreich, in deutschen Ländern und in anderen Staaten Europas wurden ähnliche Gesellschaften geschaffen, die meistens den Namen einer *„Akademie der Wissenschaften"* führten. Eine solche Gesellschaft oder Akademie gab den Gelehrten, die ihr angehörten oder mit ihr in Verbindung standen, Gelegenheit, die Ergebnisse ihrer Forschungen und die Gedanken, die sie sich darüber machten, weiterzugeben und auszutauschen.

Handwerklich-technische Fortschritte

Im 17. und 18. Jahrhundert wurden nicht nur viele Entdeckungen gemacht, sondern auch zahlreiche *handwerklich-technische Neuerungen* ersonnen. Freilich: Alle Maschinen, die man baute, mochten sie auch noch so kompliziert sein, beruhten auf den Gesetzen der *Mechanik*; in Bewegung gesetzt oder in Bewegung gehalten werden mußten sie von Menschen oder Tieren oder den elementaren Naturkräften Wind und Wasser.

Die Größe des Menschen liegt in seiner Vernunft

Die neuen wissenschaftlichen Erkenntnisse und die handwerklich-technischen Fortschritte veränderten das Lebensgefühl vieler Menschen. Es zeigte sich, daß man das Wissen über die Natur dazu verwenden konnte, die Natur immer mehr umzugestalten und dem menschlichen Willen zu unterwerfen. In der Herrschaft über die Natur sah man die Größe des Menschen. Parkanlagen der Zeit des *Barock* sollten auch darstellen, wie der Mensch kraft seines Geistes über die Natur triumphiert. Rasen und Beete waren geometrische Flächen; Bäume und Hecken wurden so zurechtgeschnitten, daß sie den geometrischen Gebilden Kugel, Pyramide, Kegel, Zylinder, Quader entsprachen. Parkanlagen, wie wir sie heute lieben, in denen Bäume, Sträucher und Wiesen „natürlich" aussehen, wurden erst gegen Ende des 18. Jahrhunderts angelegt. Viele Gebildete hatten großes und fast grenzenloses Vertrauen in die menschliche Vernunft und ihre Möglichkeiten. Man bezeichnet diese Auffassung als *„Rationalismus"*.

Neue Frömmigkeit: „Pietismus"

Die konfessionellen Gegensätze, die mit der Reformation (vgl. S. 173) aufgebrochen waren, bestanden weiter fort, wurden aber von vielen Menschen nicht mehr für so wesentlich gehalten, wie das vor 1600 noch allgemein üblich war. Der deutsche Dichter Friedrich von Logau (1604–1655) reimte: „Luthrisch, Päbstisch und Calvinisch,/ diese Glauben alle drey/ sind vorhanden,/ doch ist Zweiffel,/ wo das Christenthum dann sey." Nicht wenige Menschen waren der Überzeugung, es komme vor Gott nicht darauf an, welcher Religionsgemeinschaft man angehöre, sondern darauf, wie man innerlich beschaffen sei und wie man sich nach außen, nämlich anderen Menschen gegenüber, verhalte. Protestanten, die so dachten, kritisierten häufig die offiziellen Kirchen, deren Mitglieder sie jedoch blieben, und bildeten Gemeinschaften Gleichgesinnter; man nannte sie spöttisch *„Pietisten"* (Frömmler).

Neue Philosophien über Gott und die Welt

Es gab jedoch auch Menschen, die sich innerlich ganz oder in bestimmten Auffassungen vom christlichen Glauben lösten. Nur wenige bekannten sich offen zum Atheismus, gingen also so weit, die Existenz Gottes überhaupt zu bestreiten. Viele verglichen die Welt mit einem kunstvoll gearbeiteten Uhrwerk, das, nachdem es einmal fertiggestellt worden ist, nur aufgezogen zu werden braucht, um dann abzulaufen. So – das war ihr Argument – hat Gott als „Weltenbaumeister" die Welt zwar geschaffen, aber er greift nicht mehr in das Geschehen ein, das nach eigenen Gesetzen abläuft; dieser Gedanke, daß nicht die Vorsehung Gottes über Welt und Menschen wache, sondern alles dem blinden Zufall unterworfen sei, beunruhigte viele. Die Mehrheit der Menschen hielt jedoch an der christlichen Auffassung fest, daß Gott die Welt geschaffen hat und regiert.

Rationalismus (von lat. ratio = Vernunft, Verstand): die Überzeugung, daß nur das als wahr anzuerkennen ist, was mit der Vernunft oder dem Verstand des Menschen erfaßt wird, und daß die Probleme der Menschen und der Menschheit mit menschlicher Vernunft zu lösen sind. Wer diese Überzeugung hat, ist *Rationalist*, seine Anschauung *rationalistisch*. Das Wort *rational* bedeutet: verstandesgemäß.

2 Der Mensch ist größer als das Weltall

Der französische Mathematiker, Physiker und Philosoph Pascal (1623–1662) schrieb:

„Denken macht die Größe des Menschen. Der Mensch ist nur ein Schilfrohr, das Schwächste in der Natur; aber er ist ein denkendes Schilfrohr. Es ist nicht nötig, daß das ganze All sich wappne, ihn zu zermalmen: ein Dampf, ein Wassertropfen reichen hin, ihn zu töten. Aber wenn das All ihn zermalmte, so wäre der Mensch edler als das, was ihn tötet, weil er weiß, daß er stirbt und die Überlegenheit kennt, die das All über ihn hat; das All weiß nichts davon. All unsere Würde besteht also im Denken ... Arbeiten wir also daran, richtig zu denken: das ist das Prinzip der Moral."

(Blaise Pascal, Größe und Elend des Menschen, Frankfurt (it 441), 2. Aufl., 1982, S. 11 f.)

3 Isaac Newton erklärt die Entstehung der Farben. Die Forscher der Neuzeit hatten nur einfache Instrumente zur Verfügung. Entscheidend für das Gelingen ihrer Forschungsaufgaben waren genaues, geduldiges Beobachten und immer neue Fragen an bisher ungeprüfte vermeintliche Tatsachen.

4 Wissen von der Natur und nützliche Erfindungen

Robert Hooke, ein englischer Gelehrter des 17. Jahrhunderts und Mitglied der Royal Society, beschrieb die Ziele dieser Gesellschaft so:
„Aufgabe und Absicht der Royal Society ist es, das Wissen von den natürlichen Dingen und alle nützlichen Künste, Fabrikationszweige, mechanische Verfahrensweisen, Maschinen und Erfindungen durch Experimente zu verbessern, die Wiedergewinnung solcher zweckmäßiger Künste und Erfindungen zu betreiben, die verloren gegangen sind, Historien (Berichte) und Experimente von allen bedeutenden Autoren, antiken oder modernen, zu prüfen, mit dem Ziel, ein umfassendes und zuverlässiges System zur Erklärung aller Erscheinungen zusammenzutragen, die auf natürliche und künstliche Weise hervorgerufen werden, und eine Darstellung der vernünftigen Ursachen der Dinge zu erzielen."
(S. M. Mason, Geschichte der Naturwissenschaft, Stuttgart 1961, S. 311, gekürzt)

Arbeitsvorschläge und Fragen

a) Worin unterscheidet sich, was das Denken und die Vorstellungen der Menschen angeht, das 17. vom 16. Jahrhundert?
b) Was meint Pascal damit, wenn er den Menschen „ein Schilfrohr" nennt? – Versuche zu erklären, in welchem Sinn für Pascal der Mensch „größer" ist als die gesamte materielle Welt („das All"). (M 2)
c) Suche Stellen im Verfassertext, in denen von der Größe des Menschen und vom Denken die Rede ist.
d) Gib mit Deinen Worten die Ziele der wissenschaftlichen Gesellschaft Englands wieder und orientiere Dich dabei an den in M 4 genannten Begriffen wie „Wissen von den natürlichen Dingen", „nützliche Künste", „vernünftige Ursachen der Dinge". Ziehe auch M 1 und M 3 hinzu.

7.2 Das Zeitalter der Aufklärung: Glück und Tugend durch Bildung?

Verbreitung der neuen Ideen

Die neuen Gedanken und Erkenntnisse waren zunächst nur in wissenschaftlichen Werken und oft auch in lateinischer Sprache veröffentlicht worden. Dann wurde die vornehme Welt darauf aufmerksam; in Paris diskutierte man darüber in den Salons des Adels und in Gesellschaften des reichen Bürgertums. Große Verbreitung fanden die Ideen freilich erst, als sie von Schriftstellern aufgegriffen und in unterhaltender und anregender Form dargestellt wurden.

Autor und Publikum

Der berühmteste dieser Publizisten war *Voltaire* (1694–1778). Er wandte sich nicht an den engen Kreis der Gelehrten, sondern an das große Publikum der Gebildeten. Er schrieb mit Witz und Ironie und in glänzendem Stil: Abhandlun-

1 Krönung des greisen Voltaire in der Theaterloge durch einen Schauspieler (Kupferstich). Der wohl bekannteste Philosoph der Aufklärung, der Franzose François-Marie Arouet, der sich als Schriftsteller den Namen Voltaire zulegte, erfuhr eine öffentliche Ehrung im Pariser Theater bei der Aufführung eines seiner Dramen durch eine symbolische „Krönung".

gen, Streitschriften und Briefe, aber auch Theaterstücke und Romane. Er wurde nicht nur in seinem Geburtsland Frankreich gelesen, sondern in ganz Europa, die französische Sprache war ja die Sprache aller Gebildeten. Mit vielen Menschen stand er in Briefwechel, so u.a. auch mit dem König von Preußen und der Kaiserin von Rußland.

Wortführer der „Aufklärung"

Kein Mensch des 18. Jahrhunderts hat das Denken seiner Zeitgenossen so stark beeinflußt wie Voltaire. Sein Erfolg war jedoch nur deshalb möglich, weil er das wirkungsvoll formulierte und aussprach, was viele dachten und fühlten. Er wurde gleichsam der Wortführer der *„Aufklärung"*. So nennt man die geistige Strömung, die das Gedankengut des Rationalismus aufgriff und weiterentwikkelte; sie prägte das *18. Jahrhundert* so sehr, daß man es das *„Jahrhundert der Aufklärung"* nennt.

Wogegen und wofür?

Voltaire kämpfte *gegen religiösen Fanatismus* und *für religiöse Toleranz* (vgl. S. 195, 200). Er forderte die *Befreiung der Bauern* aus der Leibeigenschaft (vgl. S. 179) und die *rechtliche Gleichstellung* aller Menschen. Er wandte sich gegen Vorurteile jeder Art. Dem konfessionellen Christentum stand er kritisch und nicht selten spöttisch oder feindselig gegenüber. Voltaire teilte nicht den Glauben anderer Aufklärer, daß der Mensch von Natur aus gut sei, aber er hielt die Menschen für fähig, durch vernünftiges Denken Gesetze und Sitten zu verbessern und so einen Fortschritt in der menschlichen Zivilisation und im Zusammenleben der Menschen zu bewirken.

„gebildeter ... tugendhafter ... glücklicher ..."

Voltaire war und blieb *Skeptiker*, die meisten Aufklärer waren jedoch optimistisch gesinnt. Das Ziel, das sie verfolgten, hat ein anderer französischer Publizist (Diderot) so formuliert: die Menschen sollten „gebildeter und gleichzeitig auch tugendhafter und glücklicher werden". *Bildung* und *Wissen* galt also als die Voraussetzung dafür, daß der Mensch gut wurde; und nur, wenn er gut war, konnte er auch glücklich sein. Diesem Ziel sollte auch die von Diderot herausgegebene Enzyklopädie dienen. Schriftsteller wie Voltaire und Diderot erreichten mit ihrem Wort nur die Gebildeten; ihre Leser gehörten zum Adel und zum wohlhabenden und geistig interessierten Bürgertum.

Geister- und Hexenglaube

In der Gedanken- und Vorstellungswelt der einfachen Menschen spielten Geschichten von Geistern und Gespenstern nach wie vor eine große Rolle. Auch kannte jeder Menschen, meistens Frauen, von denen man glaubte, daß sie mit Zaubersprüchen und -praktiken heilen, aber auch krankmachen und Unglück bringen konnten. Oft hatte man diese „Hexen" im Verdacht, insgeheim mit Dämonen und mit dem Teufel Umgang zu haben.

Daß Zauber wirksam war und daß Menschen mit Geistern verkehren konnten, das galt jahrhundertelang als wissenschaftlich erwiesen. Beides war strafbar. Umgang mit Dämonen galt als Glaubensabfall und wurde – wie Ketzerei (s. Kap. 4.3, S. 173) – mit dem Feuertod bestraft. Erst in der zweiten Hälfte des 18. Jahrhunderts hatten sich die neuen Ideen soweit durchgesetzt, daß es keine Hexenprozesse mehr gab. Der Glaube an Zauber und Geister verschwand jedoch nicht.

Aufklärung und Erziehung

In Deutschland sahen viele Publizisten dieser Zeit ihre Hauptaufgabe in der Bekämpfung jedes Aberglaubens. Aufklärung über die Natur und die natürlichen Ursachen von Naturereignissen und Krankheiten sollte die Menschen von der Furcht vor Spuk, Gespenstern und bösem Zauber befreien und ihnen so zu einem glücklicheren Dasein verhelfen. Aber man wollte die Menschen auch darüber aufklären, wie sie besser und gesünder leben könnten und wie sie sich in vernünftiger Weise zueinander verhalten sollten. Dazu mußte man sie schon als Kinder vernünftig *erziehen*. Und zu diesem Zweck brauchte und gründete man *Schulen*. Herrscher, die im Geist der Aufklärung dachten, führten in ihren Ländern durch Gesetze die *allgemeine Schulpflicht* ein. Das größtmögliche Glück für die größtmögliche Zahl – das war das Ziel, dem nach der Auffassung der aufklärerischen Philosophen auch die staatliche Politik zu dienen hatte.

Vorurteil: ein Urteil oder eine Meinung, die man von andern übernimmt und sich zu eigen macht, bevor man sich mit der Sache selbst beschäftigt hat.
Fanatismus: blinder Eifer, der – besonders in religiösen und politischen Dingen – nur den eigenen Standpunkt gelten läßt und Andersdenkende verachtet und oft auch verfolgt.
Skeptiker: Zweifler; Skepsis: Zweifel; skeptisch: zweifelnd.

2 Was ist Aufklärung?

Der deutsche Philosoph Immanuel Kant beantwortete diese Frage im Jahre 1784 folgendermaßen:

„Aufklärung ist der Ausgang des Menschen aus seiner selbstverschuldeten Unmündigkeit. Unmündigkeit ist das Unvermögen, sich seines Verstandes ohne Leitung eines anderen zu bedienen. Selbstverschuldet ist diese Unmündigkeit, wenn die Ursache derselben nicht am Mangel des Verstandes, sondern der Entschließung (Entschlußkraft) und des Mutes liegt. Zu dieser Aufklärung wird aber nichts erfordert als Freiheit, und zwar die unschädlichste unter allem, was nur Freiheit heißen mag, nämlich die, von seiner Vernunft in allen Stücken öffentlichen Gebrauch zu machen. Wenn denn nun gefragt wird: leben wir jetzt in einem aufgeklärten Zeitalter? so ist die Antwort: Nein, aber wohl in einem Zeitalter der Aufklärung."

(I. Kant, Ausgewählte kleine Schriften, Leipzig, o.J. S. 1 u. 3, gekürzt)

3 Nie zuvor waren Menschen so frei von Gewalttätigkeit, Gewissenszwang, Machtwillkür und Vorurteilen

Diese Auffassung vertrat Joachim Heinrich Campe, ein Autor der Aufklärungszeit, in seinem Jugendbuch „Theophron oder der erfahrene Ratgeber für die unerfahrene Jugend", das 1783 erschien. Darin ist folgendes zu lesen:

„Noch nie sind die Menschen, im Ganzen genommen, ihrem gegenseitigen Betragen nach menschlicher gewesen als jetzt; noch nie hat man für seine Ruhe, für sein Eigentum und für sein Leben selbst von Ungerechtigkeit und zügelloser Gewalttätigkeit weniger zu besorgen gehabt; nie ist der Umgang der Menschen untereinander sanfter, stiller und friedlicher gewesen. Nie hat die Welt einer größeren und ausgebreiteteren Duldung (religiöse Toleranz) genossen. Nie hat die Freiheit der Presse und das damit verbundene Recht, an die ganze jetzt lebende Menschheit und an die Nachwelt zu appellieren, die Gewaltigen der Erde in der Anmaßung einer unbefugten Macht – im Ganzen genommen – behutsamer und vorsichtiger gemacht. Nie ist man an die Erziehung der Jugend mit so viel Kenntnis der menschlichen Seele, mit so viel eigener Befreiung von herrschenden Vorurteilen und mit so viel äußerlicher Freiheit gegangen als jetzt. Nie sind die Kräfte und Fähigkeiten des menschlichen Geistes so geübt worden. Mit einem Worte: nie und nirgends ist man der Ausbildung, Stärkung und Veredelung aller unserer geistigen und körperlichen Naturkräfte – im Ganzen genommen – näher gekommen als gerade jetzt und gerade hier in unserm deutschen Vaterlande."

(H. H. Ewers (Hrsg.), Kinder- und Jugendliteratur der Aufklärung, Stuttgart 1980, S. 133f., gekürzt)

4 Moralisches Elementarbuch. Titelseite eines Kinderbuches aus dem Jahre 1785. Ein Kind mit seinen Eltern. Das kleine Mädchen schaut aufmerksam seinen Vater an, der sich ihm liebevoll zuwendet.

Arbeitsvorschläge und Fragen

a) Von welcher Art Freiheit spricht Immanuel Kant in dem Textzitat? (M 2)
b) Was meint der Philosoph mit der Unterscheidung zwischen „aufgeklärtem Zeitalter" und „Zeitalter der Aufklärung"? (M 2)
c) Stelle das, was im Verfassertext über die Ziele der Aufklärung gesagt wurde, dem gegenüber, was in dem Text von Campe – „im Ganzen genommen" – als erreicht dargestellt wird. (M 3)
d) Glaubst Du, daß ein Autor der Gegenwart unsere Zeit ähnlich beurteilen könnte? Begründe Deine Meinung.
e) Versuche – vielleicht mit Hilfe eines Nachschlagewerks – den Titel „Moralisches Elementarbuch" zu erklären. (M 4)

8. Ein neues Machtzentrum neben dem Kaiserhaus Habsburg: Die Hohenzollern in Brandenburg-Preußen

Im Verlauf des 17. und 18. Jahrhunderts entstand auf dem Boden des Römischen Reiches Deutscher Nation ein neues Machtgebilde: das Land Preußen. Es wurde zum Rivalen Österreichs und errichtete im 19. Jahrhundert (1871) ein zweites Kaiserreich im deutschsprachigen Raum, so daß es jetzt zwei Kaiserstädte (Wien und Berlin) gab. Wie kam dieses neue Machtgebilde zustande? Wie war es strukturiert? Was waren seine geistigen, politischen und wirtschaftlichen Grundlagen?

1640–1688	Friedrich Wilhelm, der „Große Kurfürst", macht aus den verschiedenartigen brandenburgisch-preußischen Ländern einen einheitlichen Staat.
1701	Friedrich I. krönt sich in Königsberg zum „König in Preußen".
1713–1740	König Friedrich Wilhelm I., der „Soldatenkönig", errichtet den preußischen Militär- und Beamtenstaat.

8.1 Der Große Kurfürst von Brandenburg und der erste König in Preußen

Kurfürsten in Brandenburg

Seit dem Jahr 1415 regierten in *Brandenburg* Kurfürsten aus dem Hause *Hohenzollern*. Nach dem Auftreten Luthers führte Kurfürst Joachim die Reformation ein. Sein Nachfolger Johann Sigismund trat 1613 zum *Calvinismus* (vgl. S. 192, 199, 210) über, *verzichtete* jedoch auf sein landesherrliches Recht, sein persönliches Bekenntnis seinen Untertanen aufzuzwingen; sie blieben *lutherisch*. 1618 heiratete er die Erbin des *Herzogtums Preußen* mit der Hauptstadt *Königsberg* und wurde so auch Herzog von Preußen. Das Herzogtum Preußen stand unter der *Oberhoheit* des *Königs von Polen*.

Der Große Kurfürst und seine Länder

Kurfürst *Friedrich Wilhelm* (1640–1688) wird in den Geschichtsbüchern allgemein „der *Große Kurfürst*" genannt. Er regierte in *Berlin*, aber Berlin war nur die Hauptstadt *Brandenburgs*, und Friedrich Wilhelm war Herr auch in einer ganzen Reihe anderer Länder, die verstreut an verschiedenen Stellen des Reiches lagen oder – wie das Herzogtum Preußen – sogar außerhalb des Reiches. In seinem Stammland Brandenburg herrschte er als Kurfürst, in anderen Gebieten als Herzog, Fürst oder Graf.

Konflikte zwischen Kurfürst und Landständen

Der Kurfürst wollte in seinen Ländern die absolutistische Regierungsform verwirklichen. Das bedeutete zweierlei: Die innere Ordnung der verschiedenen kurfürstlichen Länder mußte *vereinheitlicht* werden; und die Macht der *Landstände* in den einzelnen Gebieten mußte *beseitigt* oder wenigstens vermindert werden. Gegen beides sträubten sich die Landstände. Es kam zu erbitterten Auseinandersetzungen; am härtesten waren sie im Herzogtum Preußen. Der Kurfürst setzte seine wichtigsten Ansprüche durch. Er erreichte es, daß er auch ohne Zustimmung der Stände *Steuern erheben* konnte.

Heer und Kriege des Großen Kurfürsten

Den größten Teil der Steuergelder brauchte der Kurfürst zum Unterhalt seines Heeres. Es war ein „*stehendes Heer*" (vgl. S. 221 f.), das dem Herrscher ständig zur Verfügung stand. Im schwedisch-polnischen Krieg (1655–1660) kämpfte der Große Kurfürst erst im Bündnis mit Schweden gegen Polen; dann trat er auf die Seite Polens, wofür ihm der König von Polen die *Souveränität* über das Herzogtum Preußen zugestand.

Souveräner Herr in Preußen

In allen seinen Ländern, die zum Reich gehörten, unterstand der Große Kurfürst rechtlich dem Kaiser. Das Herzogtum Preußen gehörte nicht zum Reich, das Land befand sich seit 1466 unter der Oberhoheit der polnischen Krone. Seit

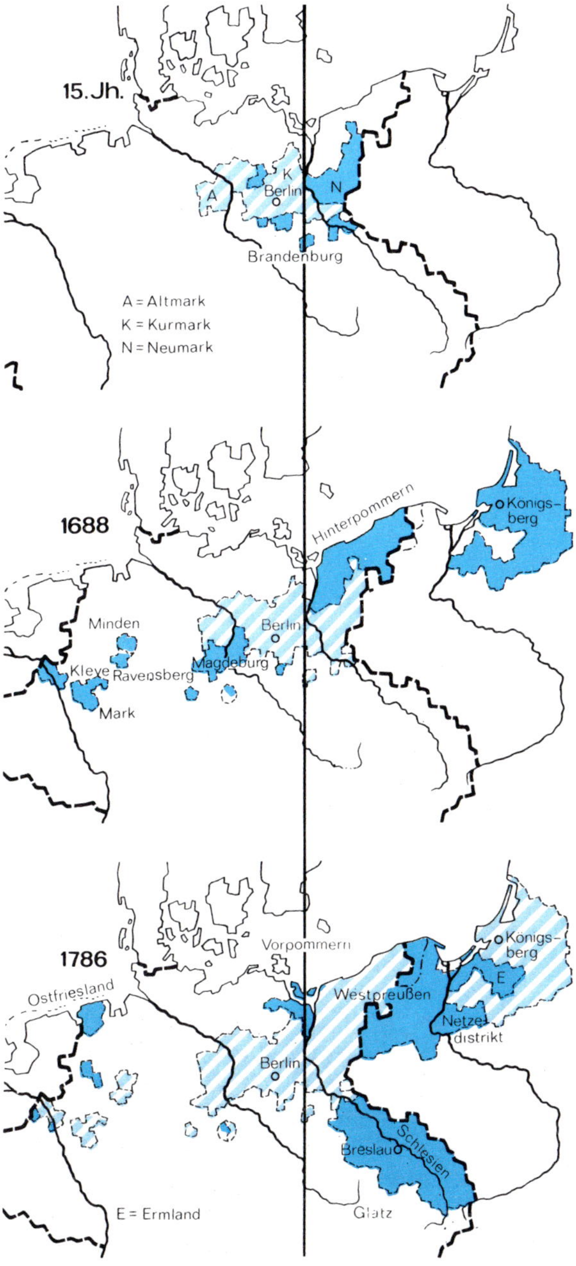

1 Brandenburg-Preußen, 15. Jh.–1786

1660 hatte der Große Kurfürst als Herzog von Preußen keinen Oberherrn mehr; in diesem Lande war er souverän.

Asylrecht für Glaubensflüchtlinge

Im Jahre 1685 hob Ludwig XIV. das Edikt von Nantes auf, das den calvinistischen Hugenotten die freie Ausübung ihrer Religion zugestanden hatte (vgl. S. 201, 222). Der Große Kurfürst reagierte darauf mit dem *Edikt von Potsdam*, das allen französischen Glaubensflüchtlingen *Asyl* gewährte. 20000 Franzosen kamen in sein Land. Die Hugenotten brachten neue Industrien mit, was einen *wirtschaftlichen Aufschwung* des Landes bewirkte, und schon bald betrachteten sie sich als Brandenburger oder Preußen. Aus Frankreich flüchtende Hugenotten fanden auch in anderen deutschen Ländern eine neue Heimat.

Der erste König in Preußen

Der Sohn des Großen Kurfürsten, *Friedrich*, war kein Staatsmann und Heerführer wie sein Vater. Für die deutsche und europäische Geschichte wurde er dadurch bedeutsam, daß er das Herzogtum Preußen zum selbständigen *Königreich* machte. Die Zustimmung des Kaisers hatte er dadurch gewonnen, daß er ihm für seine Kriege 8000 Mann Hilfstruppen stellte. Im Jahre 1701 krönte er sich selbst in Königsberg feierlich zum König und nannte sich – aus Rücksicht auf den König von Polen – König *in* (und nicht: *von*) Preußen. Als Kurfürst war er Friedrich III. gewesen, als König war er jetzt *Friedrich I.*

Friedrich I. war ein zur Verschwendung neigender, schwacher Herrscher, der seine Günstlinge regieren ließ. Aber er schätzte und förderte *Künste* und *Wissenschaften*.

Souverän: Jemand, der keinem anderen Rechenschaft schuldet. Das Wort wird als Hauptwort und als Eigenschaftswort gebraucht. Früher bezeichnete man damit selbständige und von keinem andern abhängige Fürsten; heute gebraucht man es in der Regel von Staaten.

2 Aus dem „Politischen Testament" des Großen Kurfürsten

Im Jahre 1667 hat der Große Kurfürst seine Regierungsgrundsätze niedergeschrieben; er wendet sich an seinen Sohn, der damals 12 Jahre alt war, und gibt ihm aus eigener Erfahrung Rat:

„Eure von Gott untergebenen Untertanen müßt Ihr ohne Ansehen der Religion als ein rechter Landesvater lieben, ihren rechtmäßigen Nutzen und ihr Bestes allezeit gerne zu fördern suchen, Handel und Verkehr überall anregen und auf die Zunahme der Bevölkerung sehen. Die Justitia laßt Euch höchlich befohlen sein, damit sowohl Armen wie Reichen ohne Ansehung der Person Recht verschafft wird.

Im Rat hört fleißig zu, notiert der Räte Bedenken und laßt daneben fleißig Protokoll führen. Beschließt in Gegenwart der Räte, und wo Verschwiegenheit notwendig ist, nichts, überlegt alles allein, laßt den einen oder anderen geheimen Rat oder einen Sekretär zu Euch kommen.

Regelt allemal die Ausgaben nach den Einkünften und laßt Eure Verwalter jedes Jahr Rechenschaft ablegen. Dann habt Ihr nicht Ursache, die Stände um Geld zu ersuchen, denn die Stände suchen allezeit etwas, was der Herrschaft an ihrer Hoheit nachteilig ist."

(Zit. nach: Geschichte in Quellen III, 1966, S. 482, in Auszügen)

3 Der Große Kurfürst mit seiner Gemahlin Louise-Henriette von Oranien. Gemälde von Mathias Czwiczek 1649

a) Beschreibe die Gebietsentwicklung Brandenburg-Preußens. (M 1)
b) Aus den Ratschlägen, die der Große Kurfürst seinem Sohn gibt, läßt sich erschließen, wie er selbst in seiner Regierungstätigkeit seine absolutistischen Vorstellungen verwirklichte; zeige das an seinen Worten über den Herrscher und seine Räte sowie über Herrschaft und Stände. (M 2)
c) In dem „Testament" gibt der Große Kurfürst seinem Sohn Empfehlungen hinsichtlich der Rechtsprechung, der Wirtschaftspolitik und der Verwaltung; suche die entsprechenden Stellen und formuliere die Antworten mit Deinen Worten. (M 2) – Zeige am „Testament" des Kurfürsten, daß die Aufnahme von Glaubensflüchtlingen aus der religiösen Überzeugung des Kurfürsten und aus wirtschaftspolitischen Erwägungen zu erklären ist. (M 2)

Arbeitsvorschläge und Fragen

8.2 Absolutismus in Brandenburg-Preußen
König Friedrich Wilhelm I. legt die Grundlagen des preußischen Staates

Friedrich Wilhelm und die „preußischen Tugenden"

Friedrich Wilhelm I. legte den Grund der Staats- und Gesellschaftsordnung sowie der Lebensformen, die man schon sehr bald als *„preußisch"* empfand. Als preußische Tugenden galten vor allem Fleiß, Sparsamkeit, Gehorsam, Pflichterfüllung, Gottesfurcht. Das waren Eigenschaften des Königs, aber er verlangte ein entsprechendes Verhalten von allen, mit denen er zu tun hatte, denn dadurch, so argumentierte der König, werde das Wohl des Staates gefördert, und das komme den Menschen zugute, die in diesem Staat lebten.

„Preußentum": pro und contra

Die Strenge, mit der man dieses Verhalten in allen Lebensbereichen durchzusetzen suchte, ließ den einzelnen Menschen nur wenig Entfaltungsspielraum. So ist es zu erklären, daß zur Zeit Friedrich Wilhelms und in den folgenden Generationen das „Preußische" von den einen hochgeschätzt und bewundert, von den anderen jedoch abgelehnt oder gar gehaßt wurde.

Der König: Herr und „Vater" seiner Untertanen

Friedrich Wilhelm I. betrachtete sich als Vater seines Volkes. Seine Vatervorstellung entsprach allerdings nicht unserer modernen. Nach seiner Auffassung

1 König Friedrich Wilhelm I. von Preußen besucht eine Schule. Der König, der 1717 in Preußen die allgemeine Schulpflicht eingeführt hatte, verfügte, daß in den Schulen zur „lauterlichen Führung" der Kinder eine Erziehung zu Gottesfürchtigkeit und zur Ehrfurcht vor der Obrigkeit durchgeführt wurde. Bei seinem Tode 1740 hatte Preußen ein sehr gutes Erziehungssystem in Europa.

und der seiner Zeit hatte der Vater anzuordnen, und die Kinder hatten zu gehorchen. Gehorsam wurde belohnt; wer ungehorsam war, wurde ermahnt, getadelt oder bestraft. Nach diesen Grundsätzen ging Friedrich Wilhelm als Vater mit seinen Kindern um; und dasselbe Prinzip galt nach seiner Auffassung auch für König und Volk.

Sparsam wirtschaften und viel produzieren

Die Grundsätze, die für die Haushaltung galten, sollten auch der Wirtschaft des Staates zugrunde liegen. Das Prinzip der Wirtschaftspolitik war: *Mehr einnehmen als ausgeben.* Und das bedeutete auch: mehr exportieren als importieren. Die Wirtschaft im eigenen Land wurde durch Zölle (vgl. S. 231) geschützt.

Der Reichtum eines Landes sind seine Menschen, war ein Grundsatz des Königs. Fleißige Menschen natürlich, die so viel produzierten, daß nicht nur genug da war an Nahrung, Kleidung und Wohnung für alle, sondern daß im Land auch so viel Geld verdient wurde, daß der Staat Steuern erheben konnte, die Geld brachten für Wege und Kanäle und andere öffentliche Ausgaben. Auch für die Beamten in der Verwaltung und vor allem für das Heer und die Soldaten wurde viel Geld gebraucht. Außerdem mußte auch der Staat etwas zurücklegen können, worauf man in Zeiten der Not, etwa im Kriegsfall, zurückgreifen konnte.

Preußen als Einwanderungsland

Dem König lag viel daran, Leute in sein Land zu ziehen, die sich auf eine nützliche Fertigkeit, etwa ein Handwerk, gut verstanden, das im Lande noch unbekannt war. So brauchte man weniger einzuführen und konnte vielleicht sogar mehr exportieren. Auch darin folgte der König dem Beispiel des Großen Kurfürsten. Wie dieser nahm auch er *Glaubensflüchtlinge* auf. So siedelte er

2 Vertreibung der Salzburger (zeitgenössischer Stich)

20000 Menschen aus dem *Salzburger Land*, die der Erzbischof von Salzburg wegen ihres evangelischen Glaubens vertrieb, in Ostpreußen an, wo die Pest einen großen Teil der Bevölkerung hinweggerafft hatte.

Zentralistische Verwaltung

Alle Länder des Königs wurden nun von Berlin aus regiert. Dazu brauchte der König zuverlässige Beamte; sie wurden zwar kärglich besoldet, sahen es aber als Ehre an, daß sie dem König dienten. Als oberste Behörde wurde das *„Generaldirektorium"* geschaffen; welche Aufgaben es wahrnahm, ist aus seinem genaueren Namen zu ersehen: „General-Ober-Finanz-Kriegs-und-Domänen-Direktorium" (Domänen waren die königlich-staatlichen Landgüter).

Das Heer: die Säule des Staates

Friedrich Wilhelm I. wird oft der *„Soldatenkönig"* genannt. Ein Staat, der keine natürlichen Grenzen habe, brauche eine *starke Armee*, nur dann könne er, erklärte der König, „ein Wort mit Fundament" mitsprechen. Während seiner Regierungszeit hat Friedrich Wilhelm das Heer von 38000 auf 80000 Mann vermehrt (das Land hatte etwa 2 Millionen Einwohner). Zwei Drittel des Staatsaufkommens wurden für das Heer ausgegeben. Das Heer bestand aus Söldnern und zwangsweise rekrutierten Landeskindern, die nach zweijähriger Dienstzeit 18 Jahre lang jährlich 2 Monate Regimentsdienst ableisten mußten. Die *Offiziere* nahm der König aus dem *einheimischen Adel*, der auf diese Weise *eng mit dem Staat verbunden* wurde.

„Militarismus"

Friedrich Wilhelm liebte soldatisches Wesen. Der König trug – was zu seiner Zeit ungewöhnlich war – stets Uniform, die gleiche wie die Soldaten und Offiziere seiner Armee. Die Adligen, die in der Armee dienten, sahen es als Ehre an, „des Königs Rock" zu tragen. Der Offizier war der erste Mann im Staat und wurde höher geachtet als der wirtschaftende Bürger oder Angehörige gelehrter Berufe (Juristen, Pfarrer, Ärzte). Die *militärische Lebensform* galt als *vorbildlich*. Diese *„militaristische"* Einstellung bedeutete nicht Lust zum Krieg. Friedrich Wilhelm I. betrieb eine *Friedenspolitik* und beschwor seinen Sohn und Nachfolger, die Armee nur zur *Verteidigung* gegen einen feindlichen Angriff einzusetzen, und warnte ihn eindringlich davor, selbst einen *Angriffskrieg* zu beginnen.

> **Militaristisch** nennt man eine Gesellschafts- oder Staatsordnung, wenn in ihr das Militärische (Heer, Soldatentum und dergl.) besonders geschätzt wird und eine entsprechende Gesinnung vorherrscht.

3 Militärische Disziplin

Bei seinen Offizieren, die er seine „Herren Brüder und Söhne" nannte, appellierte der König an das Ehrgefühl, bei seinen Soldaten verließ er sich nur auf Zwang und strengste Disziplin. Seine „Kriegsartikel" von 1713 enthalten folgende Bestimmungen:

„7. Welcher Soldat sich dem Amtskommando der Offiziere, nach Gelegenheit auch der Unteroffiziere, widersetzt, sei es auch nur mit Worten, derselbe soll mit dreißigmaligem Gassenlaufen belegt werden.

11. Welcher Soldat nach dem Zapfenschlag nicht in seinem Quartier zu finden ist, soll mit Gassenlaufen gestraft werden (der „Zapfenschlag" oder „Zapfenstreich" bedeutete das Ende der abendlichen Freizeit).

15. Wer auf der Schildwache schläft oder vor der Ablösung weggeht oder sich so voll trinkt, daß er die Wache nicht versehen kann, soll, wenn es im Feld oder bei Belagerungen geschieht, arkebusiert (erschossen), sonst aber mit dreißigmaligem Gassenlaufen gestraft werden.

19. Welcher Soldat meineidigerweise davon läuft, es sei auf Märschen, im Felde, Lager, Garnisonen, derselbe soll, wenn er wieder ertappt wird, ohne alle Gnade mit dem Strang vom Leben zum Tode gebracht werden.

(Zit. nach: Geschichte in Quellen III, S. 590, gekürzt)

4 Exerzierende Soldaten. Links der kantige hölzerne Esel. Auf ihm mußten die Soldaten stundenlang zur Strafe sitzen. (Stich 1726)

5 Verbesserung der Landwirtschaft durch staatliche Vorschriften und Überwachung

In einem „Patent" von 1721 befahl der König:

„1. Daß um jedwedes Dorf, wo Holz zu bekommen ist, ein tüchtiger Zaun gemacht, wo es aber an Holz fehlt, das Dorf mit einem Graben umgeben und auf solche Weise eingeschlossen werden soll.

2. Soll bei jedem Amts- oder Diensthaus ein besonderer Platz umzäunt, gepflügt und zugerichtet werden, um Obstbäume darinnen zu ziehen, und ein jeder Bauer soll verpflichtet sein, alle Frühjahr und Herbst jedesmal drei wilde Stämme von Apfelbäumen und ebensoviele Stämme von Birnbäumen dahin zu liefern und zu setzen, welche hernach durch einen tüchtigen Gärtner gepfropft und zur gehörigen Zeit in die Gärten der Bauern versetzt werden sollen. (Durch das „Pfropfen" werden die „wilden" Stämme veredelt, so daß sie, zu Bäumen geworden, genießbares Obst liefern.)

3. Soll ferner bei jedem Bauernhofe ein gelegener und bequemer Platz zum Küchengarten abgesondert und mit allerhand Küchengewächsen besät werden, damit solches dem Bauern zur Menagierung (Einsparung) des Brotgetreides und sonsten in seiner Wirtschaft zustatten komme."

(Geschichte in Quellen III, S. 586)

Arbeitsvorschläge und Fragen

a) Die Einstellung des Königs zu den Offizieren seiner Armee und zu den einfachen Soldaten war grundverschieden. Suche im Verfassertext und in den „Kriegsartikeln" (M 3) Belege für diese Aussage und versuche, die Einstellung des Königs zu erklären.

b) Inwiefern verbesserte die Durchführung des „Patents" die Situation der Bauern und ihrer Familien sowie der Dorfgemeinschaft; und inwiefern hatte der Staat einen Nutzen davon? (M 5)

c) Wie verhielt es sich unter Friedrich Wilhelm I. – wie auch unter anderen absolutistischen Herrschern – mit der Vorstellung und Verwirklichung unserer Ideale von Freiheit, Gleichheit und Selbstbestimmung?

d) Zeige, daß die „preußischen Tugenden" Sparsamkeit, Fleiß, Nüchternheit, Einfachheit, Tüchtigkeit usw. auch an den Bildern zu erkennen sind.

9. Aufgeklärter Absolutismus in Preußen und Österreich

Viele Gebildete des 18. Jahrhunderts verstanden die Zeit, in der sie lebten, als ein Zeitalter der Aufklärung. Nach den Theorien der Aufklärer sollte das Ziel der Politik in dem größtmöglichen Glück der größtmöglichen Zahl von Menschen liegen. Die Gesetze der Staaten und die Anordnungen der Regierenden sollten das Wohlergehen der Menschen steigern und ihre Leiden, so weit dies möglich war, verringern. In diesem Kapitel wird dargestellt, wie und in welchem Maße in Preußen und in Österreich Ideen der Aufklärung verwirklicht wurden und welche Probleme sich dabei ergaben.

1740–1786	**Friedrich II.** (der Große) König von Preußen regiert als aufgeklärter Monarch und macht Preußen zu einer europäischen Großmacht.
1740–1780	**Maria Theresia** ist Herrscherin in den habsburgischen Ländern (Österreich, Böhmen, Ungarn u. a.). „Mitregenten" in diesen Ländern und Kaiser im Reich sind erst ihr Gemahl Franz I. und nach dessen Tod (1765) ihr Sohn Joseph II.
1780–1790	Joseph II. regiert als Alleinherrscher.

1 Preußisches Hofleben

1a Tabakskollegium Friedrich Wilhelm I.

1b „Brandenburgisches Konzert" bei Friedrich II. Friedrich der Große lauscht dem orgelspielenden Johann Sebastian Bach. (Holzstich, um 1780)

9.1 Aufklärung, Reformen, Kriege – Friedrich der Große und Preußen

Konflikt zwischen König und Kronprinz

Der Sohn Friedrich Wilhelms I., der als König *Friedrich II.* und später „der Große" genannt wurde, hatte ganz andere Neigungen und Interessen als sein Vater. Er war ein Freund der Künste, vor allem der Musik, er spielte selbst Flöte und komponierte. Er las die Werke französischer Dichter und vertiefte sich in die Schriften der Aufklärer, vor allem *Voltaires*, den er maßlos verehrte.

Es kam zu heftigen Auseinandersetzungen zwischen Vater und Sohn. Der König war entsetzt über den Kronprinzen, der das Soldatenwesen verachtete und kaum Interesse an Regierungsgeschäften zeigte. Friedrich wiederum haßte seinen despotischen Vater und plante als Achtzehnjähriger die Flucht nach England. Der Fluchtversuch scheiterte. Der König ließ seinen Sohn zu Festungshaft und einen Freund, der ihm bei der Flucht behilflich gewesen war, zum Tode verurteilen; der Kronprinz mußte bei der Hinrichtung zuschauen. Der Thronfolger unterwarf sich dem Willen des Vaters. Es kam zur Aussöhnung zwischen Sohn und Vater, der jetzt auch die ganz anders gearteten Neigungen seines Sohnes respektierte.

Der neue König

1740 wurde Friedrich, 28 Jahre alt, König. Als erstes sorgte er dafür, daß die Grundnahrungsmittel billiger wurden. Als zweite Maßnahme schaffte er als erster Fürst in Europa bei Strafprozessen die Tortur (Folter) ab. Er bekannte sich zur *religiösen Toleranz* (vgl. S. 195, 200, 251 f.) und zur Pressefreiheit.

Alle, die Friedrich als Kronprinz gekannt hatten, wunderten sich über die Veränderungen, die in ihm vorgingen, als er König geworden war, und staunten darüber, wie sehr sein Verhalten in vielem dem seines Vaters glich. Nur wenige Stunden am Tag widmete er der Kunst und dem philosophischen Gespräch, die andere Zeit arbeitete er für den Staat und besonders für die Armee; wie sein Vater trug auch er stets Uniform.

Preußen besetzt Schlesien

Am 30. Oktober 1740 starb in Wien Kaiser Karl VI. Er war der letzte Habsburger männlichen Geschlechts; Thronfolgerin wurde seine Tochter *Maria Theresia*. Diese Thronfolge durchzusetzen, war keine einfache Sache gewesen. Nach dem in deutschen Ländern geltenden altfränkischen (salischen) Recht waren Frauen von der Thronfolge ausgeschlossen. Deshalb war unter Karl VI. ein Staatsgesetz, die *„Pragmatische Sanktion"*, verabschiedet worden, das die Habsburgische Monarchie für *unteilbar* erklärte und die *weibliche Thronfolge* zuließ. Die Pragmatische Sanktion war von den meisten europäischen Fürsten anerkannt worden, auch von Friedrich Wilhelm I. von Preußen. Doch als Friedrich II. von dem Tod des Kaisers erfuhr, sah er in der dadurch entstandenen Situation die große Chance, die Macht seines Staates zu vermehren. An Voltaire schrieb er: „Dieser Todesfall zerstört meine friedlichsten Gedanken." Gegenüber Maria Theresia machte er alte und durch spätere Verträge überholte *brandenburgische Erbansprüche auf Schlesien* geltend.

Die drei „Schlesischen Kriege"

Friedrich ließ seine Truppen in *Schlesien* einmarschieren und besetzte es. Auch andere Staaten wandten sich gegen Maria Theresia. Sie konnte Schlesien nicht behaupten und mußte es an *Preußen abtreten*. Diesem Ersten Schlesischen Krieg (1740–42), wie er in der preußischen Geschichtsschreibung genannt wird, folgten noch zwei weitere: der Zweite (1744–45) und der Dritte Schlesische Krieg (1756–63). Österreich konnte Schlesien nicht zurückgewinnen; es verblieb bei der *preußischen Krone*.

Der Österreichische Erbfolgekrieg

Aus der Sicht anderer Länder handelte es sich bei diesen militärischen Auseinandersetzungen freilich nicht nur um Schlesien. Der Erste und der Zweite Schlesische Krieg sind Feldzüge im Rahmen des *Österreichischen Erbfolgekrie-*

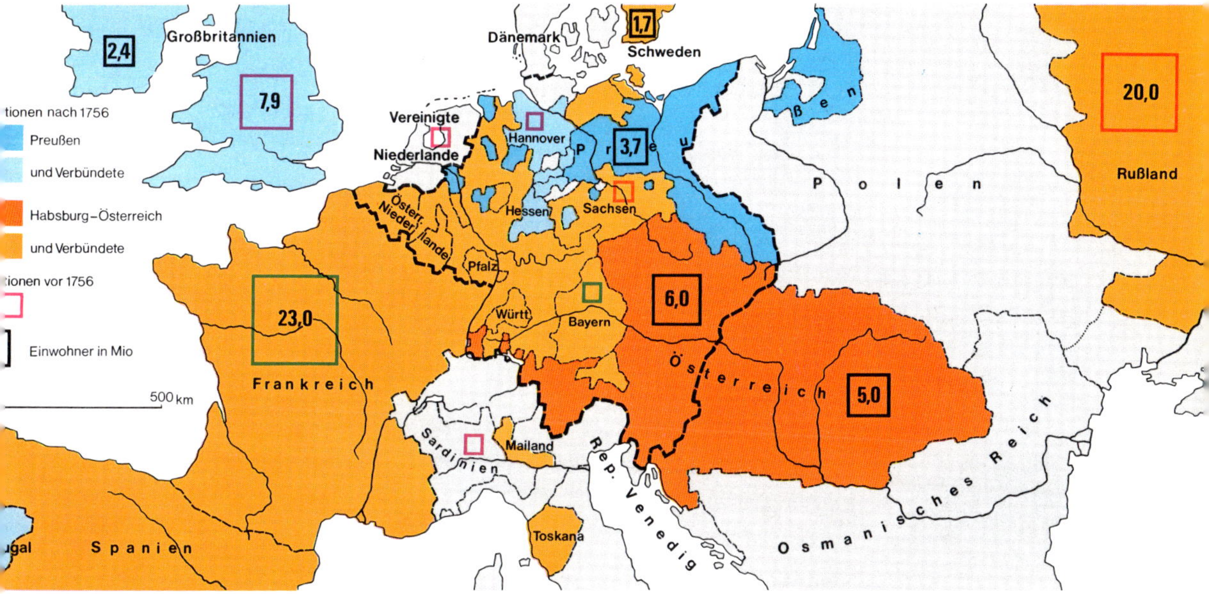

2 Die Auseinandersetzungen zwischen Preußen und Österreich – Bündnisse und Gegenbündnisse

ges, in dem Bayern und Spanien mit Unterstützung Frankreichs gegen Österreich kämpften, während England und Holland auf Österreichs Seite traten. Der Krieg, in dem Österreich seine Stellung behauptete, dauerte von 1740 bis 1748.

Der Siebenjährige Krieg

Im *Siebenjährigen Krieg* (1756–63) kämpften *drei europäische Großmächte* gegen *Preußen*. Österreich, Frankreich und Rußland hatten eine Koalition geschlossen; ihr Ziel war es, den König von Preußen wieder zum Markgrafen von Brandenburg zu machen und seine übrigen Gebiete aufzuteilen. Um dem Angriff seiner Gegner zuvorzukommen, besetzte Friedrich ohne Kriegserklärung Sachsen und zwang dessen Heer zur Kapitulation. Der Reichstag zu Regensburg beschloß die *„Reichsexekution"* gegen Preußen. Auch Schweden erklärte Preußen den Krieg. Auf Friedrichs Seite stand England, das mit Hannover in Personalunion verbunden war und Preußen durch Geldzahlungen unterstützte. Der Krieg zwischen Frankreich und England spielte sich hauptsächlich zur See und in den nordamerikanischen Kolonien (vgl. S. 243) ab.

Im Verlauf des Krieges wechselten Siege und Niederlagen. Mehrmals schien die Lage Preußens aussichtslos. Vorübergehend war Berlin von russischen Truppen besetzt. Der plötzliche Tod der *Kaiserin von Rußland* brachte die Wende; ihr Sohn Paul schloß Frieden mit Preußen. Der endgültige Friedensschluß erfolgte 1763. Der Gebietsstand von 1756 blieb unverändert. Der Emporkömmling Preußen hatte sich den alten Großmächten als ebenbürtig erwiesen. Auf deutschem Boden war nun ein Staat entstanden, dessen Dynastie zum Rivalen des Kaiserhauses werden sollte.

Das ruhmvolle Heer und das Elend seiner Soldaten

Diesen Aufstieg verdankte Preußen seinem *Heer*. Die Gliederung und die Ordnung des Heeres, die Disziplin und die Strafen, alles das ließ Friedrich so, wie er es von seinem Vater übernommen hatte. Die von dem „Soldatenkönig" aufgebaute Armee bewährte sich im Krieg. Friedrich führte in seinen drei Kriegen stets selbst den Oberbefehl, leitete die Bewegungen seiner Truppen und bestimmte die Schlachtordnung. Darin unterschied sich das preußische Heer von den Armeen aller Gegner Preußens. Friedrich erlitt Niederlagen und

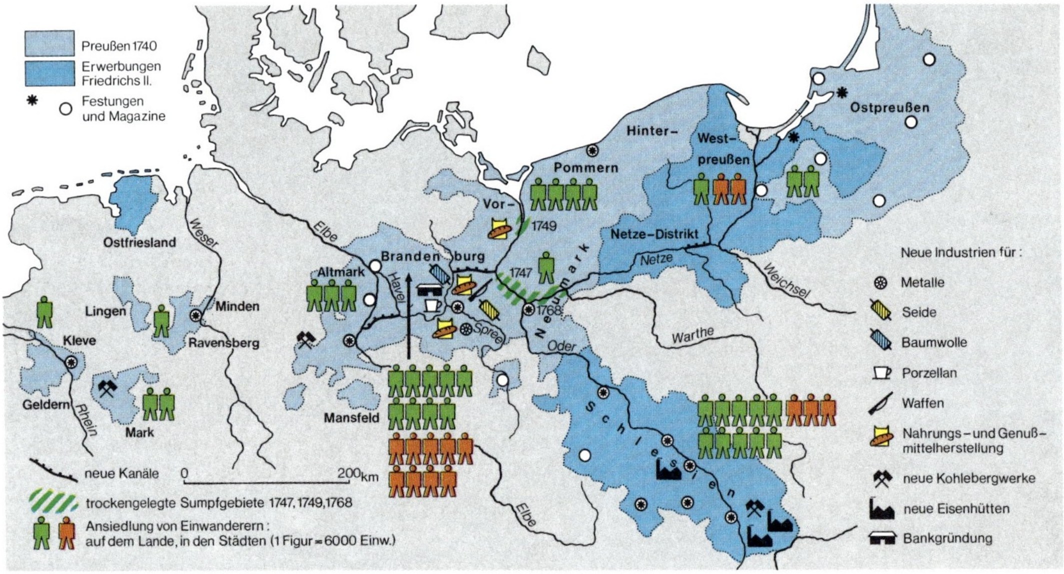

3 Der Wiederaufbau Preußens nach dem Siebenjährigen Krieg

gewann Siege und errang den Ruhm eines großen Feldherrn. Dieser Ruhm des Feldherrn und damit der ganzen Armee änderte am Los der einfachen Soldaten nichts. In einem Gespräch mit seinem Vorleser sagte der König: „Was für ein Leben führen die armen Soldaten! Während des Exerzierens bekommen sie mehr Prügel als Brot. Im Feldzug nehmen die Prügel allerdings ab, aber wenn der Soldat überhaupt davonkommt, kehrt er meist mit Narben oder verstümmelten Gliedern nach Hause zurück." Der König bedauerte das, aber ändern konnte man seiner Meinung nach daran nichts.

Der König: der „erste Diener des Staates"

Der Große Kurfürst und König Friedrich Wilhelm I. hatten aus mehreren Ländern mit eigenen Ordnungen *einen Staat* geschaffen. Diesen Staat zu erhalten, zu festigen, seine Macht und seinen Wohlstand zu vermehren, darin sah Friedrich seine Aufgabe; deshalb bezeichnete er sich als den *„ersten Diener des Staates"*. Offiziere und Beamte dienten dem Staat, indem sie dem König dienten. Nach den Vorstellungen des Königs sollten sich alle, der Herrscher wie auch die Untertanen, dem *Staat verpflichtet* fühlen.

Jedem sein Recht

Die Beziehungen der Menschen zueinander, ihre Pflichten und Rechte, sollten durch *vernünftige Gesetze* geregelt werden. Die *Gerichte* sollten *unabhängig* sein; es sollte mehrere Instanzen geben, damit man gegen richterliche Urteile Berufung einlegen konnte. Friedrich hat die Entwicklung Preußens zum *Rechtsstaat* eingeleitet. „Im Gericht sollen die Gesetze sprechen und der Fürst schweigen", empfahl Friedrich seinem Nachfolger. Die ständische Gliederung der Gesellschaft (Adel, Bürger, Bauern) wurde nicht angetastet.

Preußen muß reicher werden

Wie in den meisten absolutistischen Staaten wurde auch im Preußen Friedrichs – wie bei seinen Vorgängern – die Wirtschaft nach *merkantilistischen Prinzipien* (vgl. „Merkantilismus", S. 233) gelenkt und reglementiert. Große Summen Geldes brauchte man für die Ausrüstung und den Unterhalt des Heeres, das Friedrich von 80000 auf 180000 Mann vermehrt hatte.
Wie sein Vater bemühte sich auch Friedrich darum, Bauern aus dem Ausland in seinem Lande anzusiedeln, um die *landwirtschaftliche Produktion* zu steigern.

Koalition: Verbindung, Vereinigung, Bündnis. In der Außenpolitik versteht man darunter eine Verbindung mehrerer Staaten zu gemeinsamer Kriegsführung. In der Innenpolitik meint man mit dem Wort ein Bündnis zweier oder mehrerer Parteien zum Zwecke einer gemeinsamen Politik.
Personalunion: die Verbindung zweier oder mehrerer selbständiger Staaten in der Person eines gemeinsamen Herrschers. So waren von 1714 bis 1837 die Könige von England jeweils zugleich auch Kurfürst (seit 1814 König) von Hannover.
Rechtsstaat: ein Staat, in dem Rechte und Pflichten der Inhaber der staatlichen Gewalt (Minister, Richter, Beamte ...) durch Gesetze genau abgegrenzt sind, die dem einzelnen u. a. auch die rechtliche Möglichkeit geben, den Staat zu verklagen.

4 Friedrich der Große als aufklärerischer Philosoph

Friedrich betätigte sich sein Leben lang schriftstellerisch und schrieb seine Werke in französischer Sprache. Als Kronprinz veröffentlichte er eine Flugschrift: „Betrachtungen über den gegenwärtigen politischen Zustand in Europa". Darin heißt es:

„Die meisten Fürsten glauben, ihre Untertanen seien nichts weiter als Werkzeuge und Diener ihrer zügellosen Leidenschaften. Daher jener unbändige Drang nach falschem Ruhme, jenes glühende Verlangen, alles zu erobern. Legten die Fürsten diese falschen Ideen ab und gingen auf den Ursprung ihres Amtes zurück, sie würden innewerden, daß der wahre Herrscherruhm nicht in der Vermehrung ihrer Sklaven liegt, sondern in der Erfüllung ihrer Amtspflichten und in der Vollstreckung der Wünsche derer, denen sie ihre Herrschermacht verdanken. Es ist eine verbrecherische Raubgier, etwas zu erobern, worauf man keinen rechtlichen Anspruch besitzt." (Geschichte in Quellen, Bd. 3, S. 600f. im Auszug)

5 Friedrich II. besichtigt sein Leibgarderegiment (Deckfarben Aquarell von D. Chodowiecki, 1772)

6 Friedrich als Machtpolitiker

Wie der König dachte, wenn er nicht philosophierte, sondern praktische Politik machte, können wir an einem Schriftwechsel zwischen ihm und seinem Minister Podewils vor der Besetzung Schlesiens sehen.

Friedrich: „Schlesien ist in der ganzen kaiserlichen Erbmasse das Stück, auf welches wir das beste Anrecht haben und das dem Hause Brandenburg am besten paßt. Es ist billig (moralisch vertretbar), seine Rechte zu wahren und sich in den Besitz des Landes zu setzen. Die Überlegenheit unserer Truppen ist vollständig und gibt uns bei einer unvorhergesehenen Überlegenheit wie dieser eine unbegrenzte Überlegenheit über alle anderen Mächte Europas." Podewils: „Was die Rechtslage betrifft, so muß ich Euer Majestät mit tiefem Respekt sagen: Es gibt feierliche Verträge, auf die sich das Haus Österreich berufen wird." Der König: „Die Rechtsangelegenheit ist Sache der Juristen. Es ist Zeit, im geheimen zu arbeiten, denn die Befehle an die Truppen sind gegeben."

(Friedrich der Große: Politische Korrespondenz, Bd. 1, Berlin 1879, S. 91 f., Auszüge)

Arbeitsvorschläge und Fragen

a) Was unterschied Friedrich Wilhelm I. und Friedrich II.? Ziehe außer M 1 a/b auch Kap. 8.2 heran.
b) Fertige eine Tabelle an, in der für jedes einzelne Land die Folge der Zugehörigkeiten zu Kriegsbündnissen deutlich wird. (M 2)
c) Durch welche Eintragungen wird der militärische, durch welche der wirtschaftliche Charakter des Wiederaufbaus deutlich? (M 3)
d) Worin sah Kronprinz Friedrich im Geist der Philosophie der Aufklärung die Aufgabe eines Königs? Wem verdanken die Herrscher ihr Amt? Und welche Folgerungen ergeben sich daraus?
e) Welche Widersprüche sind festzustellen zwischen den in der Flugschrift formulierten Idealen (M 4) und seinen Aussagen zur praktischen Politik (M 6)?
f) Friedrich II. wurde viel kritisiert und getadelt; er wurde aber auch schon zu Lebzeiten „der Große" genannt. Was kannst Du der Darstellung entnehmen, um diese Hochschätzung zu erklären?

9.2 Förderung der Humanität durch Bewahrung oder Veränderung? – Kaiserin Maria Theresia und Kaiser Joseph II. und die habsburgischen Länder

Maria Theresia, Franz I., Joseph II.

Als *Maria Theresia*, die große Gegnerin Friedrichs von Preußen, 1740 die Herrschaft antrat, war sie 23 Jahre alt. Nach ihrer Thronbesteigung war sie u. a. Königin von Ungarn, Königin von Böhmen, Erzherzogin von Österreich. Den Mann, mit dem sie seit 1736 verheiratet war, Franz Stephan von Lothringen, nahm sie als „Mitregenten" an. Den Titel *Kaiserin* erhielt sie 1745, als Franz Stephan in Frankfurt am Main als *Franz I.* zum *römisch-deutschen Kaiser* gewählt und gekrönt wurde. Maria Theresia nahm, da ihr Gemahl ohnehin keine Neigungen zu Staatsgeschäften hatte, im wesentlichen die Herrscher- und Regentenaufgaben wahr, nicht nur für ihre Kronländer, sondern auch für das Reich. Nach dem Tod Franz I. wurde sein und Maria Theresias Sohn *Joseph* zum Kaiser gewählt und gekrönt. In den habsburgischen Ländern wurde er – wie zuvor sein Vater – von Maria Theresia zum Mitregenten angenommen; nach dem Tod seiner Mutter regierte er als Alleinherrscher.

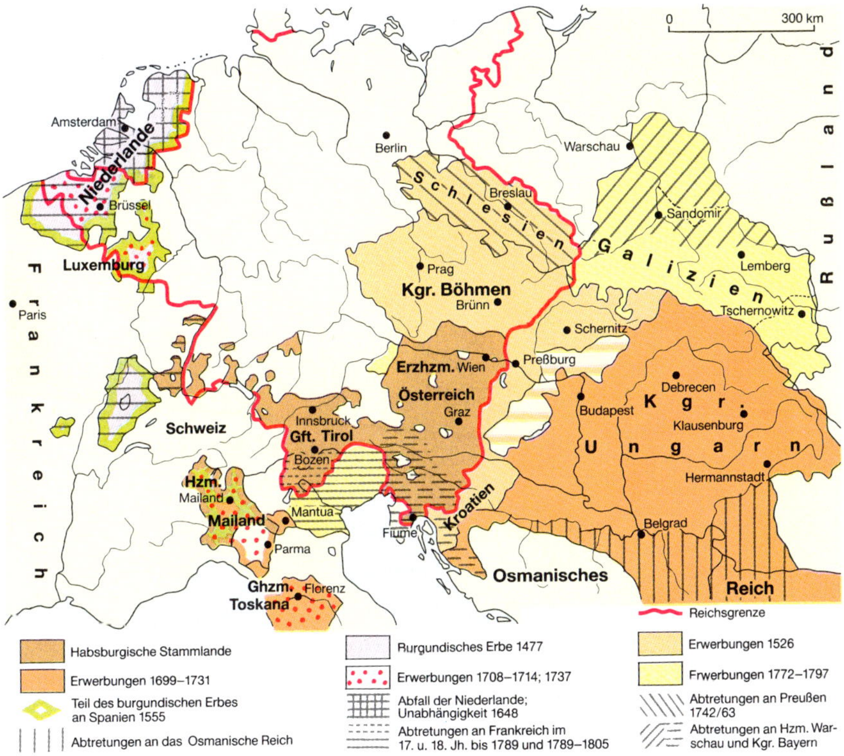

1 Das Entstehen der Österreichischen Großmacht

Maria Theresia als Herrscherin

Der englische Gesandte berichtet von der Reaktion der jungen Herrscherin bei der Nachricht vom Angriff Preußens auf Schlesien: „Da fielen die Minister leichenblaß in ihre Stühle zurück; nur ein Herz blieb standhaft, das der Königin.“ Aber Maria Theresia war nicht nur mutig und besonnen, sondern auch klug in Staatsgeschäften und im Umgang mit Menschen. Viele Zeitgenossen rühmen ihr Verständnis für andere und ihre Güte. Von ihrer Stellung als Herrscherin hatte sie eine hohe Meinung. Wie König Friedrich hielt sie sich für verpflichtet, für das Wohl ihrer Untertanen zu sorgen und zu arbeiten; anders als der aufklärerisch gesinnte Preußenkönig betrachtete sie sich jedoch nicht als die erste Dienerin ihres Staates, als gläubige *Katholikin* fühlte sie sich für ihre Maßnahmen als Herrscherin *vor Gott verantwortlich*.

Neuordnung des Staates

Gegenüber den Ideen der *Aufklärung* hatte Maria Theresia *Vorbehalte* und *Bedenken*. Aber *Reformen* hielt sie für notwendig. Durch die sogenannte *Theresianische Reform* wurde die staatliche Verwaltung zentralisiert. Die neu geschaffenen Institutionen waren Behörden, die – ähnlich wie die modernen Ministerien – auf bestimmten Sachgebieten für das ganze Land zuständig waren (mit Ausnahme von Ungarn, das auf seinen Sonderrechten bestand). Um die Maßnahmen der zentralen Stellen überall durchsetzen zu können, wurde der Staat in *Verwaltungsbezirke* eingeteilt. Die Behörden übernahmen Aufgaben, die bisher von den adligen Grundherrn wahrgenommen worden waren, so die *Rechtsprechung* und die *Steuererhebung*. *Wirtschaftliche* und *bevölkerungspolitische Maßnahmen* sollten den Wohlstand des Landes steigern und dadurch die staatlichen Einnahmen vermehren. Die Gründung von Manufakturen (vgl. S. 233) wurde gefördert, Straßen und Schiffahrtswege wurden ausgebaut; menschenleere Gebiete im Banat und Südungarn wurden besiedelt und landwirtschaftlich genutzt.

2 Maria Theresia im Kreise ihrer Familie. Der Thronfolger Joseph steht in der Mitte des Fußbodensterns (Gemälde von Martin van Meytens).

Bildungsinstitutionen zur Förderung nützlichen Wissens

Für die neuen Behörden brauchte man gut ausgebildete Beamte; die neuen Wirtschaftsbetriebe benötigten, um sich entfalten und gegenüber der ausländischen Konkurrenz bestehen zu können, wissenschaftlich geschulte Fachkräfte und Erfinder. Deshalb wurden neue, auf *praktische Berufe* vorbereitende Studienfächer geschaffen und *neue Lehranstalten* errichtet: Ingenieurschulen, Schulen für praktische Medizin und Mechanik, Handelsakademien, Baukunstakademien und andere.

Schulen für alle

1774 wurde die *„Allgemeine Schulordnung für Österreich"* veröffentlicht, die der schlesische Augustinerabt Ignaz von Felbiger im Auftrag Maria Theresias ausgearbeitet hatte. Die Schule unterstand der *Aufsicht* des *Staates* und nicht der Kirche. Die *Schulpflicht* galt für alle Kinder „beiderley Geschlechts". Die Schulordnung sah vor, daß es in jeder Pfarrgemeinde eine „Volksschule" geben sollte, in den Städten auch „Hauptschulen" und in jeder Provinz mindestens eine „Normalschule" (Musterschule), an denen auch die Lehrer ausgebildet wurden. Dadurch sollte „die Finsternis der Unwissenheit aufgeklärt und jedem der seinem Stand angemessene Unterricht verschafft" werden.

Toleranzpolitik Josephs II.

Maria Theresias Sohn und Nachfolger *Joseph II.* stand im Unterschied zu seiner Mutter den Ideen der *„Aufklärung"* nahe, was während seiner Mitregentschaft des öfteren zu Spannungen zwischen Mutter und Sohn führte. Ein Jahr nach dem Tod Maria Theresias, die ihrem Sohn einen Hang zum „Tolerantismus" vorgeworfen hatte, erließ Joseph II. das *„Toleranzpatent"*, das allen Nichtkatholiken die freie private Religionsausübung gestattete. Er war der Auffassung, daß aus der Toleranz (vgl. S. 195, 200, 251f., 262) „sowohl der Religion wie auch dem Staate ein außerordentlicher Nutzen zufließe".

Eingriffe Josephs II. in kirchliche Angelegenheiten

Von den mehr als 2000 Klöstern, die es in Österreich gab, löste Joseph II. 738 auf. Es waren Klöster solcher Orden, die sich dem Gebet und der religiösen Betrachtung widmeten und von denen der Kaiser erklärte, sie könnten „Gott nicht gefällig sein", da sie „sich nicht mit Krankenpflege und Jugenderziehung beschäftigen, also dem Nächsten ganz und gar unnütz sind". Die Klosteranlagen dienten jetzt als Krankenhäuser, Kasernen, Lagerhallen und Verwaltungsgebäude, einige wurden Schlösser.

Die *Eingriffe* des Kaisers in das *kirchliche* und *religiöse Leben* brachten große Teile der Bevölkerung gegen den Kaiser auf. Der höhere Klerus lehnte diese Reformen, die später mit dem Begriff „Josephinismus" bezeichnet wurden, entschieden ab. Auch der Papst protestierte; er suchte den Kaiser sogar selbst in Wien auf, um ihn zur Änderung seiner Kirchenpolitik zu bewegen, jedoch ohne Erfolg.

Die Reformpolitik bewirkt Unruhe und Widerstand

Wie Friedrich II. von Preußen, den er sich in vielem zum Vorbild nahm, betrachtete auch Joseph sich als „Diener des Staates". Seine *Reformfreudigkeit* beschränkte sich nicht auf kirchliche Angelegenheiten, sondern erstreckte sich auf alle staatlichen und gesellschaftlichen Bereiche.

In den zehn Jahren seiner Alleinherrschaft erließ Joseph 6000 Edikte zur Staats- und Gesellschaftsreform. Die neuen Gesetze stießen in weiten Kreisen auf *Widerstand*, und das Volk wurde unruhig. Um „die wahre Gesinnung der Untertanen" (vgl. S. 179) von Zeit zu Zeit mit Verläßlichkeit zu erfahren, ließ der Kaiser eine zentral geleitete *Geheimpolizei* aufbauen. Sie überwachte die Beamtenschaft, das Militär, den Klerus, Ausländer und alle, die sich einmal unliebsam bemerkbar gemacht hatten.

Kaiser Leopold II.

Nach Josephs Tod mußte Josephs Bruder, *Leopold II.*, der ihm auf dem Thron folgte, vieles von dem, was Joseph überhastet eingeführt und durchgesetzt hatte, wieder ganz oder teilweise *zurücknehmen*. Ehe Leopold, der sein früheres Herrschaftsgebiet, das Herzogtum Toscana, zu einem der fortschrittlichsten Staaten Europas gemacht hatte, in den Habsburgischen Ländern zu neuen Reformen ansetzen konnte, starb er.

Zentralisieren: Dinge auf einen Mittelpunkt *(Zentrum)* ausrichten, um sie von dort aus besser *(zentral)* überwachen und leiten zu können. Ordnungen, die so strukturiert sind, bezeichnet man als *zentralistisch*; die Bejahung und Befürwortung solcher Ordnungen nennt man *Zentralismus*.

3 Der junge Mozart am Hofe Maria Theresias, 1762 (Holzschnitt nach einem Gemälde von Ed. Ender).

4 Joseph II. legt Hand an den Pflug (Kupferstich von J. B. Bergmüller, 1769). Seine Maßnahmen zur Verbesserung der Lage der Bauern trugen Joseph den volkstümlichen Beinamen „Bauernkaiser“ ein: 1781 Aufhebung der Leibeigenschaft, 1789 Begrenzung der Abgaben an die Grundherren.

5 Maria Theresia an ihren Sohn und Mitregenten Joseph

Maria Theresia schrieb 1775 an Joseph II.:

„Es ist fürwahr ein großes Unglück, mit dem besten Willen verstehen wir uns nicht. Ich kann niemals Grundsätzen beipflichten, die hinsichtlich der Religion wie der Sitten zu wenig streng sind. Zu sehr zeigst Du Deine Abneigung gegen die althergebrachten Gewohnheiten und gegen die ganze Geistlichkeit, zu sehr allzu freie Ansichten über Aufführungen und Sittlichkeit (Verhalten und Anstand). Du kannst glauben, daß mein Herz mehr als bewegt ist, sehe ich doch, wie wenig Du in Übereinstimmung mit mir bist und wie Du auf Deine alten Vorurteile zurückkommst. Ich wünsche, daß sie Dich glücklicher machen, als ich es bin.“ (F. Walter [Hrsg.], Maria Theresia, Briefe und Aktenstücke in Auswahl, Darmstadt, 1982, S. 391)

6 Die Reformen des Kaisers Joseph

Nach dem Tode des Kaisers erklärte der venezianische Gesandte sein Scheitern so:

„Wie glücklich wäre Österreich, wenn der Kaiser mit der Gabe, die Unordnungen aufzudecken und heilsame Pläne zu entwerfen, geduldige Beharrlichkeit in der Ausführung verbunden hätte, wenn er nicht allzu leicht vor den sich auftürmenden Hindernissen zurückgewichen wäre, wenn sich mehr Zusammenhang in seinen Entwürfen gezeigt, wenn er sich mehr auf die Minister verlassen hätte, die ebenso aus echter Treue wie aus Überzeugung seine wohlwollenden Absichten unterstützt haben würden, wenn er sich insbesondere nicht allzu oft …, um die Wirkungen seiner Maßregeln zu beschleunigen, des verhaßten Mittels des Despotismus bedient hätte.“ (Quellenbuch zur österreichischen Geschichte, hrsg. von O. Frass, Bd. 3, Wien 1962, S. 30f.)

Arbeitsvorschläge und Fragen

a) Stelle in M 5 die unterschiedlichen Auffassungen von Mutter und Sohn fest und zeige am Verfassertext, wie sie sich in Regierungsmaßnahmen der Kaiserin und des Kaisers auswirkten.

b) Wie erklärt der venezianische Gesandte das Scheitern vieler Reformansätze des Kaisers? Welche Aussagen des Verfassertextes werden durch diesen Beobachter bestätigt? (M 6)

c) Zeige, daß in den Reformen der Kaiserin und des Kaisers Gedanken der Aufklärung wirksam wurden. Worin unterschieden sich die „Theresianischen“ Reformen von den „Josephinischen“?

d) Welchen Eindruck beim Beschauer soll das Familienbild der Kaiserin (M 2) erwecken, welchen das Bild Josephs hinter dem Pflug? (M 4)

e) Kennzeichne durch ein Schaubild die Ausdehnungsrichtung Österreichs in den verschiedenen Phasen seiner Entwicklung. (M 1)

10. Rußland wird zur neuzeitlichen europäischen Großmacht

Das Land, das heute „Sowjet-Union" heißt, war bis zum Ersten Weltkrieg das Kaiserreich Rußland. Rußland war jahrhundertelang eine der Großmächte (vgl. S. 164, 261, 263, 267), die den Gang der Weltgeschichte bestimmten. Aber während des ganzen Mittelalters und in der frühen Neuzeit hatte Rußland gleichsam außerhalb des europäischen Kulturkreises gelegen. Wie kamen Rußland und die westliche Zivilisation miteinander in Berührung? Wie kam es, daß seit dem Ende des 18. Jahrhunderts Rußland aus der europäischen Geschichte nicht mehr wegzudenken ist?

1682–1725	**Peter der Große.** Er macht Rußland zur europäischen Großmacht.
1700–1721	Der Große Nordische Krieg. Rußland besiegt Schweden und wird der mächtigste Staat an der Ostsee.
1703	Gründung von St. Petersburg. Peter läßt an der Ostsee eine neue Hauptstadt errichten und gibt ihr den deutschen Namen St. Petersburg (heute Leningrad).

Rußland war anders als das übrige Europa

Rußland war *anders* als das übrige, nicht von den Türken beherrschte, christliche Europa. „Dieses russische Land erscheint allen jenen, welche ebenfalls Christen sind, durch Sitte, Staatsverfassung, Religion und Kriegsordnung fremd – und dies nicht nur in Kleinigkeiten." So schrieb Sigismund zu Herberstein, ein Beauftragter des römisch-deutschen Kaisers, in der Beschreibung seiner „Reise zu den Moskowitern 1526". Das Fremde, das auch andere Reisende des 16. und 17. Jahrhunderts feststellten, hatte vielerlei Gründe, von denen hier nur einige genannt werden können. Die Russen hatten – wie andere slawische Völker – das Christentum in der *griechisch-orthodoxen* Form angenommen; sie benutzten für ihre Schrift *nicht* die Buchstaben des *lateinischen Alphabets*, sondern ein *eigenes*. Für die Russen war nicht Rom das Zentrum der Christen-

1 Das Vordringen Rußlands in Europa und Asien

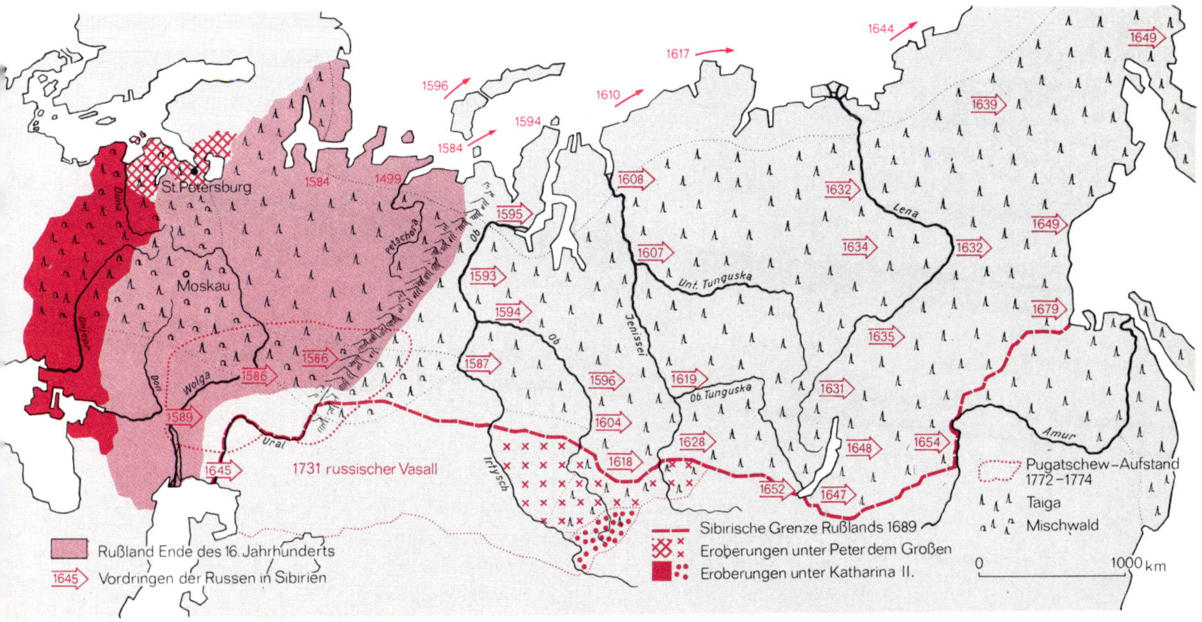

heit, sondern erst *Konstantinopel* und dann – nach der Eroberung Konstantinopels durch die mohammedanischen Türken – *Moskau*. Den Christen, die den römischen Papst als kirchliches Oberhaupt anerkannten, standen sie ablehnend gegenüber. Die Entfremdung Rußlands von West- und Mitteleuropa wurde verstärkt durch zwei Jahrhunderte tatarischer Herrschaft. Die Russen hatten *keinen Anteil* an der *gotischen Kunst* des Mittelalters, auch *nicht* an der neuen Kunst der *Renaissance* (vgl. S. 167); sie wurden nicht ergriffen von den neuen Gedanken und den geistigen Auseinandersetzungen, die um und nach 1500 alle Völker Mittel- und Westeuropas erfaßten: den *Humanismus*, die *Reformation* und die *Gegenreformation*. Nicht nur auf geistigem und künstlerischem Gebiet, sondern auch in der handwerklichen und technischen Produktion war Rußland ein *„rückständiges"* Land.

Kindheit Peters des Großen

Zar Peter I., „der Große", machte Rußland durch eine „Revolution von oben" innerhalb von zweit Jahrzehnten zu einer *europäischen Großmacht*.

In seiner Kindheit und Jugend zeigte Peter ausgeprägte Neigungen und Interessen, die später auch das Leben und Handeln des Mannes und Herrschers mitbestimmten. Peter, so schreibt ein russischer Historiker, „war in seinem Kinderzimmer unter lauter *ausländischen* Dingen großgeworden; all sein Spielzeug mußte ihn an die *‚Deutschen'* erinnern". Im Moskauer Ausländerviertel, das die „Deutsche Vorstadt" genannt wurde, lebten deutsche und andere ausländische Handwerker, die Dinge herstellten, die in Rußland neu und den meisten Menschen noch unbekannt waren. Peter hatte eine Leidenschaft für alles *Handwerkliche* und *Technische*. Er wollte nicht nur wissen, wozu Werkzeuge, Geräte und Meßinstrumente dienten, er wollte auch lernen, wie man mit ihnen umgeht. Diese Leidenschaft behielt Peter während seines ganzen Lebens; und er hätte, wäre er nicht Zar gewesen, in einem Dutzend handwerklich-technischer Berufe seinen Lebensunterhalt verdienen können.

2 Palmsonntagsprozession auf dem Platz vor dem Kreml. In der Mitte, zu Pferd, mit einem Kreuz in der Hand, der Moskauer Patriarch. Voranschreitend führt der Zar das Pferd des Patriarchen. Schon damals hieß der große Platz vor dem Kreml der „Rote Platz", abgeleitet von dem russischen Wort „krasnij" = schön, rot. (Stich von Chr. Rothgießer, 1656)
◀

3 Peter der Große (Gemälde von Aert de Gelder). Ein in russischen Diensten stehender schottischer Offizier schildert uns Peter: „Er liebte Gesellschaft und war ein Herr von aufgeräumtem und lustigem Wesen, überaus scherzhaft veranlagt und von großem natürlichem Verstande."
▶

Begeistert war der junge Peter für das *Soldatenleben* und alles *Militärische*. In einem Schuppen entdeckte der Sechzehnjährige ein halbverrottetes Boot, das seinem verstorbenen Großonkel gehört hatte. Peter ruhte nicht, bis das Schiff von einem holländischen Zimmermann wieder soweit instandgesetzt war, daß er damit seine erste Fahrt zu Wasser machen konnte. Später nannte Peter dieses Boot liebevoll „Großväterchen der russischen Flotte".

Peter: Vom Westen lernen

Peter regierte zunächst zusammen mit seinem Bruder Iwan, der 1697 starb. Als Peter die Herrschaft mit niemand mehr teilen mußte, unternahm er eine große Reise ins *westliche Ausland*, um die Länder, deren handwerklich-technische Errungenschaften er so sehr bewunderte, mit eigenen Augen zu sehen und von ihnen zu lernen. Die Reise zur See und zu Land dauerte eineinhalb Jahre. Der Zar war auf dieser Reise offiziell nur Peter Michailow im Range eines Unteroffiziers; aber jedermann wußte, daß er der Zar war. Wo er nur konnte, sprach er mit Handwerkern, Ingenieuren und Wissenschaftlern. In Preußen lernte er bei dem Hauptingenieur der preußischen Festungen alles, was man zu seiner Zeit über Geschütze, Pulvermischungen und Schießkunst lernen konnte. In Amsterdam arbeitete Peter als Zimmermann auf einer Werft beim Bau eines Kriegsschiffs von dessen Kiellegung bis zu seinem Stapellauf. In Wien erhielt Peter die Nachricht, daß in Rußland eine *Meuterei* ausgebrochen war. Er kehrte nach Rußland zurück.

Bestrafung der Meuterer, politische Hintergründe

Gemeutert hatten die „*Strelitzen*". Sie bildeten den Kern des russischen Heeres und waren auch Wach- und Polizeitruppe. Als Peter zurück nach Rußland kam, war der Aufstand schon niedergeschlagen. Aber Peter nahm grausame Rache. Auf dem Roten Platz und vor den Toren der Stadt Moskau ließ Peter mehr als tausend Strelitzen durch Enthaupten oder Erhängen hinrichten. Nach Berichten von Zeitgenossen hat der Zar eigenhändig bei Folterungen und Hinrichtungen mitgewirkt. Der *politische Hintergrund* der Meuterei war der *Widerstand* gegen einen Zaren, der bei den *Fremden* und *Ketzern* in die Lehre ging und nach deren Vorbild das „heilige" und „rechtgläubige" Rußland *verändern* wollte.

Peters Neuerungen: schnell und gewaltsam

Die meisten Menschen in Rußland hingen an den altüberkommenen Gewohnheiten und Sitten und lehnten das Fremde ab. Der Zar konnte also sein Land nur *gegen den Willen* seines Volkes *modernisieren*. Peter ging stürmisch und ungeduldig vor. Schon am Tage nach seiner Rückkehr von seiner großen Reise schnitt er zum allgemeinen Entsetzen den Bojaren, die ihn begrüßten, eigenhändig die Bärte ab. Das Barttragen wurde verboten; wer sich von seinem Bart nicht trennen wollte, mußte eine Bartsteuer zahlen; nur Bauern und Geistliche waren von dieser Steuer befreit. Durch Gesetze wurde allen Untertanen, die nicht dem Bauernstand oder dem geistlichen Stand angehörten, verboten, sich in der herkömmlichen Weise zu kleiden; sie mußten „deutsche" Kleidung, also Kleider nach der westeuropäischen Mode, tragen. Die Bart- und Kleidungsvorschriften waren jedoch nur auffällige äußere Anzeichen der Veränderungen, die Peter in Rußland einführte und durchsetzte.

Mehr Rechte und größere Lasten – für wen?

Die *Rechte* der *Adligen* wurden *erweitert*; der Adel wurde jedoch immer mehr zu einem *Dienstadel*. Den *Städten* gab Peter eine gewisse *Selbständigkeit*. Sie durften den Bürgermeister und andere Amtspersonen wählen.

Der überwältigenden Mehrheit des Volkes, den *Bauern*, brachten Peters *Reformen* keine Besserung ihrer Lage; im Gegenteil, sie verschlechterte sich. An die Stelle der „Hofsteuer", die für jeden Bauernhof erhoben wurde, unabhängig davon, wie viele Personen dort lebten, trat eine *„Kopfsteuer"* für jede arbeitsfähige männliche Person. Diese Steuer brachte dem Staat mehr, weil man ihr nicht dadurch, daß man zusammenrückte, ausweichen konnte. Den adligen Gutsherrn mußte ein *„Leibzins"* gezahlt werden. Der Reichtum eines Gutsherrn hing davon ab, wieviel „Seelen" er besaß (das Wort „Seele" wurde dabei offiziell gebraucht).

Handel, Verkehr, Manufakturen

In seiner Wirtschaftspolitik befolgte Peter – wie die meisten Fürsten seiner Zeit – die Grundsätze des Merkantilismus. Die Wirtschaft wurde vom Staat gelenkt. Der Staat hatte das *Monopol* auf die wichtigsten Güter, so auch auf das Getreide; er kaufte es zu niedrigen Preisen auf und verkaufte es mit Gewinn. Um Handel und Verkehr zu erleichtern, wurde ein großes Kanalsystem in Angriff genommen, um die Wolga mit der Ostsee zu verbinden. Handwerklich-industrielle Produkte sollten so viel wie möglich im Land selbst hergestellt werden; deshalb förderte Peter die Einrichtung von *Manufakturen*; hergestellt wurde u. a. Leinwand, Glas- und Lederwaren; es gab auch Eisengießereien.

Sieg über Schweden: Rußland wird Großmacht an der Ostsee

Die meisten Neuerungen, die Peter einführte, mußten begonnen und zum Teil auch durchgeführt werden, während sich das Land im Krieg befand. Länger als 20 Jahre dauerte der *Große Nordische Krieg*. Rußland kämpfte mit seinen Verbündeten (Dänemark und Polen) gegen Schweden. Schweden war eine europäische Großmacht und die stärkste Macht an der Ostsee. Es war Peters Ziel, einen großen Teil der Ostseeküste fest in russische Hand zu bekommen. Rußland siegte, und Schweden mußte u. a. Livland und Estland an Rußland abtreten. Jetzt war nicht mehr Schweden, sondern Rußland die *stärkste Macht* an der *Ostsee*.

Peters neue Hauptstadt: St. Petersburg

Im Jahre 1703, mitten im Krieg, begann Peter mit dem Bau einer *neuen Hauptstadt*; sie sollte an der Mündung der Newa in die Ostsee liegen, also am Meer und im Westen seines Reiches. Sümpfe und Wälder waren da, wo nach Peters Willen seine Stadt entstehen sollte. Aus allen Teilen Rußlands wurden Bauern zusammengetrieben und zur Arbeit an Peters Projekt gezwungen, aber auch Soldaten, Sträflinge und schwedische Kriegsgefangene wurden eingesetzt.

4 Winterpalais – Petersburg

30000 Menschen sollen beim Bau der neuen Stadt umgekommen sein, durch Unfälle, hauptsächlich aber infolge von Entkräftung und Krankheit. Es entstand eine „moderne" Stadt mit breiten, langen und geraden Straßen, weiten Plätzen, steinernen Häusern und Palästen, mit einer Werft und einem Hafen. Rußland hatte nun die Möglichkeit, eine See- und Handelsmacht zu werden.
Viele Menschen kamen – freiwillig oder gezwungen –, um in der neuen Stadt zu wohnen; beim Tod Peters hatte sie 70000 Einwohner. Heute heißt die Stadt Leningrad.

Der Zar: auch Herr der Kirche

In Rußland gab es – wie in allen christlichen Ländern – neben der weltlichen Macht des Staates die geistliche Macht der Kirche; und – wie anderswo – war dieses Nebeneinander auch in Rußland nicht ohne Spannungen. Als im Jahre 1700 der Patriarch von Moskau und ganz Rußland gestorben war, verhinderte Peter die Wahl eines Nachfolgers. 1721 wurde zur Leitung der Kirche eine Behörde errichtet: der *„Heiligste Regierende Synod"*, ein geistliches Kollegium, dessen Vorsitzender ein vom Herrscher beauftragter *Laie* war. Als geistliche Würdenträger doch noch nach einem Patriarchen verlangten und dem Zaren eine Bittschrift überreichten, sprang Peter auf, schlug sich auf die Brust und rief: „Da, da habt ihr euren Patriarchen!"
Der Zar griff nach eigenem Ermessen in das kirchliche Leben ein; so besetzte er in den Klöstern, die nach dem Willen des Zaren der Alten- und Krankenpflege dienen sollten, freiwerdende Mönchsstellen mit ausgedienten Soldaten, die von den Mönchen versorgt werden mußten.

„Vater des Vaterlandes ... Kaiser ... der Große"

Am 20. Oktober 1712 traten in St. Petersburg der „Senat" und der „Heilige Synod" zusammen; beide Institutionen hatte Peter geschaffen, den Senat als höchste staatliche und den Synod als höchste kirchliche Instanz. Senat und Synod baten den Zaren, einen neuen Titel anzunehmen: „Vater des Vaterlandes, Kaiser ganz Rußlands, *Peter der Große.*" Für „Kaiser" gebrauchten sie nicht mehr das Wort „Zar", sondern das Wort *„Imperator"*, so nannten sich auch die römischen Kaiser. „Vater des Vaterlandes, Kaiser ganz Rußlands, Peter der Große" – mit diesen Worten – neben anderen – mußten von nun an auch Peters Untertanen in Berichten und Bittschriften ihren Herrscher anreden.

Nachfolger Peters – das „petrinische" Rußland

Peter starb 1725, erst 53 Jahre alt. Unter der Herrschaft seiner Tochter, der Kaiserin Elisabeth (1741–1761) drangen im *Siebenjährigen Krieg* gegen Preußen russische Truppen zum erstenmal nach Mitteleuropa vor; sie besetzten auch *Berlin*. Unter Elisabeth und noch mehr unter *Katharina II.* („der Großen") wurde St. Petersburg zur kaiserlichen Residenz mit Palästen und Gärten ausgebaut. Man ahmte – wie anderswo in Europa auch – Frankreich nach; die französische Sprache wurde zur Sprache des Hofes. Rußland entwickelte sich weiter auf der Grundlage, die Peter gelegt hatte, zu einem innerlich gespaltenen Land. Die Oberschicht war westlich gebildet und orientierte sich an Westeuropa, während die Lebensform des „Volkes", der großen Masse der Bauern und Kleinbürger, unverändert blieb.

5 Manifest Peters des Großen über die Berufung von Ausländern, 16. April 1702

„1. ... Alle und jede, welche in der Intention hereinreisen wollen, um uns in unserer Armee zu dienen, wann sie sich bei dem ersten Gouverneur oder Statthalter auf der Grenze angegeben haben, von da an mit freier Fahrt ohn einigen Entgelt bis zu unserer Residenz sollen versehen und zugleich auch ihnen alle Sicherheit auf der Reise verschafft werden ... Wie denn gleichfalls die Kaufleute und Künstler, so sich herein zu begeben gesonnen, mit aller Gnadenbezeugung aufgenommen werden sollen.

2. ... Hiermit soll von neuem bestätigt sein, daß wir bei der uns von dem Allerhöchsten verliehenen Gewalt uns keines Zwanges über die Gewissen der Menschen anmaßen und gerne zulassen, daß ein jeder Christ auf seine eigene Verantwortung sich die Sorge seiner Seligkeit lasse angelegen sein. Also wollen wir auch kräftiglich darob halten, daß niemand in seiner öffentlichen als auch privaten Religionsausübung soll beeinträchtigt, sondern geschützt werden.

3. Damit auch die Fremden nicht abgeschreckt werden, anhero zu kommen, etwa aus Sorge, daß sie unter eine ihren Gesetzen und Gebräuchen nach ungewöhnliche Jurisdiktion (Rechtsprechung) oder Art der Strafe geraten möchten, so wollen wir hiermit verordnet haben, daß ein ordentliches geheimes Kriegs-Rats-Collegium solle formiert werden, und soll dessen Präsident nur von uns Verordnung und Befehl in dem Nötigen zu erwarten schuldig sein ... Ferner wollen wir auch dieser Jurisdiktion unterworfen sein lassen alle anderen Ausländischen, die sich sonst in unserer Dienste begeben und einige Dependence vom Kriegswesen haben werden, damit auch sie nicht zu besorgen haben, unter einer ihren Landesgesetzen, Gebräuchen und Sitten ungewohnten Justiz zu stehen.

4. Damit auch diejenigen, welche sich in unsere Dienste begeben, versichert sein mögen, daß Ihnen an ihrer Freiheit, wieder aus unseren Diensten zu gehen, nichts soll benommen sein, so versprechen wir hiermit, daß mit der Erlassung aus unseren Diensten es allewege so solle gehalten werden, als bei anderen Potentaten (Herrschern) in Europa üblich und gebräuchlich ist."

(Geschichte in Quellen, Bd. 3, S. 562)

6 Unzufriedenheit im Volk

Peter unterhielt eine Geheimpolizei, die Widerstand und Verschwörungen aufdecken, aber auch die Stimmung im Volk feststellen sollte. Aus polizeilichen Verhören und Berichten:

6a Aussagen eines Bojarensohns:

„Was ist das für ein Zar? Uns alle hat er zum Dienste gezwungen; unsere Bauern und unser Gesinde schleppt er zur Armee; nirgends kann man sich vor ihm verbergen ... Wenn sich jemand fände, ihn zu töten, so würde aller Dienst aufhören; auch das Volk hätte es leichter."

6b Aussagen von Soldaten- und Bauersfrauen:

„Was ist das für ein Zar? Er hat unsere Männer ruiniert und ihre Familien dazu, indem er sie zu Soldaten machte; wir und unsere Kinder sind schutz- und hilflos geblieben; wir können nur unser Leben mit Tränen verbringen."

6c Ein Leibeigener:

„Wenn er noch lange lebt, wird er uns noch alle umbringen ..."

(H. Dollinger, Rußland. 1200 Jahre in Bildern und Dokumenten, Gütersloh 1986, S. 111 f.)

6d Wäscherinnen, von der Polizei bei einem Gespräch belauscht:

„Was ist das für ein Zar! Von einer Deutschen ist er unehelich geboren, vertauscht hat man ihn, ein Findelkind ist er ... Nun befiehlt er, deutsche Kleider zu tragen – da sieht man gleich, daß er von einer Deutschen geboren ist."

(W. Kliuschewski, Peter der Große, Stuttgart 1953, S. 130 und 135)

6e Ein Geistlicher:

„Wenn man diese Erlasse zu uns in den Flecken schickt, und die Menschen in den Wäldern leben und brennen werden, werde auch ich in die Wälder ziehen, um dort zu leben und zu brennen." – Viele Fromme, besonders unter den „Altgläubigen", die sich schon vor der Zeit Peters des Großen von der offiziellen Kirche getrennt hatten, hielten Peter für den „Antichristen", der nach altchristlichen Prophezeiungen vor dem Ende der Welt erscheinen und die Menschen zum Abfall vom Glauben bewegen wird. Von 1675–1691 sollen sich 20000 Menschen selbst verbrannt haben, um nicht unter den „gottlosen" Gesetzen des neuen Zaren leben zu müssen.

(W. Kliuschewski, Peter der Große, Stuttgart 1953, S. 130 und 135)

7 „Bartscheren". Um seine Untertanen zu „zivilisieren", belegte Peter das Tragen von Bärten mit einer Steuer. Für den strenggläubigen Russen jedoch verstieß das Bartscheren gegen ein Gebot der Kirche.

Arbeitsvorschläge und Fragen

a) Welche Gebiete wurden unter Peter dem Großen erobert? (M 1)

b) Auf Kosten welcher Staaten erfolgen die Gebietserwerbungen? (M 1)

c) Vergleiche M 2 und M 4. Was fällt an den Personen und der Bauweise auf?

d) Welche Bereiche, in denen Peter Rußlands Rückständigkeit aufholen wollte, werden in seinem Manifest genannt, und in welcher Reihenfolge? Was ist darüber aus dem Verfassertext zu erfahren? (M 5)

e) Wie stand es mit Vorteilen und Nachteilen der Reformen Peters hinsichtlich der verschiedenen Gesellschaftsschichten und -gruppen? Siehe auch M 7.

f) Die in den Dienst des Zaren tretenden Ausländer wurden privilegiert; sie hatten im Verhältnis zu den Einheimischen Vorrechte. – Nenne solche Vorrechte. – Was ist aus der rechtlichen Privilegierung zu schließen über russische und ausländische Justiz und ihre Methoden? – Welche Wirkung war von der Privilegierung der Ausländer auf die Landesbevölkerung zu erwarten? (M 5, M 6)

g) Die wiedergegebenen polizeilich protokollierten Aussagen sind menschliche Reaktionen auf Peters Verhalten, das richtig oder verzerrt dargestellt oder gedeutet wird; zeige die Zusammenhänge auf. (M 6a–6e)

11. Ein Staat mit der größten Freiheit (für eine Minderheit) und sein Untergang – Polen und die polnischen Teilungen

Seit dem 10. Jahrhundert besteht das Volk der Polen mit eigener Sprache und eigenen Lebensformen. Es bildete – wie viele andere Völker – einen Staat, der erst von Fürsten, dann von Königen regiert wurde. Dieser polnische Staat verschwand 1795 von der Landkarte; das polnische Volk lebte weiter als Minderheit in drei Ländern: im Königreich Preußen, im Kaiserreich Rußland und im Kaiserreich Österreich. Erst 1918, nach dem Ersten Weltkrieg, entstand wieder ein selbständiges Polen, eine Republik. 1939 verschwand auch diese Republik von der Karte, weil das nationalsozialistische Deutschland (unter Hitler) und die kommunistische Sowjetunion (unter Stalin) das Land unter sich aufteilten. 1945, nach dem Ende des Zweiten Weltkrieges, wurde ein neuer polnischer Staat mit völlig neuen Grenzen geschaffen: die Volksrepublik Polen.
Dieses Kapitel gibt eine Antwort auf die Frage: Wie war der Staat beschaffen, der bis 1795 existierte? Und auf welche Ursachen kann es zurückgeführt werden, daß die benachbarten Staaten ihn auflösten und sein Gebiet dem ihren einverleibten?

Ab 1573	Polen ist Wahlkönigtum, eine Adelsrepublik mit einem König als Oberhaupt; die politische Macht liegt beim Reichstag (Sejm).
Ab 1652	Im Reichstag gilt das Prinzip der Einstimmigkeit.
Ab 1717	Polen steht unter zunehmend stärker werdendem Einfluß Rußlands.
1772	„Erste polnische Teilung": Rußland, Preußen und Österreich annektieren polnische Gebiete.
1793	„Zweite polnische Teilung": Rußland und Preußen eignen sich weitere polnische Gebiete an.
1795	„Dritte polnische Teilung": Das noch verbliebene Restpolen wird unter Rußland, Preußen und Österreich aufgeteilt; Polen hört als Staat auf zu existieren.

Polen: ein europäischer Sonderfall

Polen bildete im 17. und 18. Jahrhundert unter den Staaten des europäischen Festlandes eine Ausnahme. In Frankreich, in Österreich und in Preußen sowie in den Ländern des römisch-deutschen Reiches und in anderen europäischen Ländern hatte die Macht der Kaiser, Könige und Fürsten ständig zugenommen; der Monarch wurde zum absoluten Herrscher. Vertretungen der „Stände" hatten ihre Rechte, z.B. das Recht der Steuerbewilligung, verloren und somit ihre Macht, den Landesherrn zu kontrollieren, eingebüßt. Das Prinzip des Absolutismus, wonach der Wille des Herrschers Gesetz sei, hatte sich durchgesetzt. Das Herrscheramt war erblich. In Polen freilich war alles anders.

Eine Adelsrepublik mit königlichem Oberhaupt

Hier hatte die eigentliche Macht nicht der König, sondern der *Reichstag* („*Sejm*"). Er bestand aus dem König, dem „Senat" und der „Landbotenkammer". Den Senat bildeten Bischöfe und hohe Staatsbeamte; zur Landbotenkammer gehörten die Vertreter des Adels. Der Reichstag trat etwa alle zwei Jahre einmal zusammen. Die Angehörigen des Reichstags mußten zu einem einmütigen Beschluß kommen, der vom König festgestellt wurde und dadurch Gesetzeskraft erhielt. Schon 1505 war beschlossen worden, daß die gesetzgebende Gewalt in allen Angelegenheiten, die den Adel angingen – und das war bei den meisten Angelegenheiten der Fall – beim Reichstag liege. Damit wurde Polen zu einer *Adelsrepublik* mit einem *König* als *Oberhaupt*.

Ab 1562 wurde die „Einmütigkeit", die den Reichstagsbeschlüssen zugrunde liegen mußte, als *Einstimmigkeit* aufgefaßt. Jeder Abgeordnete hatte das Recht des *„Liberum Veto"*, des freien, nicht begründungspflichtigen Einspruchs. Machte ein Abgeordneter von diesem Recht Gebrauch, dann wurden sämtliche in dieser Sitzung gefaßten Beschlüsse *ungültig*, und der Reichstag wurde *aufgelöst*. Von 1652 bis 1764 wurden auf diese Weise von 55 Reichstagen 48 „zerrissen".

Die Macht des einzelnen Abgeordneten

Polen war seit 1573 ein *Wahlkönigtum*. Der König wurde auf Lebenszeit gewählt, aber er konnte sein Amt nicht vererben; nach seinem Tod wurde neu gewählt. Wahlberechtigt waren alle Adligen des Landes, die sich dazu persönlich auf dem Felde Woben bei Warschau einfinden mußten. Der zu Wählende mußte *nicht Pole sein*; wiederholt wurden Fürsten oder Prinzen anderer Nationalität zum König gewählt. Von 1587 bis 1668 regierten nacheinander drei Angehörige des schwedischen Königshauses der Wasa als Könige von Polen; 1697 bis 1763 waren die Kurfürsten von Sachsen zugleich Könige von Polen: August II. („der Starke") und August III. Da die Könige in die Angelegenheiten des Adels nicht hineinreden durften, beschränkten sich ihre Kompetenzen im Innern auf die Bürger und die Juden, von denen es im Lande eine große Zahl gab; in der Außenpolitik hatte der König größere Entscheidungsbefugnisse.

Wahlkönigtum

Die Reformation hatte auch in Polen viele Anhänger gefunden; aber Polen blieb im wesentlichen *katholisch*; die *Jesuiten* (vgl. S. 188ff.) entfalteten eine rege geistliche und geistige Tätigkeit. Teile des Landes, in denen *Deutsche* die Bevölkerungsmehrheit bildeten, waren *lutherisch* geworden und blieben es, nämlich das bis 1657 unter polnischer Oberhoheit stehende Herzogtum Preußen und die Städte Danzig und Thorn. 1572, unter dem Eindruck der Bartholomäusnacht, wurde allen adligen „Dissidenten" (Protestanten und Orthodoxen) ausdrücklich die uneingeschränkte *Religionsfreiheit garantiert*.

Religiöse Toleranz

Die Tatsache, daß jeder König neu gewählt werden mußte, hatte zur Folge, daß die *Nachbarstaaten* Polens ihren Einfluß geltend machten, um einem ihnen genehmen Bewerber zur Herrschaft zu verhelfen; dies geschah durch – mehr versteckte als offene – Drohungen und Versprechungen; und natürlich spielte dabei auch Geld eine Rolle. Die Herrscher der benachbarten Staaten, die in ihren eigenen Ländern den Adel zum Dienstadel und zum Instrument ihrer Herrschaft umgeformt hatten, machten die Verteidigung der Freiheiten des polnischen Adels zu ihrem Anliegen. Sie *verhinderten jede Reform*, die die maßlosen adligen Freiheiten eingeschränkt hätte, denn das hätte eine planvolle, zentral gelenkte Politik ermöglicht, die den polnischen Staat nach innen und außen gestärkt hätte. Nicht nur ein großer Teil des polnischen Adels, sondern auch das benachbarte Ausland war an der Aufrechterhaltung der polnischen Zustände und der auf ihnen beruhenden *Schwächen* des polnischen Staates interessiert.

Änderung der polnischen Zustände unerwünscht

Nach dem Sieg Peters des Großen im Nordischen Krieg nahm der *Einfluß Rußlands* auf Polen immer mehr zu. König August der Starke hatte infolge des für ihn zunächst ungünstigen Verlaufs des Krieges auf den polnischen Thron verzichtet; später widerrief er diesen Verzicht und stieß dabei auf den Widerstand einer Adelsgruppe, die eine Stärkung der Königsmacht befürchtete. Der Zar griff als Vermittler ein. Russische Truppen führten den König 1717 nach Polen zurück; und zum Schutz der „Goldenen Freiheit" des Adels blieben russische Truppen in Polen.

Rußland, der mächtige Nachbar

„Ewiger" Vertrag mit Rußland

Nach dem Tod Augusts III. 1763 vertrieben die russischen Truppen die Führer der „Patrioten", einer rußlandfeindlichen Adelspartei, aus Polen; und die russische *Kaiserin Katharina II.* setzte es durch, daß ihr Günstling *Stanislaus II.* zum König gewählt wurde. Einen Grund oder Vorwand, sich direkt in die inneren Verhältnisse Polens einzumischen, hatten die Polen der Kaiserin selbst geliefert. 1717 waren die *Toleranzbestimmungen* für den größten Teil des Landes *aufgehoben* worden; 1724 waren in Thorn infolge eines religiös begründeten Streits die beiden Bürgermeister und mehrere Bürger von einem königlichen Gericht zum Tode verurteilt und hingerichtet worden. Dieses „Thorner Blutgericht" schadete dem Ansehen Polens sehr; 1733 hatte man die Dissidenten von allen Ämtern ausgeschlossen. Polen mußte 1768 mit Rußland einen *„ewigen" Vertrag* schließen, der den Dissidenten Toleranz (vgl. S. 262, 268) gewährte und die polnischen Freiheitsrechte, vor allem die freie Königswahl und das „Liberum Veto" garantierte. Damit war zwar die religiöse Freiheit wiederhergestellt, politische Reformen aber unmöglich gemacht worden.

Die erste „polnische Teilung"

Österreich befürchtete, *Rußland* werde durch seinen Einfluß auf Polen zu sehr an Macht gewinnen. Um dies zu verhindern, müsse es selbst einen Teil Polens besetzen. *Preußen* wiederum befürchtete eine Stärkung Österreichs, und außerdem war es an einer „Landbrücke" zwischen Ostpreußen und dem Hauptgebiet des Königreichs interessiert. In einem *Teilungsvertrag* einigten sich die drei Mächte darauf, welche Gebiete jede der Beteiligten in Besitz nehmen sollte, und jede erkannte die Annexionen der beiden anderen an. Dem polnischen Reichstag blieb nichts übrig, als die gezogenen Grenzen anzuerkennen.

Ein neues Polen?

Diese Gebietsverluste versetzten vielen Polen einen Schock und verstärkten den Wunsch nach *Reformen*. Der Reichstag bildete mehrere Kommissionen, die Vorschläge ausarbeiteten. Die Reformer erstrebten einen neuen und anderen Staat. Sie wollten u. a. eine erbliche Monarchie, die Abschaffung des Grundsatzes der Einstimmigkeit bei Reichstagsbeschlüssen (des Liberum Veto), ein modernes Steuersystem, das die Staatseinnahmen erhöhen würde, und ein stehendes Heer. Eine *Verfassung* wurde erarbeitet, die die Stellung der Bürger in den Städten verbesserte, die Lage der Bauern jedoch kaum veränderte, da die Adelsrechte erhalten blieben. Die Verfassung wurde 1791 vom Reichstag angenommen, von dessen 500 Mitgliedern jedoch nur hundert anwesend waren.

Das Ende des polnischen Staates

Ein großer Teil des Adels *lehnte die Verfassung* ab und wandte sich an die russische Kaiserin Katharina um Hilfe. Die Reformer hatten sich auf ein Bündnis Polens mit Preußen verlassen. Die neue Verfassung enthielt manches, was auch die französische Revolution, die inzwischen ausgebrochen war, verwirklichen wollte, und dem brachte man in Preußen keine Sympathien entgegen; auf keinen Fall aber wollte man für Polen gegen Rußland kämpfen. Katharina II. sah in den Reformen eine Revolution nach französischem Vorbild und wollte die „französische Pest" ausrotten. 1793 beschlossen *Rußland* und *Preußen* eine *zweite polnische Teilung* und führten sie durch. Wieder mußte der polnische Reichstag die Gebietsabtrennungen anerkennen; außerdem mußte er die neue Verfassung aufheben. In Polen kam es zum offenen *Aufstand*, der jedoch von Suwarow, dem Feldherrn Katharinas, niedergeschlagen wurde. Jetzt wurde *Polen als Staat ausgelöscht* und das Land gänzlich unter den drei Mächten Rußland, Preußen und Österreich aufgeteilt.

Annexion: durch Gewaltandrohung oder Gewaltanwendung erreichter Erwerb des Landgebietes eines anderen Staates. Das entsprechende Tätigkeitswort heißt *annektieren*.
Liberum Veto: Ein Veto (wörtl.: ich verbiete) ist der rechtsgültige Einspruch eines einzelnen oder einer Gruppe, der das Zustandekommen oder die Durchführung eines Beschlusses verhindert. Das „Liberum Veto" ist ein *freier* Einspruch, der nicht begründet zu werden braucht.

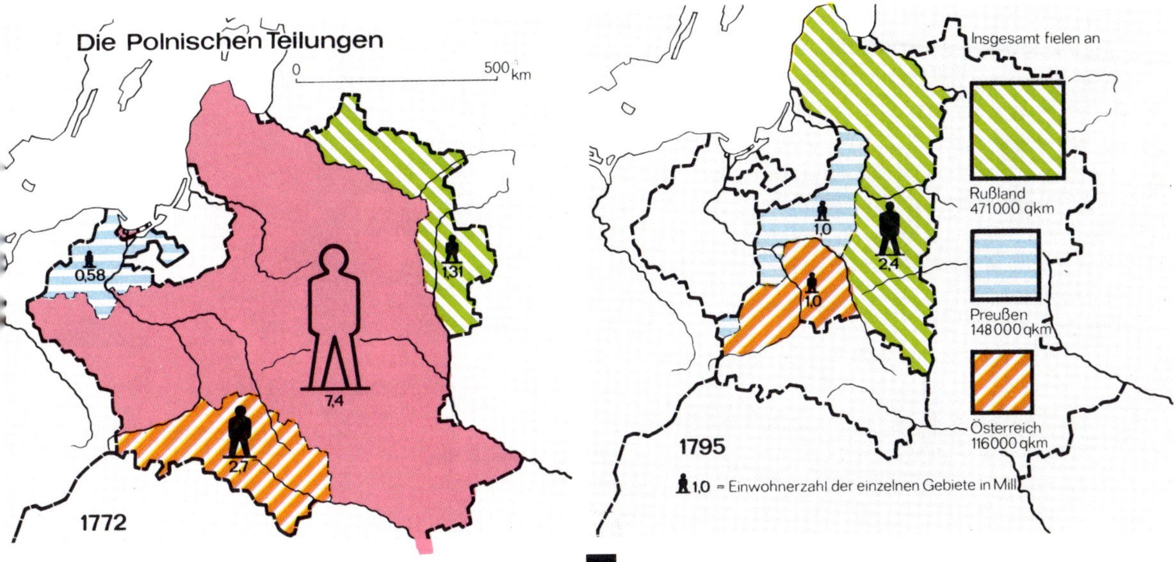

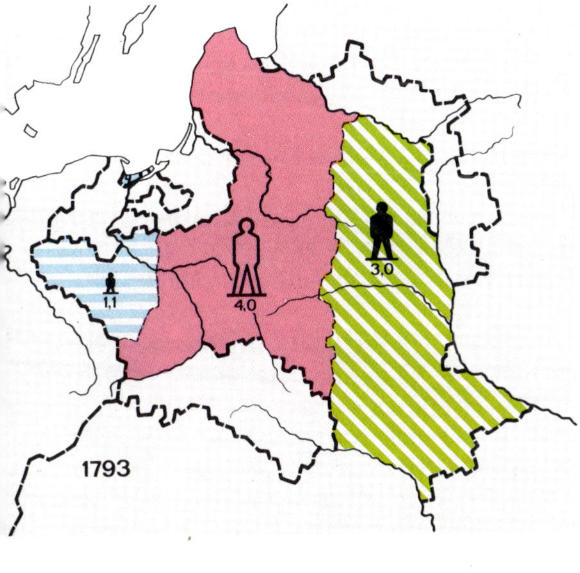

1 Die Polnischen Teilungen

2 Die Herrscher von Preußen, Österreich und Rußland über die Teilung Polens

2a König Friedrich hielt Gebietserweiterungen für eine Lebensfrage des preußischen Staates. 1752 hatte er dazu in seinem nicht für die Öffentlichkeit, sondern für seine Nachfolger bestimmten Politischen Testament u.a. geschrieben:

„Nächst Sachsen wäre für uns Polnisch-Preußen am vorteilhaftesten. Polen ist ein Wahlreich. Das muß man sich zunutze machen und um den Preis der Neutralität bald eine Stadt, bald ein anderes Gebiet erwerben, bis man alles geschluckt hat."

(Friedrich II., Polit. Testament 1752, Berlin 1922, S. 67)

2b Kaiserin Maria Theresia schrieb während der Verhandlungen über die beabsichtigte Teilung Polens, für die sich ihr Kanzler Kaunitz und ihr Sohn und Mitregent, Kaiser Joseph, einsetzten:

„Man wollte aus dem Krieg zwischen der Pforte (der Türkei) und Rußland Gewinn zu ziehen suchen, um unsere Grenzen auszudehnen und Vorteile zu erlangen, an die wir vor dem Kriege noch gar nicht gedacht haben. Man wollte auf preußische Manier handeln und gleichzeitig den Anschein der Ehrlichkeit retten. Seit dem Beginn meiner unglücksvollen Regierung haben wir wenigstens danach getrachtet, in allem eine wahre und gerechte Haltung, Worthalten, Mäßigung und treue Erfüllung unserer Verpflichtungen zu zeigen. Das gewann uns das Vertrauen, ja ich wage es zu sagen, die Bewunderung von ganz Europa, die Ehrfurcht und die Verehrung selbst unserer Feinde. Seit einem Jahr ist dies alles verloren gegangen. Ich bekenne, daß ich es kaum zu ertragen vermag und nichts auf der Welt mich mehr geschmerzt hat als der Verlust unseres guten Rufs."

(Guggenbühl/Huber, Quellen zur Geschichte der Neueren Zeit, Bd. 3, 4. Aufl. 1976, S. 351)

3 Karikatur zur Teilung Polens 1773. Katharina II. von Rußland, König Stanislaus II., August von Polen, Kaiser Joseph II. und König Friedrich II. teilen Polen.

2c Kaiserin Katharina schrieb nach der Teilung (1774) an Kaiser Joseph:

„In ihrem gemeinsamen Vorgehen gegen Polen haben sich die drei Höfe (St. Petersburg, Wien, Berlin) weniger von Eroberungslust leiten lassen als von großen und praktischen Gesichtspunkten. Sie wollten Ordnung und Ruhe, wie der Wohlstand und die Sicherheit ihrer eigenen Grenzen sie erforderten, in ein Land bringen, das oft genug Wirren, ja der Anarchie ausgesetzt war. Die so herbeigezwungene Teilung hat zu einer wohlabgewogenen Vergrößerung der drei Mächte geführt, der wahrhaft nobelsten und imposantesten Tat, die Europa mit einem solchen Unternehmen überhaupt geschenkt werden konnte."

(Politische Weltkunde I, 3, Stuttgart 1972, S. 103)

Arbeitsvorschläge und Fragen

a) Vergleiche die Ausdehnung des polnischen Reiches 1772 (M 1) mit der im 13. Jahrhundert! (M 2, S. 102)

b) Benenne die einzelnen Gebiete, die im Verlauf der Geschichte den Besitzer wechselten! Nimm den Atlas zu Hilfe!

c) Wie wirkten sich das „Liberum Veto" jedes einzelnen Abgeordneten und die Institution des Wahlkönigtums auf die innere Situation des Landes und auf die Beziehungen Polens zu anderen Staaten aus?

d) Wer wünschte eine Veränderung der innerpolitischen Zustände, und wer innerhalb und außerhalb Polens war an ihrer Aufrechterhaltung interessiert?

e) Charakterisiere, vergleiche und beurteile die Äußerungen Friedrichs, Maria Theresias und Katharinas zur Aufteilung Polens. (M 2a–2c)

Verzeichnis der Namen, Sachen und Begriffe (mit Erläuterungen)

Folgende Abkürzungen werden verwendet:
amerik. = amerikanisch, bayr. = bayrisch, christl. = christlich, dt. = deutsch, engl. = englisch, franz. = französisch, gest. = gestorben, kath. = katholisch, mhd. = mittelhochdeutsch, österr. = österreichisch, poln. = polnisch, preuß. = preußisch, protest. = protestantisch, schwäb. = schwäbisch, schwed. = schwedisch, sizil. = sizilisch, slav. = slavisch, span. = spanisch, ungar. = ungarisch, württ. = württembergisch
Bf. = Bischof, Dtl. = Deutschland, Erzbf. = Erzbischof, Erzhg. = Erzherzog, Gf. = Graf, Gft. = Grafschaft, Hg. = Herzog, Hzgt. = Herzogtum, Jh. = Jahrhundert, Kf. = Kurfürst, Kft. = Kurfürstentum, Kg. = König, Ks. = Kaiser, Markgft. = Markgrafschaft

▷ Verweis auf ein Stichwort – ersetzt das Stichwort bei Wiederholung

Bei Herrschern werden Regierungsdaten, bei anderen Personen Lebensdaten angegeben.

Hinweis:
Halbfett gesetzte Begriffe sind im Buchtext in einem Kasten-Text erläutert. Die halbfette Seitenzahl gibt den Fundort an.